"十二五"高职高专财经管理类规划教材
小微企业经营管理能力提升系列教材

决策方法与工具

何 霞 盛 鑫 杨问芝 编著

上海财经大学出版社

图书在版编目(CIP)数据

决策方法与工具/何霞,盛鑫,杨问芝编著．—上海：上海财经大学出版社,2015.4

"十二五"高职高专财经管理类规划教材

小微企业经营管理能力提升系列教材

ISBN 978-7-5642-2045-7/F・2045

Ⅰ.①决… Ⅱ.①何… ②盛… ③杨… Ⅲ.①中小企业-企业经营管理-经营决策-教材 Ⅳ.①F276.3

中国版本图书馆 CIP 数据核字(2014)第 259749 号

□ 责任编辑　汝　涛
□ 封面设计　钱宇辰
□ 责任校对　廖沛昕　林佳依

JUECE FANGFA YU GONGJU
决策方法与工具
何　霞　盛　鑫　杨问芝　编著

上海财经大学出版社出版发行
(上海市武东路 321 号乙　邮编 200434)
网　　址：http://www.sufep.com
电子邮箱：webmaster@sufep.com
全国新华书店经销
同济大学印刷厂印刷
上海景条印刷有限公司装订
2015 年 4 月第 1 版　2015 年 4 月第 1 次印刷

787mm×1092mm　1/16　17 印张　435 千字
印数：0 001—4 000　定价：38.00 元

小微企业经营管理能力提升系列教材编审委员会

主　任　钟丽英　王晓敏
副主任　冯星树　王　霜　童囡囡
　　　　　黎光治　陈松光　谭福河
编　委　欧阳振成　阚雅玲　陈建成　吴　强
　　　　　王丽娜　　何　霞　邓白君　占　挺
　　　　　劳宇东　　吴　隽　陈志豪　卢北京
　　　　　梁　海　　陈森圭　程　丹　宋启平
　　　　　李　霞　　许宏林　李　军　彭　静

总 序

学习成就未来

在广州市职业能力培训指导中心（以下简称"培训指导中心"）与广州番禺职业技术学院的精心筹划之下，"小微企业经营管理能力提升系列教材"成功出版，这是值得祝贺的事。

在创造就业机会、增加税收、技术创新等方面，小微企业扮演着非常重要的角色，更重大的意义在于小微企业所代表的创新、创业精神，这是区域社会经济发展的基础动力。可以说，小微企业的素质决定了区域未来的发展。因此，小微企业的经营管理能力提升不单纯是对企业的自我完善，也对社会具有深远的影响和意义。

小微企业数量多、行业千差万别、经营不稳定、人员结构复杂等的特殊性，决定了对这个群体实施教育提升服务是颇具挑战性的。广州市人力资源和社会保障局积极践行国家、广东省和广州市对帮扶小微企业健康成长的相关政策，结合区域发展特点出台了一系列促进提升小微企业发展能力的政策，搭建了由学校、创业园区、行业大企业、社会服务机构等多方参与的社会化服务平台。本套教材即是广州市人力资源和社会保障局培训指导中心联合广州番禺职业技术学院在搭建小微企业社会化学习平台方面的一个尝试。这套教材的出版仅仅是学习系统中的一个部分。此外，双方在培训项目开发、网络化教学、师资培训、创业教育等方面尚有更多的课题需要攻克。"千里之行，始于足下"，预祝彼此的合作能取得更大成绩，让更多小微企业享受更优质的教育服务。

科技在进步，时代在发展，在知识经济时代，学习是主旋律，不学习就意味着被淘汰。这不是耸人听闻的口号，而应成为当下的警语。众所周知，教材是知识传播的载体。这套教材结合小微企业发展的特点，对该领域的知识内容进行比较系统的梳理与总结，非常有价值。当下各个学习领域都在发生革命性的变化，希望各位编委及项目团队能留意这种变化，在后续工作中大胆尝试、敢于创新，在内容和形式上有更多突破，进一步提升教材的价值，为广州市小微企业学习平台的建设贡献力量！

最后，向编纂教材及提供帮助的各位老师、各位工作人员和社会各界人士表示感谢，同时感谢广州番禺职业技术学院对本项工作的大力支持。

钟丽英

2015年1月1日

前　言

决策远不像表面看上去那么简单，需要决策者具有敏锐的洞察力、决断力和智慧。通过借助一些有效决策的方法和工具，我们可以站在前人的肩膀上眺望决策之后的结果和未来，从而使决策更为成功。但实践中，许多人因为不了解决策的思维和目的，或者因为一些习惯性的决策错误，导致出现难以承受的决策后果。

本书为有效决策设计了一个路线图，并对主要的决策方式和关键步骤加以说明，其中也涵盖了用来评估不同方案的分析工具，旨在介绍如何利用合适的方法和工具作出正确的决策，并帮助人们理解决策。但本书并非仅仅是对决策的简单介绍，而是对决策产生的过程、方法和工具进行深入剖析，运用社会学和行为学的理论去解释不同情境下的决策，用直白的语言介绍多种极具价值的分析工具。即使你从未做过商业分析，也能借助本书的内容为未来的成功作出更好的决策。出于对编写目的和篇幅的考虑，书中大多数内容表述的是那些容易被普遍理解的决策观点，而不是某些特定决策的细节。对于在特定情境下发生的特定决策，那些与决策有关的历史、社会、政治和经济领域的相关知识，以及与参与决策的个体、组织及机构有关的各种内容，本书只是略有提及，并未进行详尽描述。

本书的内容结构，具体如下：项目一介绍什么是决策，主要帮助读者理解决策产生的过程、管理者所做决策的类型以及无效决策的原因；项目二介绍四种决策方式，即先想型、先看型、先做型和即兴而作型，为读者提供认识决策的理性框架；项目三介绍决策者的基本工具，主要包括图解工具、排序工具、战略分析工具、财务分析工具以及其他工具；项目四主要涉及决策的时间尺度，包括时间尺度的选择、时间尺度的考评、时间管理、快速决策等；项目五介绍决策信息管理的技术和方法，以及实践中信息过载、信息不足和信息过度等问题；项目六介绍帮助与阻碍有效决策的组织结构类型；项目七是决策文化，包括企业文化和国家文化，以及它们对决策结果产生影响的方式；项目八主要阐述了决策的技巧，包括艺术性决策方法、决策权衡等内容；项目九主要论及道德和社会责任层面上的企业决策。

本书由广州番禺职业技术学院与广州市就业训练中心联合开发，并由广州番禺职业技术学院何霞、盛鑫、杨问芝三位老师负责编写，具体分工如下：项目一、二、三由何霞老师负责编写，项目四、五、八由盛鑫老师负责编写，项目六、七、九由杨问芝老师负责编写。最后由何霞老师负责设计编写大纲以及全书的统稿、修改、补充和定稿工作。

本书在编写过程中，参考了同类书籍、有关论著、报刊和网络资料，引用了其中的一些观点，并在书后列出参考文献，在此谨向涉及的作者、编者以及相关机构表示衷心感谢，对参与本书研讨、为本书编写提供帮助的广州市人力资源和社会保障局及广州市就业训练中心的有关领导、专家、同事、企业同仁表示感谢。由于时间的限制以及知识与能力的局限，书中难免存在不妥和不完备之处，欢迎读者朋友、专家学者和企业人士批评指正。

何 霞

2015 年 3 月于广州

目 录

总 序 .... (1)

前 言 .... (1)

第一章 什么是决策 .... (1)
单元一　决策的过程 .... (2)
单元二　决策的类型 .... (10)
单元三　常见的决策错误 .... (20)
案例思考 .... (32)

第二章 决策方式 .... (35)
单元一　"先想型"决策 .... (37)
单元二　"先看型"决策 .... (39)
单元三　"先做型"决策 .... (42)
单元四　"即兴而作型"决策 .... (46)
案例思考 .... (50)

第三章 决策者的基本工具 .... (54)
单元一　图解工具 .... (55)
单元二　排序工具 .... (63)
单元三　战略分析工具 .... (72)
单元四　财务分析工具 .... (95)
单元五　其他工具 .... (109)
案例思考 .... (115)

第四章 决策的时间尺度 .... (118)
单元一　理解时间尺度 .... (119)
单元二　有效管理决策的时间尺度 .... (126)
单元三　快速决策 .... (134)

案例思考···(140)

第五章　创业决策的信息管理···(142)
　　单元一　数据、信息与知识···(143)
　　单元二　信息管理的技术与方法··(152)
　　单元三　实践中的决策信息管理··(163)
　　案例思考···(170)

第六章　有效决策的组织结构类型···(172)
　　单元一　组织结构的基本类型···(174)
　　单元二　新型组织结构···(177)
　　案例思考···(183)

第七章　决策文化··(185)
　　单元一　决策活动是文化活动···(187)
　　单元二　文化对决策的影响···(191)
　　单元三　企业管理文化建设···(199)
　　案例思考···(205)

第八章　创业决策的技巧···(207)
　　单元一　科学决策与决策艺术···(208)
　　单元二　决策的"软技能"···(213)
　　单元三　决策者素质与决策技巧··(226)
　　案例思考···(231)

第九章　决策道德与企业社会责任···(233)
　　单元一　决策道德···(235)
　　单元二　企业社会责任···(248)
　　案例思考···(256)

参考文献···(258)

后记···(260)

第 一 章

什么是决策

做决定的能力最难获得,因此也最宝贵。

——拿破仑·波拿巴

人生其实就是一个个选择叠加起来的总和。

——俞敏洪

知识要点图

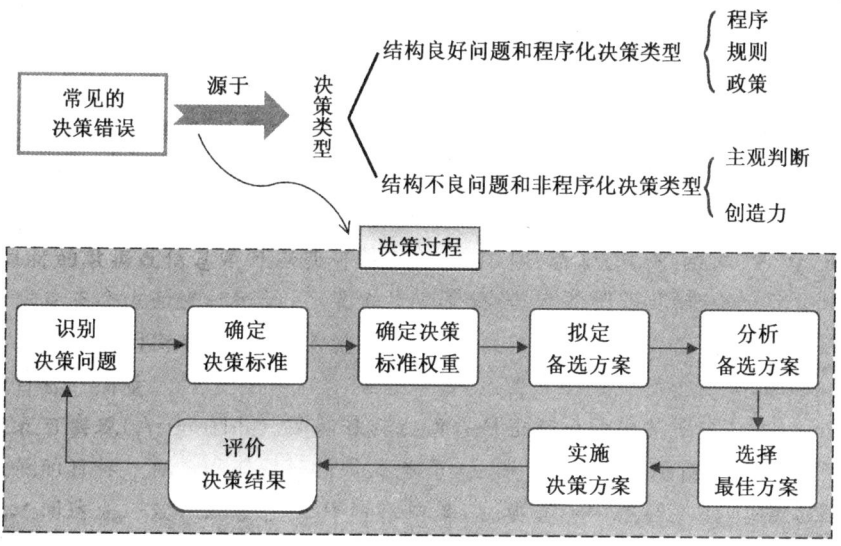

学习目标

阅读和学完本章后,你应该达到以下知识目标和能力目标:

知识目标:

1. 理解决策的基本含义;
2. 掌握决策的主要类型;
3. 概括决策的基本步骤;
4. 了解错误决策产生的原因。

能力目标:

1. 能够准确描述决策过程的八个步骤;

2. 能够分析和判断决策问题和类型；
3. 能够解释为什么决策在组织中如此普遍。

案例导入

"中国农药王"的理性决策

沙隆达股份有限公司曾于1993年紧跟"多元化经营"的潮流，在宜昌投资房地产、在深圳投资八宝粥、在汕头投资螺旋藻……在这些陌生的领域，沙隆达一笔笔投资都打了水漂。冷静下来，沙隆达人明白了一个道理：企业越是有钱，越应增强"危机"意识。

钱只能用到最有优势的地方，沙隆达的优势就是做农药。1995年，公司果断清理一些项目，立下投资"规矩"，即"三个突出"：突出主业——农药化工；突出主体——股份公司核心企业；突出重点——有效益的主导产品。确定投资项目，做到"技术不成熟不上"、"技术成熟但不先进不上"、"既成熟又先进但成本不经济不上"、"市场调查不充分不上"。

此后数年，沙隆达在资本市场上募资7亿多元，全部用于发展主业优势。沙隆达选定26个制约生产的"瓶颈"项目攻关，取得16项成果。沙隆达是国内唯一能够同时大批量生产甲胺磷、敌百虫等市场需要大的农药产品的企业，农药年产销量增长了10倍，达2.4万吨，成为中国最大的农药生产基地。

要做最大、最强的"中国农药王"，当然免不了对外扩张。公司上市后，沙隆达接连兼并与自己当时"块头"差不多的江陵农药厂等同行企业，还跨行业兼并了沙市化肥厂和市煤气厂。不久，沙隆达出现"消化"不良的症状："吞"进来的大批人员、设备不能迅速转化成生产力，还不断"吃"掉母体的资金，使沙隆达的资产负债率一度高达95%。资产重组被提上议事日程。兼并要按经济规律办事，资产结构应调整到高效率运行轨道上来。例如，蕲春农药厂进入沙隆达时资产负债率高达90%以上，沙隆达将其改组成为有限责任公司，有计划地剥离一部分不良资产、债务和人员，坚持以地方政府周转金入账，把债务转移一部分给地方政府。然后，沙隆达再注入4 000万元资金，帮助该厂技术改造，提高产品档次。经过一番努力，将该农药厂的资产负债率降到50%。

兼并进来的企业若不利于集团发展，就要果断剥离。沙隆达1994年"吃"进市煤气厂，涉足公用事业。因为这一时的轻率，沙隆达一年要赔进300万元，沙隆达果断剥离了煤气公司。

资料来源：根据相关资料整理改编。

【分析与思考】
1. 沙隆达的多元化投资可能会引起怎样的后果？
2. 沙隆达进行了哪些决策？你认为这些决策具有怎样的作用？
3. 沙隆达在进行决策时是否遵循了决策的原则？如何体现？

单元一 决策的过程

决策往往被认为是在不同方案中进行选择，但这种观点显然过于简单。因为制定决策是一个复杂的过程，而不是仅限于从多种方案中进行选择。例如，中国西部大开发的决策就不是一个简单方案的选择，而是一组具有深远意义的决定，需要进行一系列的资源配置。交通部、教育部、卫生部、建设部、水利部等相关部门要根据这一决策进行相应资源的分配和整合。即便像去哪里吃午饭这样简单的决策,你也需要有除中餐、西餐之外的更多选择。

因此,决策是一个总体过程,我们不能把它理解为决定采取某一个方案的瞬时行动,而应该理解为识别问题、设计解决方案、选择方案、执行方案,最后总结经验的整个过程。这一过程既可以运用于日常的琐碎小事,如戴什么领带、穿哪件衬衫、自己开车还是乘公交车上班;也可以运用于需要认真考虑的重大问题,如是否重新学习深造、接受一份新工作还是继续现在的职业;或是更为复杂的组织决策,如在哪里安排生产和制造、以什么战略进入新市场、提供什么产品和服务等。现实中,每一次解决问题的经验都会进入下一个决策情境中,所以决策也是一个动态循环的过程。

【博采众长】

中国著名经济学家周其仁认为,决策的本质特征是主观选择。因此,决策是在信息不完全的情况下,在未来的几种可能性中作出的一种选择。

复旦大学管理学院项宝华教授给出的定义是:决策是作出解决问题的决定,是将决定付诸行动并对行动的后果承担相应责任的过程。

英国学者艾伦·巴克在《如何成为更好的决策者》一书中指出:"制定一项决策不仅仅是选择了一种行动方案,它还是一种承诺,不管这种承诺从理性和感性的角度来看是多么微不足道。而且,作出某一决策通常也是在代表他人做出承诺,因为别人需要执行你的决策。"

中国营销决策专家穆兆曦指出,决策是在提出命题和期望目标后,在信息不完全的情况下,在未来的几种可能性方案中作出解决问题的主观选择,是将选择付诸行动并对行动后果承担相应责任的动态过程。

【请你思考】

请在本书及上述观点的基础上,形成自己对决策的理解,提炼出关于决策的核心关键词并进行解读。

图1—1描述了决策过程(decision-making process)的八个步骤。从识别决策问题、确定决策标准以及确定决策标准权重开始,到拟定备选方案、分析备选方案、选择最佳方案,再到实施决策方案,最后结束于评价决策结果。下面将详细介绍决策过程中的每一个步骤。

步骤1:识别决策问题

决策源自于对问题(problem)的识别(步骤1),也就是要厘清问题的本质。具体而言,问题就是现实与期望之间的差距。当管理者注意到现实生活中出现了某些问题或者矛盾时,他需要经过深思熟虑来判断如何解决问题并作出决策,这就是识别决策问题。

为简化起见,我们选择一个大多数人会经历的例子来介绍,即决定购买一辆新的经济实用型汽车。

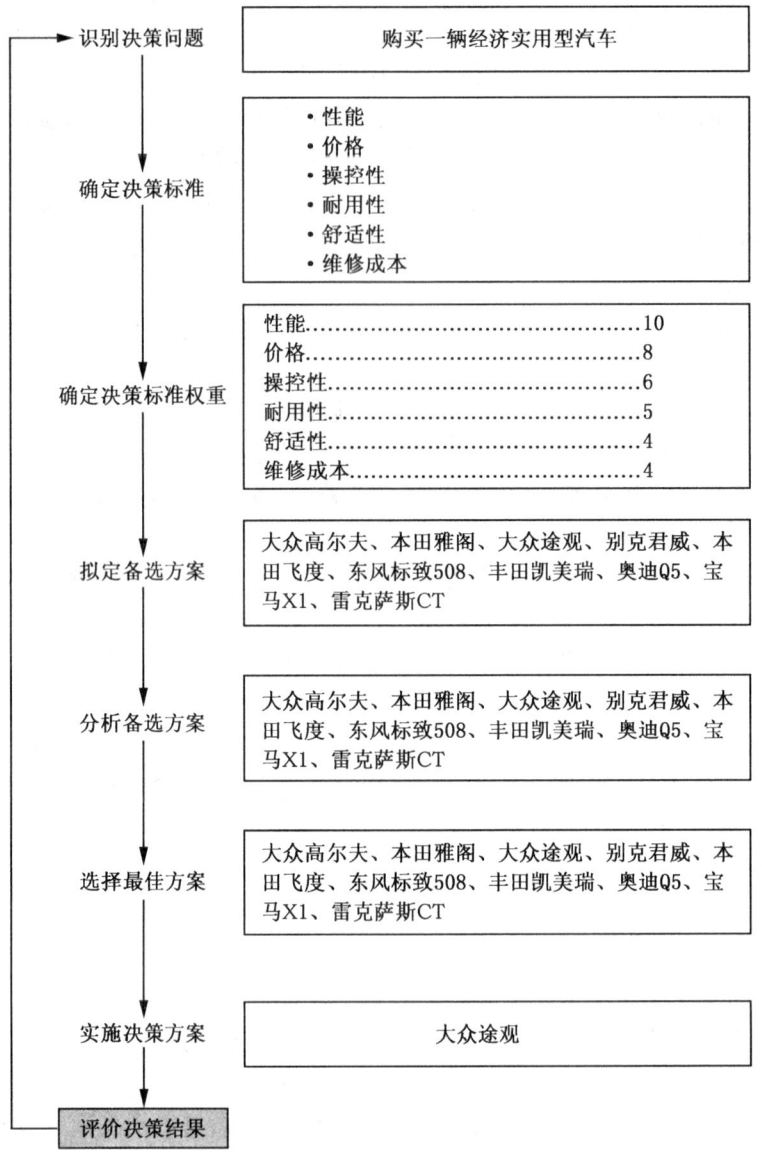

图 1-1 决策过程

【拓展资料】

问题的识别并不那么简单,但如果管理者理解了问题的三个特征,就可以做得更好。这三个特征是:意识到问题、迫于压力采取行动、拥有行动所需的资源。

要意识到问题的存在,管理者需要观察事情的现状和事情理想的状态。如果事情没有处于它应当所处的状态或管理者希望的状态,矛盾就产生了。但是,这只是问题的一个特征。

仅仅有矛盾而没有采取措施解决,问题就会被积压下来。那么为了发起一个决策,

> 问题必须能够向管理者施加某种压力并使之采取行动,这种压力可能来自组织政策,或者截止期限、财务危机、竞争对手的行动、来自消费者的抱怨或下属的抱怨、来自上级的期望或即将开始的绩效评估。
>
> 最后,如果管理者感到不具有职权、预算、相关信息或者其他必要资源时,他们不太可能将某些事情作为问题。

该例子中的决策者张杰是某通信设备生产公司销售部经理,他需要购买一辆新的代步汽车,因为在过去几年中他平均每年要花近3万元用于旧车维修,现在这辆车的发动机坏了。据估算,再对这辆车进行维修是不划算的,而且乘坐公共交通工具也极为不便。现在就面临一个问题,张杰要在现有汽车和所需要的经济实用型汽车之间作出选择。张杰现在需要做出一个购车的决策。

遗憾的是,这个例子并没有告诉我们更多的关于管理者如何识别问题的方法。其实在现实世界中,大部分问题并不像霓虹灯广告牌所显示的那样清楚。

> 完美地解决一个错误的问题也是一种失败。

坏了的发动机已经给了张杰一个明确的信号——他需要一辆新车,但是,我们在具体生活中遇到的问题大多是没有明显征兆的。例如,销售额下降了5%是不是一个问题?或者销售额的下降仅仅是其他问题的一种征兆?是顾客对产品不满意还是广告效果差?有的时候,这个管理者认为这是个问题,而其他管理者则有可能认为这不是个问题。

因此,问题的识别是主观的,那些不能正确地解决某些问题的管理者,与那些无法正确识别问题且未采取任何措施的管理者,都是同样糟糕的。那么,经理们如何在发现问题之前就意识到呢?他们必须将事物的现实状态与事物应该具有的标准状态作比较。

然而,标准又是什么呢?标准可以是过去的绩效特征、预先设定的目标、组织内其他部门的业绩表现等。在张杰购车的例子中,标准就是以前设定的购车目标——一辆性能优良的经济实用型汽车。

【小测验】
1. 什么是决策?在组织中,谁制定决策?
2. 在"识别决策问题"的步骤中,管理者怎么知道、什么时候、哪些地方存在问题?
3. 决策的标准是什么?为什么它对决策者来说是重要的?

步骤2:确定决策标准

管理者一旦确定了需要注意的问题,那么对于解决问题起重要作用的决策标准(decision criteria)也应该同时确定。也就是说,管理者必须确定决策与哪些因素相关(步骤2)。

在购买汽车的例子中,张杰必须找出与其购车决策有关的因素。决策标准可能是汽车的价格、样式(两门还是四门)、大小(紧凑型还是中级车)、制造厂商(法国、德国、日本还是美国)、备选设备(如自动变速、侧撞保护系统、内部装饰等)以及维修成本。这些标准反映出张杰在决策过程中的想法。

【拓展资料】
决策执行的标准可能是：
1. 历史标准——从过去的表现中得到。
2. 外部标准——从其他类似的情境中得到。
3. 绝对标准——从某些理想的概念中得到。
4. 无为标准——从对不进行决策时将会发生事情的想法中得到。

【请你思考】
如果你面对的是一位女性顾客，她需要一辆车到新的工作单位上班。你如何与她一起制定决策标准？

无论决策标准是否被清晰地表述出来，每一位决策者都有指导其决策的标准。了解这一点之后，我们可以看到在决策制定过程中，"采用什么因素作为标准"和"不采用什么因素作为标准"同等重要。如果张杰认为"汽车是否省油"不构成一个标准，那么这个因素将不会影响他对汽车的最终选择。因此，如果决策者在这个步骤中没有确定某一特定的因素作为标准，那么，这一因素就不会对决策产生影响。现在，张杰选取了汽车的性能、价格、操控性、耐用性、舒适性和维修成本作为汽车购买的标准因素。

步骤3：确定决策标准权重

在"步骤2"中所确定的决策标准中，并非每个标准都同等重要。为了确定这些标准对决策的影响程度，张杰需要对"步骤2"中所列出的决策标准分配权重(步骤3)。一个简单的方法就是给最重要的决策标准赋予10分，然后参照这个最重要的标准，依次给其他标准打分。例如，对其中的一个标准打5分，说明  这个标准的重要性只相当于最高分的决策标准(权重为10)重要性的一半。当然，也可以采用100、1 000或者其他任何数字作为最高权重的分值。这种依据个人偏好来判定决策相关标准重要性的方法，可以从各标准的得分看出其在决策中的重要程度。

表1－1列出了张杰在买车决策中的相关标准及其权重。在他的决策过程中，性能是最重要的标准，其次是价格，而舒适性与维修成本的相对重要性要小一些。

表1－1　　　　　汽车购买决策过程中的标准及权重(分数：1～10)

标准	权重	标准	权重
性　能	10	耐用性	5
价　格	8	舒适性	4
操控性	6	维修成本	4

步骤4：拟定备选方案

我们找到了决策标准(步骤2)，确定好每一个决策标准的重要性(步骤3)后，我们便要开始着手拟定解决问题的各种方案。决策过程的"步骤4"要求决策者列出能够成功解决问题的可行方案(步骤4)。这一步骤无需评判方案的优劣，只需列出备选方案。假定汽车经销商给张杰推荐了许多款式的汽车，张杰从这些汽车中挑选了10款车作为备选方案。这10款车的名字依次为大众高尔夫、本田雅阁、大众途观、别克君威、本田飞度、东风标致508、丰田凯美瑞、奥迪 Q5、宝马 X1、雷克萨斯 CT，如图 1-2 所示。

序号	汽车型号	车型图片	序号	汽车型号	车型图片
1	大众高尔夫		6	东风标致 508	
2	本田雅阁		7	丰田凯美瑞	
3	大众途观		8	奥迪 Q5	
4	别克君威		9	宝马 X1	
5	本田飞度		10	雷克萨斯 CT	

图 1-2　备选方案

步骤 5：分析备选方案

一旦确定了备选方案，决策者就必须认真分析每一种方案（步骤 5），并依据"步骤 2"和"步骤 3"所确定的决策标准及权重对这些方案进行评价、打分。经过比较后，每一种方案的优缺点就显而易见了。

表 1-2 就是张杰在对每一种车的驾驶体验后所列出的 10 款新车购买备选方案的评价结果。需要注意的是，在该表中，10 款轿车的得分（分值为 1～10 分）是以张杰个人的主观判断为基础而作出的评估。当然，有些评价指标达到了相当客观的程度。例如，购买价格指的是张杰能从当地经销商那里得到的最低价格，而且从消费者杂志上也可以得到由车主提供的相关

数据。但是，对操作性的评价显然是一种个人的主观判断，问题在于大多数决策包含着这种判断，它们体现在"步骤2"中为决策选取标准、"步骤3"中为决策标准确定权重、"步骤5"中对备选方案的评价上。这就说明了为什么两个花了同样价钱的购车者会选择两种截然不同的方案，或者是对相同方案的评价差异较大，或者是即使审视同一组备选方案也会给出不同的评级排序。

表1-2　　　　　　　　　　　　　　购车备选方案的评价

备选方案	性能	价格	操控性	耐用性	舒适性	维修成本	总分
大众高尔夫	6	9	7	8	7	8	45
本田雅阁	6	7	7	8	8	7	43
大众途观	9	9	9	7	8	6	48
别克君威	7	7	8	8	9	7	46
本田飞度	6	9	6	8	7	6	42
东风标致508	7	8	6	8	8	7	44
丰田凯美瑞	8	8	7	9	10	8	50
奥迪Q5	9	6	8	6	8	10	47
宝马X1	7	6	9	9	9	9	49
雷克萨斯CT	8	7	5	7	9	10	46

表1-2只是根据"步骤2"中确定的决策标准对10个备选方案进行评价，并没有反映"步骤3"中为每个标准分配权重的过程。如果一个备选方案的各项标准都是10分，就不必考虑其权重了。

同样，如果所有决策标准的权重都相同，在评价每个备选方案时，只需将表1-2中每一行数字分别加总起来就可以了。例如，别克君威的得分为46分，而丰田凯美瑞的得分为50分。如果你将每个备选方案的评价结果乘以它的权重，你就会得到表1-3所列出的结果。例如，在操控性方面，别克君威得了48分，是由操控性权重得分(8分)和张杰对别克君威的操控性评价得分(6分)相乘得出。而这些得分也代表了每一个备选方案相对于标准的评价结果及相应权重。

我们注意到，标准的权重会极大地改变本例中备选方案的排序。例如，大众途观的总分从第三位上升到第一位。从分析中可以看到，性能和价格会更容易改变大众途观的排名。

步骤6：选择最佳方案

"步骤6"是从已经列举出并经过评价的备选方案中选择出最佳方案的关键步骤。在上述步骤中，我们已经确定了所有与决策相关的因素、各自的权重，并列出了各种备选方案。现在只需要将"步骤5"中的方案分析评分与"步骤3"中的决策标准权重，正确地进行加权（评价分值乘以权重值），并从列出的备选方案中选出得分最高的方案即可。

经过决策标准的识别、对每一项标准赋予权重，决策者对每一种汽车进行评分（见表1-3），"大众途观"的得分最高(307分)，因而成为最佳选择。

表1—3　　　　　　　　　各车型的评价(评价值×标准权重)

备选方案 (权重值)	性能 (10分)	价格 (8分)	操控性 (6分)	耐用性 (5分)	维修成本 (4分)	舒适性 (4分)	总分
大众高尔夫	60	72	42	40	28	32	274
本田雅阁	60	56	42	40	32	28	258
大众途观	90	72	54	35	32	24	307
别克君威	70	56	48	40	36	28	278
本田飞度	60	72	36	40	28	24	260
东风标致508	70	64	36	40	32	28	270
丰田凯美瑞	80	64	42	45	40	32	303
奥迪Q5	90	48	48	30	32	40	288
宝马X1	70	48	54	45	36	36	289
雷克萨斯CT	80	56	30	35	36	40	277

步骤7:实施决策方案

尽管决策方案的选择过程在先前的几个步骤中已经完成,但如果不能被有效实施的话,决策仍然有可能遭到失败。因此,"步骤7"所面临的问题是如何将决策付诸实施。决策实施(decision implementation)是指将决策传递给有关人员和部门,并要求他们对实施行动和实施结果作出承诺。如果即将执行决策的员工参与了决策的制定过程,那么他们将更有可能满怀热情地支持决策的实施并作出成果。相比较而言,对于那些仅仅被告知要怎么做的员工来说,其热情将要小得多。此外,群体决策或者委员会制将会帮助管理者实现承诺。

> 决策实施的有效性取决于管理者的能力、技巧以及备选方案本身的可行性。

步骤8:评价决策结果

决策过程的最后一步(步骤8)是评价决策结果,看其是否已经正确地解决了问题。"步骤6"所选择的决策方案以及"步骤7"所实施的决策方案是否取得了理想的结果。如果评价结果显示问题已经得到有效解决,那么本次决策则圆满结束;如果评价结果表明此方案并不能完全解决原有的问题,那么管理者就需要仔细分析到底是哪里出了纰漏、问题是否被错误定义、在评估各种备选方案时出现了哪些偏差、是否方案的选择是正确的但实施得不好、问题如果仍然存在将会发生什么事情,这时,管理者需要重新回到决策过程的某个步骤,甚至可能要重新开始整个决策过程。

【小测验】

1. 为什么确定标准权重是决策的重要问题?
2. 管理者如何开发、分析、选择和实施具体方案?如何评估决策是否有效?
3. 为什么管理者通常被描述为决策制定者?
4. 请描述四大管理职能(计划、组织、领导、控制)中的决策内容。

单元二　决策的类型

旅行社的管理者每周都要制定决策，如游客量的指标、员工的排班表等。对于他们而言，这是重复性的工作。但是在新《旅游法》颁布后，他们需要适应新情况，制定以前从未制定过的决策。不过，这也没什么好奇怪的，管理者在履行职责时会遇到各种类型的问题，管理者采用何种类型的决策取决于其所面临问题的性质。由于企业活动非常复杂，因而管理者的决策也多种多样。不同的分类方法，都会对应有不同的决策类型。

一、按照重要程度分类

根据决策的重要程度，决策可分为战略决策、管理决策和业务决策。

（一）战略决策

战略决策（strategic decisions）是指有关企业或组织未来发展方向以及全局性、长远性和大政方针方面的重大决策，一般由组织内部最高管理层（即战略决策层）负责。它是企业战略管理中极为重要的环节，起着承前启后的枢纽作用。

战略决策依据战略分析阶段所提供的决策信息（行业机会、竞争格局、企业能力等），由总经理、副总经理、财务总监等少数企业高管构成战略决策层，在综合各项信息后确定企业战略及相关方案。然后，在战略决策意图和目标达成一致的前提下，更详细地分解战略目标，展开各项战略部署工作。

战略决策是企业经营成败的关键，它关系到企业的生存和发展。决策正确可以使企业沿着正确的方向前进，提高企业的竞争力和适应环境的能力，取得良好的经济效益；反之，决策失误就会给企业带来巨大损失，甚至导致企业破产。

（二）管理决策

管理决策（management decisions）是指企业或组织的中层管理者为保证企业总体战略目标的实现而作出的针对部分问题的重要决策，旨在解决企业在执行战略决策过程中的具体战术问题，如组织机构调整、重要的人事调配及任免、资金的运用、设备的选择或更新改造、年度生产经营计划的制订、现代科学管理方法的运用等。管理决策通常由部门经理、大区经理、品牌经理等中层管理者作出，因此也称中层决策。

管理决策的基础是通过高度协调企业内部各环节的生产、技术和经济活动，以及合理配置与利用企业资源，使企业的生产技术经济活动正常进行，以实现战略决策、提高管理效能。

【拓展资料】

华润集团是一家在国内有一定影响的企业集团。在华润集团内部，流传着"26只猫和1只老虎"的故事。2001年，华润集团相继收购了26家啤酒企业，但完成收购后，由于这26家企业在企业文化上存在很大差异，管理层和员工的思想都停留在原企业的层面上，对于华润的管理文化存在着抵触情绪。华润的老总在高层会议上讲述了下面这则故事，旨在对这些啤酒企业进行文化上的整合，把猫变成老虎，提高啤酒企业的整体竞争力。

这则故事是这样的：大山里来了1只狼，它觉得饿了，就四处觅食，终于发现了一群猫,一共有 26 只。狼一开始很害怕,但还是壮着胆子向其中 1 只猫下手,很快就吃掉了。就这样下去,狼先后吃掉了 26 只猫。等吃完了猫,狼又开始四处觅食。这时,狼又看到了 1 只猫,不过这只猫很大。狼并不觉得害怕,它扑上去就咬。结果,这只猫力气非常大,狼反而被它吃掉了。狼至死都不明白,那个看上去很大的猫原来是 1 只老虎,虽然只有 1 只,但力量却大过 26 只猫。现在,那 26 家啤酒企业就像是 26 只猫,在激烈的市场竞争中,它们要面对狼的进攻,很可能不是一只,而是一群。这个时候,要想战胜狼,就必须变成老虎,要把 26 家啤酒厂变成一个啤酒集团。实现了这样的规模效应,才能够把力量集中在一起,对付强大的对手。

资料来源:根据相关资料整理改编。

(三)业务决策

业务决策(business decisions)是指企业为了解决日常工作中的业务问题、提高工作效率和生产效率、合理组织业务活动而作出的短期性决策,一般由基层管理人员负责。

管理者在进行业务决策时,应全面分析业务的优势和劣势,把决策重点放到最核心和最关键的问题上。无论是推出新产品或服务,还是建立研究和开发设施,都要认真考虑企业现状,以及企业在业务进行时可能遇到的问题,设想企业的利益相关者可能的态度,并将这些问题对于业务的制约和影响考虑进去,小心谨慎地对待并研究好企业的应对措施和方法。如果在制定具体业务决策的时候麻痹大意、盲目轻敌,就只能使自己陷入未来可能发生的危机中。

同时,管理者还要把自己的资源和人才凝聚在一项关键业务上,而不是分散自己的力量、四面出击。如果企业盲目扩大业务范围而不考虑可能遇到的问题,不事先制订出应变措施,就可能在企业扩大到一定规模、遇到问题时措手不及。中国的一位企业家说,比尔·盖茨之所以成功,是因为他没有在公司规模扩大后去做房地产。正是由于比尔·盖茨一如既往地坚持计算机软件行业,不断地投入资金去研究和开发新的软件,把自己所有的资源和人才都集中在软件业务上,才使得微软始终在计算机软件行业独占鳌头。

【拓展资料】

在微软的系统软件进入中国市场之前,金山凭借它的 WPS 系统在中国一统天下。当时,中国几乎所有的计算机都装有金山的 WPS 系统,WPS 系统就是计算机系统软件的代名词。直到微软视窗进入中国,金山还对它不屑一顾。在金山的管理者看来,微软不可能取代金山的位置。然而,短短的一段时间后,金山就意识到他们犯了轻敌的错误。几乎是一夜之间,微软便以更加快捷、方便的功能占领了中国市场,金山和微软的初次交锋便以金山的失败而告终。金山在中国计算机软件业的地位急转直下、陷入困境,其管理者甚至一度想要放弃。

沉寂了一段时间之后,金山决定重新复出。在充分认识到自己所面临的市场环境和分析竞争对手之后,金山的管理者认为在系统软件上东山再起是十分困难的。于是,他们把目光投向了竞争不是十分激烈的杀毒软件领域,他们开发的金山毒霸渐渐地在杀毒软件市场拥有了自己的一席之地。如今,金山公司已经把杀毒软件的开发研究作为自己业务的主要方向,并把目光投向了海外市场。

资料来源:根据相关资料整理改编。

图1—3显示的是按照重要程度划分的决策类型。战略决策主要是由最高层次、人数较少的决策层作出,主要解决企业全局发展、长远发展的方向性问题。管理决策主要是由中间的管理层作出,主要解决企业部分发展、中期发展的方法性问题。业务决策主要是由最基层、人数较多的执行层作出,主要解决企业短期发展的方式性问题。

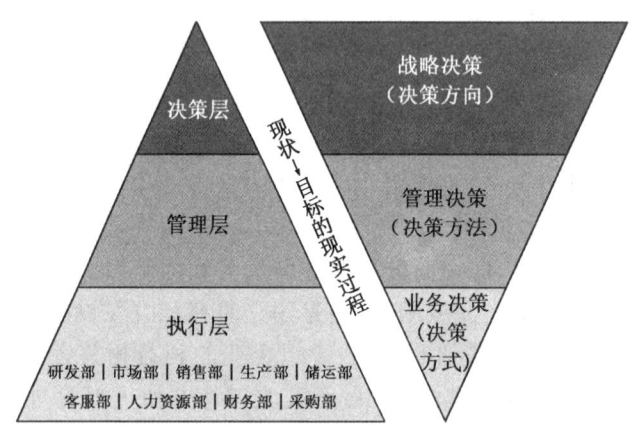

图1—3 按照重要程度划分的决策类型

二、按照重复频率分类

按照决策的重复频率,可将决策分为程序化决策(即常规决策)和非程序化决策(即非常规决策)。程序化决策又称常规决策,就是对常规的、反复发生的问题作出的决策。比如,我们每天早上起床后要刷牙、洗脸、吃早饭等(见图1—4)就属于常规决策,基本上按照既定的常识和习惯来做就好了,无需过多思考。

非程序化决策也称非常规决策,是指偶然发生的或者首次出现而又较为重要的非重复性决策。比如,要选择跟什么人结婚、在什么地方买房子等(见图1—5),这些就属于非常规决策,需要慎重思考。

图1—4 刷牙

图1—5 买房子

(一)程序化决策

程序化决策(programmed decisions)主要用于处理常规性问题,可以程序化到制定出一套处理这些问题的固定程序,以至于每当其出现时,就按照惯例或者规章进行处理,是一种运用常规方法就能够处理所面临问题的重复性决策(见图1-6)。例如,供应商拖延交货时间、消费者在百货商场退货、报社需要对突发且快速传播的新闻事件作出反应、学校对学生申请助学贷款的处理等。因为是常规性、经常发生的问题,所以管理者不会在决策过程中耗费过多的精力,也不会陷入麻烦中。

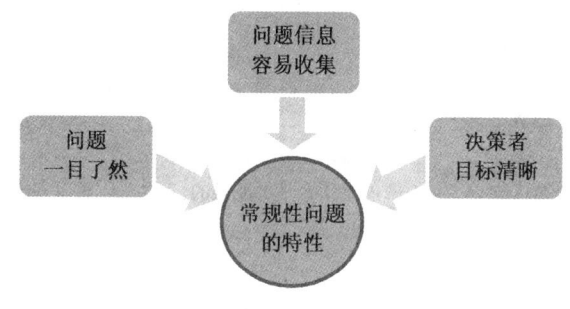

图1-6 常规性问题的特性

问题被确定后,解决方案也容易确定,或者至少限定在少数几个可供选择的方案上,而且这些方案是熟悉的并被过去的实践证明是成功的。程序化决策相对简单,并且在很大程度上依赖以前的解决方法,是一种仿照先例的决策。如餐厅服务员不小心把饮料洒在顾客身上的这类问题,就不会要求管理者再去识别问题、权衡决策的标准以及开发多种可能的解决方案,而是依据系统化的程序、规则或政策来处理这类问题,比如由餐厅支付顾客清洗衣服的费用等,这就是我们所说的程序化决策。

程序化决策的好处是将复杂问题简单化,然后由浅入深、由粗到细、由定性到定量逐段解决问题,它能够有效提高决策的效率。如果提供的决策信息较为完整,模型系统也比较接近真实系统,那么找到最优决策的可能性一般较大。因此,在程序化决策过程中,开发备选方案阶段通常不存在或很少受到关注。

【拓展资料】

程序(procedure)是指按照顺序、相互关联的一系列步骤,管理者遵循这些步骤对常规性问题作出反应。现实中唯一的困难是确认问题,一旦问题清楚了,就可以立即进行处理。例如,采购经理收到一份来自仓库经理的请求,要求购买15台掌上电脑,以方便公司销售代表的客户服务工作。采购经理知道有确定的程序来处理此类问题,于是此时的决策过程只是执行一套简单的程序化的步骤而已。

规则(rule)是一种明确的陈述,它告诉管理者什么能做以及什么不能做。规则通常被管理者用来处理常规问题,因为管理者只需遵循和确保一致性即可。例如,处理迟到和缺勤员工的规则可以使得领班迅速执行纪律,并且这种决策过程和结果是相当公平的。

指导程序化决策制定的第三种方式是政策(policy),这是制定决策的指南。与规则不同,政策试图为管理者确立一些参数,而不是具体地告诉管理者应该做什么或不应该做什么。

政策通常包含一些模糊的术语,它给决策留下了解释的余地。例如,下列政策的陈述就带有这些特征:顾客永远是第一位的,并且始终应当被满足;只要有可能,我们总是考虑采取先从内部晋升的政策;员工工资按照社区标准将始终具有竞争力等。注意,这里的"满足"、只要"有可能"以及"竞争力"这些术语通常会被要求做进一步的解释。政策指明要支付有竞争力的工资,虽然没有告诉公司的人力资源经理确切的工资数量和水平,但是这指明了制定决策的方向。

程序	规则	政策
相互关联的一系列步骤,管理者遵循这些步骤作出响应。	对于什么是可以做的以及什么是不能做的明确陈述。	指导管理者沿着特定方向思考。做到不具体,有解释的余地。

(二)非程序化决策

并不是决策者面对的所有问题都是常规性的以及可以用程序化方法进行处理的,许多组织存在非常规性问题。例如,是否在外国建立一家新的工厂、是否关闭一个亏损的事业部、如何挑选设计师来设计办公设施,或者是否投资一种新的及未经证实的技术等,这些都属于非常规性问题。

同样,当决定如何改变经营策略来应对新《旅游法》条例时,旅行社管理者所面临的问题也属于非常规性问题。因为这类问题的性质和结构有些复杂,管理者需要"现学现做"、用不同寻常的独特方式加以处理,或者依靠非程序化决策方法以及开发专门的解决方案,如图1—7所示。

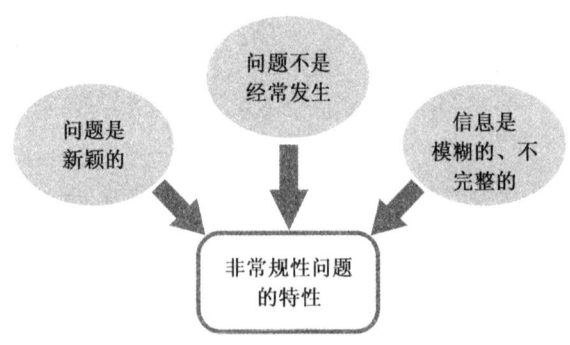

图1—7 非常规性问题的特性

非程序化决策(non-programmed decisions)主要用于处理非常规性问题,是一种具有唯一性和不可重复性的决策。这类决策没有特定程序,也没有现成的解决方案可用,因为这类问题在过去尚未发生过,是一种非常规性的问题,主要靠决策者的经验、思维和判断力。因此,决策者应该充分发挥自己的经验和创造力,作出非程序化的决策,或在程序化决策的基础上进行适当的调整和权衡。

表 1—4 显示了程序化决策与非程序化决策之间的差异。

表 1—4　　　　　　　　　　程序化决策与非程序化决策的差异

特点	程序化决策	非程序化决策
问题类型	常规性问题	非常规性问题
管理层级	较低层级	较高层级
频率	反复性、经常的	新型的、不同寻常的
信息	易于获得	模糊和不全面的
目标	清晰而具体	含混不清
解决问题的时间	时间相对较短	时间相对较长
解决问题的途径	程序、规则、政策	主观判断、经验和创造力

在现实世界中，几乎没有管理决策是完全程序化的或者完全非程序化的，这是两种极端情况，绝大多数决策介于这两个极端之间。一方面，几乎没有程序化的决策能够完全排除个人判断；而另一方面，即使是要求非程序化决策的独特情况，也可以得到程序化的常规思路的帮助。当遇到问题时，恰当的方式是：根据问题的实际情况，将决策问题看作是程序化为主或非程序化为主，再进行分析判断，而不是将其看成完全的程序化或完全的非程序化。

关于这个问题需要说明的是，采用程序化决策有助于提高组织决策效率，这也是其为什么得到普遍应用的原因。只要有可能，管理者应当尽量使用程序化决策。但是，对于高层管理者而言，在组织的最高层次上运用程序化决策不太现实，因为他们面对的绝大多数问题是非重复性的。即便如此，强烈的经济动机还是促使他们为决策建立标准化的作业流程和规则，甚至是制定政策，并据此指导其他管理者的决策。例如，为了提高决策效率和改进决策效果，负责非程序化决策的高层管理人员可以制定出工作手册，并对负责程序化决策的人员进行必要的培训，督促他们严格执行工作手册中的相关规定。

图 1—8 中反映的是问题类型、决策类型和组织层次之间的关系。在该图中，较低层次的管理者面对的通常是熟悉的和重复性的问题，也就是常规性问题，大多数情况下可以进行程序化决策。随着组织层级的上升，管理者将越有可能面临非常规性问题。因为，中低层管理者通常会自己处理常规性决策，而把他们遇到的无前例可循的或觉得处理起来比较困难的非常规性问题提交给上级解决。同样，高层管理者会把程序化决策授权给中低层管理者，以便可以将自己的时间用于解决更为棘手的问题。

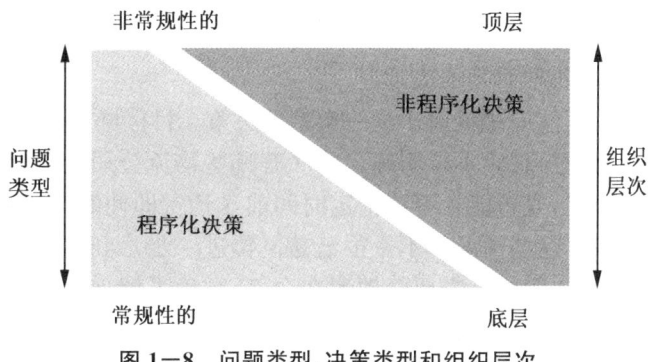

图 1—8　问题类型、决策类型和组织层次

程序化决策使管理者作出主观判断的需要减至最小,而这也是程序化决策中重要的因素之一,因为斟酌判断会增加成本。管理者要做的非程序化决策越多,所需要的判断也就越多。由于准确判断的能力不是人人具备的,因此拥有这种能力的管理者的服务成本更大。

> 【小测验】
> 1. 如何描述常规性问题以及程序化决策?请举例说明。
> 2. 如何描述非常规性问题以及非程序化决策?请举例说明。
> 3. 请为程序、政策和规则各找两个例子,并准备在班里与大家分享。

三、按照目标和现状分类

图1—9展示了按照目标和现状划分的决策类型。如果把所有的决策问题按照目标和现状分成两个坐标轴,横轴为现状,纵轴为目标,现状和目标又进一步细化为明确和不明确。这样,我们就可以把决策分为四大类型:

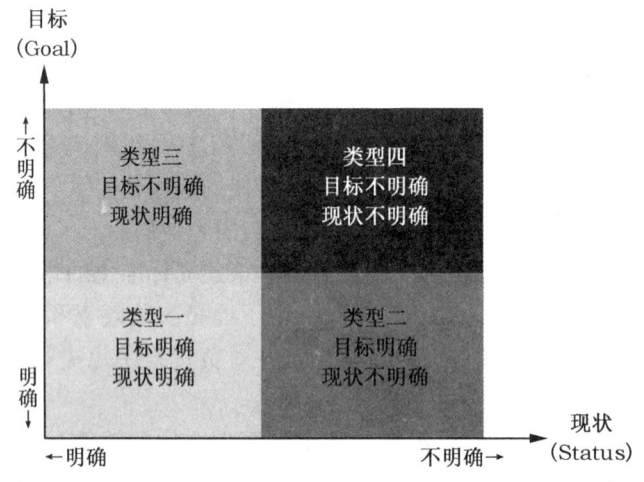

图1—9 按照目标和现状划分的决策类型

类型一,目标明确、现状明确的决策。

例如,企业由于资金紧张需要向银行贷款2 000万元,就属于这类决策。企业只需要计算好相关的现金流缺口,找到贷款银行,并谈妥贷款利率等问题即可。这类目标明确、现状明确的决策,相对来讲比较容易解决,只要按照常规决策走流程就可以了。

类型二,目标明确、现状不明确的决策。

例如,企业春节物资送达问题就属于这一类型的决策。目标城市和门店是明确的,目标送达的数量也应该明确。但是,现状不够明确。到底有哪些物流公司春节期间还在营业?即使营业,他们的人手是否充足,是否能在客户指定时间前送达?即使时间没有问题,但是配送成本会不会增加,增加多少?这些情况都不是很清楚。再进一步,到底是用空运好,还是用春节加班的物流公司好?这些决策问题需要管理者在全面、准确了解现状之后,快速、果断地做好决策。

类型三，目标不明确、现状明确的决策。

例如，企业目前亟需为所有的老员工安排进一步的管理培训就属于这类决策。因为"进一步"是一个既不明确也不容易衡量的目标，它到底指什么？是不是只要再安排一个类似的培训，不管效果好坏都称"进一步"。因此，决策者要将目标定义得比较清晰，才可以指导下属展开下一步的行动。

【拓展资料】

SMART 目标管理方式

目标管理（MBO）的概念是由现代管理学大师彼得·德鲁克在其著作《管理的实践》（*The Practice of Management*）一书中首先提出，该书于 1954 年出版。德鲁克认为，管理人员一定要避免"活动陷阱"（activity trap），不能只顾低头拉车，而不抬头看路，最终忘记了自己的主要目标。

制定目标虽然看起来非常简单，但如果上升到技术层面就不那么容易了。决策者必须学习并掌握目标制定的 SMART 原则。

S 代表目标要清晰、明确（Specific），就是要用具体的语言清楚地说明要达成的行为标准。明确的目标几乎是所有成功团队的一致特点。很多团队不成功的主要原因之一就是因为目标定的模棱两可，或没有将目标有效地传达给相关成员。目标设置要有项目、衡量标准、达成措施、完成期限以及资源要求，使考核人员能够很清晰地看到部门或科室计划要做哪些事、计划应该完成到什么样的程度。

彼得·德鲁克，著名的现代管理学大师，终身以教书、著书和咨询为业，一生共著书 39 本，其中《管理的实践》和《管理：任务、责任和实践》是其巅峰之作

M 代表可度量（Measurable），即目标应该能够量化或者行为化，验证目标的数据或信息是可以获得的。首先可以从数量、质量、成本、时间、上级或客户的满意程度五个方面进行衡量；如果不能衡量的话，可考虑将目标细化，细化成分目标后再从以上五个方面衡量；如果仍不能衡量，还可以将完成目标的工作进行流程化，通过流程化使目标可衡量。

A 代表可实现（Attainable），是指目标应该在付出努力的情况下可以实现，避免设立过高或过低的目标。目标设置要坚持员工参与、上下左右沟通，使拟定的工作目标在组织及个人之间达成一致。既要使工作内容饱满，也要具有可达性。可以制定出跳起来"摘桃"的目标，但不能制定出跳起来"摘星星"的目标。

R 代表现实性（Realistic），是指目标应该是实实在在的，要可以观察和证明，并要与本职工作相关联。如果实现这个目标跟其他目标完全不相关，或者相关度很低，那这个目标即使被达到了，意义也不是很大。

T 代表时限性（Time-based），是指目标设置要有时间限制。根据工作任务的权重、事情的轻重缓急，拟定出完成目标的时间要求，并定期检查项目的完成进度，及时掌握项目进展的变化情况，以方便对下属进行及时的工作指导，以及根据工作计划的异常情况进行及时的调整。

类型四,目标不明确、现状不明确的决策。

企业新品上市的决策就属于这一类型。消费者对这个新产品到底有没有需求?有多少人有需求?有哪些同类型的竞争对手在卖类似的产品?他们的销量怎么样?单价是多少?将来上市后,经销商会不会用心卖新产品?卖场会不会配合新产品的销售?这些情况都不是很明确。更糟糕的是,企业的目标也比较模糊。例如,为什么要上市这个新品系列?上市之后能达到多少销量?准备投入多少费用?它能够为企业创造多少利润?短期来讲,是否要企业拿出其他产品的利润来配合这个新产品的开发和销售?上市半年后的走势将会如何?这个新产品能卖几年?这也是一个非常规性的问题。据不完全统计,一般新产品上市的成功率不到5%。即便像宝洁这样实力雄厚的企业,在中国上市新产品,也曾经遭遇过失败。比如,早年的"润妍"洗发水、"激爽"沐浴露、"得宝"纸巾……

通常,这种现状和目标不明确的问题最难决策,也最考验决策者的阅历、经验和决策水平。因此,决策者应该慎之又慎,要非常理性地进行思考。

四、按照决策涉及范围分类

按照决策涉及的范围,可将决策分为个人决策和群体决策。

(一)个人决策

个体决策(personal decision; personal decision making)是指决策者通过个人决定的方式,按照自己的判断力、知识、经验和意志所作出的决策,一般仅用于日常工作中的程序化决策和管理者职责范围内的常规性决策。

个人决策是决策者自主决定自己的事情,结果好坏由决策者个人承担,它具有一定的合理性和局限性。个人决策的合理性主要体现在个人决策具有简便、迅速、责任明确的特点。个人决策的局限性主要体现在两个方面:第一,个人决策所需的社会条件难以充分具备;第二,决策者受到个人的经验、知识和能力的限制。

(二)群体决策

群体决策(group decision making)是为充分发挥集体的智慧,由多人共同参与决策分析并制定决策的整体过程。其中,参与决策的人组成了决策群体。例如,收购一家濒临破产的企业,就不是管理者一个人能够决定的事,需要大家参与进来,共同商讨并进行决策,以确保决策的正确性。

群体决策是否比个人决策更有效,取决于定义有效性的标准,如准确性、速度、创造性和可接受程度。群体决策往往更为准确。有证据表明,尽管存在群体思维(groupthink),但一般而言,群体能比个人作出更好的决策。

但是,如果决策的有效性是以速度为标准来定义的话,那么个人决策更为优越。如果创造性是重要的,群体决策往往比个人决策的效果更好。如果有效性指的是最终解决方案的接受程度,那么群体决策的效果较好。

同时,群体决策的有效性也受到群体规模的影响。群体规模越大,差异性出现的机会就越多。另外,大型的群体需要更多的协调和更多的时间使所有的成员有效参与。这就意味着,群体不宜过大,一般5~15人即可。实际上,有证据表明,5~7人的群体是最有效的。因为5和7都是奇数,可以避免僵局。

当然,决策者在评价效果的同时必须考虑决策效率,群体决策和个人决策相比,其效率几乎总是稍逊一筹。一般情况下,群体决策比个人决策耗费的工作时间更多。在决定是否采用群体决策时,管理者应该考虑的是决策有效性的提高是否足以抵消效率的损失。

个人决策和群体决策的比较如表 1—5 所示。

表 1—5　　　　　　　　　　　个人决策和群体决策的比较

方式	个人决策	群体决策
速度	快	慢
准确性	较差	较好
创造性	较高。适用于目标不明确、需要创新的工作。	较低。适用于结构明确、有固定程序的工作。
效率	视任务的复杂程度而定。通常费时较短,但成本代价高。	从长远看,费时较长,但成本代价低。效率高于个人决策。
风险性	视决策者个人的学识、经历而定。	视群体性格(尤其是决策者)而定。

【小测验】
组织越来越多地采用群体决策,原因何在?在什么情况下,你会建议采用群体决策?

五、按照决策环境分类

(一)确定型决策

确定型决策(decision making under certainty)是指可供选择的方案中只有一种自然状态时的决策,即决策条件是确定的,决策结果完全由决策者所采取的行动所决定。

确定型决策主要解决最基本的决策问题,方法比较简单、成熟,也经常被用到,因此在决策过程中占有重要地位。可采用方案比较法、成本效益分析法、量本利分析法等分析计算方法,或者运用最优化、动态规划等数学模型求得最优解。例如,小刘得到一笔 200 元的奖金,他可以用这些钱买一份礼物送给父母,以表孝心;或者可以给儿子买其向往已久的玩具汽车;或者一家三口出去吃一顿;或者还可以为自己买些资料。这里的客观条件就是 200 元,如果小刘作出决策,采用了其中的一种方案,买礼物送给父母,那么决策的结果就是表示了孝心,这就是确定型决策的方案比较法。

确定型决策看起来似乎很简单,但在实际决策中并非都是如此。决策者将面临着从众多备选方案中选出最优方案的挑战。例如:一辆汽车要从一个城市到另外十个城市巡回一次,其路线就有 $10 \times 9 \times 8 \times \cdots \times 3 \times 2 \times 1 = 3\,628\,800$ 条,从中选出最短路线就不那么容易。但是,这类决策问题的一般约束条件明确、能用数学模型表示、系统的各种变量及其相互关系能够被计量,可以建立确定的一元函数,因此运用线性规划等数学方法就可以求出最佳解。

(二)风险型决策

风险型决策(decision making under risk)是指可供选择的方案中存在两种或两种以上的自然状态,而且每种自然状态所发生概率的大小可被估计的决策。也就是说,决策者对决策对象的自然状态和客观条件比较清楚,也有比较明确的决策目标,但是实现决策目标必须冒一定的风险。因为决策所面临的自然状态是一种随机事件,各种可行方案所需的条件均存在不可控因素,决策结果只能根据每一种情况的发生概率进行预测。在对未来可能出现的结果不能作出充分肯定的情况下,管理者需要根据各种可能结果的客观概率作出决策,并因此承担一定风险。风险型决策的主要特点是:决策的客观条件不能肯定,但能判断确定未来经济事件的各种自然状态可能发生的概率。

现代社会化大生产受客观环境的制约较大,一项重大决策对环境变化的适应性不同,其后果也大不一样。例如,面对能源危机,现代汽车工业想要发展不用石油的汽车,需要投入较大的科研费用。根据判断,如果研发这种汽车能有很好的销路,那么就可以在投入市场几年后收回投资并获得较大利润,这是成功的估计。如果因为这种汽车造价高、使用不便、没有市场需求,那么这种投资就会失败并带来较大损失。对于这两种可能性,决策者如何作出判断和选择,就属于风险型决策。换言之,决策者要对决策后果承担一定风险,因为决策不当会带来巨大的经济损失。当然,这种决策也不完全是盲目的。决策者要做各种预测,进行反复的经济技术分析和科学的论证,以提高决策成功的概率。

从决策方法来看,风险型问题具有决策者期望达到的明确标准,存在两个或两个以上的可供选择方案和决策者无法控制的多种自然状态,并且在不同自然状态下不同方案的损益值可以被计算。对于未来发生何种自然状态,决策者虽然不能作出明确回答,但能大致估计出其发生的概率值。对于这类决策问题,可用损益矩阵和决策树等分析方法求得最优解。

(三)不确定型决策

不确定型决策(decision making under uncertainty)是指可供选择的方案中存在两种或两种以上的自然状态,而且这些自然状态所发生的概率是无法被估计的决策。也就是说,决策者无法确定未来各种自然状态发生的概率,因此各种可行方案出现的后果是不确定的,决策者需要在这种不稳定的条件下凭借着决策者的经验、感觉和估计作出决策。

不确定型决策的主要方法有等可能性法、保守法、冒险法、乐观系数法和最小最大后悔值法等。

> 【小测验】
> 请解释管理者如何在不确定性条件下作出决策。

决策方法的具体运用,我们将在本书的第三章中详细阐述。

单元三 常见的决策错误

由于外部环境的剧烈变化,决策者所拥有的信息不足或太多、信息之间的相关性不明、决策者处理信息的能力以及本身的认知能力有限,再加上时间紧迫、决策压力大,在处理信息的顺序、数量与种类等方面往往有选择性,由此产生的决策障碍与困难程度也随之增加。而管理者在这种环境下制定决策,往往会陷入一些决策的陷阱(decision traps),导致信息加工和评估出现错误和偏差,从而影响决策的质量和效率。接下来,我们将对决策过程中常见的12种决策错误做一个详细介绍。

一、没有找对问题

管理者必须不断追问自己"问题到底是什么",这样才能找到真正的问题,然后确定目标,这样才不会找错方向。研究显示,美国的汽车制造业从第二次世界大战之后就开始使用作业研究等数量分析工具,为其制造管理上的问题找出最佳的解决方案。我们知道,在一条汽车生产线上可以生产出多种款型的汽车,但是如何进行有效的转换,这是一个值得考虑的问题。美国的汽车制造商们花了很大精力建立一套数学规划模型,目的是计算在一条生产线转换之前,该生产线能够生产出多少数量的汽车(见图1—10)。然而,日本汽车制造业则将生产线转换的时间视为问题的重点,最终形成了少量多样的生产制度。所以,构建问题的方向和看问题的角度,有时候会成为决策制定的盲点。

> 决策制定者需要透过表面现象找出问题的本质。

图1—10 汽车生产线

但有时即使问题的方向找对了,管理者还是会在没有深入仔细弄清楚问题的核心与本质之前,便草率地依据目前的信息,贸然地进行方案对比,然后作出决策。

有时候,管理者们更喜欢将决策的重心放在方案的比较、预期结果的衡量或下结论上。然而,问题的定义、解决的方向只有一开始就沿着正确的方向走,才能作出好的决策。换言之,身为管理者最重要的不仅是要在实施的过程中"正确地做事",更重要的是在一开始面对一个决策问题时就要"做正确的事情",只有这样才能找到真正、关键的问题核心。

二、过度自信

所谓的过度自信(overconfidence),是指管理者随着经验的逐渐积累以及对某个领域相关决策的日益熟悉,从而归纳出自己处理事情的经验法则,在面对类似情况时只需要用很少的解决时间就能解决问题。

管理者在做对过很多类似的决策之后,便自以为是相关领域的决策专家,而忽视许多必须检查的部分,跳过许多决策分析步骤。换句话说,由于决策者过分相信经验而作出自以为正确的决策时,就容易铸成"聪明反被聪明误"的后果。

事实上,当问题发生的背景和时空变化、新竞争者的进入或者游戏规则发生改变时,决策者如果仍过度相信自己的判断和过去的经验时,过去的经验反而会成为变革的包袱。乌江自刎的项羽就是一个鲜明的例子。

【拓展资料】

世界各地的人们往往不切实际地高估自己的能力。约有93%的美国驾驶员表示他们的驾驶水平优于平均水平,无数的销售经理预测每年销售业绩的增长比率将达到两位数,特别是在职业生涯后期。

过度自信往往会导致可怕的决定,这不仅仅体现在商业领域。回想1915年的加利波利战役,英国军官认为他们可以轻松击败土耳其人。"每一次我们都会击败他们,因为英国志愿兵是优于土耳其人、叙利亚人和阿拉伯人的。"在惨败前不久,指挥官伊恩·汉密尔顿爵士在他的日记中如此写道。

三、固守成规

决策者在决策过程中有时会犯固守成规的错误,也就是所谓的框架效应(framing effect),是指在构建决策问题时,由于问题的呈现方式在决策者心中已有固定模式或者被塑造成固有的概念架构,导致决策者未经深思熟虑就将自己关注的焦点放置在错误的标的问题和单纯化的思考架构上,以至于从一开始就错失正确的问题解决方向,看不见重要的目标或者忽略选择最佳方案的时机。我国有一成语叫"朝三暮四",就能够很好地解释这一现象。从前有一个老者喂猴子们吃栗子,规定早上吃3个晚上吃4个,但猴子们都因为早上吃得少而生气。于是老者改为早上吃4个而晚上吃3个。猴子们因为早上吃得多而欣然接受了。因此,决策者在处理实际事务中,很容易固守成规,受框架效应影响而忽略问题的本质,有时候还导致下属报喜不报忧的情况发生。

丹尼尔·克赫曼(Daniel Kahneman)和阿莫斯·特沃斯基(Tversky)(1981)的研究发现,如果把同一个决策问题分别放入"获益"或者"损失"的框架中进行描述,决策者的风险偏好会受到描述方式(即框架)的影响,从而导致决策的变化,甚至会发生反转。用"获益框架"描述方案时,人们倾向于规避风险,选择确定性的方案;而用"损失框架"描述方案时,人们倾向于追求风险。为了便于读者理解,我们以克赫曼和特沃斯基进行的"亚洲疾病问题"实验来更好地阐述"框架效应"。

设想美国正准备对付一种罕见的亚洲疾病,预计该疾病的发作将导致600人死亡。现有两种与疾病作斗争的方案可供选择。假定对各方案所产生后果的精确科学估算如表1—6所示:

表 1—6

框架一: 对第一组被试者($N=152$)叙述下面情景,将解决方案设为A和B	框架二: 对第二组被试者($N=155$)叙述同样的情景,同时将解决方案设为C和D
如果采用A方案,200人将生还。 如果采用B方案,有1/3的机会600人将生还,而有2/3的机会将无人生还。	如果采用C方案,400人将死去。 如果采用D方案,有1/3的机会将无人死去,而有2/3的机会600人将死去。

第一章　什么是决策

续表

你支持哪一种方案呢？	
研究结果发现： 　　在第一种框架下，有72%的被试者选择了A方案，只有28%的被试者选择B方案。即有72%的人属于风险规避型，选择肯定可以挽回200人生命的方案，而不是以如此多人的生命作赌注。	在第二种框架下，有22%的被试者选择了C方案，只有78%的被试者选择D方案。即在这一框架下，得到了与前一种框架完全不同的答案，有78%的回答者变得更愿意冒风险了，更愿意赌一赌，而不愿意接受400人生命的丧失。

实际上，框架一和框架二中的方案都是一样的，只是改变了描述方式而已。但也正是由于这小小的语言形式的改变，使得人们的认知参照点发生了改变，由框架一的"获益"心态转变为框架二的"损失"心态。即是以死亡还是救活作为参照点，使得在第一种情况下被试者把救活看作是收益，死亡看作是损失。在不同的参照点下，人们对待风险的态度是不同的。当面临获益时人们会小心翼翼地选择规避风险；当面临损失时人们甘愿冒险而倾向于追求风险。

【小测验】

请你对下列情景进行决策。

情景一：如果一笔生意可以稳赚800美元，另一笔生意有85%的机会赚1 000美元，但也有15%可能分文不赚。

情景二：如果一笔生意要稳赔800美元，另一笔生意有85%的机会可能赔1 000美元，但相应地也有15%可能不赔钱。

请问，在这两种情形下，你会作何选择呢？

生活中这样的例子比比皆是。比如，你在广州工作了一段时间，有一天突然接到同学电话，说公司最近决定调他到广州工作，他下个月就要带着妻儿来了，请你帮他在你家附近租套房子。你接到这个电话后非常热心，立刻在你家附近做了大量调查，去看了至少10套出租屋，经过慎重比较，向他推荐了其中的3套。你甚至带了数码相机拍了很多照片传给他，请他选定后你就帮忙去交订金。表面看上去，你是很靠谱的人。

【拓展资料】

怎样公布好消息和坏消息？

如何发布消息甚至可以影响股市的走势。如果一家公司要向它的股东公布一项好消息，那么应该以怎样的方式公布才能使它产生最积极的效果呢？如果要公布的是一项坏消息，公司又该如何做才能最大限度地减少这个消息所带来的不利影响呢？芝加哥大学行为科学教授理查德·塞勒(Richard Thaler)提出四个原则：

原则一：如果你有几个好的消息要发布，应该把它们分开发布。假定今天老板奖励了你1 000美元，而且你今天在一家百货商店抽奖时还抽中了1 000美元，那么你应该把这两个好消息分两天告诉你妻子，这样她会开心两次。根据前景理论，分别经历两次获得所带来的高兴程度之和大于把两个获得加起来所带来的总的高兴程度。再比如，在你给别人送两件以上生日礼物时，不要把所有

理查德·塞勒，芝加哥大学商业研究生院行为科学与经济学教授，行为经济学和行为金融学领域的重要代表人物

礼物放在一个盒子里,应该分开包装;若你是老板,给人一次性发5 000美元,不如先发3 000美元,再发2 000美元。

原则二:如果你有几个坏消息要公布,应该把它们一起发布。如果你今天钱包里的1 000美元丢了,还不小心把你妻子的手机弄坏了,那么你应该把这两个坏消息一起告诉她。因为根据前景理论,两个损失结合起来所带来的痛苦小于分别经历这两次损失所带来的痛苦之和。比如,开会收取会务费时,务必一次收齐并留有余地,若有额外开支一次次增收,虽然数量不多,会员仍会牢骚满腹。

原则三:如果你有一个大大的好消息和一个小小的坏消息,应该把这两个消息一起告诉别人。这样的话,坏消息带来的痛苦会被好消息带来的快乐所冲淡,负面效应也就少得多。

原则四:如果你有一个大大的坏消息和一个小小的好消息,应该分别公布这两个消息。这样的话,好消息带来的快乐不至于被坏消息带来的痛苦所淹没,人们还是可以享受好消息带来的快乐。当然,我们也要具体情况具体分析,如果悬殊过大则应该分开;如果悬殊不大则应该整合。

实际上,你陷入了框架效应的陷阱。你在这个框架里忙来忙去,却忘了应该先探究一下这个框架本身是否正确,也就是说,你同学来广州在你家附近租房子到底是不是合适的?你可以先问他几个问题:来广州工作是在哪一个区?离自己的家有多远?他的孩子几岁?要上什么学校?他来广州要待多久?是长期的还是暂时的?否则他们一家大小搬来了,住在你家附近后才发现,每天上班路上要花一个小时,这个区的小学又不好,因为租约错过了买房的最好时机……到时候他反而会怪你当初不为他着想。你尽心竭力地帮忙,却帮了倒忙,这就是框架效应的陷阱。

有时候,领导交代工作,往往因为一句没有多加解释的话,下属就被局限在一个框架里跳不出来,没有花心思或者不敢去求证领导所给的框架本身是否正确,当然也就做不出最好的决定。

四、没有"空杯心态"

空杯心态,最直接的含义就是一个装满水的杯子很难接纳新东西。其引申含义是,应该随时对自己所拥有的知识和技能进行重整,清空过时的知识、技能或经验,为新知识、新技能的进入留出空间,保证自己的知识与技能总是最新的。决策者如果过分看重初始的经验和信息,就不能充分接受新的知识和信息,从而难以作出正确的选择和决定。在现实生活中,决策者们往往因为惰性或者急于下决定,而依据现成的或者容易找到的信息作出决策。而且这些决策者会认为,第一印象、想法、价格和估计比其后得到的信息更重要。我们经常在电视购物广告上看到这样的广告词:"专柜价5 000元的产品,我们只要998,而且前10名购买者还赠送价值丰厚的礼品。"于是就会有很多人将5 000元作为选择的基准点,将购物广告上出售的商品与之相对比,最后被固定在这个选择圈之内。最后贪便宜的心理还导致了人们争先恐后地去购买。很多决策者就因为没有"空杯心态",出现了基准点选择的偏差,导致决策思维受到牵制,产生了"先入为主"的思想,所以在决策时无法做大幅度的调整和突破。

【拓展资料】

空杯心态

该词语来源于一则佛家故事。古时候一个佛学造诣很深的人,听说某个寺庙里有位德高望重的老禅师,便去拜访。老禅师的徒弟接待他时,他态度傲慢,心想:我是佛学造诣很深的人,你算老几?后来老禅师十分恭敬地接待了他,并为他沏茶。

可在倒水时,明明杯子已经满了,老禅师还不停地倒。他不解地问:"大师,为什么杯子已经满了,还要往里倒?"大师说:"是啊,既然已满了,干嘛还倒呢?"禅师的意思是,既然你已经很有学问了,干嘛还要到我这里求教?这就是"空杯心态"的起源。

五、顾惜已支付成本

顾惜已支付成本,也就是所谓的沉没成本偏差,又称现成偏差(availability bias),是指决策者在决策过程中对现有方案赋予较大权重,从而影响最后的决策。他们在评估备选方案时,不是从将来的结果出发,而是错误地依据以往所投入的时间、金钱或精力,即他们无法忽略和忘记他们已经支付的成本(沉没成本)。换言之,他们忘记了现在的决策并不能更正过去的决策。

在现实生活中这样的例子也并不少见。比如你本来不想买股票,但是朋友向你推荐一家新上市公司很有"钱"途的股票,于是你买了这家公司的股票,股票价格当时是 10 元。你买了以后股价就一直涨,涨到 15 元、20 元,你非常高兴,一直舍不得卖。但过了不久,股价一路狂跌,跌到 5 元。这时,你就更不愿意卖掉了。因为你会觉得:第一,当初是 10 元买的,现在才 5 元就卖掉,不甘心;第二,它曾经涨到 20 元,为什么现在要 5 元卖掉?于是就继续等。

> 决策者需要注意的是,不要因为过去或者现有的错误而导致决策的错误。

其实,你就是顾惜已支付成本。但是,你要知道过去的成本其实跟我们现在所面临的、对未来要做的决定是无关的。我们需要考虑的是现在的 5 元投资在哪里会带来最大回报,而不是股价过去曾经涨到多少,因为这是无法改变或挽回的历史。

如果一个项目进行得不好,其实大家心里都知道这根本就是一个错误的决定,可是既然前期已经投入了一些资源,就这样放弃会不甘心,所以就硬着头皮花更多的时间、更多的资金想把它做好,于是决策者陷入了一个为顾惜已支付成本而增加更多成本的陷阱。因此,如果这个项目已经做得不成功,要有一个正确、客观的分析时,就不要去找那些当初赞成这个决定的人来分析,因为他们会跳不出这个陷阱,他们一定会说再多投入一点钱,过段时间一切都会好起来。

【小测验】

如果你去看一场电影,并且已经花了 100 元买好票,可是你到路口时才发现票丢了,如果你剩余的钱足够多且还有余票的话,请问你愿意再花 100 元买一张票吗?

六、偏信则暗

"兼听则明,偏信则暗"指的是,要同时听取各方面的意见,才能正确认识事物;只相信单方面的意见,必然会犯片面性的错误。在决策过程中,决策者为了合理化自己所做的决策,有时会听不进别人的忠告和建议。或者说,决策者心中对某个问题已经有了一个态度或倾向性意见,对于肯定这种倾向的信息就会特别注意并加以收集,也就是选择性地吸收自己想要的决策信息,而对于那些不利其所作决策的信息就会消极地排斥或忽视。当决策者寻找到可以再次确认他们过去选择的信息,并低估与以往判断相悖的信息时,他们表现出来的就是"偏信则暗"。他们倾向于接受那些可以确定他们心中预想的信息,面对那些挑战这些想法的信息持评判和怀疑的态度。这也是所谓的确认性偏差(confirmation bias),由于决策者在对决策信息进行处理的过程中,对与自己预设的决策信息或证据给予较大的权重,因而影响最后的决策。古代有许多谄媚的奸臣,他们每天做的就是迎合皇帝的任何决定。如果决策者们与喜欢听信谗言的皇帝一样,喜欢听奉承话,只喜欢别人称赞其决策,听不得批评和反对意见,那么久而久之,就再也没人愿意跟你说真话了。

比如,你决定要购买某个小区的一套房子。你会收集各种各样的证据来证实自己的这个决定,说这个地段多么好、这套房子有各种各样的优点等。但如果你的妻子(或丈夫)有不同的意见,她(他)也会收集一些其他证据,以强调她(他)观点的正确性。如果你是一个听不进建议的人,你就会轻视或否定她(他)提出的证据,并通过抬高自己提供证据的价值来肯定自己决策的正确性。

【专家观点】

我们寻求并信任证实我们观点的信息,同时忽略或淡化与之对立的信息。心理学家们称为"动机推理"。

几年前,亚特兰大埃默里大学的研究人员招募了15名共和党人和15名民主党人,给出2004年美国总统的两位主要候选人的矛盾行为并对这些矛盾行为进行解释。例如,乔治·布什曾表示,他"深爱"安然公司的首席执行官肯·雷,但在安然公司倒闭后,他对该公司表示谴责并避免在任何场合下提及雷。他给出的解释是他认为被雷欺骗,并对安然的腐败感到震惊。

此外,两党派人士往往均相信自己党派候选人的解释,否认另一方的声明。

俗话说:"忠言逆耳利于行。"历史上,不听忠言而失败的例子不在少数。三国时的袁绍不采用手下谋士的意见,一意孤行,导致了"官渡之战"的惨败,并最终全军覆灭;刘备急于给关羽、张飞报仇,不理会诸葛亮、赵云等人的劝阻,贸然进攻东吴,而被陆逊"火烧连营七百里",大败而归;晚年的"发明大王"爱迪生由于不听别人的批评和劝告而一事无成。"人无千样好,花无百日红。"我们每个人都不是完美的,只有正视自身的弱点,并积极寻求克服弱点的方法,才能让我们变得更好。但是,并不是所有的短处都会被我们自己发现,如果你肯虚心接受别人的意见,你身边的人才会愿意提醒你、帮助你。

七、杯弓蛇影

杯弓蛇影,是汉语中的一个成语典故,出自汉朝应劭所著的《风俗通·怪神》。晋朝人乐广有一位亲密的朋友,分别很久没见。乐广问起他时,朋友回答说:"前些日子到你家做客,承蒙你给我酒喝,正端起酒杯要喝酒的时候,看见杯中有一条蛇,心里十分害怕,喝了那杯酒后,我就得了重病。"当时,那里墙壁上挂着一张角弓,用漆在弓上画了蛇。乐广猜想那杯中的蛇就是角弓的影子。于是他在原来的地方再次宴请那位朋友,对朋友说:"你在酒杯中是否又看见了什么东西?"朋友回答说:"我现在所看到的跟上次一样。"于是乐广就告诉他其中的原因,朋友心情豁然开朗,疑团解开了,久治不愈的重病也好了。

这里所说的"杯弓蛇影"是指,由于决策者总是对记忆中最近发生的事情或者所接受的信息有较深印象,或者事情发生后距离决策的时间太短,以至于来不及做仔细的检验,因而会对决策产生重大影响。由于决策者不善于衡量整体系统的其他影响因素,并在心理上对最近发生的事情或接受的信息作出过高的估计和评断,继而对此作出过度的反应,最终出现判断失误。美国"9·11事件"发生后,恐怖分子劫持飞机撞毁纽约世贸大厦的情景对美国民众产生了极大的心理刺激。在后来很长的一段时间里,人们对航空飞行的危险性作出夸大和高估,从而更倾向于汽车、火车等其他交通方式,随之美国航空业进入萧条时期。然而,根据相关机构的统计数据,即使将"9·11事件"考虑在内,乘坐飞机也是现有交通方式中最安全的一种,其事故发生率仅为火车的1/3。

因此,"杯弓蛇影"的心理陷阱不仅扭曲了决策者客观回忆事件的能力,而且还扭曲了其判断和对可能性的估计。例如,在选举时,候选人往往会在最后把自己的法宝亮出来,让选民们在投票时仍然印象深刻。而在现实的决策过程中,管理者们假如在上一笔投资失败后接连作出下一笔投资的时候,就很容易因为走不出失败的阴影而作出保守的决策。

八、三人成虎

研究表明,相对那些不太熟悉的信息,熟悉的信息更容易给人留下深刻印象,同时会被认为更具有真实性,"三人成虎"指的就是这个道理。当根据自己经历或熟悉的其他事件推断将来某事发生的可能性时,决策者会由于过去典型事件的代表性给其留下的深刻印象,而影响他对于目前特定人物与事件发生次数的看法。他们会认为情境是相同的,但事实并非如此,这也是所谓的代表性偏差(representativeness bias)。

"三人成虎"的心理会严重影响决策者的判断。例如,某航空公司近期接连发生重大空难,经由媒体的频繁报道后,人们就会比较忌讳搭乘该公司的航班。因为这些生动或者印象深刻的经验更容易让人牢记于心,因而转变人们的认知,进而干扰到决策的制定。

【拓展资料】

三人成虎

战国时期,诸侯国之间互相攻伐,国与国之间的战争成了很平常的事。为使两个国家能够真正遵守和平的信约,国与国之间一般通过交换太子做人质的方法来约束对方。这一年,魏国的太子将到赵国都城邯郸去当人质,魏王决定派大臣庞葱一同前往。庞葱一直很受魏王重用,但他害怕去赵国后有人趁机在魏王面前说他坏话,使魏王不再相信他,于是就想了个办法。

临行时,他特地到王宫里对魏王说:"大王,如果有人向

您禀报说,街市上有老虎,您相信不相信?"魏王立刻回答说:"我当然不相信了。"庞葱接着说:"如果又有一个人也向您禀报说,街市上有老虎,您相信不相信呢?"魏王迟疑了一下说:"我会将信将疑吧。"庞葱紧接着又问:"要是第三个人也向您报告说,街市上有老虎,您相信不相信呢?"魏王一边点头一边说:"那我就会信了。"

庞葱听了这些话以后,深有感触地说:"果然不出我的预料,问题就出在这里!众所周知,老虎是绝不敢闯入人声鼎沸的闹市的。如今大王不顾情理、不深入调查,仅凭三人都说那里有虎,就认为闹市之中真的有虎出现,这的确让我害怕呀!因为我马上就要陪太子去邯郸了,而我走后在背后诋毁我的人恐怕也不止三个吧。所以在临别之前,向您说出我的疑虑,是希望大王能对那些关于我的议论加以考察,不要轻信他人。"魏王很勉强地说:"我明白你的意思了,你放心地去吧!"

庞葱去赵国后不久,一些平时对他心怀不满的人果然开始在魏王面前说他的坏话。开始魏王不信,后来说他坏话的人多了,时间一长,魏王果真就听信了这些谗言。庞葱从邯郸回来时已经失去了魏王的信任,魏王再也不愿意召见他了。

在股票投资活动中,盘面的涨跌随时牵动我们的神经、调动我们的情绪,我们往往会因为他人的行为而影响自己的决断。比如,当大多数投资者在疯狂追涨的时候,极少会有人能冷静而理智地抵制这种"大家都在买"的诱惑;而当大多数投资者在拼命杀跌抛售时,也极少有人能够顶住压力克制卖出的冲动。但是,如果你想成为一个优秀的投资者,就要从这种心理误区中跳出来,并利用这一心理现象,在别人恐惧时贪婪、在别人贪婪时恐惧。巴菲特在某次演讲中归纳了37家投资银行的失败原因,他说:"它们的结局为什么这么惨?我来告诉你们,那就是愚蠢地模仿同行的行为。"他认为,投资比打棒球容易得多,打棒球时对方投过来的每一个球都必须予以有力回击,而投资只需选择那些最有把握击中的球就可以了。在没有合适的球飞来之前,只需要躺着休息就可以了。可以说,巴菲特是少数有理智有勇气能够走出投资迷局获得光明的人。

【教师点拨】

魏王正是由于错误信息的重复出现给他留下了深刻的印象,并使他认为其具有真实性。很明显,这是一个错误的判断。虽然庞葱意识到了这个问题的严重性,在临行前专门为魏王讲了"三人成虎"的故事,可当他回来之后,还是失去了魏王的信任。"众口铄金,积毁销骨。"流言蜚语多了,"是"可以被说成"非","白"可以被说成"黑"。历史上的一代名将岳飞不就是因为"莫须有"的罪名,惨死在奸臣秦桧的手里吗?因此,我们不应该轻信流言,而应该学会自己去进行调查和判断,这样才能发现真相,作出正确的决策。

此外,也有不少人被漫天飞舞的片面或虚假的信息所蒙蔽,而作出了错误的投资决策。在投资市场中,最典型的莫过于庄家与上市公司高管暗地勾结,利用多种渠道发布所谓的内幕消息、传闻等虚假消息,从而达到操纵股价的目的,最终受损的是中小投资者。所以,我们在进行投资决策时,要对这些真真假假的传闻和消息加以仔细甄别,根据合理的数据和科学的逻辑作出富有理性的判断,而不为他人的观点所影响。我们应该尽量投资自己熟悉的行业或者公司,而前期调研也应该尽量亲力亲为,尽量少借助或不借助他人的判断。

九、过于保守

这里所说的"过于保守",是指决策者在处理极端信息时,为稳妥起见,往往会谨慎、保守地将所评估的数值往中间调整修正,以避免出现过分武断或者突出的评判。

例如,教师在为学生的作业评分时,虽然觉得学生的作业写得非常好,可是却不会给100分,而是给98分或者99分。另外,即使当学生表现得非常差,教师在作业上的评分也不会只给十几分,而是会给40、50分。如此一来,学生成绩优劣之间真实的差距就大大缩短了,这就是"过于保守"带来的决策偏见。到最后,日积月累的偏差被放大,就很有可能造成"失之毫厘,谬以千里"的结果。由于作业写得再好也不能得到100分,这部分学生会因此产生自己无法更优秀的自卑感;而作业写得差的学生反而觉得作业写得再差成绩也不会低过现在的分数,而不思进取。

在新的事物出现后,"过于保守"的决策者往往修正自己原有观点的速度较为缓慢,对新生事物或新的信息反映不足,安于现状,缺乏接受新挑战的勇气。哪怕这些新鲜事物会带来巨大的收益,他们在投资行为上仍然表现为后知后觉。当然,这也是管理者在决策制定过程中应该尽量避免的错误心态。

【拓展资料】

上海证券交易所的一项调查结果表明,中国的个人投资者存在明显的"保守性偏差",体现在对新生事物持谨慎观望态度,不敢尝试新的挑战。

最典型的调查结论是:尽管有超过90%的投资者认为网上交易具有方便、快捷、无时空限制、交易成本低等优势,但仍有相当比例的投资者去营业部交易,仅有40%的投资者使用过网上交易,50%以上的投资者对新的交易方式采取观望或不接受的态度。

十、拍脑袋决策

在决策过程中,大多数决策者会因为难以处理可能性这一问题,而根据随机事件进行推断,这就是所谓的"拍脑袋决策"。在不确定的决策环境下,随机系统的特性受限于决策者的认知能力。因此,决策者总想从有限的信息中理清头绪,树立新的思维模式,以促进自己了解决策过程中的不确定因素。

然而,当决策者试图从随机性事件中归纳出某个结论时,有时会推理出原本不存在的信息,并错误地将其作为决策的重要因素,最后造成决策的偏差。

> 刚刚赢了钱的投资者会变得更加冒险,而输钱的投资者则可能变得更为保守,这些都是不可取的。

【拓展资料】

"掷硬币"很多时候是无奈之举,二选一的方式,交给上天决定。而美国的一项研究指出,掷硬币时正反两面的几率并非各占一半,也就是并非50%:50%。

美国斯坦福大学教授佩尔西·戴康尼斯(Persi Diaconis)对于硬币正反面的几率进行了一项研究。他指出,硬币在抛出时朝上的那一面,在停止旋转后朝上的几率较朝下的那一面高。同时强调,掷硬币绝非几率问题,而是物理问题。研究结果显示,硬币朝上的那一面,在它停止旋转回到同样位置时,几率为51%,朝上的那面与朝下的那面几率为51%:49%。

此现象若以数学来解释,数字从1开始数起,无论最后停在单数或双数,序列中双数绝对不会超过单数,掷硬币原理则与此相同。另外,硬币本身重量、硬币累积污垢或灰尘,都会影响掷硬币的几率。

例如,当一个人买彩票中了500万元时,人们大多会主观地相信这一定是由于某些特殊的原因造成的,认为"事出必有因",所以会试图去推演出其中的关系,并以此作为决策的依据。但事实上,这种事情虽然是小概率事件,但依然有发生的可能性,如同硬币的正反两面被抛出的概率是独立的一样,决策者应该理性地判断此类事件的发生。

十一、路径依赖

存在"路径依赖"心理的决策者往往仅考虑信息对假设的可能性,而忽略了某个假设的概率,从而造成似然偏差。例如,当一个人告诉你,他喜欢古典音乐和看书,不抽烟、不喝酒,请你判断他是图书馆管理员还是普通工厂职工。我想大多数人会认为他是图书馆管理员。就像公司白领一样,他们每天都会西装革履地去上班。如果穿着拖鞋、剃着光头步入写字楼,那么他们一定过不了保安这一关。

【拓展资料】

路径依赖(Path-Dependence),又译为路径依赖性,它的特定含义是指人类社会中的技术演进或制度变迁均有类似于物理学中的惯性,即一旦进入某一路径(无论是"好"还是"坏")就可能对这种路径产生依赖。一旦人们作出某种选择,就好比走上了一条不归之路,惯性的力量会使这一选择不断自我强化,并让你轻易走不出去。第一个使"路径依赖"理论声名远播的是道格拉斯·诺思(Douglass North,现任华盛顿大学经济系卢斯讲座教授,以"制度变迁理论"获得1993年诺贝尔经济学奖),由于用"路径依赖"理论成功地阐释了经济制度的演进,道格拉斯·诺思于1993年获得诺贝尔经济学奖。

道格拉斯·诺思

还有一种情况是,在团队中如果有人常常提出事后被证实是错误的决定的话,时间久了,他就会被整个团队忽视掉,以至于他在今后某个时刻提出了正确的意见也不会被采纳。因此,决策者在制定决策的过程中应该"勿以人废言",要尽量避免这种心理偏见。

【小测验】

现在要选举一名领袖,而你这一票很关键,下面是关于3个候选人的一些事实,请问你会在这些候选人中选择谁?

候选人A:跟一些不诚实的政客有来往,而且会星象占卜学。他有婚外情,是一个酒鬼,每天喝8~10杯的马丁尼。

候选人B:他过去有过2次被解雇的记录,睡觉睡到中午才起来,大学时曾吸食大麻,而且现在在每天傍晚会喝一大杯威士忌。

候选人C:他是一位受勋的战争英雄,素食主义者,不抽烟,只偶尔喝一点啤酒。从没有发生婚外情。

管理者如何避免这些决策错误和偏见带来的负面影响呢?主要是通过承认和正视这些错误和偏见,然后设置稳健的决策流程来发现并解决这些问题。一个好的决策就像一个好的运动员一样,需要适时、有效、科学的方法加以训练。首先,管理者可以提出压力测试假设的方式提出问题,甚至可以专门指定团队成员故意唱反调。人们可以继续坚持自己的偏见,但强有力的对策可以最大限度地减少偏见会导致决策失误的可能性。其次,管理者还应适当注意他们的决策方式,并试图辨认出他们经常使用的经验法则,然后批判性地评估这些法则使用的恰当性。最后,管理者还可以借助周围的人来帮助他们辨认自己决策风格的弱点,并努力改进它们。

而在投资活动中,我们首先应当正视和承认这些偏见的存在,在决策中保持中庸的态度。做任何决策前,避免跟风和盲从,要从反对者的角度进行思考和分析,摒弃"先入为主"和"过分自信"的心理偏见;另外,我们还应该在可能的情况下延迟投资决策的时间,确保不在冲动的情形之下作出抉择,保持理性与克制。这些方法和措施都会极大地完善、丰富与修正我们的投资决策,提高投资决策的成功率。

【小测验】

1. 有一种说法是,当管理者越来越经常地使用电脑和软件工具时,他们将能够制定出更理性化的决策,你是否同意这种说法?为什么?

2. 我们在制定决策时或多或少会带有某种程度的偏见,决策者会带有什么类型的偏见?带有上述偏见会造成什么问题?有倾向性是否也会有某些优势?这对管理决策意味着什么?

3. 错误的决策和不好的决策之间有什么差异?为什么好的决策者有时候也会作出错误的决策或者不好的决策?管理者应该如何改善决策技能?

【决策实务】

某公司最近新开发了一款产品,生产部经理张杰和同行的助理需要外出考察原材料的市场状况。他们搭乘的航班原定于上午11:00起飞,在候机的时候,他们被告知,"由于天气原因,航班起飞的时间推迟90分钟"。此外,他们搭乘的短途航班不提供午餐服务。所以张杰和他的助理需要在这90分钟内选择机场里的一家餐厅用餐。如果你是张杰,你将如何运用本章的相关知识来选定一家餐厅?

【教师点拨】

我们可以按照以下步骤进行考虑:

第一步:问题识别,即到底要决策什么?本例中为"我们去哪儿吃午饭"。

第二步:确定标准,即建立决策机制。比如说由谁决策?谁参与决策?最后是谁来承担决策的责任?通过怎样的方式来决策?希望达到怎样的结果?

第三步:分配权重,即了解目前的实际情况。如时间和空间的限制、机场餐厅的经营状况等。

第四步:拟定备选方案,即考虑多种可能性方案。比如,是出去吃还是就在贵宾厅吃?如果出去吃,有哪些餐厅他们可以选择?

第五步:选择最佳方案,即在多种可能性方案中作出选择,哪种方案投入最少、产出最多、效率最高、风险最低,那么就是首选方案。

第六步:实施方案,即决策的执行。

第七步:评估决策效果,即评价决策执行之后是否取得了满意的结果?

【身边的决策】

临近毕业了,同学们都在商量着毕业旅游的事情。作为班长的你想要收集大家的意见,作出大多数同学满意的决定。但问题也随之而来,有的同学想去一些热门的旅游景点,因此需要的旅游费用也会相应提高;有的同学想去距离比较近的城市,虽然不是那么好玩,但费用相对便宜;而有的同学认为毕业旅游关键是大家能开开心心地玩一次,给自己的大学生活留下一个美好的回忆,去哪儿都无所谓。

针对上述情况,你会如何抉择?怎样说服同学们同意你的决定?

【案例思考】

"泰坦尼克号"沉没之谜

没有什么比巨轮的沉没之谜更令人着迷。百年来,有关"泰坦尼克号"遇难的真正原因一直是史学家和科学家们探索和研究的焦点。每隔一段时间就会有人抛出"泰坦尼克号"沉没新解,似乎每一种猜测都握有确凿证据。在2012年4月14日"泰坦尼克号"事故百年这个时间节点的前后,全球再次掀起了一轮讨论热潮。

1912年4月10日,"泰坦尼克号"的处女航从英国南安普敦出发,计划驶往美国纽约。但在4月14日深夜,这艘在当时堪称"世界上最大的不沉之船"在第一次下水航行中就不幸撞上北大西洋上漂浮的冰山而沉没,船上2 208名旅客中仅有705人生还,1 503人长眠于冰冷的大西洋海底,成为人类和平时期死伤人数最多的海难之一。

时至今日,我们细究来看,正是由于"泰坦尼克号"在船体建造和实际航行过程中的种种错误决策才导致了这次惨剧的发生。

1. 船体建造者的错误决策

从一开始,"泰坦尼克号"的建造者白星公司就决定把它打造成世上最豪华的船。因此,他们把更多关于安全方面的资金投入到功能需求上,也就是使它变得更加豪华。为了使顶层甲板更为宽敞,他们将"泰坦尼克号"的救生艇数量从原来的48艘削减为20艘。最后因为被削减了一半数量的救生船根本就坐不下那么多人,船上大多数人只能坐以待毙;为了使"泰坦尼克号"的头等舱更为豪华,他们在得知这艘巨轮能承受四间灌满海水的底舱而不下沉后降低了船身中段的隔水板高度;按照原来的设计,安全系统本应包括一个双层外壳,到了最后却变成了加厚的单层钢板外壳;为了建造一个宽大的舞厅,导致4个防水壁舱无法延伸到顶部的甲板,严重破坏了轮船容纳海水的能力。

2. 史密斯船长的错误决策

在事故发生的当天,史密斯船长在没有经过科学试航的前提下,下令"泰坦尼克号"全天候全速航行,白天25节,夜晚23节,而25节是"泰坦尼克号"的最高设计航速!而且在收到附近海面有冰山的电报警告后,船长依旧没有改变航速,这也为"泰坦尼克号"撞上冰山埋下了伏笔。而且史密斯船长在夜间船行入冰山海域时,他没有留在驾驶室里指挥而是选择回卧室休息。

最终,"泰坦尼克号"因为船速过快,当瞭望员发现冰山时已为时已晚,而大副企图转舵掉头躲避时也已经来不及了,并导致避让失败,船右侧舷前部被冰山划开93米的大口,所有货舱和第六号锅炉房随即进水。

3. 瞭望员的错误决策

在傍晚"泰坦尼克号"收到周围海面有冰山的电报后,史密斯船长吩咐负责观测的瞭望员用望远镜来观察冰山,但是瞭望员却没有在船上找到望远镜。最后,他们决定用肉眼在黑暗中进行观测……这种不科学的观测方法居然得到了船长的默许,并没有采取其他的补救措施。

但是,由于肉眼观测的距离有限以及夜晚视线不清,当瞭望员发现冰山时,冰山距离船体的位置已经没有时间作出任何有效的反应措施了。

4. 大副指挥的错误决策

当瞭望员发现冰山时,他们立刻报告了指挥室。这时,在指挥室里代替船长值班的是"泰坦尼克号"的大副——威廉·默多克。他的第一道命令是:所有引擎减速,向左转弯。然而他忘记了"泰坦尼克号"是如此巨大,怎么能够在如此短的时间内完成转弯避让。其实,真正科学的办法是减速之后用船头去撞冰山,这样所造成的损失要小得多。因为"泰坦尼克号"船头大且坚固,而且各个船舱可以独立封闭,所以不会导致下沉。但大副的决定最后导致船体侧面被撞开93米的口子,多数防水舱进水,这也是"泰坦尼克号"沉没的直接原因之一。

......

综上所述,"泰坦尼克号"的沉没是由于一系列的决策失误所导致的。我们不妨假设一下:

如果白星公司的主席布鲁斯·伊斯梅在建造泰坦尼克号时,不好大喜功,而是遵守安全至上的科学规律造船,结果又会怎样?

如果"泰坦尼克号"的史密斯船长在船进入冰山海域后,亲自坐镇指挥处理危情,结果又会怎样?

如果"泰坦尼克号"在夜间行驶时,史密斯船长下令将船速降低到15节,结果又会怎样?

如果瞭望员认认真真地找到了望远镜,并尽职尽责地提前瞭望到冰山,结果又会怎样?

如果大副没有下令避让而是决定减速之后直接用船头去撞冰山,结果又会怎样?

上面说的这些假设,若是在1912年4月14日的那个夜晚都一一实现的话,"泰坦尼克号"的悲剧也许就能够避免。

资料来源:穆兆曦.决策[M].清华大学出版社,2012.

【教师点拨】

"泰坦尼克号"海难给予我们三点重要的启示:

第一,事故的发生是一个从量变到质变的过程,好的决策者应该见微知著、防微杜渐、居安思危。

第二,在技术、产品、规章的实操层面,当事人的自身素质和责任心是非常重要的。因此,决策者应该加强对下属的选用和培养,强化他们的责任心。

第三点,当企业规模越来越大时,决策风险和决策代价[①]自然也会越来越高。在市场环境急剧变化的今天,企业高层管理者如何审慎决策就成为企业生存和发展的关键因素。

---

① 决策风险是指在决策活动中,由于主体和客体等多种不确定因素的存在,导致决策活动不能达到预期目标的可能性及其后果。降低决策风险、减少决策失误,长期以来是企业管理者和学术研究者所关注和探讨的关键命题。

决策代价是指决策后企业为决策所支付或承担的成本。这里指的成本不仅包括可量化的人力成本、财务成本、沉没成本等,也包括不可量化的试错成本、机会成本等。

第 二 章

决策方式

良好的方法能使我们更好地发挥天赋和才能,而拙劣的方法则可能妨碍才能的发挥。

——克洛德·贝尔纳

抓住时机并快速决策是现代企业成功的关键。

——凯瑟琳·M.艾森哈特

知识要点图

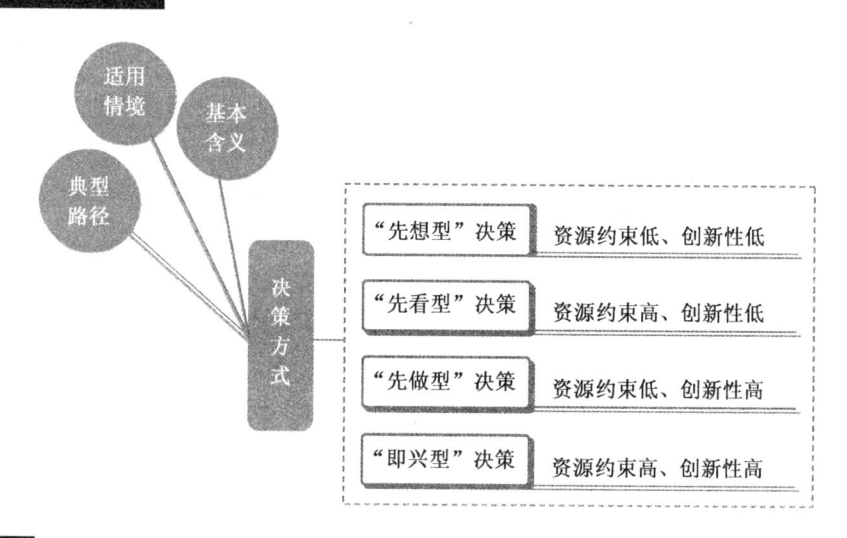

决策方式	特征
"先想型"决策	资源约束低、创新性低
"先看型"决策	资源约束高、创新性低
"先做型"决策	资源约束低、创新性高
"即兴型"决策	资源约束高、创新性高

决策方式包括：适用情境、基本含义、典型路径。

学习目标

阅读和学完本章后,你应该达到以下知识目标和能力目标:

知识目标:
1. 理解四种决策方式的基本含义;
2. 掌握四种决策方式的适用情境;
3. 概括四种决策方式的区别;
4. 掌握四种决策方式的典型路径。

能力目标:
1. 能够准确描述四种决策方式的要点和核心内容;

2. 能够通过案例分析，判断不同决策方式的适用情境；
3. 能够运用不同的决策方式解决实际问题。

案例导入

乔布斯是个好的决策者吗？

史蒂夫·保罗·乔布斯（Steve Paul Jobs）堪称是一位传奇式人物。作为苹果公司的创始人，他一生做过无数决策：他的改革决策奠定了苹果公司的市场地位；在苹果公司由盛转衰阶段，他力挽狂澜，让苹果公司踏上新的征途。当然，就像所有人一样，他的决策也并非都是那么卓尔不凡。20世纪80年代，他聘用约翰·斯卡利（John Sculley）接替自己出任苹果公司的CEO，结果在随后几年里，斯卡利领导的苹果公司增长缓慢，产品频频出现失误。当斯卡利将他扫地出门时，乔布斯决定将手中的苹果股票全部出售，结果损失了数十亿美元。

从决策过程和决策风格来看，乔布斯以固执地坚持事必躬亲而著称，特别是在产品设计决策方面更是如此。他是公司的独裁者，每一个关键决策都要亲自拍板——甚至处理大量看似无关紧要的事务，从往返于旧金山的员工班车设计，到餐厅供应的食品，每件事都要过问。另外，他不相信根据大量市场调研而作出的分析决策。为乔布斯指引方向的，是他自己的研究和直觉，而不是焦点小组。当被问及他为iPad做了哪些市场调研时，乔布斯回答说："没有。消费者用不着知道自己想要什么。"

乔布斯在苹果的早期阶段，也就是1985年被赶出公司之前，曾因事无巨细件件插手和苛责同事而闻名。但是，乔布斯也有改变。当被赶出苹果公司之后，他先是与他人共同创办了皮克斯（Pixar）电脑动画工作室，然后又重返苹果再创辉煌，在这段日子里，他更多地依赖他人、更多地倾听，也更加信任设计和业务团队的成员。"如果你想聘用顶尖人才，让他们一直为你工作，那么许多决策就得让他们来拍板。你必须让创意来做主，而不是靠上下级的发号施令。一定要让最优秀的创意胜出，否则你就留不住优秀人才。"

总的来说，乔布斯主要依靠直觉来做决定，而且他的直觉还是很准的。有时他也会让其他人赢得辩论，但这是因为他认为他们的创意更胜一筹。他似乎从未将决策视为一项团队工作，而且也从不试图将所有人的观点整合为一项行动方针。乔布斯的决策之所以能成功，是因为他有良好的直觉，还因为作为苹果的创始人之一，他可以随心所欲地实施独裁。如果你参与创办了一家成功的企业或组织，并且拥有乔布斯那样精妙的直觉，那么你就应该经常利用这种直觉来做决策。但也许这两个条件同时具备的可能性不大，因此你或许还是采用其他的决策方式。

资料来源：根据相关资料整理改编。

【分析与思考】
1. 乔布斯利用直觉进行决策，他成功的关键是什么？
2. 作为CEO的乔布斯大小决策事必躬亲，你觉得是否有必要？为什么？
3. 你如何评价乔布斯的决策风格？

单元一 "先想型"决策

一、什么是"先想型"决策

在资源充裕、机会创新性不高的情况下,决策者有充分的条件制订行动计划,因此表现出更多的战略计划行为。此时,他们倾向于采用"先想型"(thinking first)的决策方式。

那么,什么是"先想型"决策呢?"先想型"决策也称"因果逻辑型"决策(causal decision),是指在不确定性较低、未来可被预测的情境下,决策者通过系统收集和分析相关信息,然后根据其中的因果关系作出的理性决策。正如美食家们通过仔细地品尝每一道菜肴,了解厨师在菜肴中加了哪些佐料、采用哪种烹调手法、火候是否足够等信息之后,最后作出评判。

"先想型"决策是传统管理理论研究中讨论较多的一种理性决策方法,其特点就是以目标为导向、以预测为基础。一个依靠"先想型"决策方式的管理者遵循"未来可以预测、目标可以预定"的基本理念,在决策过程中以客观且合乎逻辑的态度确定问题及目标。

为了实现预定的目标,决策者会通过各种工具和技术来帮助他们寻找最可行的方案,即选择使目标最大化的备选方案。在需要承担风险的情况下,决策者将更关注预期回报的大小,寻求能使回报最大化的机会,而不是降低风险。

> 【小测验】
> 假如你一个月后要参加一次重要的活动,想在这一个月内成功瘦身。有很多不同的方法可供你选择,如运动、少食多餐、多吃蔬菜少吃肉等。
> 请你根据自身的实际情况设计一个可行的方案来达到你的预期目标。

二、"先想型"决策的适用情境

"先想型"决策在稳定、线性的环境下较常采用,为什么呢?因为在这样的环境下,决策的任务就是根据某种标准(如既定目标下的回报最大化),在可供选择的工具和方案中作出理性的选择,以实现既定的目标。

"先想型"决策的特点主要表现为:目标既定、环境稳定、机会创新性不高,决策者需要在可供选择的方案中进行选择。

遵循"先想型"决策方式的管理者常常十分注重竞争分析,关注不确定未来的可预测性,尽量把不确定性控制在可预测的范围之内,并且尽力避免意外状况的发生。所以,"先想型"决策通常适用于以下几种情境:

第一,一个待追求的确定目标或一个待决定的决策,通常是结构良好、特定的决策;
第二,由决策过程产生的一系列可选择的、具有因果关系的方案;
第三,由环境引起的对备选方案的约束;
第四,方案选择的准则为预定目标期望回报的最大化。

【拓展资料】

超级电脑"深蓝"的世纪之战

赫伯特·西蒙(Herbert Simon)认为,可以用"目的—手段"法来分析决策过程,并将这种决策方式投入到人工智能的研究领域。

20世纪50年代初,西蒙萌发了设计国际象棋程序的想法,并和当年只有25岁的奇才艾伦一起运用一种所谓的专家研究法对国际象棋棋谱进行研究,其内容之一就是选择世界一流大师的棋谱进行分类编程。1985年,卡内基·梅隆大学实验室专门为国际象棋设计并制造了计算机"深蓝"(Deep Blue)。西蒙欢欣鼓舞地预测说:"计算机在10年内将成为国际象棋冠军!"

1985年,年仅22岁的俄罗斯棋手加里·卡斯帕罗夫力克群雄,成为历史上最年轻的国际象棋世界冠军,此后雄霸国际棋坛十几年。1997年,34岁的卡斯帕罗夫与"深蓝"展开了令世界瞩目的"人机大战",在六局比赛中,"深蓝"最终获胜,成为当年最轰动的事件和新闻。西蒙的预言也因此得以在20世纪末实现。

此外,莎拉斯·莎拉瑟维斯(Saras Sarasvathy)后来发明的创业专家研究方法,也是受到了西蒙等人所采用的专家研究法和及其研究成果的启发。

赫伯特·西蒙,经济组织决策管理大师,研究成果涉及科学理论、应用数学、统计学、运筹学、经济学和企业管理等方面。在这些领域中,西蒙都发挥了重要的作用。但西蒙首先是一位经济学家,因终生从事经济组织的管理行为和决策的研究而获第十届诺贝尔经济学奖

三、"先想型"决策的典型路径

图2-1中显示了在决策过程中,决策者运用"先想型"决策方式的典型路径,即"先想型"方式的决策过程。

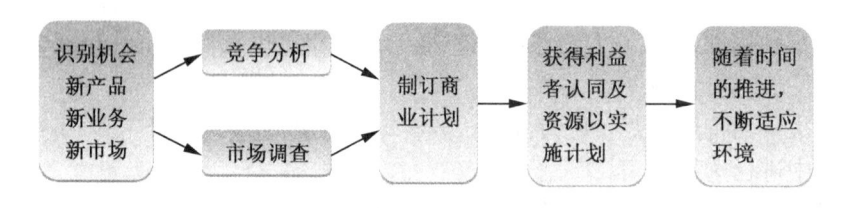

识别机会 新产品 新业务 新市场 → 竞争分析 / 市场调查 → 制订商业计划 → 获得利益者认同及资源以实施计划 → 随着时间的推进,不断适应环境

图2-1 "先想型"方式的决策过程

首先,决策者凭借自己的经验和能力来搜寻和识别机会,发现并推出新产品、开发新业务或是挖掘潜在市场的商机;然后通过竞争分析和市场调查,根据目标消费者特征把潜在市场分成几个独立的细分市场,并确定每个细分市场的潜在购买力;再制订商业(或创业)计划,如筹集资源、招募人员组建团队等,通过争取利益相关者的认同以及获得开发机会所需的资源来实施计划,并控制风险;随着时间的推进不断适应环境,最终实现既定的目标。在这个过程中,目标是既定的,或者说是预先确定的,决策者只需要在资源约束条件下寻求实现目标的最佳手段。如表2-1所示。

表 2—1   "先想型"决策方式的原则

决策准则	"先想型"决策
行动起点	从明确的既定目标出发，寻求实现目标的最佳手段。 在实现目标的过程中可以对目标进行调整，重新采取旨在实现新目标的行动。
收益或成本分析	通过收益分析，强调以最优策略来实现预期收益的最大化。
对利益相关者的态度	强调竞争分析。
对意外事件的态度	意外事件会令人不愉快，因而竭力规避。
对未来的看法	关注不确定未来的可预测性，并在可以预测的范围内加以控制。

理性的决策应该如何作出？回答这个问题并不难，我们在本书的第一章就做了清楚的阐述。首先是界定问题，然后分析决策原因，接着设计出可能的方案，最后是确定最佳方案。当然，还包括最佳方案的实施。但是，在实际运用中，这种理性的决策方式并不总能成功。

> 理性的决策过程很清晰：界定→分析→设计→决定。

也许，决策首先要经过几个阶段的摸索，然后突然柳暗花明，问题迎刃而解。但是，如果你不能发挥直觉"先看"且不能通过分析"先想"的时候该怎么办呢？那就先开始干吧。实干家在遇到困难时都是这么做的：他们先开始干，相信如果做点"什么"，必要的思考就会随之而来。这是实践的方法，"学中做，做中学"。这也是我们在本章单元三（"先做型"决策方式）中要学习的内容。

单元二 "先看型"决策

一、什么是"先看型"决策

当资源不足、决策者又比较熟悉机会时，他们会更多地采用"先看型"（seeing first）的决策方式。那么，什么是"先看型"决策呢？"先看型"决策也称"探试型"决策（heuristic decision），是指在资源不足、机遇转瞬即逝的情况下，特别是涉及取舍重大创新方案（如新产品开发）时，决策者根据自己的直觉和判断采取的一种尝试性或修补性的决策方式。

"先看型"决策方式要求决策者应具有丰富的创业经验。因为在高度不确定、快速变化的市场环境下，决策者不可能等到系统分析所有的不确定事件以后再进行决策。有经验的决策者在遇到新问题、新情况时，往往是先认知环境并基于反馈信息开展学习，然后再采用"先看型"方式来进行决策，即决策者以往积累的经验会促使其采用"先看型"的决策方式。相对于通过理性分析而作出的决策而言，"先看型"决策方式帮助管理者快速决策并采取行动，因而更有利于提高决策效率，同时成本相对于理性决策更低，并有效地改善了企业绩效。

> 经验是真知与灼见之母，因而它的一切举止都是明智而又坚定的。

当然，"先看型"决策有时也会导致决策失误。决策者在进行"先看型"决策时具有一定的主观性，难免不受经验的影响，因而有可能导致决策失误。因此，我们在采用这种方式进行决策时，应该尽量避免包括乐观偏差和证实偏差等在内的各种认知偏差。

【案例分析 2—1】

刘宝成是一个具有丰富经验的创业者。目前，他正打算投资 5 000 万元，把原来单纯销售货物的商场改建扩大为集购物、饮食、娱乐于一体的综合性服务中心,但遭到了公司中层管理人员的反对。但是经过反复比较,并且由于自身拥有丰富的创业经验,刘宝成还是决定按照自己的直觉判断来尝试一下。最后实施的结果是,公司的经营效益有了明显提高,利润也比上一年同期增长1.3倍。

很多创业者说,自己也曾像刘宝成一样进行过先看型决策,但最后以失败告终,从而打击了自己的创业信心。这些创业者往往是在对投资环境、市场渠道、消费者需求等不熟悉的情况下,盲目地进行决策或者是盲目地进入某个行业,从而导致失败。由此可见,准确把握先看型决策方式的适用情境,对决策者来说是非常重要的。

二、"先看型"决策的适用情境

那么,决策者在什么情境下倾向于运用先看型方式来进行决策呢?大体分为三种:

第一,从环境的角度看。在动态变化的市场环境中,决策者若不采用"先看型"方式进行决策,那么,机会开发过程就会变得任务繁重、成本高昂。所以,采用这种"摸着石头过河"的渐进式决策方式能够帮助决策者快速认识真相并进行决策。

第二,从先前经验的角度看。决策者以往积累的经验会促使他们采用"先看型"方式来进行决策。事实上,丰富的工作经验和管理经验将增强决策者个体的决策能力与决策水平,并对"先看型"决策实践具有重要的指导作用。

第三,从教育经历看。有过"师傅带徒弟"的教育经历,甚至是受过正式创业教育的决策者,会更倾向于采用"先看型"方式进行决策。

【拓展资料】

经验真的那么重要吗?

毫无疑问,经验在决策中的重要性不言而喻。正如选择医生看病时,我们是选择刚刚毕业的年轻医生,还是选择拥有20年行医经历的老医生呢?刚毕业的医生可能掌握最新的医疗设备和医疗技巧,但是我们往往选择的是有20年行医经历的老医生,那是因为他拥有丰富的经验,已经见过和治疗过许多与我们有类似疾病的病人。

人们在面临一个新的问题时,往往使用以前处理过类似问题的经验,以旧问题为参照点,将新问题分解分类,逐步往旧问题上匹配,同时调整旧问题的解决方案以满足新问题的要求。这样就可利用以前的经验,避免不必要的重复性劳动和少走弯路。

也就是说,我们要"站在巨人的肩膀上",依据已有经验进行决策。

三、"先看型"决策的典型路径

"先看型"决策方式还向我们揭示了决策过程中决策者"洞察能力"的重要作用。洞察包含了决策者观察和分析信息的过程,意味着决策者能够通过观察表面现象看透事物的本质,并由此推动决策,或者至少是行动的形成。如同莫扎特所说的一样,当创作一首交响曲时,最妙的事情就在于,他"能够在脑海里一眼就看到整首交响曲",所以"先看型"决策方式既可以是概念般抽象的,也可以是有视觉形象的。

当然,"先看型"决策方式也需要决策者具备一种"见他人之所未见"的远见和胆识。决策者必须同时具备自信和经验,才能在一瞬间看透事物的本质。例如,亚历山大·弗莱明(Alexander Fleming)在通过实验看到霉菌杀死了一些实验样本中的细菌之后,他马上意识到那些霉菌能有某种特殊的用途,于是他和同事们发明了青霉素。

【拓展资料】

箱子实验和棒子实验

沃尔夫冈·柯勒(Wolfgang Kohler),曾在1913~1917年间,对黑猩猩的问题解决行为进行了一系列的实验研究,从而提出了与尝试—错误学习理论相对立的完形—顿悟说。柯勒设计的实验主要包括箱子实验和棒子实验两个系列。

实验一:箱子实验

在箱子实验中,柯勒把黑猩猩置于放有箱子的笼内,笼顶悬挂香蕉。在简单的问题情境下,黑猩猩只需要运用一个箱子便可够到香蕉;而在复杂的问题情境下,黑猩猩需要将几个箱子叠在一起方可够到香蕉。

沃尔夫冈·柯勒,德裔美国心理学家,格式塔心理学派创始人之一,也是认知心理学、实验心理学、灵长类行为研究的先驱

在单箱情境中,在识别箱子与香蕉的关系后,饥饿的黑猩猩将笼内仅有的箱子移近香蕉,爬上箱子,摘下香蕉。在更复杂的叠箱情境中,黑猩猩把握了箱子之间的重叠及其稳固关系后,也解决了这一较复杂的问题。

实验二:棒子实验

在棒子实验中,笼外放有食物,食物与笼子之间放有木棒。对于简单的棒子问题,黑猩猩只要使用一根木棒便可获取食物,而复杂的棒子问题则需要黑猩猩将两根木棒接在一起,方能获取食物。实验者观察发现,黑猩猩处于对香蕉的"可望而不可即"的问题情境中,在几次用短棒去够香蕉失败后,突然顿悟,将两根短棒连接起来,达到目的。

那么,这种"洞察能力"和"远见"是如何形成的呢? 格雷厄姆·沃拉斯(Graham Wallas)从格式塔心理学理论中总结了创造性发现的四个步骤:准备→孵化→获得灵感→验证。

第一步,准备(preparation)。正如路易·巴斯德(Louis Pasteur)所说"机遇只青睐那些有准备的人",深厚的知识底蕴通常需要经年累月的积累才能形成。"

> 决策者可以通过学习和积累经验来优化自己的决策。

第二步,孵化(incubation)。在这个孵化阶段,决策者的潜意识里一直在思考问题,同时也会对自身已有的知识和收集的信息进行分析与整理。

第三步,获得灵感(inspiration)。在幸运之神的眷顾之下,灵感突然降临。这一美妙时刻也许会出现在刚睡醒的时候——因为在睡觉的时候,理性思维停止了活动,无意识思维有了更大、更自由的驰骋空间。

第四步,验证(verification)。有意识思维回来之后,决策者需要马上对刚刚找到的灵感进行逻辑论证。为了能够更清晰地阐述和证明,决策者需要按照线性次序逐一进行论证。值得

注意的是,验证过程需要一段时间,因此决策者最好先对灵感进行一个大致记录。有时候我们也许在睡梦中可以解出了一个方程,但醒来后没有马上写下大脑中的印象。所以,等到事后再去做这件事的时候,需要更多时间去回忆和思索!

重大的洞察和发现也许比较罕见。但是,哪个行业的创新不是可以追根溯源到一个或多个洞察和发现呢?在现实生活中,我们每个人都具备一定的洞察能力,因此没有理由去排除这种有效的决策方式。

单元三 "先做型"决策

一、什么是"先做型"决策

当今商业环境变幻莫测,有多少企业如雨后春笋般拔地而生,又有多少企业如同陨星默然滑落,如果仅仅依靠机械惯性和理性逻辑一条胡同走到尽头,是难以获得生存和竞争优势的。运用"先做型"(doing first)决策方式不失为解决问题的一剂良药。

> 犹豫不决固然可以免去一些做错事的可能,但也失去了成功的机会。

"先做型"决策是一种基于控制逻辑的、与传统管理理论完全相反的决策模式,也称"效果逻辑型"决策(effectivedecision),是指在资源充裕、创新机会较高的条件下,决策者采取通过率先行动来获取经验和信息的一种决策方式。它以实用主义为哲学基础,强调"生活"、"行动"和"效果",即"一切行动看效果",把采取行动当作主要手段,把获得实际效果当作最高目的。在这种决策模式的指引下,决策者关注的是在方式手段给定、目标模糊的条件下自己能够做些什么。主要通过自己构建以及与利益相关者的协调行动来影响环境,并通过综合和想象来创造新的市场。当然,这个过程的关键之处在于决策者对于偶然事件的把握。

"先做型"决策者通常采取试错法(trial-and-error)来获得更多的新信息,并通过"先做型"决策方式来影响和改变现状,在行动过程中积累相关经验和知识,最终通过开发机会把设想变成现实。就像遇到疑难杂症时,医生们往往直接采取行动,对症下药,通过每一步行动得到的反馈为下一步行动提供指示,最终达到药到病除的效果。

"先做型"决策方式与"先想型"决策方式的对比如图2—2所示。

二、"先做型"决策的适用情境

"先做型"决策者在进行决策时往往会借助三种"手段",分别是"我是谁"、"我知道什么"以及"我认识谁"。这种原则与目标驱动的先看型决策原则有着本质区别,它更强调借助现有的工具构建新事物,而不是为达到预期目标去创造新方法。决策者可以利用这三种相互联系的手段来确立自己所拥有的资源,即决策者的个人身份、知识基础以及社会关系网络。同时,先做型决策者还可以基于这三个初始条件来判断自己的能力,然后积极地与自己认识的人互动,争取获得他们的承诺和支持,并尽可能调动更多的资源来开发机会。

因此,当结果可以被预测时,决策者利用目标驱动的"先看型"决策方式,对结果的偏好进行排序然后再进行选择是有意义的;而当决策结果不可以被预测时,也就是说偏好具有模糊性时,决策者利用"先做型"决策方式,制定出决策的起点,即确定身份(我们是谁)和方法(如何去制定决策),将会使决策过程更有效率。如图2—3所示。

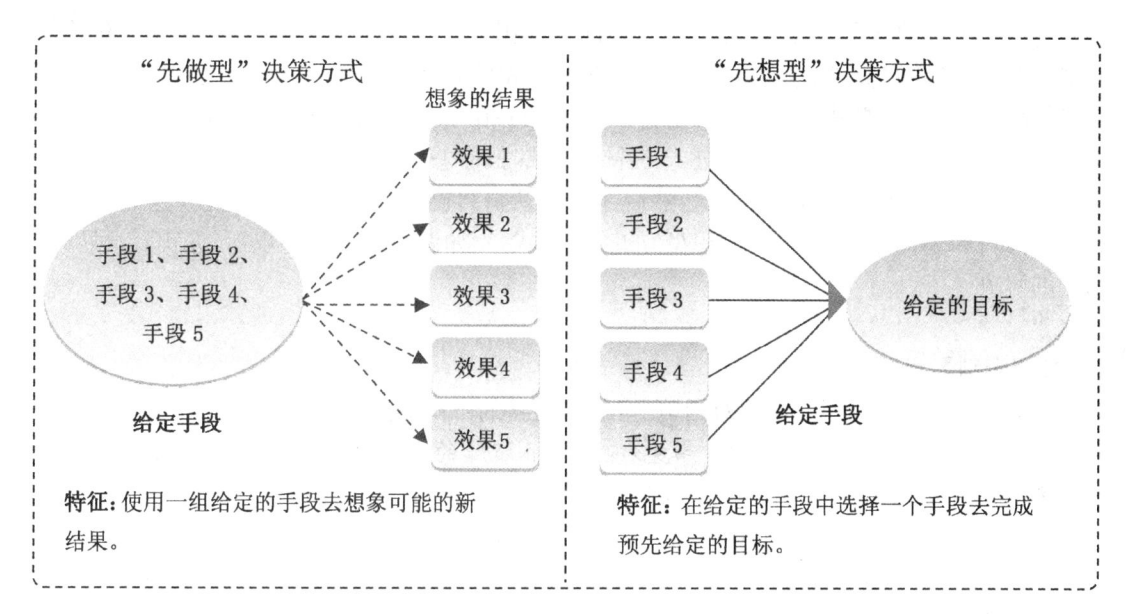

图 2—2 "先做型"与"先想型"决策方式的对比

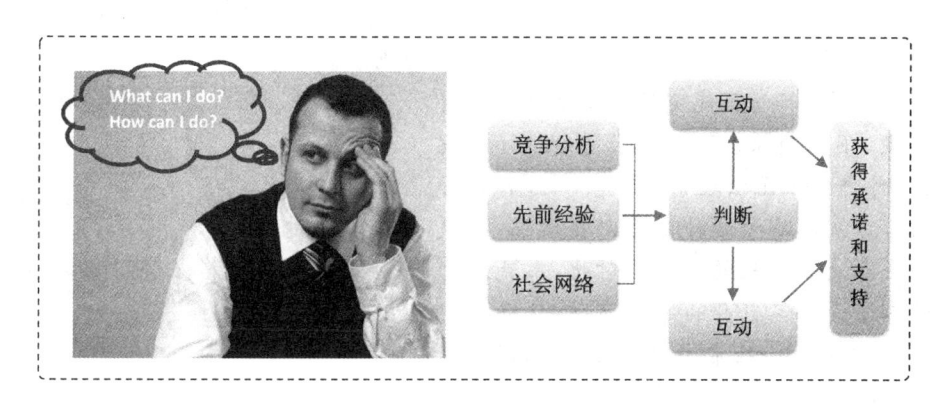

图 2—3 "先做型"决策方式的过程

由上可知,"先做型"决策方式适用于以下情境：

第一,具有一系列给定的手段,通常是指决策者相对不可改变的特征和环境;

第二,具有一系列因动机引起的结果或行为;

第三,受到可能性结果或机会的约束,通常由有限的方法和环境及其偶然性所导致;

第四,不同效果之间选择的标准通常由可承受的损失和可承担的风险决定。

三、"先做型"决策方式的典型路径

卡尔·韦克（Karl Wake）认为,"先做型"决策方式基于这样一个过程：实践→选择→保留。这意味着：管理者在做各种决策之前,应该从已有资源中寻找行动方案,然后进行合理性论证,对合理、可行的方案予以保留,放弃其他不可行的方案。成功人士大多会有这样的体验,当他们遇到阻力时,他们必须进行"试错性行动"来获取更多信息。思考会推动行动,但行动也一样会带来思考。因此,决策者不仅应该为了行动而思考,也应该为了思考而行动。

任何一家成功的多元化公司都懂得如何从实践中学习,如何从经验中总结出多元化战略。通常情况下,这样的公司都是在评估了自己的劣势和优势(即"核心竞争力")之后,制定出一个不错的战略。但是,如果管理者不清楚自己的优劣势在哪里,怎么办?当然,这也是大部分管理者在决策时遇到的普遍问题,在进入一个新领域时,你怎么会知道自己的优势和劣势在哪里呢?也许没有其他办法,你只有尝试,然后才可能认清自己真正的核心竞争力。这时,行动是很重要的。如果你还坚持采用"先想型"的决策方式,例如做正式的战略规划,你实际上妨碍了问题的解决。

【拓展资料】

面对困境:蜜蜂和苍蝇的不同命运

美国密执安大学教授卡尔·韦克在《苍蝇和蜜蜂的不同命运》一文中曾经讲述了一个绝妙的实验,把6只蜜蜂和6只苍蝇装进同一个玻璃瓶中,然后将瓶子平放,让瓶底朝着窗户。蜜蜂以为瓶子的出口必然在光线最明亮的地方,它们不停地重复着这种合乎逻辑的行动。对蜜蜂来说,玻璃是一种超自然的神秘之物,它们在自然界中从没遇到过这种突然不可穿透的"大气层",然而它们的智力越高,这种奇怪的障碍就越显得无法接受和不可理解。而那些"愚蠢"的苍蝇则对事物的逻辑毫不留意,全然不顾亮光的吸引,四下乱飞,结果误打误撞地碰上了好运气,并因此获得自由和新生。现实生活中,这种情况也屡屡发生,那些头脑简单的人总是在智者消亡的地方顺利得救。

企业生存的环境可能突然从正常状态变得不可预期、不可想象、不可理解,企业中的"蜜蜂"们随时会撞上无法理喻的"玻璃之墙"。管理者的工作就是赋予这种变化以合理性,并找到带领企业走出危机的办法。对此,韦克认为组织的本意是稳定自身的直接环境,从混乱中理出秩序;但在一个经常变化的世界里,混乱的行动有时比有序的停滞要好得多。

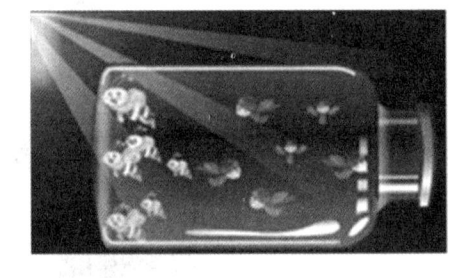

其实,管理者采用"先做型"决策方式的思维过程并不难理解。例如,你如何选择你的人生伴侣?是先把所有的标准都规定好,然后列举出全部人选,最终选定一个;还是靠"一见钟情"进行选择的呢?或许在这种决策情境下,你还是行动在先吧。当然,采用"先做型"的决策方式一定要考虑清楚应该如何行动以及采取行动的后果。

图2—4更为详细地向大家展示了"先做型"决策方式的具体过程。当市场规模逐渐扩大之后,决策者首先应该通过分析其自身的个性特质、能力、经历、知识储备以及社会关系来确定可以采取的手段;其次,决策者要明确自身可以接受的风险或损失以及确定预期结果,在预测自己能够接受的风险和拥有的有限资源的基础上逐渐修正自己的行动方案;再次,通过与战略伙伴缔结战略联盟争取和利用利益相关者的资源,从而降低决策行动的不确定性;最后,管理者在决策执行过程中,要善于发现和利用这个过程中出现的偶然因素与突发事件,并借助与他人的互动来开辟各种可能通向决策成功的路径。因此,新手段和新目的的出现会驱使管理者基于"先做型"决策进行下一轮的系列决策。

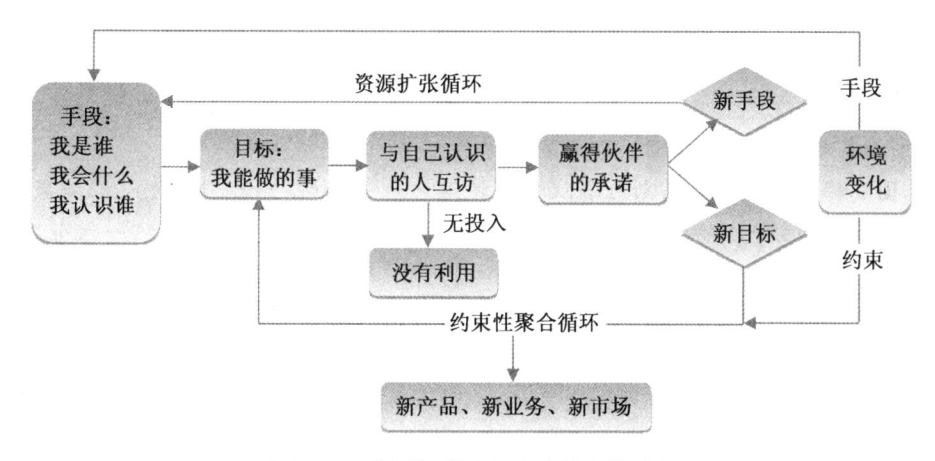

图 2—4 "先做型"决策方式的决策过程

四、"先看型"、"先想型"与"先做型"决策方式的比较

"先看型"、"先想型"与"先做型"决策方式在问题界定、解决过程、决策原则和逻辑等方面存在显著差别,并呈现出不同的特点,如表 2—2 所示:

表 2—2　　　　　　　　　　　三种不同决策方式的特点

"先看型"决策的特点	"先想型"决策的特点	"先做型"决策的特点
艺术	科学	手艺
想象、洞见	计划、规划	冒险、学习
可视的	语言的	实际的
灵感、思想	事实	实践经验

资料来源:*MIT Sloan Management Review*,Spring 2001.

如果相关决策涉及取舍重大创新方案(如新产品或市场开发)时,那么决策者通常会采用"先看型"决策方式。"先看型"决策是在不完全信息条件下作出的试探性决策,受限于决策者自身获取信息的能力。在复杂的市场环境下,管理者不可能等到系统分析所有不确定事件之后再进行决策。此时,管理者只能依据自身已有的经验,试探性地进行决策,追求满意的决策而不是最佳的决策。换言之,就是为待解决的问题选择一种"足够好"的方案。因此,"先看型"决策是一种基于艺术、想象、视觉和灵感的决策方式。

"先想型"决策方式的特点主要表现为:决策者从明确的既定目标出发,寻求实现目标的最佳手段,在实现目标的过程中可能会对目标进行调整,重新采取旨在实现新目标的行动。"先想型"决策强调竞争分析,并竭力规避意外事件。通过收益分析,强调以最优策略实现预期收益的最大化,关注不确定未来的可预测性,并将决策结果控制在可预测的范围之内。因此,"先想型"决策是一种基于科学、计划、语言和事实的决策方式。

"先做型"决策方式的主要特点在于决策者在高度不确定的情境下从既有手段出发,充分发挥自己的主观能动性,投入他们可承受损失范围内的资源,通过与外部资源所有者互动、建立利益共同体来动员尽可能多的资源,充分利用突发事件来努力取得尽可能好的结果。因为在充满不确定性并难以预测的环境中,具体的任务目标无法确定,但决策者既有的资源或手段是已知的,所以他们只能通过整合利用既有手段,甚至创造新的手段来取得尽可能好的结果。因此,"先做型"决策是一种基于手艺、学习、实践和经验的决策方式。

> 【拓展资料】
>
> 美国职棒大联盟圣路易斯红雀队教练托尼·拉·鲁萨(Tony La Russa)战果累累。著名体育作家布兹·比辛格尔(Buzz Bissinger)将这位棒球教练形容为"一人兼备多种必备技能——他是一名战术家、心理学家和赌徒"。无论在商业领域还是体育行业,这对决策者来说都是个最好不过的赞誉。战术家的角色是在竞争中胜出。作为战术家,你需要注意对手的一举一动,并在出招后预测对手可能采取的行动,以便作出最周密的计划与行动。作为心理学家,你必须制定目标、带动和鼓励他人的士气并不断提供清晰直接的反馈来改变结果。作为赌徒,你需要知道游戏的结果不只是一堆冷冰冰的数字和概率可能。相反,通过洞察对手,你要知道何时增加赌金、何时虚张声势、何时弃牌。

单元四 "即兴而作型"决策

一、什么是"即兴而作型"决策

"即兴而作型"(improvisation)决策最早是指在没有事先准备的情况下同时进行创作和执行的决策方式。当资源匮乏且创新程度很高时,决策者没有足够的时间和资源进行充分的计划和尝试,而且也没有相关的先前经验可供借鉴,因而无法采取探试的方式进行决策,此时最有可能采用的就是"即兴而作型"的决策方式。那么,究竟什么是"即兴而作型"决策呢?"即兴而作型"决策可称为"即时的策略",是指当时间压力大、环境不确定性高时,决策者为了抓住稍纵即逝的机会,利用可获取的物质资源、智力资源、情感资源和社会资源,实现快速决策的一种方式,是管理者在特定情境下展开的特殊决策行为。

> 也许现实生活中的混乱决策比我们所认为的更有道理。

在外部环境动态变化大、不确定性高且资源匮乏的决策情境下,或者在遇到突发状况或事先计划不周的情况时,决策者可以通过"即兴而作"来把握机会。同时,"即兴而作"还可用来描述想法的形成和很短时间内执行的管理决策。因此,"即兴而作"的决策方式可以用来解释"决策者在发现机会以后,既不制订商业计划也不进行直觉推断,而是随即决定迅速把握机会"的情形,是一种特殊的决策方式。

二、"即兴而作型"决策的适用情境

不确定性和时间压力是迫使管理者采取"即兴而作型"决策方式的两大重要因素。正如20世纪80年代苹果公司由于犹豫不决,没有在PC时代来临时及时制订正确的生产计划而导致市场份额丢失,这一惨痛教训验证了在两大因素的影响下不采取正确决策会使决策者跌个"大跟斗"的说法。当时间紧迫或是不确定性上升时,决策者难以制订翔实的计划,因而必须采取"即兴而作"的决策方式。

为了更详细地剖析影响"即兴而作型"决策的两大重要因素,图2—5列示了根据两大因素(不确定性和时间压力)的不同组合区分而形成的四种不同决策情境。

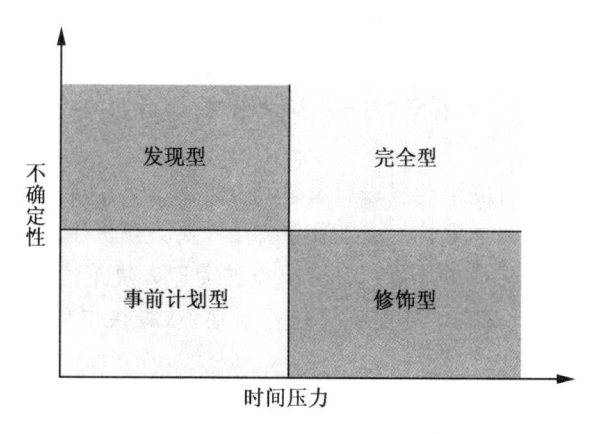

图 2-5 即兴而作的决策类型

第一类:"发现型"即兴而作。在不确定性程度较高且时间压力较小的情况下,决策者不可能进行全面分析,因而更重视发现新知识或新创意。此时的"即兴而作","创意"重于"即兴"。

第二类:"修饰型"即兴而作。在不确定性较低但时间较为紧迫的情况下,外部环境基本处于决策者可以控制的范围之内。此时,时间压力是驱使决策者快速行动的重要因素。因此,"即兴"重于"创意"。

第三类:"完全型"即兴而作。在环境不确定性高、时间压力大的情况下,决策者不可能通过收集充分信息来制订周密计划,时间压力迫使决策者快速行动。因此,在"完全型"的即兴而作中,"即兴"和"创意"同时存在且同等重要。

第四类:"事前计划型"即兴而作。当不确定性较低且时间充裕时,决策者可以按计划行事,没有必要进行即兴而作。

在新产品开发过程中,"即兴而作型"的决策方式比理性分析更加有效,尤其是在产品不确定性程度较高的情形下更是如此。因此,如果能够把"即兴而作型"的决策方式融入到企业正式的决策活动中,通过创造"即兴而作"的机会和支持"即兴而作"的决策过程,有计划地实施"即兴而作",将会有助于企业在面对外部环境剧烈变化时实现决策成功。

三、"即兴而作型"决策的特点

"即兴而作型"决策方式具有普适性、可移植性和可及性等特点。然而,它最重要的特征还在于"即兴"和"创作"。这里的"即兴",是指遇到突发事件能够即刻调动一切可利用的资源来应对;"创作",是指应对行动不但迅速,而且具有创意。现实生活中,决策者在进行项目投资时都会渴望自己遇到的项目是下一个"Facebook",但结果往往变成是"非死不可",因此"即兴而作"的结果常常难以预料,具有一种不稳定性。

【案例分析 2-2】

伊顿公司的副总裁罗伯特·塞尔(Robert Sell)描述了这样一个例子。在一次会议中,嘉纳准备了一份模拟的新闻稿,宣布某公司因为某些可疑的商业行为将可能面临被起诉的威胁。会议召开的过程中,包括塞尔在内的首席信息官们被问及,如果是自己的公司他们将如何应对。"他们的回答都非常有针对性,因为完全是自发性的即兴回答,"塞尔说,"我们都曾经想过,如果公司的首席执行官走过来问我们:'听说某公司在遵守法规方面出了点问题,如果是我们公司的话应该如何处理?'现在我们知道该如何回答他了。"

某财务服务机构的人力资源总监也对即兴决策深信不疑。他认为，不假思索的决策能力是衡量领导力的关键因素之一。"每天我们都会经历无数个真实的瞬间，"他说，"也许是在董事会议或某次电话会议中，或是电梯里的一次30秒钟的谈话，你在别人眼中的印象正是在这些真实的瞬间内形成的。"

领导力就是对不假思索的决策过程进行管理所必需的能力。明智的企业家想必都应该了解，要想创建一个开放、灵活和自发性的企业文化氛围，就必须勇于尝试、敢于冒险，并且愿意通过定性而非量化的指标衡量员工绩效。每一个能接受即兴决策这个事实的企业资深经理人都坚信，敏捷的思维将有助于他们对突发事件进行预期，从失误中创造利润，并加快其应对变化的步伐。

四、"即兴而作型"决策的运用

由上可知，当企业面临较大的时间压力和十分复杂的决策情境时，"即兴而作"的决策方式可以帮助企业或者产品获得成功，那么，如何提高个人和组织的即兴决策水平呢？

（一）提升个人的能力和自信

这里的个人不仅是指管理者、决策者，还包括团队和组织成员。管理者的自我效能和团队成员特征对即兴决策水平具有重要影响。那么，如何提高个人的能力和自信呢？研究发现，决策经验有助于提高管理者的自我效能。随着时间和经验的积累，个人对自身能力的信心呈上升趋势。所以，多参与决策活动、增强决策的实践经验是提升个人能力和自信的可行方式。同样，想要提高团队成员的能力和自信，就应该让他们多参与组织的决策活动，甚至是组织决策的整个制定过程，独行侠式的领导者会阻碍团队成员的发展。

（二）加快组织的反应速度

领导风格、信息机制、组织结构、组织学习和组织记忆都对即兴决策水平有着重要影响，而善于利用这些因素可以加快组织的反应速度。在高速变化的外部环境中，当机会出现时，把机会变为优势的能力或许是企业获得竞争优势的有效途径。由于机会之窗敞开的时间非常短暂，深层次的组织和多级别的职能结构在获取这些飞逝的机会时会显得过于缓慢。从信息传递的角度来看，扁平式的和网络状的组织结构有利于信息的流通，也可以加快组织的反应速度，从而提高即兴决策的效率。同样，学习型的组织文化和强化组织记忆都可以加快组织的反应速度。

【拓展资料】

如意楼是一家颇负盛名的老字号茶楼，主营粤式茶点。但是近年来，以麦当劳为首的快餐店和本土中高端饭馆的兴起，使如意楼面临的竞争压力日渐增大。如意楼老板在经营中发现，珠江新城板块近几年来发展迅猛，周边集聚了大量的商务人员，从而转变经营模式，将茶楼转型为茶餐厅，并以浓厚的本土饮食文化，成功在潮流中重新寻找到适当的位置。

（三）增强组织的创新能力

组织的创新能力、组织的创造性管理和利用资源的能力有助于提高即兴决策水平。组织创新通常有两种途径：一种是基于全新领域的颠覆性创新，另一种是在已有基础上进行的重新组合，而跨越式的交流和复合型的结构更容易产生已有资源的新组合。因此，首先，可以通过建立学习型组织和非正式组织结构增强组织的创新能力；其次，可以通过建立以创新能力为导向的绩效考核体系，使组织成员充分认识到创新能力的重要性，也是增强组织创新能力的一种可行之道；最后，加强跨组织间的文化交流以及建立复合型的团队也有利于增强组织的创新能力。

【决策实务】

假设你是一家上市公司的CEO，你们的公司生产的重型机械在国内占有重要的市场地位，公司目前运行正常。某天，你的助理将一份平时不太起眼、发行量一般的报纸头条呈送给你看。报纸上报道你的公司涉嫌财务数据造假，而且这个消息正迅速在业界传播，并直接导致当天公司的市值蒸发了几十个亿，情况非常紧急。试问，作为公司CEO的你该如何处理这种突发情况？

【身边的决策】

读书？出国？工作？何去何从？

站在毕业十字路口的你面对激烈的就业竞争环境十分焦虑：看着身边的同学很有目标地忙碌着自己的事情，有的在紧张地复习准备专升本，决定工作的同学或实习或打听联系合适的单位，还有一部分同学则在拼命地攻关英语为出国做准备。但到目前为止，学习管理的你却还是很迷茫，不知道自己应该走哪条路。

面对巨大的就业压力，高职学生报考本科、希望继续深造的人数越来越多，每年的比例都在增长，因为他们都深感在这个"牛人"辈出的年代，高职院校的毕业生可能很难找到一个好工作，再加上缺乏实践经验，如果想在竞争激烈的"就业大军"中争取到一个有挑战性又有不错薪金的工作更是难上加难。因此，自己一定要再学习、充电。如果先工作再选择自考专升本，一来怕自己的精力不够，再者专升本的含金量远低于专插本，很难"面面俱到"，最好是现在就考。有了更高的学位，找到一个好工作应该会更容易一些。

但是，近年来专插本的考试难度也是逐年递增，不仅人数增加，而且所需付出的机会成本也很高。两年的插本生涯，本科的教学理念、模式与高职院校存在较大差异，自己能否适应也是一个问题，技能方面也不一定能得到很大提升，况且两年后的就业形势会怎样谁也不敢预料，说不定到时候找工作更难。这样一想，倒不如尽早工作，走一步算一步，今后再决定自己该如何发展。

那么，是否可以考虑出国深造呢？随着国际交流越来越密切，现在许多企业、单位对于归国留学人员还是比较欢迎的，出过国的留学生似乎无形中就比国内的学生多一层优势，国外的学校相对来说也更重视学生能力的培养和经验的积累，因此去国外长见识对于自己今后找个好工作应该也是非常有利的。何况自己的生活自理能力也还可以，英语底子也不错。

思来想去，你一方面认为自己的知识、能力还不够，有必要继续专插本或出国深造，提升自己；另一方面，又怕出国或专插本不成，到时候再找工作更被动。那么，对于最终想寻得一份好工作的你而言，到底应该如何作出最终的决定呢？

资料来源：根据相关资料整理改编。

【教师点拨】

生命短暂,你在选择自己的人生道路时,一定要把握好一些关键性的因素。做那些你想做和能做的事,然后进行细化,找出真正属于你自己的道路,最后付诸行动。你可以用以下三个关键问题,先来问问自己。

第一个问题:什么带给我意义?

根据管理有效性原则,当在制定决策时,首先应该明确的是我们的价值取向和目标定位。专插本、出国和就业都有其意义。专插本能提升技能,就业能让自己安稳下来,而出国留学则会增加一份竞争优势。从这一点来看,三个选择各有长处。

第二个问题:什么带给我快乐?

从上面的描述来看,你还没有找到真正令自己快乐的事情。你并不是因为想要专插本或留学才去做选择,而只是为了以后能找到更好的工作而选择。不能单纯地评判你的想法是不是太功利,但做一件能让自己快乐的事情,才是人们追求的最终目标。

第三个问题:自己的优势是什么?

从上面的叙述可以看出,你对专插本还是很畏惧的,这个选择可以暂且抛开不看。而直接工作的话,你又顾虑太多,怕自己不够优秀。而且,在工作和专插本这两种选择上,你明显偏向于工作。而出国深造,尽管你担心未来不一定有好的发展,但是可以看出你的生活自理能力和英语底子都不错,这些都是你出国留学的优势。

然后看一下答案,找出这其中的交集点。也许出国,就是你的最佳选择。有人说那么多人专插本、出国啊,他们是不是在逃避?逃避现实,逃避选择。

没准他们是真的不知道该干什么,从小到大学校都没教这个。学校教会我们服从,教会我们记住一些不记住也不会死的东西,教会我们做选择题要通过计算,但是没有教会我们在没有规律、没有法则、没有公式的时候,应该要如何去做选择。

【案例思考】

决策三个参照点:现状、底线和目标

人们在做决策时,关注的是结果带来的幸福感。不难发现,一个人的幸福感与其总财富的多少关系并不大,而是与财富的变化密切相关。比如,一个刚刚损失了一半身价的亿万富翁,和一个刚刚身价翻倍的农民工相比,前者的幸福感不会因为其总财富仍远远高于后者而更高。毕竟人不是机器,对幸福的感知是相对的。因此,要衡量财富的变化,就必须要在决策者心里设定参照点。阿莫斯·特沃斯基提出的前景理论(prospect theory),就是以财富的现状作为参照点,将其变化分为获益和损失——当人们面对收益时会倾向规避风险,而面对损失时则不惜铤而走险。

不过,在另一些情境中,人们的选择就违背了前景理论的预测。第一,无论是组织还是个人,在面对威胁时经常作出相对固化的应激反应,表现出风险规避;而当感知到机会时反而表现出风险喜好,最为典型的就是股市或者房市中的追涨杀跌现象。第二,人们在面对"小概率获益,中高概率损失"时,会赌一把,但在面对"小概率损失,中高概率获益"时则偏向保守。最后,一些实验表明诸如"一朝被蛇咬,十年怕井绳"这种损益经历也会影响风险偏好。大多数人属于"得志便猖狂",刚刚赢了钱便会变得更加冒险,而输钱的人则可能变得更加保守。这些现象表明,在价值的正值区间似乎存在一个区分"获益"与"成功"的参照点,而在价值的负值区间似乎存在一个区分"损失"与"失败"的参照点。而底线(Minimum Requirement,MR)、现状

(Status Quo,SQ)以及目标(Goal,G)则是大多数决策者非常关注的三大决策参照点。

区分三个参照点只是第一步。接下来,就要按这三个参照点区分出四个区间。首先,如果某个结果(比如 X 元)低于底线,那么就意味着"失败";其次,如果 X 比现状差,但不低于底线,属于"损失";再次,X 不低于现状,但在目标之下,可谓"获益";最后,当 X 达到或超过目标,那才叫"成功"。

这样的区分看似平常,却有明确的管理意义。当人们面临一项平均收益低于底线的"生死"决策时会选择冒险,"破釜沉舟"、"背水一战"以死里逃生;当平均收益在获益区间时,则倾向于寻求风险,"放手一搏"以争取成功;当平均收益在损失区间或已进入成功区间,人们更多地表现为风险规避,比如为了避免失败而"忍痛割爱",或为了确保成功而不去冒险追求"大喜"或是"锦上添花"。这些风险决策的偏好也有可能造成偏差和失误。比如,为了成功而忽视了底线,因为满足于现状而不愿改革,或者是成功后不再调整参照点而"晚节不保",失去创业时的进取精神。

1.避免失败比获得成功更重要

区分不同区间的意义在于,要厘清人们在不同区间的心理变化机制。现在我们不妨来看看一位麻将玩家如何决策:

某位麻将玩家有 100 元本钱,输掉 50 元算是倒霉透了的失败,剩 75 元算手气不佳,保本算是陪太子读书——白忙活,赢 20 元算是获益,牌局终了时有 150 元算是大吉大利的成功。

假定两种情况:其一,账目头寸为 80 元,最后一局牌输掉 5 元;其二,账目头寸为 120 元,最后一局赢 5 元。这两个 5 元带来的心理差异是相反的,前者带来的心理反应大于后者,即"损失厌恶"(loss aversion)——得到 M 元所获得的幸福感要远远低于损失 M 元带来的痛苦感,这也是为什么人们只愿意花很少的钱去玩圣彼得堡游戏的一个原因。进一步看,成功、获益、损失和失败四种状态在心理上的优先性是不同的:人们最看重的是避免失败,其次是获得成功,再次则是避免损失,最后是现状基础上的获益。也就是说,比起损失厌恶,更大的心理冲击来自"失败厌恶"(failure aversion)。

假定麻将玩家的最后一局,是在 70 元的基础上输掉 30 元或者是在 130 元的基础上赢 30 元,前者带来的心理痛苦远远大于后者。因此,这位玩家往往选择在 70 元时保守地面对自己可能的损失。

2."跨界"的那一哆嗦

客观价值上的同等变化发生在某个区间内时,远远不如发生在"跨界"那一哆嗦时的冲击力大。再考虑麻将玩家的决策。假定玩最后一局的头寸 60 元,他正在考虑究竟是追求和牌还是避免输牌。和牌,他赢得 20 元,输也是 20 元。他合理的选择是保守打法,避免输牌而跌破自己的底线。

另一个实验也证实了此跨界之痒或跨界之痛。人人都希望拯救身处险境中人的生命,但在不同人数的社会群体中最低挽救比例是不一样的。假想有 6 000 人、600 人、6 个人,决策者的 6 个亲属面临同样的生死问题,决策者需要在确定性的救治方案和冒险的救治计划间做选择。冒险救治的成功率先设定为 1/3,然后设定为 2/3。结果发现,在大群体,确保成功救治 1/3 已经达到了平均最低要求,所以当营救成功率被提升到 2/3 时,并没有显著改变人们对风险的倾向。在亲属群体中,他们渴望百分之百营救,所以 1/3 与 2/3 的营救成功率也并没有显著地改变其风险倾向。但在小群体中,最低需求介于 1/3 和 2/3 之间,把营救成功率从 1/3 提升到 2/3 就会显著地影响参与者的风险偏好——1/3 时选择寻求风险,2/3 时更可能选择规避风险。这一实验结果为预测其他的风险情境中决策者的偏好提供了某些依据。比如,政治领导人面对少数人质被劫持时,可能会更强烈地要求警察部队更仔细、更有效地完成任务;当被劫持的人质是多数人时,他们很可能会选择让防暴部队用猛攻的方式,而非投鼠忌器的"妇人之仁"。

决策的参照点作为价值维度上的界标,使决策者在分析和比较不同选项时能够感受到预期结果跨界所带来的情绪拐点和采取行动的欲望。没有考虑参照点的决策往往是不靠谱的。所以,我们认为通过设置明确的底线和目标,将有助于抓住和把握时机,作出快速有效的适应性决策。

3. 管理决策:底线优先

任何一个成功的企业都不是不犯错误的企业,而是不犯致命错误的企业。在如今竞争激烈、瞬息万变的企业环境中,要做到基业长青的前提是生存,避免从游戏中出局,要具有"剩者为王"的管理智慧。比尔·盖茨说:"微软离破产永远只有18个月",因此微软公司从创建伊始就为预防资本的冬天而储蓄现金。这种底线意识也充分反映在中国企业家任正非的管理感受中,他说:"我天天思考的都是失败,对成功视而不见,也没有什么荣誉感、自豪感,只有危机感。"

在风险决策中是偏冒险还是偏保守,取决于现状与目标及底线之间的关系,而不是取决于获益还是亏损。管理者应该遵循底线优先的原则。当底线受到威胁时,目标不管有多么诱人,前景有多么美好,都不要玩火。当被评估的决策项目平均回报低于底线或目标时,则必须要冒险,与其苟活,不如拼死一搏;当平均回报高于底线或目标时,规避风险是正确的取向,在底线优先的前提下,有输有赢,不妨保守为先。当平均回报高于目标时,之所以要保守才算靠谱,是因为理性的目标设定一定是充分考虑了环境、市场容量、公司的资源能力之后的设定,意外之喜如果不是天上掉金币,就可能是个骗局。

一些创业公司因为是"光脚"的,底线比较低,所以往往选择冒险,寻求尽可能多的高回报。但是,如果某个项目的回报峰值都无法触及目标时,就应该考虑借助外力,充分激发员工的积极性和创造力,或者采纳诸如彩票、集资以及投保等促成冒险的行动,或者切割目标,分而治之。

领导者和管理者要高度重视底线的设定,而且要让同事认识到,底线是针对具体问题深思熟虑划定的红线,绝对不可逾越。那么,人们是如何设定除了现状以外的参照点的呢?

首先,任务情境和内容的复杂性、时间压力、可测度性等会显著地影响目标和底线的设定。其次,社会比较也是一个重要的影响因素。比如,不少企业以与同行竞争为要务,那么同行的行为就可能成为参照点。最后,参照点的设置也会受到信息包装的影响而出现框架效应。卡尼曼和特沃斯基用知名的"亚洲疾病问题"对此做了经典的说明——积极地强调存活率(获胜率、达标率),人们表现出风险规避;而消极地表述相同的概率事件,强调死亡率(失败率、达标难度),人们表现出风险寻求倾向。

此外,群体规模的大小和关系结构也会影响参照点的设定。只有在6 000人或600人这样的大群体时,框架效应才存在。而且,用于决策信息包装的框架本身也会对底线进行微调。消极框架提高了底线,进而加强了风险寻求倾向;积极框架则降低了底线,并降低了冒险的可能性。

我们应该有足够的理由相信,随着管理信息化、沟通技术的不断推进和发展以及财务数据滞后现象的极大改善,任何决策者都更可能对自己的现状和底线有充分的认知,而不是浑浑噩噩、稀里糊涂地做决定,拍拍脑袋就上路。决策者在每一个决策任务中都要明确参照点,并了解三个参照点之间的距离;在动态的决策中则要根据前一次决策的结果及时调整参照点的设定。目标的设定要承受机会的损失,因此目标不同于愿望——愿望与愿望是兼容的,但目标与目标之间却必须取舍。如果决策者过于目标导向,则很可能导致底线意识的模糊,因贪婪而盲目扩张,甚至进而导致破产;如果目标设定更多地来自对群体的依赖和社会比较,随大流、羊群效应则会导致无法作出杰出的贡献。

资料来源:王晓田. 决策的三个参照点. 中欧商业评论[J]. 2013(11).

【教师点拨】

第一,将决策的参照点作为价值维度上的界标,会使决策者在分析和比较不同选项时能够感受到预期结果跨界所带来的情绪拐点与采取行动的欲望。没有考虑参照点的决策往往是不靠谱的。所以,通过设置明确的底线和目标,将有助于抓住和把握时机,作出快速有效的适应性决策。

第二,决策者在每一个决策任务中都要明确参照点,并了解三个参照点之间的距离;在动态的决策中则要根据前一次决策的结果及时调整参照点的设定。有底线才能够居安思危,了解现状才能知道身在何处,有明确的目标方可做到有的放矢。

第三,强化参照点思维,不仅有利于更加理性地作出决定,少受甚至不受情绪和隐秘动机的影响,而且有利于帮助决策者发现和界定风险,进而帮助决策者依据三个参照点之间的距离和底线优先的原则作出适应性的取舍。

第 三 章

决策者的基本工具

正确的决策取决于能否用正确的方式以及使用合适的人来帮助解决问题。
——维克托·弗鲁姆

在没出现不同意见之前,不要作出任何决策。
——艾尔弗雷德·斯隆

知识要点图

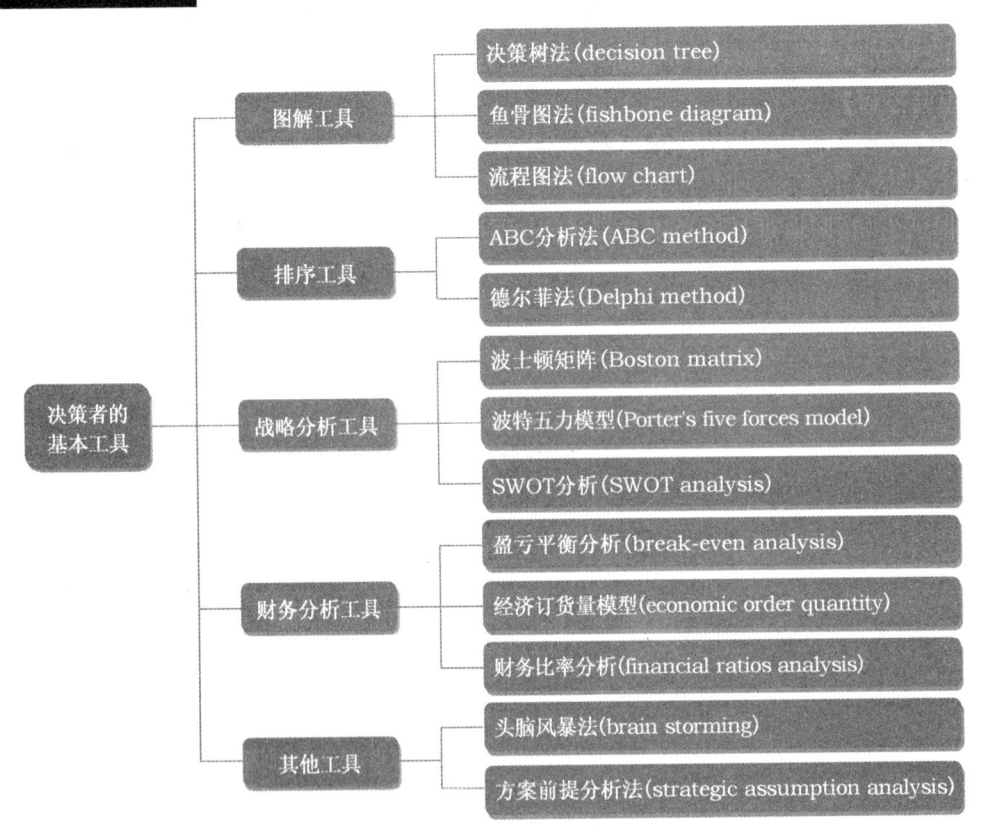

决策者的基本工具
- 图解工具
  - 决策树法(decision tree)
  - 鱼骨图法(fishbone diagram)
  - 流程图法(flow chart)
- 排序工具
  - ABC分析法(ABC method)
  - 德尔菲法(Delphi method)
- 战略分析工具
  - 波士顿矩阵(Boston matrix)
  - 波特五力模型(Porter's five forces model)
  - SWOT分析(SWOT analysis)
- 财务分析工具
  - 盈亏平衡分析(break-even analysis)
  - 经济订货量模型(economic order quantity)
  - 财务比率分析(financial ratios analysis)
- 其他工具
  - 头脑风暴法(brain storming)
  - 方案前提分析法(strategic assumption analysis)

学习目标

阅读和学完本章后,你应该达到以下知识目标和能力目标:

知识目标:

1. 熟练掌握不同决策工具的使用方法;
2. 理解并掌握不同决策工具的优缺点。

能力目标:
1. 能够准确概括不同决策工具的使用要点和操作程序;
2. 能够结合具体案例,区分不同决策工具的优缺点;
3. 能够灵活运用不同决策方法和工具解决实际问题。

案例导入

永远相信自己

马云,阿里巴巴创始人,被称为"创业教父"。曾经的创业艰辛、近日的荣耀辉煌,使得这位卓越企业家身上有散发不完的光环在萦绕。他不仅是一位成功的创业者,更是一个具有远见卓识的决策者。在走向成功的道路上,他经历了四次重要决策:

第一次决策是1995年下海创建中国第一个商业网站,即中国黄页。起初,很多人不看好阿里巴巴的B2B模式,其中就有网易CEO丁磊、搜狐CEO张朝阳等人。但马云不在乎别人怎么看,他只相信自己。他深信,网络将改变整个人类社会,也将改变整个商业活动。于是,他毅然辞职下海。就这样,马云的第一次触网预见了一个伟大的网络时代即将到来。

第二次决策是1999年创办中国式B2B模式的阿里巴巴。马云创办阿里巴巴时,网络大潮已经覆盖中国大地,网络营销模式也已经很多,门户网站成为主流。但马云偏偏选择了电子商务的雏形模式——中国式的B2B。而在当时,中国并不具备推行电子商务的基本条件。虽然阿里巴巴的B2B模式只能做交易前、只能做信息流,虽然这种大B2B式的阿里巴巴没有清晰的盈利模式,但是他仍然坚持要做电子商务,因为他相信自己的直觉,也因为他比多数网络界精英看得更远。

第三次决策是2003年进入C2C领域,创建淘宝网。随着eBay在美国的成功、易趣在中国的成功、雅虎在日本的成功,让马云看见了C2C的巨大潜力。但随后eBay在美国收购了一家B2B公司和易趣网进行非个人对个人的大宗交易,让马云意识到eBay和易趣的举动已经威胁到阿里巴巴。于是,马云快刀斩乱麻,迅速斥巨资打造中国的C2C王国。

第四次决策是2005年进军搜索收购雅虎中国。2005年11月,Google的市值已经突破1 000亿美元,差不多是eBay和雅虎的2倍,这意味着门户网和电子商务网主宰天下的时代结束了,搜索时代悄然而至。面临这一转变,马云果断收购雅虎中国,用10亿美元打造互联网搜索。

四次正确而漂亮的战略决策,凸显了马云过人的战略眼光、决断力和决策智慧。

资料来源:根据相关资料整理改编。

【分析与思考】

1. 面对互联网这样一个瞬息万变的行业,作出正确的决策并非易事,而马云却一直能够作出正确的决策,原因何在?

2. 从马云四次成功的战略决策中,我们可以获得哪些启示?

单元一 图解工具

决策的图解工具有很多种,常用的有决策树法、鱼骨图法、流程图法等。

一、决策树法(decision tree)

(一)决策树法的概念

决策树法是指借助树形分析图,根据各种自然状态发生的概率以及方案的预期损益,计算比较各方案的期望值,从而选择最优方案的决策分析方法,是直观运用概率分析的一种图解法。

> 任何一种决策工具究竟能发挥多大用处,要看由谁使用以及将其用在什么地方。

管理者通过决策树法列出各种可能的行动方案及每种方案的预期结果。通过获利能力和事件发生概率,对一项决策或一组决策暗含的各种结果进行分析。

(二)决策树法的优缺点

1. 决策树法的优点

(1)决策树法构成了一个简单的决策过程,使决策者能够有顺序、有步骤地进行决策;

(2)决策树法比较直观,可以使决策者以科学的推理步骤去周密地思考各个有关因素;

(3)对要决策的问题画出一个决策树,便于集体讨论和决策;

(4)对于较为复杂的决策问题,用决策树法进行处理比较有效,特别是对于多级决策问题尤其方便简捷。

2. 决策树法的缺点

(1)在分析过程中有些参数没有被包括进来,因此分析过程显得不够全面;

(2)如果决策树法的分级太多或出现的分枝太多,画起来就不方便。

(三)决策树法的操作步骤

决策树法通常包括以下四个操作步骤,如图3—1所示。

图3—1 决策树法的操作步骤

（提出决策问题 确立决策目标 → 从左到右绘制决策树 → 计算各种方案的期望值 → 选择最佳方案）

步骤一:提出决策问题,确立决策目标。

决策目标是在一定的内外部环境下,在市场调查和研究的基础上所预测达到的结果,要根据所要解决的问题来确定。因此,决策者必须把握所要解决问题的要害,明确决策目标,这样才能避免决策失误。

步骤二:从左到右绘制决策树。

首先,从左端决策点(用"□"表示)出发,按照备选方案引出相应的方案枝(用"——"表示),每条方案枝上注明其所代表方案的名称;然后,每条方案枝到达一个方案结点(用"○"表示)后,再由各个方案结点引出各个状态枝(也称概率枝,用"——"表示),并在每个状态枝上注明状态内容及概率;最后,在状态枝末端(用"△"表示)注明不同状态下的损益值。

需要说明的是:决策树的绘制过程,就是各种方案的拟订过程,要把某个决策问题未来发展的多种可能性和结果在决策树图形中反映出来,要特别注意状态概率的准确性;注意区分决策树图形中不同类型的结点。决策结点一般用矩形框"□"表示,机会结点一般用圆圈"○"表示,终结点一般用三角形"△"表示;在作图过程中,为了使整个决策过程变得更为清晰,应该按从左到右、从上到下的顺序将每个结点标上序号。

步骤三:计算各种方案的期望值。

从决策树的末梢开始,从右到左计算各个方案的期望值,并把计算结果标在各种方案的结点上方。计算公式如下:

$$状态点的期望值 = \sum(损益值 \times 概率值) \times 经营年限$$

步骤四:选择最佳方案。

计算各个方案在整个经营有效期限内的净效果,即方案最终的期望值。计算公式为:

$$方案净效果 = 该方案状态点的期望值 - 该方案的投资额$$

比较各个方案最终的期望值,从中选出期望值最大的作为最佳方案,并把最佳方案的期望值写到决策结点方框的上面。对于落选方案,在方案枝上画上"//"符号,表示删除方案枝。如果是多阶段或多级决策,则需要重复第二、三、四步工作。

下面结合实例介绍决策树法的运用。

【例3—1】 某企业为扩大产品的生产规模,拟建设新厂。据市场预测,产品销路好的概率为0.7、销路差的概率为0.3。有三种方案可供选择:

方案1:新建大厂,需投资600万元,可使用10年。据初步估计,销路好时,每年可获利200万元;销路差时,每年将亏损40万元。

方案2:新建小厂,需投资280万元,服务期为10年。销路好时,每年可获利80万元;销路差时,每年仍可获利60万元。

方案3:先建小厂,3年后等销路好时再扩建,扩建需追加投资400万元,可使用7年,估计每年获利190万元。

以上三种方案,哪一种方案最优呢?下面,我们利用决策树法来解决这个问题,如图3—2所示:

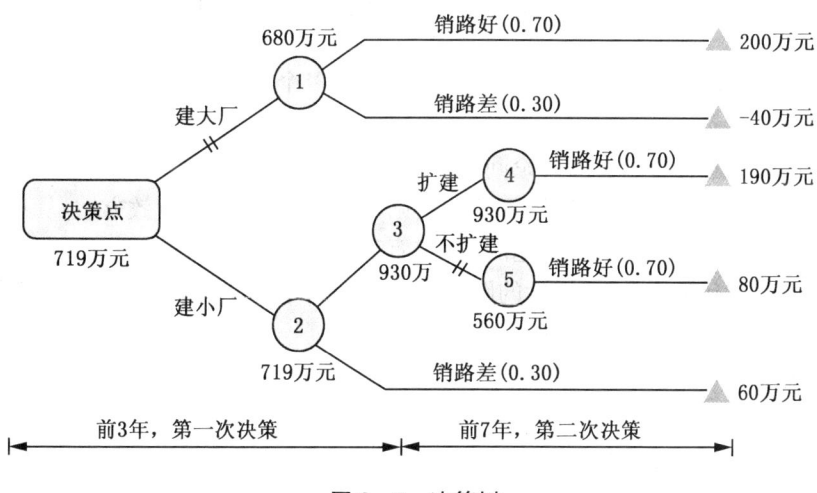

图3—2 决策树

各种方案的期望值:

结点①的期望收益为:$0.7 \times 200 \times 10 + 0.3 \times (-40) \times 10 - 600 = 680$(万元)

结点④的期望收益为:$1.0 \times 190 \times 7 - 400 = 930$(万元)

结点⑤的期望收益为:$1.0 \times 80 \times 7 = 560$(万元)

比较决策点③的情况可以看到,由于结点④(930万元)与结点⑤(560万元)相比,结点④的期望利润值较大,因此应采用"扩建"方案,而舍弃"不扩建"方案。把结点④的930万元移到结点③来,可计算出结点②的期望利润值。

结点②的期望收益为:$0.7 \times 80 \times 3 + 0.7 \times 930 + 0.3 \times 60 \times (3+7) - 280 = 719$(万元)

最后比较决策点的情况。由于结点②(719万元)与结点①(680万元)相比,结点②的期望利润值较大,因此采用结点②而舍弃结点①。这样,我们就可以得出:相比之下,建设大工厂的方案不是最优方案,合理的策略应该是采用前3年建小工厂,如果销路好,后7年再进行扩建的方案。

二、鱼骨图法(fishbone diagram)

(一)鱼骨图法的概念

鱼骨图法以其状若鱼骨而得名,是由日本管理大师石川馨(Kaoru Ishikawa)教授发明的一种图解法,故又名"石川图"(Ishikawa diagram)。

鱼骨图法可以用来辨识和处置事故或问题的原因,以图表的形式指出造成某种结果的各级原因之间的等级关系,是一种发现问题"根本原因"的方法,因此也可以称为"因果图法"(cause and effect diagram)。其特点是简捷实用、深入直观。它看上去有些像鱼骨,问题或缺陷(即后果)标在"鱼头"外,鱼骨上长出鱼刺,鱼刺上面按照出现机会的多寡列出产生问题的可能原因。鱼骨图法有助于说明各原因之间如何相互影响,同时它也能表现出各个可能的原因是如何随时间而依次出现的,这有助于着手解决实际问题。

(二)鱼骨图法的优缺点

1. 鱼骨图法的优点

(1)它能够集中于问题的实质内容,而不是问题的历史或不同决策参与者的个人观点;

(2)它是从整体角度全面地看待问题,而不仅仅局限于某个部分,避免陷入问题的某个细节而不能自拔;

(3)它不是查找简单的因果关系,而是找出问题的多个可能原因,并更清晰地挖掘原因与原因之间的联系;

(4)它强调在小组或组织内部讨论问题,运用集体智慧提出新观点,这有助于组员了解决策小组在围绕某个问题时产生的集体智慧和意见,找到解决问题的有效方案;

(5)它能够使决策小组聚焦于问题的原因,而不是问题的症状;

(6)它能够运用有序的、便于阅读的图表格式阐明问题发生的因果关系,确定问题解决方案的逻辑顺序,如执行中的先后级别等。

2. 鱼骨图法的缺点

鱼骨图法也有其缺点,主要表现在对于极端复杂、因果关系错综复杂的问题效用不大,因此不适合分析复杂的政策问题。

(三)鱼骨图法的操作步骤

鱼骨图法的操作主要可以分为五个步骤,如图3-3所示:

鱼骨图法是一种诊断工具,它能够帮助决策者更加全面透彻地掌握导致问题的原因。在

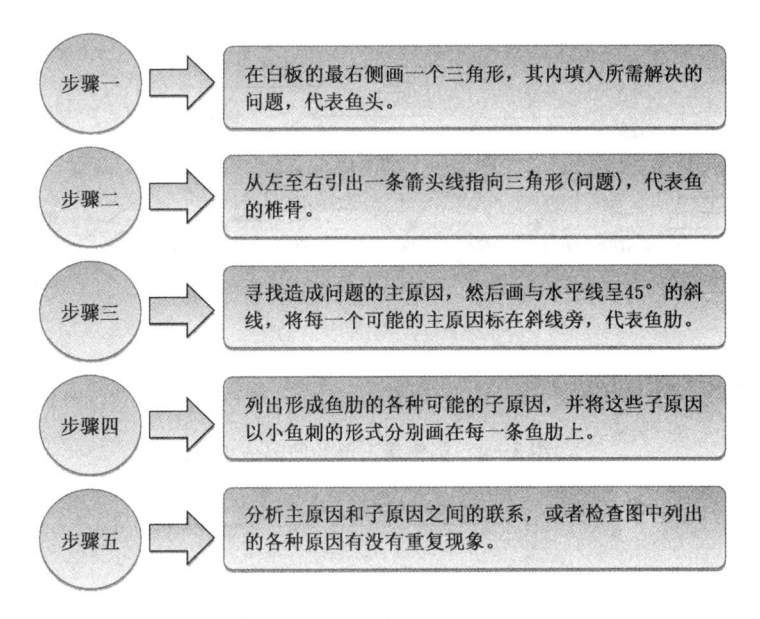

步骤一	在白板的最右侧画一个三角形,其内填入所需解决的问题,代表鱼头。
步骤二	从左至右引出一条箭头线指向三角形(问题),代表鱼的椎骨。
步骤三	寻找造成问题的主原因,然后画与水平线呈45°的斜线,将每一个可能的主原因标在斜线旁,代表鱼肋。
步骤四	列出形成鱼肋的各种可能的子原因,并将这些子原因以小鱼刺的形式分别画在每一条鱼肋上。
步骤五	分析主原因和子原因之间的联系,或者检查图中列出的各种原因有没有重复现象。

图3—3 鱼骨图法的操作步骤

有些情况下,我们很难直接找出导致某一问题发生的各种原因,这时鱼骨图能够清楚地揭示出一项决策涉及的主要方面。

【拓展资料】
在最初的讨论阶段,鱼骨图的主干可以参考以下分类方法。
服务业(8 P):人员(People)、产品/服务(Product/Service)、价格(Price)、市场促进(Promotion)、政策(Policies)、流程(Process)、程序(Procedures)、地点/厂址/技术(Place/Plant/Technology)。
制造业(6M):人力(Manpower)、方法(Methods)、量度(Measurement)、机器(Machinery)、材料(Materials)、自然力/环境(Mother Nature/Environment)。

我们结合实际经营管理中的例子说明鱼骨图法的作用机理。有许多经营者遇到过这样的问题:在一段时期内产品销售量出现下滑。面对这种情况,经营者需要寻找出其中原因以提高产品的销售量。图3—4就是利用鱼骨图法,对产品销售量下滑的原因进行图解分析。

第一步:找出存在的问题。
即"产品的销售量为什么会下降",将问题写在鱼头上。
第二步:分析出现问题的原因。
即出现这些问题的主要原因,如产品、促销、渠道、人员、市场等,将其写在鱼的肋骨上。
第三步:征求意见,总结正确原因。
将分析出来的主要原因再进一步细化,如业务水平低、底薪太低、培训不足等,得出更加准确的分析结果,将其写在中骨和小骨(鱼刺)上。
第四步:针对问题,找出解决方案。
如提高管理层的管理水平、加强员工激励,或是根据实际情况适当提高薪酬等。

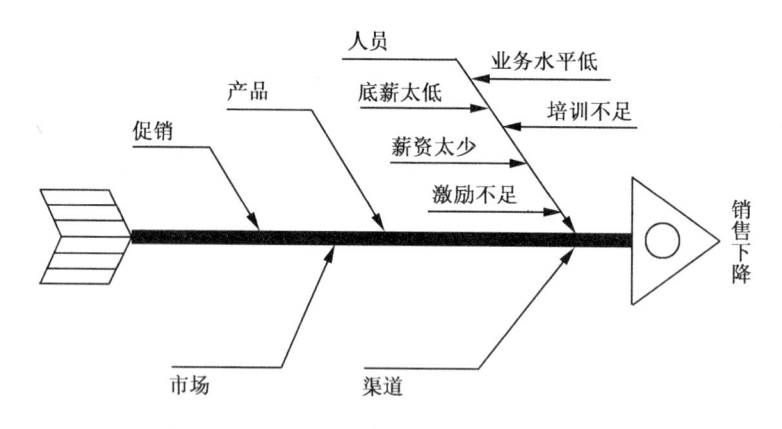

图 3—4　销售量下滑的原因分析

> 【拓展资料】
> 　　流程图是用来表示工作过程中各个环节进行顺序的简图。但制作流程图并非易事,为便于识别,通常会采用一些独特的流程图符号代表某类活动或工作。例如,事实描述用椭圆形"○"表示;行动方案用方框"□"表示;问题或决策用菱形"◇"表示;流动方向用箭头"→"表示。但是,比这些符号规定更重要的是,决策者必须清楚地描述工作过程的顺序。
> 　　此外,流程图还可以用来设计和改进工作过程,具体做法是先画出事情应该怎么做,再将其与实际情况进行比较。

　　根据图 3—4,我们可以发现导致产品销售量下滑的原因主要由促销、市场、产品、人员、渠道这 5 大因素组成,然后从这 5 大因素中深入剖析其中隐藏的原因。

【例 3—2】　刘先生想开一家服装店,他希望通过鱼骨图法来制订出自己的开业计划。
　　首先,他在"鱼头"上工工整整地填写"开业成功"这个目标。之后,他就开始画鱼骨图的"主刺"(主要原因),如定位、资金、选址、货源、导购、库存处理、促销、工商手续、销售目标等。接着,他开始逐项细化"主刺"。以"定位"为例,他在"主刺"上又画出一些细小的分叉,如商品选型定位、目标消费群、价格定位、商圈定位等。通过第一轮分析,刘先生发现自己的开业计划存在很多问题,如对开业流程并不是很了解、资源也不足,因此今后应该将重点转移到了解具体的开业流程和进行资源整合上。
　　请问,如果存在资金不足的情况,那么你如何帮助刘先生运用鱼骨图法进行分析,完成资金筹措任务?

三、流程图法(flow chart)

(一)什么是流程图法

　　流程图法是流经一个系统的信息流、观点流或部件流的图形方法。在企业中,流程图常常被用来说明某一过程。这种过程既可以是生产线上的工艺流程(如某个零件的制造工序),也可以是完成某项任务所必需的管理过程,甚至是组织决策的制定程序。这些过程的各个阶段均用图块表示,不同图块之间以箭头相连,代表它们在系统内的流动方向。下一步何去何从,要取决于上一步的结果,典型做法是用"是/会/能"或"否/不会/不能"的逻辑分支加以判断。

(二)流程图法的优缺点

1. 流程图法的优点

流程图法的优点在于:便于从整体的角度,直观反映内部控制的特征,有利于审计人员对内部控制进行分析评价,而且便于审计人员根据控制程序的变化随时进行修改。

2. 流程图法的缺点

(1)绘制流程图有一定的技术难度,特别是比较复杂的业务,需具备较熟练的技术和花费较多的时间;

(2)流程图有时很难将内部控制系统中的某些弱点明显地反映出来。

(三)流程图法的操作步骤

流程图法的绘制工作一般由三个阶段共计12个步骤组成。

第一阶段:准备阶段

这个阶段包括选择对象、组织准备、数据采集三个具体步骤。

选择对象——确定绘制哪个流程以及什么类型的流程图。

组织准备——组成专门小组,对小组成员进行流程图相关基本知识与技能的培训。

数据采集——收集所有相关的资料和信息。

第二阶段:识别阶段

这个阶段包括确认目标、确认部门、确认起止点、确认输入/输出四个具体步骤。

确认目标——明确流程设计或优化的具体目标。

确认部门——识别流程所涉及的全部部门或岗位,把步骤安排在这些部门或岗位之下。

确认起止点——寻找流程的起始点与终结点。

确认输入/输出——确定各个节点上信息资料的输入/输出,即需要引入什么文件资料,需要形成什么文件资料。

第三阶段:绘制阶段

这个阶段包括形成草图、修改核实、加入说明、正式定稿四个具体步骤。

形成草图——动笔绘制图形,填写相应的文字标记等。

修改核实——反复征求各方的反馈意见,反复修改、补充和完善,尽可能消除错漏。

加入说明——形成有助于正确阅读和理解流程图图示的文字说明。

正式定稿——经过反复征求各方的反馈意见,特别是经过有关责任者批准后,流程图便可以正式定稿。

流程图法是揭示和掌握封闭系统运动状况的有效方式。作为诊断工具,它能够辅助企业的决策制定过程,让管理者清楚地知道,问题可能出在什么地方,从而确定出可供选择的行动方案。对于企业所发生的各种业务,特别是经常发生和重复发生的业务可以采用流程图来描述。

【小测试】

1. 请简要描述绘制流程图的具体步骤。

2. 试着将你所在企业的决策制定过程绘制成流程图。或者,如果你有胆识,也可画一张代表所在企业过失管理方式的流程图。利用这张图来分析哪些环节需要改进或者说改进的可能。

(四)流程图法的使用

图 3—5、图 3—6 就是利用流程图法对企业过失管理的两种不同方法进行图解说明。

图 3—5 向我们展示了企业过失管理中的"掩盖法"。绝大多数企业文化鼓励员工隐瞒他们的失误,这在经营中是很荒唐的。掩盖失误,使员工失去了"吃一堑、长一智"的学习机会,导致同一企业内的不同员工不断地犯相同或类似的错误。更糟的是,错误的判断和决策积累到一定程度,将会给企业的获利能力及声誉造成巨大损害。牛津大学坦普林顿学院高级讲师凯斯·格林特对企业在决策和管理问题上移交责任的过程进行了分析。其研究结果清楚地说明了企业过失管理问题,并对管理人员掩盖失误的途径进行了揭示,如图 3—5 所示。

图 3—6 向我们展示了企业过失管理中的"学习法"。过失并不都是个人造成的,在有些情况下,导致员工犯错的原因往往是企业决策制定系统或经营过程本身存在一定的缺陷。但是如果员工不承认过错,问题就很难得以解决。

美国管理学者彼得·圣吉在其专著《第五项修炼:学习型企业的艺术和实务》中指出,失败是学习的好机会。彼得·圣吉还在书中引用了宝丽莱(Polaroid)公司创始人、总裁及一次成像技术的发明者艾德·兰德的例子。兰德的办公室墙上悬挂着一块匾,上面写着:"过失就是还没有完全被你利用的事件。"

此外,使用流程图法需要考虑很多问题,例如:工作过程中是否存在着某些多余环节,删掉

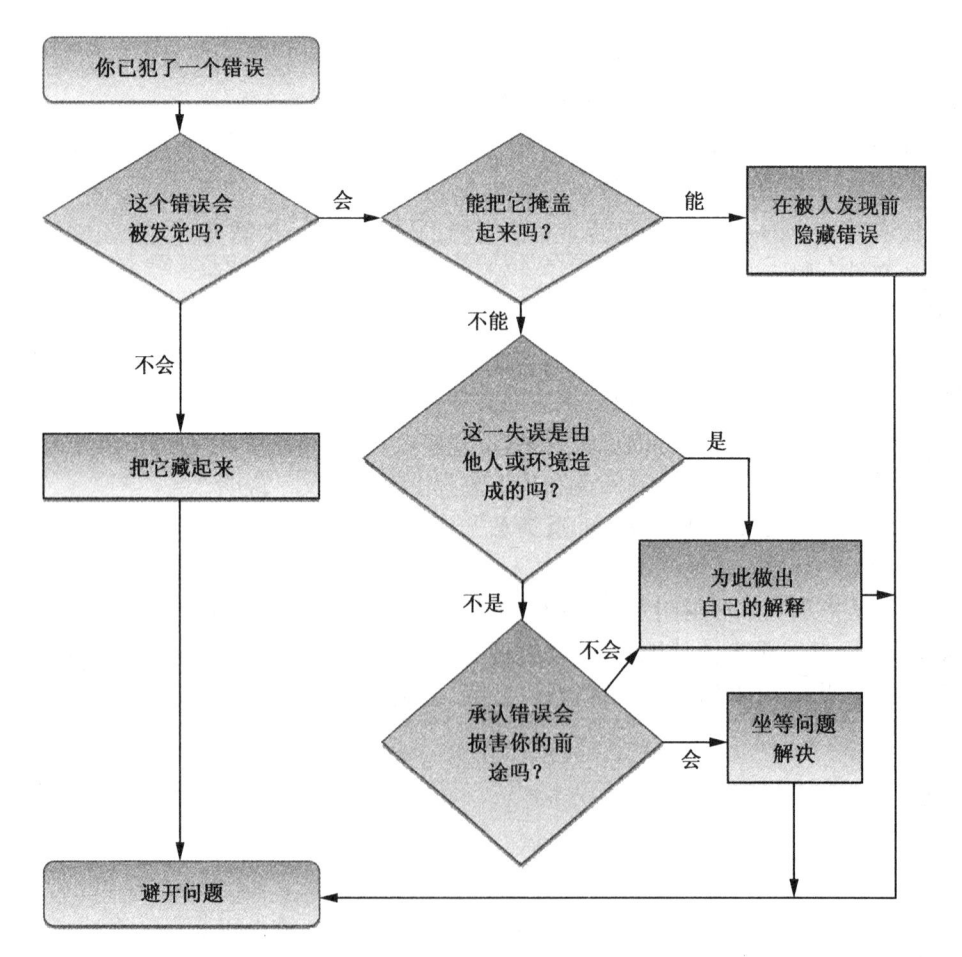

图 3—5 管理者掩盖过失的途径

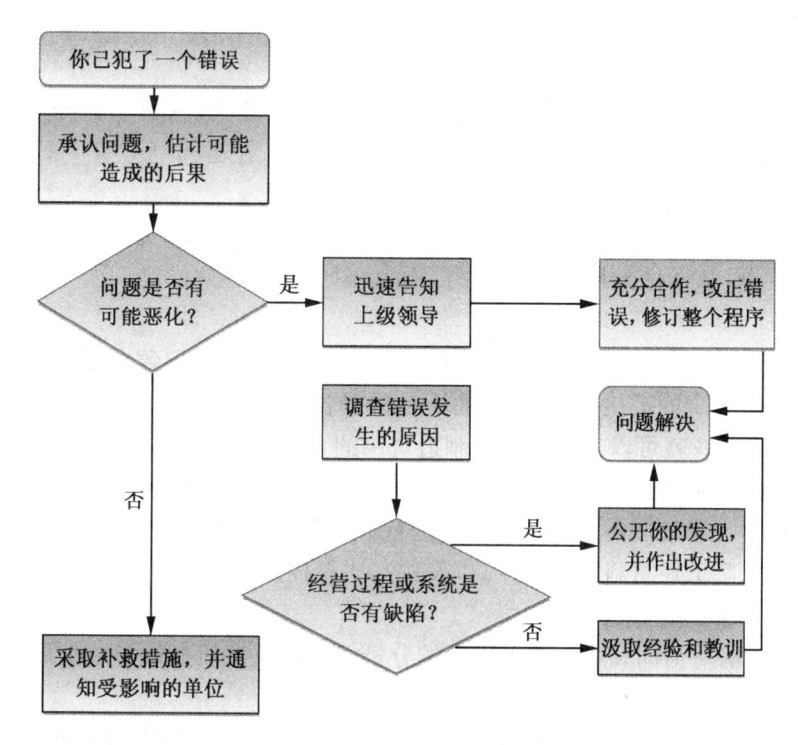

图 3-6　管理者从过失中学习的途径

它们之后能够降低成本或减少时间？还有其他更有效的方式构造该工作流程吗？整个过程是否因为过时而需要重新设计？现有的工作流程应当将其完全废弃吗？等等。

单元二　排序工具

帮助管理者对工作及决策进行排序的工具和方法有很多，这里主要介绍两种，即 ABC 分析法(ABC method)和德尔菲法(Delphi method)。

一、ABC 分析法(ABC method)

(一)什么是 ABC 分析法

ABC 分析法又称帕累托分析法、主次因素分析法，是项目管理和决策中常用的一种方法。

ABC 分析法是根据事物在技术、经济方面的主要特征，进行分类排列，从而实现区别对待和区别管理的一种方法。该工具经常被用于库存管理，它将库存物资按照重要程度分为特别重要物资(A 类物资)、一般重要物资(B 类物资)和不重要物资(C 类物资)三个等级，根据不同类型的物资进行分类管理和控制。由于它把被分析的对象分成 A、B、C 三类，所以称其为 ABC 分类法。

ABC 法则是帕累托 80/20 法则衍生出来的一种法则。所不同的是，80/20 法则强调的是抓住关键，ABC 法则强调的是分清主次，并将管理对象划分为 A、B、C 三类。因此，ABC 分析法和 80/20 法则一样，是一个无处不在的管理工具，企业的各项事务都可能用到。

(二)ABC分析法的优缺点

1. ABC分析法的优点

(1)ABC分析法简便易行,因此广泛应用于工业、商业、物资、人口及社会学等领域,以及物资管理、质量管理、价值分析、成本管理、资金管理、生产管理等许多方面。

(2)ABC分析法既能够做到集中精力抓住重点问题进行管理,又能够兼顾一般问题,从而做到用最少的人力、物力、财力实现最好的经济效益。

(3)传统的观点将制造费用视为劳动力成本的一个比例,这将导致在预算过程中将制造费用作为直接人工的一个固定比率来确定,而不是根据各种生产活动的具体需要来确定。采用ABC分析法后,决策者就可以方便地确定制造费用的合理水平。

(4)ABC分析法提供了现有技术的相关成本信息,可以改进管理者对新生产工艺的评价,而且可以作为评价技术发展潜在成本和收益的基础。例如,精简生产过程、减少设置次数、使厂区布局合理化以降低原材料处理费用,以及提高质量控制以减少检验费用等,都对产品成本有着较大影响。

(5)ABC分析法对活动和成本驱动因素的分析也为绩效评估提供了一个广泛的范围和更加合理的标准。

(6)ABC分析法还可以用来对不同品牌的产品、不同顾客及不同分销渠道进行深入分析,而这在传统的会计系统中是做不到的。

> 工作中最重要的事是提高效率。
> ——约·爱迪生

【拓展资料】

谁创造了ABC分析法

ABC分析法是从帕累托(Pareto)曲线转化而来的一种管理方法。

意大利经济学家维尔弗雷多·帕累托(Vilfredo Pareto,1848~1923年)在1879年研究人口与收入的关系问题时发现,20%的人控制了80%的社会财富,而余下80%的人却只占有20%的社会财富。他将这一关系用图表示出来,就是著名的帕累托图。该分析方法的核心思想是在决定一个事物的众多因素中分清主次,识别出少数的但对事物起决定性作用的关键因素和多数的但对事物影响较小的次要因素。后来帕累托法被不断应用于管理的各个方面。经美国通用电气公司董事长迪基对该公司的库存物品调查发现,上述原理也适用于库存管理。

威利弗雷德·帕累托,意大利经济学家、社会学家,洛桑学派的主要代表人物之一。

1951年,管理学家戴克(H. F. Dickie)将其应用于库存管理,并命名为ABC法。使帕累托法则(80/20法则)从对一些社会现象的反映和描述发展成一种重要的管理手段。

1951~1956年,约瑟夫·朱兰将ABC法引入到质量管理中,用于质量问题的分析,称其为排列图。

1963年,彼得·德鲁克将这一方法推广到全部社会现象,使ABC法成为企业提高效益普遍应用的管理方法。

2. ABC 分析法的缺点

ABC 分析法一般会抓住成本比重较大的零部件或工序作为研究对象,有利于集中精力重点突破,取得较大效果。但在实际工作中,有时会由于成本分配不合理,造成成本比重不大但用户认为功能重要的对象可能被漏选或排序推后,而这种情况应该列为价值工程研究的重点内容。ABC 分析法的这一缺点可以通过经验分析法、强制确定法等来补充修正。

(三) ABC 分析法的操作步骤

下面,我们就以某个物流配送企业在客户和产品管理中存在的问题为例,介绍 ABC 分析法在客户和产品管理中的实施步骤,并以一个具体的应用案例详细阐述具体的操作过程。

第一步,收集数据。

确定构成某一管理问题的因素,收集相应的特征数据。如果打算对库存物品的销售额进行分析,则应该收集该物品的年销售量、物品单价等数据。本例中该物流企业主要有 16 类客户,主要经营 21 个大类的产品。我们以某个时间单位(如一年)为周期,收集各类客户订购商品的价值数据和各类商品销售累计收入数据。

第二步,整理数据,制作 ABC 分析表。

对收集来的数据资料进行整理,并按要求计算和汇总。本例中先将收集到的各类客户订购商品的价值数据和各类商品销售累计收入数据按照从大到小的顺序进行排序,并计算累计价值和价值累计百分比等数据。

表 3—1 为客户订货价值的 ABC 分析,是对该企业 16 类客户一年订购产品的价值数据进行收集处理后得到的客户 ABC 分析结果。

表 3—1　　　　　　　　　客户订货价值的 ABC 分析

客户	订货价值(万元)	累计价值	价值累计百分比
A1	432	432	25.76%
A11	392	824	49.14%
A2	321	1 145	68.28%
A3	143	1 288	76.80%
A4	120	1 408	83.96%
A5	83	1 491	88.91%
A6	51	1 542	91.95%
A7	26	1 568	93.50%
A13	23	1 591	94.87%
A16	20	1 611	96.06%
A12	18	1 629	97.14%
A14	15	1 644	98.03%
A15	13	1 657	98.81%
A8	10	1 667	99.40%
A9	8	1 675	99.88%
A10	2	1 677	100.00%

表 3—2 为产品订购价值的 ABC 分析,是对该企业 21 大类产品一年被订购的价值数据进行收集处理后得到的产品 ABC 分析结果。

表 3—2　　　　　　　　　　产品订购价值的 ABC 分析

产　品	订货价值（万元）	累计价值	价值累计百分比
B2	401	401	23.91%
B11	380	781	46.57%
B5	301	1 082	64.52%
B7	233	1 315	78.41%
B10	110	1 425	84.97%
B8	53	1 478	88.13%
B13	41	1 519	90.58%
B20	28	1 547	92.25%
B21	23	1 570	93.62%
B1	20	1 590	94.81%
B3	18	1 608	95.89%
B14	15	1 623	96.78%
B15	13	1 636	97.56%
B12	10	1 646	98.15%
B9	8	1 654	98.63%
B4	6	1 660	98.99%
B6	5	1 665	99.28%
B16	4	1 669	99.52%
B17	3	1 672	99.70%
B18	3	1 675	99.88%
B19	2	1 677	100.00%

第三步,设定分类标准,进行 ABC 分类。

设定分类标准,然后结合 ABC 分析表,进行 ABC 分类。各类因素的划分标准并无严格规定,本例的分类标准如表 3—3 所示。其中,A 类累计价值百分比为 60%～70%,B 类累计价值百分比为 10%～20%,C 类累计价值百分比大约为 10%。按照划分的 A、B、C 类对象个数的多少计算数量百分比。

表 3—3　　　　　　　　客户和产品的 ABC 分类标准

类别	价值百分比	数量百分比
A 类	60%～70%	大约 20%
B 类	10%～20%	15%～20%
C 类	大约 10%	60%～70%

通过分析表 3－3 分类标准和表 3－1 客户订货价值的 ABC 分析,可把客户分为 ABC 三类。其中,A 类客户订货价值累计百分比为 68.28%,相应此价值区域的客户数量百分比为 18.75%(即 A1、A11、A2);B 类客户订货价值累计百分比为 20.63%(即 88.91%～68.28%),相应此价值区域的客户数量百分比为 18.75%(即 A3、A4、A5);C 类客户订货价值约 11.09%(即 100%～88.91%),相应此价值区域的客户数量百分比为 62.50%(即余下的 10 类客户与 16 类客户总数的比值)。因此,得出 16 类客户的 ABC 分类结果如表 3－4 所示:

表 3－4　　　　　　　　　　客户的 ABC 分类结果

类别	客户分类结果
A 类	A1、A11、A2
B 类	A3、A4、A5
C 类	A6、A7、A13、A16、A12、A14、A15、A8、A9、A10

通过分析表 3－3 分类标准和表 3－2 产品订购价值的 ABC 分析,可把产品分为 ABC 三类。其中,A 类产品订购价值的累计百分比为 64.52%,相应此价值区域的产品数量百分比为 14.29%(即 B2、B11、B5);B 类产品订购价值的累计百分比为 23.61%(即 88.13%～64.52%),相应此价值区域的产品数量百分比为 14.29%(即 B7、B10、B8);C 类产品被订购价值约 11.87%(即 100%～88.13%),相应此价值区域的产品数量百分比为 71.42%(即余下的 15 类产品与 21 类产品总数的比值)。因此,得出 21 类产品的 ABC 分类结果如表 3－5 所示。

表 3－5　　　　　　　　　　产品的 ABC 分类结果

类别	客户分类结果
A 类	B2、B11、B5
B 类	B7、B10、B8
C 类	B13、B20、B21、B1、B3、B14、B15、B12、B9、B4、B6、B16、B17、B18、B19

第四步,绘制 ABC 分析图。

ABC 分析图以累计因素百分比为横坐标,以累计资金占用额百分比为纵坐标,按 ABC 分析表中提供的数据,在坐标图上取点,并连接各点曲线,绘制 ABC 曲线。接着,按照 ABC 分析曲线所对应的数据,以 ABC 分析表确定 A、B、C 三个类别的方法,在图上标明 A、B、C 三类,则制成 ABC 分析图。除利用直角坐标绘制曲线图外,也可绘制成直方图。

本例中,我们应根据表 3－1 和表 3－2 中提供的订货价值与价值累计百分比两组数据绘制 ABC 分析曲线,直观显示分类对象的价值和累计百分比等信息。客户的 ABC 分析曲线如图 3－7 所示:

5. 确定管理策略

根据 ABC 分析曲线和分类结果,管理者就可以权衡管理力量和经济效果,制定 ABC 分类管理标准表,对三类对象进行有区别的管理。本例中,企业可以根据 ABC 分类结果,对不同客户和产品进行差别管理,从而使企业有限的资源得到最佳配置。具体的配置如下:

该企业将客户分为三类,其中 A 类客户的订货价值在 300 万元以上,B 类客户订货价值在 50 万～300 万元,C 类客户的订货价值在 2 万～50 万元,对 ABC 三类不同的客户可以采用

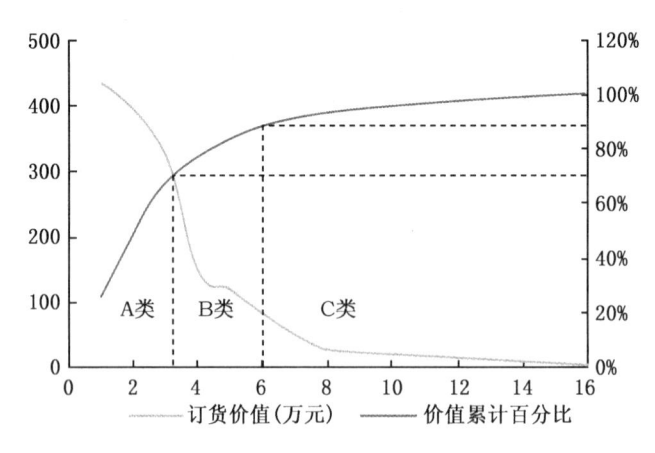

图 3—7 客户的 ABC 分析曲线

不同的管理策略。

A 类客户:这类客户数量占所有客户数量的 18.75%,但是他们订购的产品累计价值百分比为 68.28%,该类客户价值较大。这类客户是企业收入的主要来源,所以要在配送中投入更多的人力、物力和财力,使他们在最佳的时间、最佳的地点得到他们需要的产品。只有让他们享受到最佳的服务、备受重视,才能够和企业建立长期合作关系。企业的营销计划部门也可及时反馈这类客户信息,选择最佳的服务方案,并建立这些客户的跟踪档案,从而能够在短时间内迅速赢得更多的该类重点客户。

B 类客户:这类客户占总客户数量的 18.75%,订购产品的累计价值百分比为 20.63%,处于 A 类与 C 类客户之间。企业也应该把这类客户作为重点管理的对象,因为他们有可能在将来成为企业的重点客户。对于这类客户,企业可以在适当时机进行跟踪服务,适时地听取他们的意见并对自身工作加以改进,争取建立长期合作关系。

C 类客户:这类客户占总客户数量的 60.25%,数量较多,但价值较低,只占到总价值的 11.09%。这类客户不是企业重点管理的对象,但也不能缺少关注。若进行过多管理,企业所花费的时间和费用可能超过这些客户本身能够带来的价值,使企业的成本增加。对于此类客户,企业可先经过一段时间的统计,观察这类客户的发展情况,看是否可将他们划分到 B 类或 A 类。

该企业将产品分为三类,其中 A 类产品的价值在 300 万元以上,B 类产品的价值在 50 万～300 万元,C 类产品的价值在 2 万～50 万元,对 ABC 三类不同的产品可以采用不同的管理方法。

A 类产品:这类产品数量占总数量的 14.29%,是库存控制的重点。产品的品种较少但价格较高,并且多为客户生产经营中关键、常用的物品。因此,企业应该对产品采用严格的控制方式,随时检查库存情况,一旦库存降到一定水平,就要及时订货。订货时可采用定期订货方式,每次订购数量以补充目标库存为限。

B 类产品:这类产品数量占总数量的 14.29%。产品的库存方式介于 A 类和 C 类物品之间,可采用一般或定期控制方式,并按照经济订货批量进行采购。

C 类产品:这类产品数量占总数量的 71.42%,品种较多但价值却很低(仅占 11.87%)。由于产品的年需求量也较少,因此企业可以按照其库存总金额控制库存水平,一般采用比较粗放的定量库存方式,也可采用较大的经济订货批量进行采购。

二、德尔菲法(Delphi method)

德尔菲法是一种根据专家意见确定指标权重,进而对备选方案进行排序、筛选的预测方法,可根据专家的基本情况、积极程度、权威程度、专家意见集中程度、协调程度以及常用的指标权重法获得预测结果。

(一)什么是德尔菲法

德尔菲法也称专家调查法,是一种采用通信方式分别将所需解决的问题单独发送到各个专家手中,征询他们的意见或看法,然后将专家的答复意见或设想加以科学的综合、整理和归纳。随后以匿名的方式将综合意见和预测问题再次分别反馈给专家,再次征询意见,各专家依据综合意见修改自己原有的意见,然后再汇总。这样经过多轮反复,逐步取得比较一致、可靠性较高意见的决策方法。

德尔菲法依据系统的程序,采用匿名发表意见的方式,即专家之间不得互相讨论,不发生横向交流,专家只能与调查人员联系,通过多轮次调查专家对问卷所提问题的看法,经过反复征询、归纳、修改,最后汇总成专家基本一致的看法,作为预测的结果。这种方法具有广泛的代表性,较为可靠。

德尔菲法也可理解为一种利用函询形式进行集体匿名思想交流的过程。它有三个明显区别于其他专家预测方法的特点,即匿名性、反馈性和收敛性。

1. 匿名性

征询和回答采用匿名或背靠背的方式进行,使每一位专家能够独立自由地作出自己的判断,从而避免相互影响。

2. 反馈性

征得的意见经过统计整理,重新反馈给参加应答的专家。每个人可以知道全体的意见倾向以及持与众不同意见者的理由。每一位专家都有机会修改自己的见解,而且无损自己的威信。

3. 收敛性

征询意见的过程一般要经过几轮(一般为四轮)重复,专家们能够在此过程中达成大致的共识,甚至比较一致的意见。也就是说,统计归纳的结果是收敛的,而不是发散的。

(二)德尔菲法的优缺点

1. 德尔菲法的优点

(1)在大多数的情况下,德尔菲法能够使专家的意见趋于一致,调查结果具有较强的收敛性。

(2)德尔菲法在实际运用过程中,经常可以发现由于学派的不同而产生不同或对立的观点,这样可以使决策者从不同角度考虑问题,有利于对问题的深入研究。

(3)德尔菲法作为一种决策或预测的有效工具,其价值在于结果的有效性,有大量事例证实了其预测结论的准确性。

(4)德尔菲法不受地区和人员的限制,用途广泛,而且能够引导思维,提供了一种系统的预测方法。

2. 德尔菲法的缺点

(1)结果受主观认识的制约。准确程度主要取决于专家的学识、经验、心理状态以及对问题的兴趣程度。

（2）专家思维的局限性会影响最终效果。通常专家只是在某个专门的领域从事工作，对其他领域往往了解不多。

（3）德尔菲法在技术上仍不够成熟。例如，专家的概念没有完善的、客观的衡量标准，因而在选择专家人选时容易出偏差；另外，征询调查表的设计也难以掌握，有时会比较粗糙。

（三）德尔菲法的操作步骤

图3-8显示了德尔菲法的操作步骤，首先制定征询调查表，选择专家，然后进行四轮的征询调查，最后确定结论。

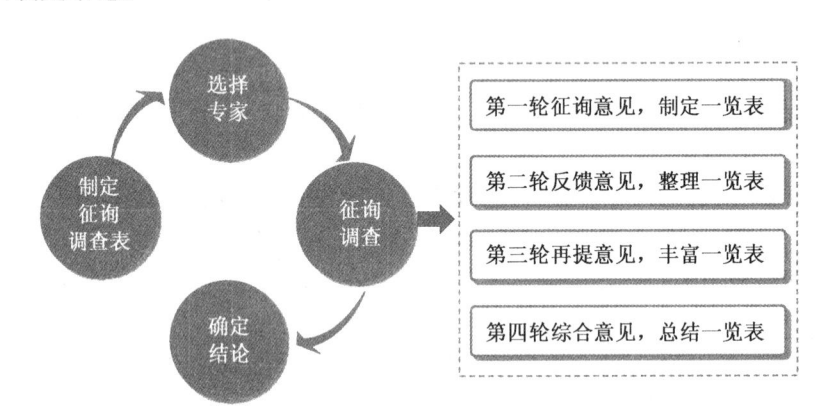

图3-8 德尔菲法的操作步骤

第一步，制定征询调查表

征询调查表是运用德尔菲法向专家征询意见的主要工具，调查表制定得好坏，将直接关系着征询结果的优劣。

第二步，选择专家

在征询调查表拟定之后，就据此选择专家。在选择专家时，不仅要注意选择那些精通本学科领域、有一定声望、有学派代表性的专家，同时还要注意选择边缘学科、社会学和经济学等方面的专家。专家小组的人数一般以10～50人为宜，最佳人数为15人左右。为了保证专家人数的稳定，预选专家人数要多于规定人数。在确定人选前，应发函征求专家本人的意见，询问专家是否能坚持参加这项活动，以避免出现拒绝填表或中途退出等情况。

第三步，征询调查

运用德尔菲法，通常经过四轮的征询调查。

第一轮向专家小组成员发出询问调查表，允许专家任意回答。调查表统一回收后由领导小组进行综合整理，用准确的术语提出一个"征询意见一览表"。

第二轮把征询意见一览表再发给专家小组成员，要求他们对表中所列意见作出评价，并相应提出其评价的理由。领导小组根据返回的一览表进行综合整理后，再反馈给专家组成员。

第三轮、第四轮重复第一轮和第二轮，目的是为了激发专家们提出更多的意见，以便作出更好的选择。

第四步，确定结论

在经过四轮的征询调查后，通常专家小组的意见会表现出明显的收敛趋势，逐渐地趋于一致，领导小组可以据此得出最后结论。

(四)德尔菲法的注意事项

1. 专家小组成员的选择必须得到专家本人的同意

在选择专家小组成员时,必须征求每一个入选专家的意见,看其是否愿意参加该项活动。如果调查表只是按照名单发出,而没有肯定专家们是否愿意参加专家小组,那么协调人就有可能得不到足够的、有意义的答复,特别是专家小组人数较少时更是如此。此外,所选出的专家小组成员规模必须稍微大于协调人考虑的人数规模,以防有些专家由于时间要求很紧会不时地错过各轮调查,从而严重影响决策效果。

2. 要使专家们都明白德尔菲法的工作程序

并不是每个专家都十分了解德尔菲法,协调人也不能相信所挑选的专家都对德尔菲法的工作程序十分了解。协调人要让专家小组中的每一个成员都清楚德尔菲法,了解德尔菲法的具体工作程序。有些德尔菲工作程序之所以出现问题,其原因就是有的小组成员不理解连续调查的目的。

3. 要简化征询调查表

调查表的格式设计应该能够有助于专家小组成员回答问题,而不是妨碍专家们的思考或者是使专家们陷入困惑。最好的办法是,采用"划对号"或"填空"方式答复问题。但这一点很难做到,特别是围绕某个事件存在许多争议时,不过只要有可能就应该首先考虑这样做。此外,对每一个赞成和反对的观点都要做摘要,以便于小组成员随时了解各种观点,并将它们与调查问题相关联。最后,还要在调查表上留有充分的空白之处,让小组成员写下自己的看法和观点。简言之,调查表应该设计得便于小组成员答复问题,一份便于答复的调查表有助于改进调查质量。

4. 调查问题的数目应控制在一定范围

在实际操作中,应该为调查问题的数目设置一个上限,这个数目随着问题的类型而变化。如果每个问题都相当简单,只要求针对简单事件的某一个方面回答问题,则限制程度就要相对高一些;如果一个问题需要详细思考,还要衡量相互矛盾的各种论点,那么限制程度就要相对低一些。根据经验,25个问题应该是调查问题数目的上限。在特殊环境中,问题的数目可能更多一些。但是,调查问题的数目如果高达50个以上,协调人就要对这些问题加以详细的研究,使这些问题确实都集中于实际论点,而不应该使专家小组成员注意那些次要的问题。

5. 调查中不应该介入协调人的意见

在德尔菲工作程序中,协调人有时会发现,对某一事件发生争论的双方并没有抓住彼此核心的论点,甚至双方还会忽略某个明显的论点或事实。在这种情况下,协调人可能会考虑将自己的个人意见注明在下一轮的反馈资料中。这种想法必须克服。在任何情况下,协调人都绝对不可以将个人意见带进反馈资料,否则将歪曲最后的调查结果,很有可能结果只是符合协调人的观点。专家小组是经过千辛万苦挑选出来的,如果协调人确实认为小组成员忽略了问题的某些重要因素,就应该考虑到所选择的专家小组不符合条件。唯一解决的办法是,废弃所得出的决策结果,由另外的专家小组重新进行决策。这一点非常重要,因为大量的研究表明,德尔菲法受到虚假或歪曲资料的介入时会严重影响最后的结果。

6. 充分考虑德尔菲工作程序所需花费的时间

使用德尔菲法进行决策时,协调人的主要任务是收集和分析小组成员的答复,并编制下一轮的问题。经验表明,每名小组成员每轮需要花费大约两个小时的时间。编制调查表所需要的时间也基本相同,但计算方法略有不同。

7. 充分考虑德尔菲法调查的周转时间

如果利用邮寄方式进行德尔菲法调查,通常每两次调查之间要花费一个月左右的时间。如果是在本部门内小范围(工厂、实验室、大学等)进行德尔菲法调查,那么调查的周转时间就可能短得多。10~15人的专家小组,如果采用内部急件传递,两个星期内就足以进行四轮调查。但前提是小组成员也要积极主动地予以答复,否则内部通信的优势便会丧失。

【拓展资料】

德尔菲法中常用的统计方法

1. 四分位法

在德尔菲法统计数据处理中,常用中位数表示专家评价的协调结果,上下四分位点表示专家意见的分散程度。将评价结果依次表示在横轴上,并把数据分为四等分。中分点称为中位数,小于中位数的四分位点成为上四分位点,大于中位数的四分位点成为下四分位点。上下四分位点越接近中位数,表示专家的评价意见越集中。落在上下四分位点之外的评价值,表示该专家与多数专家的意见分歧较大。

2. 直方图

结构结果和状态结果均可用直方图表示。表示结构结果的直方图,其横坐标是结构相对数,一般以每20%为基本单位,0~100%分为5段,其纵坐标为目标将呈现何种结构的专家人数占全部专家人数的比重。而表示状态结果的直方图,其横坐标为目标可能出现的各种状态或备选方案,其纵坐标为某种状态出现或择优的专家人数占全部专家人数比重,即各种状态出现或各方案被选优的可能性。若对各专家的评判赋予不同的权重,那么结果将发生变化。

单元三 战略分析工具

种类繁多的战略分析方法不但是管理咨询顾问们钟爱的法宝,也是管理科学领域多数理论得以产生的土壤。过去的几十年间,战略分析工具得到了空前发展。人们创造了各种各样的方法和模型,帮助管理者分析经营环境,制定合理决策。我们虽然无法知道,哪些工具确实有用,哪些工具只是管理咨询顾问用来收取费用的漂亮装饰,但从整体上说,这些方法和模型(尽管有一些是骗人的东西)在提高企业的决策制定效率方面确实作出了积极贡献。

我们选择一些简单有用的工具介绍如下,如波士顿矩阵(Boston matrix)、波特五力模型(Porter's five forces model)、SWOT分析(SWOT analysis)等。

一、波士顿矩阵(Boston matrix)

(一)什么是波士顿矩阵

1. 定义及应用

波士顿矩阵又称BCG矩阵,是帮助企业对其经营的多种业务进行分类,并确定各种具体业务战略位置的一种分析工具。该方法是由波士顿咨询集团(Boston Consulting Group, BCG)在20世纪70年代初提出,目的是帮助管理者更好地了解在一个多元化的企业中,不同的经营单位组合在一起所具有的吸引力或潜力。

20世纪60年代,多元化经营在企业中风靡一时。许多企业纷纷扩展新的经营领域,并在成熟产业中采用新的投资方式,以抵消现有市场萎缩的影响。这些战略思想和战略行为导致实行集权控制、触角伸及多个行业的大型企业集团数目增多。但是,包括20世纪70年代初期石油危机在内的一系列世界性经济动荡却令这些企业恍然大悟:高度的中央集权具有很大风险。从那时起,企业开始认识到,他们的总部不再是"无所不知"的"世外高人"。

于是,经营多项业务的企业采取了一种新的管理方法,在具体的业务经营方面给予管理者高度的自主权。总部在这种新的管理模式下变得更像是一名"银行家",其主要职责是决定将企业的资金投在何处才能获得最大收益。因此,公司总部需要某种方法,把企业经营的多项业务划分为不同的种类。波士顿矩阵就是他们为此类决策找到的战略分析工具。在该矩阵设置的简单框架内,公司总部能够根据各项业务的未来增长潜力,作出适当的投资决策。

事实上,波士顿矩阵只是个简单的二维方阵,分别用市场增长率和相对市场份额衡量企业业务组合中的各项业务。企业可根据每项业务在矩阵中的位置进行相应的分类。由于这个矩阵具有直觉吸引力、形象的比喻,再加上可靠的数量分析,因此引起很多战略决策者的兴趣,帮助他们以合理的手段来管理多元化的企业战略。

【拓展资料】

波士顿矩阵的理论根基

波士顿矩阵整合了两个早已确立的管理理论:经验曲线理论(experience curve theory)和产品生命周期理论(product life cycle theory)。

1. 波士顿矩阵与经验曲线理论

波士顿矩阵发现,由于受经验的影响,随着产量的增加,单位成本往往会下降。

经验有三个功能:学习、专业化与规模。学习功能表明,任何人做一件事,时间长了,都会做得更好;专业化功能表明,把工作分给个人去干,由于不断地学习,每个员工执行这些任务的经验就会增加,成本也会随之下降;规模功能表明,随着生产能力的提高,为额外生产能力进行融资的资本成本会消失。

这三个功能对收益率的影响顺序为:不断增加的市场份额→不断增加的累积量→经验效应导致成本下降→突出的竞争地位和盈利能力。根据这个逻辑,战略的主要含义可以从经验曲线理论中得出:经验曲线效应导致成本下降,从而使占最大市场份额的公司实现最高累积量,并取得竞争优势。

2. 波士顿矩阵与产品生命周期理论

产品生命周期被用来作为经验曲线的补充内容。如果市场份额是实现较高累积量、降低成本、实现较高收益率的保证,那么企业资源最有可能被用来追求较高的市场份额。要使整个企业的收益率最大化,最稳妥的途径就是通过战略经营单位(Strategic Business Unit,SBU)或战略业务范围(Strategic Business Line,SBL)的组合来实现市场份额的最大化。实现这个目标的最佳方式,就是把利润或资源从成熟且进入衰落期的产品,转移到处于产品生命周期起步和发展阶段的产品。

产品生命周期有两个相关假设:一是在快速增长的市场里,很容易获得市场份额,原因是市场份额是通过新增长来实现的,并不是从竞争者那里夺来的,所以竞争性报复没有那么严重。此外,新消费者或用户与富有经验的消费者或用户相比,具有比较低的品牌偏好度。二是处于生命周期成熟阶段的产品产生过多的现金流量,而处在发展阶段的产品需要吸收更多的现金。

资料来源:Bensoussan B.E.,Fleisher C.S.著,王哲译.决策的10个工具[M].中国人民大学出版社,2011.

波士顿矩阵把经验曲线与产品生命周期结合起来,通过分析业务单元的市场吸引力和竞争地位,来比较不同产品和/或业务的经营状况。市场吸引力用从产品生命周期理论推出的市场增长率来衡量,而竞争地位则用从经验曲线理论推出的相对市场份额(即业务单元在市场中的力量)来衡量。相对市场份额就是,相对于整个市场而言,每个业务单元的市场份额占最强竞争对手市场份额的百分比。例如,如果一个业务单元的市场份额是20%,它最大竞争者的市场份额是40%,在这种情况下,这个业务单元的相对市场份额就是0.5(20%/40%),这样就能为每个具体业务制定合适的市场战略。

正如波士顿矩阵所显示的,多元化公司的总体战略是在很多高增长的市场里让尽可能多的业务组合实现市场份额最大化。这个战略设想受限于企业的现金流,因此BCG矩阵的实质就是通过业务的优化组合实现企业的现金流量平衡。

BCG矩阵的发明者、波士顿公司的创立者布鲁斯认为:"公司若要取得成功,就必须拥有增长率和市场份额各不相同的产品组合,组合的构成取决于现金流量的平衡。"如此看来,管理者利用波士顿矩阵进行决策的战略目标就是,把有限的现金资源在经营单位(SBU)或者业务范围(SBL)内进行广泛分配,以实现企业利润的最大化。

2. 四种业务组合

波士顿矩阵拥有四种业务组合,分别是明星类业务、现金牛类业务、问题类业务、瘦狗类业务,并为每类业务提供了在约束条件下实现利润最大化的一般策略。

(1)明星类业务(stars,高增长率、高市场份额)。当业务在高速增长的市场中具有相对强势地位时被认为是明星类业务。这类业务能产生大量的现金流,但由于其增长速度快,同时需要消耗大量的现金。这类业务的高增长率需要大量的资金投入,以保持其相对市场份额。运用波士顿矩阵推测,如果企业能持续投入大量资金,当市场增长减慢时,明星类业务就会成为现金牛类业务;而如果不这样做,明星类业务就会由于相对市场份额降低而变成瘦狗类业务。

因此,波士顿矩阵建议,如果明星类业务出现现金不足,那么就应该对其进行必要的投资,以维持它们的市场份额;如果它们能提供现金,那么就应该把多余的现金进行再投资。

(2)现金牛类业务(cash cows,低增长率、高市场份额)。在成熟市场中(市场增长率低)拥有相对高市场份额的业务单元称作现金牛类业务。成熟市场上的产品或战略经营单位仅需要较低的现金投入,因此它们可以产生更多的现金流,为其他更有潜质的业务提供资金。

波士顿矩阵建议,应该尽可能地减少现金牛类业务的现金消耗量,挤出更多的现金,投入到明星类业务或经过选择的问题类业务上,以提高股东收益。当然,管理者在进行战略决策时也应注意,只有用投资来维护现有地位的战略才应该"挤"该类业务的"奶"。

(3)瘦狗类业务(dogs,低增长率、低市场份额)。正如名字所暗示的那样,瘦狗类业务融合了两个维度上最差的情况。这类业务在低增长或者无增长的市场细分中占据一个很差的位置,尽管它们不消耗太多的现金,但是它们也不再产生大量现金,而且不太可能有利可图。理论上认为,这类业务的成本结构没有竞争力,不太可能盈利,而且仅仅为维持很低的市场份额也往往需要巨额资金的投入,因此应该被取消,为明星类业务或者多元化发展等筹措现金。但也有批评者认为,处于瘦狗类业务的战略单元也有可能转变为现金牛类业务,毕竟一家公司常常有很多个战略业务单元都属于瘦狗类业务。

对于瘦狗类业务,波士顿矩阵给出了三个选择:①寻找缝隙市场或进一步细分市场,制定能够使这类业务盈利的焦点战略;②停止追加投资,同时将其可能还在产生的现金"挤"出来;③可以出售或者慢慢地让它寿终正寝。

(4)问题类业务(question marks,高增长率、低市场份额)。问题类业务有时也称作问题儿童型业务,是波士顿矩阵中最复杂的业务单元。它们在一个很有吸引力、增长率高的市场经营,但却只占有很少的市场份额。尽管它们消耗了很多的现金来支持成长,但却不能产生很多的现金流。其主要原因在于,管理者不能很好地判断问题类业务中哪些业务值得投资来增加市场份额,使之变为明星类业务。

随着成熟阶段的到来,问题类业务往往会走向矩阵的两端:一是,如果市场份额无法增长,问题类业务将变成瘦狗类业务;二是,如果市场份额有了足够的增长,问题类业务会提升到明星类业务的位置,最后成为现金牛类业务。

波士顿矩阵建议,应该对最具发展潜力的问题类业务进行投资,以增加其市场份额,但对那些前景黯淡的问题类业务则不应该再追加投资。

图3-9显示的是这些业务单元的分类组合以及它们的必备战略,图中数字代表战略的优先顺序。

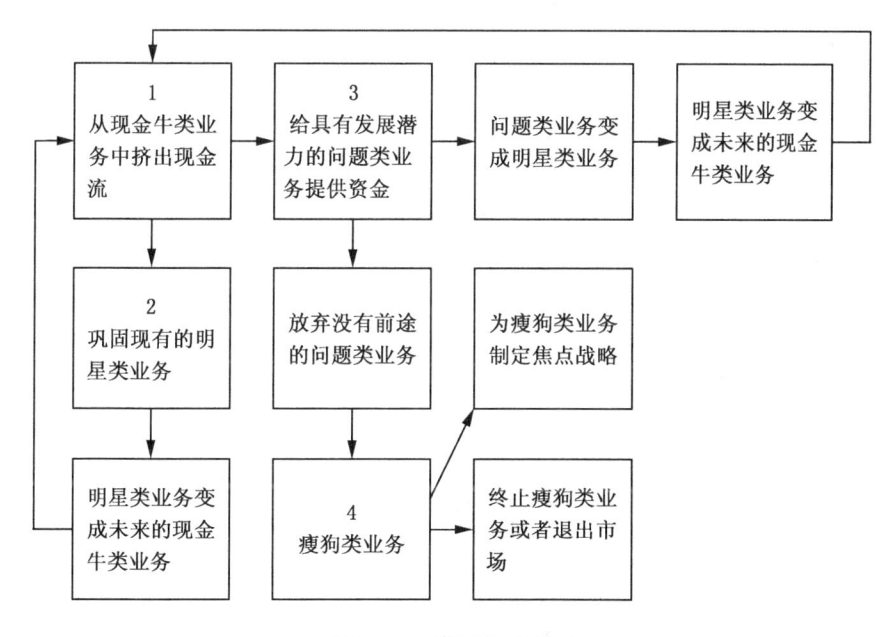

图3-9 战略的总序列

(二)波士顿矩阵的优缺点

波士顿矩阵能让具有综合业务的企业去评价单个经营单位或业务范围的优点,以便为每个业务确定合适的市场策略。用来评价业务组合的工具,是建立在企业所处的行业以及其相对的竞争地位之上的普通标尺。然后,依据单个经营单位或者业务范围在组合矩阵中的位置来推荐一般战略。

1. 波士顿矩阵的优点

波士顿矩阵的优点主要表现在以下方面：

(1) 模型简单易懂、便于沟通。波士顿矩阵通过两个客观标准（市场增长率和相对市场份额）评估企业经营业务单元的收益，可以使企业在资源有限的情况下，合理安排业务组合，收获或放弃萎缩业务，加大在更有发展前景的业务上投资。给人的感觉是，它似乎能够在一个容易理解的分析框架中展示大量信息，并可以把握多元化企业的复杂战略。很多其他管理工具在信息的广度和深度上都不及这个简洁的市场增长/份额矩阵。这个模型简单易懂，很容易被用来快速识别一些需要深入研究的领域，同时其引出的建议很容易让决策者理解。

(2) 能够帮助管理者进行竞争趋势分析。设计波士顿矩阵的目的是帮助多元化产品、多元化市场、跨国企业的管理者评价他们企业层面的战略，给他们提供一个分析框架来确定最佳的产品组合或业务组合，并制定一套战略来指导资源在组合中的配置。通过运用多阶段矩阵，决策者能够很容易地察觉到战略经营单位在相对市场占有率上的变化；通过确定竞争者矩阵的时间顺序，决策者能够很容易确定竞争企业的战略进程，并利用概念性框架分析竞争业务组合。

(3) 挑战传统的管理思维。波士顿矩阵利用组合分析改变了使用者的看法。传统的管理思维认为，对内部投资应该根据过去的绩效而定，对管理者的奖赏也应该根据过去的业绩而定。但以未来需求为着眼点的波士顿矩阵对此提出了挑战。波士顿矩阵认为，企业的整体战略必须是业务单元的单独经营战略的整合，这是对传统思维定式的改进。以前往往把一般战略运用到整个多元化企业，忽视了企业不同产品市场的差异。通过把企业的整体战略与经营单位的部门战略结合起来，波士顿矩阵的组合方法提高了管理层决策的灵敏度。

2. 波士顿矩阵的缺点

波士顿矩阵的缺点主要表现在以下方面：

(1) 与波士顿矩阵相关的经验曲线可能与某一特定产品市场的竞争变量无关。相对市场份额不一定完全代表竞争地位。也就是说，在所有行业中，市场份额与收益率之间的关系并不清晰，也不是单一的关系。高市场份额并不一定比低市场份额获利多。很多利润丰厚企业的经验表明，在低增长的成熟市场上的竞争方案，不应该被绝对排除在战略选择之外。此外，强调占据市场主导地位的思想不断受到立足于缝隙市场的成功企业的挑战，这些专门致力于产品或服务差异化的企业也同样获得了成功。

(2) 前提假设忽略了对外部市场的投融资。波士顿矩阵仅仅假设企业的业务发展依靠的是内部融资，而举债经营等资金筹措方式并不在波士顿矩阵的考虑之列。同时，该矩阵还假设，企业内部的投资机会优于企业外部的投资机会。然而，随着复杂的资本市场的出现，加之缺乏对具体市场的了解，多元化管理出现了困难，组合管理已经没有那么成功了。提高股息或者把现金牛类业务中获得的额外资金投入到货币市场，这些做法所产生的回报率很有可能高于对内部明星类业务和问题类业务的投资。

(3) 对业务单元的界定有时很模糊。就内在关联性而言（如联合成本、协同作用、需求以及相互依赖），业务单元的本质通过矩阵图来进行定位分类显得毫无意义。同时，波士顿矩阵还假设这些业务是独立的，这与实际情况有较大差异。例如，如果金牛类业务和瘦狗类业务是互补的业务组合，那么放弃瘦狗类业务，就意味着金牛类业务也将受到很大影响。

(4) 产品市场的特点影响了波士顿矩阵提出的战略建议。波士顿矩阵在权衡业务的广度（包括竞争经验的影响）和深度（考虑到有意义的市场细分）时，很容易犯错误。这时，采取灵活的战略决策所带来的好处也许会取代收益率,至少在特定时期是这样的。例如,如果严格运用组合理论,多数汽车经销商会很明智地放弃新车业务,然而新车销售业务通常是推动服务市场高利润的一个重要力量。又如,为保持战略组合,如供应安全、竞争情报的来源、躲开某些行业设置的准入门槛,企业保留瘦狗类业务也是有价值的。

(5)存在着偏见以及遭受意外打击的风险。管理者在力求让自己负责的业务变成明星类业务时,对数据的选择和界定可能会产生偏见。此外,由于波士顿矩阵只体现了来自最重要的竞争者对其市场份额的威胁,所以存在着遭受意外打击的风险。快速崛起的竞争者在获得足够的市场份额而成为市场生力军之前,也许不会被波士顿矩阵跟踪到。

(三)波士顿矩阵的操作步骤

波士顿矩阵一直是个很好的概念性框架,应该被用作后继分析的起点。在与其他分析工具和方法结合使用时,此模型有助于为企业战略的制定提供整体分析。按照矩阵的系统性原则,波士顿矩阵的使用流程应该遵循一定顺序,并可分为如下几个步骤:

步骤一:把企业分成不同的战略经营单位或经营产品范围/细分市场。

把企业分成经济状况不同的产品细分市场,或者围绕具体的经营单位来进行划分。走第一步时要非常谨慎,因为业务范围在矩阵上的位置,以及这个模型的战略性建议,在很大程度上取决于对这个产品的最初界定。此外,这些战略经营单位应该拥有已经建立起来的独立的盈亏账目(Profit and Loss,P&L)或预算概况。

细分市场的一般标准包括:相似的情况特点或行为特点、不连续的增长率、分享模式、分配模式、替代产品的交叉弹性、地理位置、相互依存的价格、相似的竞争、相似的客户以及(或者)有可能共享的经验。根据一般的经验法则,管理团队只能在大约30个不同的业务范围内掌控战略,超出这个数量,就会掌控不了,并且达不到预期目标。而事实上,很多团队管理的业务范围远远低于这个数字。

因此,如何在界定的产品市场内确定细分的程度,需要做大量的判断和决策工作。为了正确整合竞争机遇以及来自传统或直觉之外的威胁,必须保持足够大的范围;相反,则必须缩小战略经营单位(SBU)或战略业务范围(SBL)的定义范畴,从而让差异细微到足以让下一步的分析具有操作性。尽管很难正确界定独立的业务范围或经营单位,但这个分析过程常常给决策者能够提供战略思维。

步骤二:测量每个SBU(或SBL)的市场增长率。

接下来,应测量每个SBU(或SBL)的市场增长率。通常,我们用以下公式测量市场增长率的百分比。

$$市场增长率,年份_x = \frac{(市场规模,年份_x)-(市场规模,年份_{x-1})}{市场规模,年份_{x-1}} \times 100\%$$

步骤三:测量每个SBU(或SBL)的相对市场份额。

与步骤二中的公式不同,相对市场份额不用百分比来测量,而是用经营单位或业务范围的市场份额与最大竞争者的市场份额的比率来测量。

$$SBU(或SBL)相对市场份额,年份_x = \frac{SBU销售额,年份_x}{最大竞争者的销售额,年份_x}$$

例如,市场份额比率为2,表明SBU(或SBL)占有的相对市场份额是其最大竞争者的2倍。如果这个比率是0.5,就意味着SBU(或SBL)的相对市场份额是其最大竞争者的一半。值得注意的是,在大多数情况下,SBU(或SBL)拥有的产品不止一个,这就使得单个产品增长率的加权平均值可以作为一种合适的方法来使用。既可以使用名义的销售数据,也可以使用实际的销售数据。这往往需要准确估计相对市场份额的数据,但在生成比率时,不需要精确到小数点后两位。

步骤四:在矩阵坐标上为每个SBU(或SBL)定位。

下面以表3-6中的数据为例,详细演示具体的操作过程。

表3-6　　　　　　　　　　某公司主要产品的市场占有情况

产品种类	市场增长率	相对市场份额
A	17.60%	1.449
B	27.90%	0.860
C	11.40%	1.165
D	9.00%	0.719
E	5.30%	1.430
F	25.30%	1.350
G	6.30%	0.750
H	13.20%	0.850

(1)纵轴——市场增长率。先在纵轴上绘制百分比,然后画一个阈值点,把市场份额增长迅速的SBU(或SBL)与增长缓慢的SBU(或SBL)区分开来。波士顿矩阵用市场平均增长率作为划分界限的水平线,或者也可以用企业目标来界定这个阈值。与产品生命周期一样,位于水平线上面的产品被认为处于成长阶段,位于水平线下面的产品或业务范围被认为处于产品生命周期的成熟阶段或衰落阶段。

(2)横轴——相对市场份额。依据经验曲线理论,市场份额与总累积量相关,这是因为经验曲线效应压低了业务成本。在半对数坐标上画出相对市场份额。半对数图是把数据直观化的方法,该数据与指数关系一同变化。在对数坐标上画出一个轴。此外,在横轴上需要确定一个高、低市场份额的分界点。波士顿矩阵建议,这个划分界限的垂直线是相对市场份额1.0。1.0线右侧的相对市场份额显示那个市场上竞争优势的阈值。

(3)绘出贡献泡泡。两个分界点(高低增长率以及高低市场份额)把图分成了波士顿矩阵四个具有特色的象限。绘出市场增长率与相对市场份额只能给出产品在矩阵中的精确位置。然后,围绕这些点画出贡献泡泡,代表每个SBU(或SBL)的相对规模,主要是从每个SBU(或SBL)对于总销售额或总收益率相对贡献的角度来看。

$$泡泡的相对大小 = \frac{SBU(或SBL)销售额或收益率}{企业总销售额或总收益率}$$

一般情况下,倾向于选择销售量来确定泡泡的大小。原因在于:一是竞争状况更容易进行比较(参见步骤五);二是SBU(或SBL)很难获取竞争者的利润数据,而内部的利润数据往往被任意的分配所扭曲。此外,每个泡泡应该按照一般的惯例被标示出来,比如按数字顺序或者字母顺序,以便以后查阅。在确定每个经营单位在矩阵内的位置时,可以对其未来情况进行预测。例如,每个经营单位或业务范围未来收入的规模、稳定性和增长潜力,以及每个单位应该提供的现金流等。

由此,我们根据表3-6中的相关数据绘制出波士顿矩阵图,如图3-10所示。

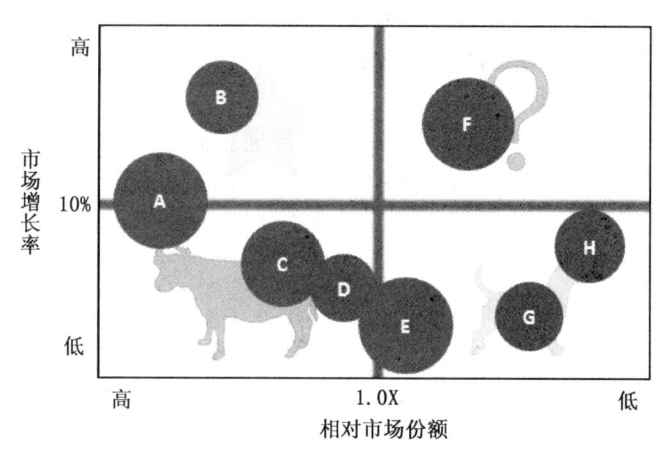

图 3—10 波士顿矩阵

步骤五：为所有竞争者建立矩阵。

重复步骤一到步骤四，为竞争经营单位或者产品范围建立矩阵，这将有助于分析竞争环境的外部焦点。

步骤六：为每个经营单位或产品范围指派最佳的一般战略。

将每个 SBU（或 SBL）在矩阵中定位后，波士顿矩阵可对其所应该采取的合适战略提出建议，表 3—7 即是对这些战略建议的概括总结。

总的来说，波士顿矩阵的战略建议大体可被概括成如下几个行动模式：出售瘦狗类业务、挤出现金牛类业务的"奶"、对明星类业务进行投资、分析问题类业务。分析问题类业务的目的是，判断它未来会发展成明星类业务还是沦落成瘦狗类业务。

表 3—7　　　　　　　　　　　波士顿矩阵的战略建议

业务种类	市场份额增减趋势	经营收益率	所需投资	净现金流
明星类	保持/增加	高	高	零左右或稍微低于零
现金牛类	保持	高	低	极高正值
问题类(a)	增加	零或负值	非常高	极高负值
问题类(b)	收获/放弃	低或负值	不投资	正值
瘦狗类	收获/放弃	低或负值	不投资	正值

资料来源：Hax A. C., Majluf N. S.. The use of the growth—share matrix in strategic planning[J]. Interfaces, 1983, 13(1): 46—60.

步骤七：进一步分解和分析。

接下来，我们还可以进一步界定波士顿矩阵方法，以便找出综合产品在每个业务内的相对位置，这有助于步骤六的有效实施。

步骤八：引入动态分析。

步骤一至步骤七都是静态分析。步骤八可以引入两个分析工具，把市场的历史演变与可持续增长率结合起来。详细情况如下。

（1）创建市场份额变化趋势图。创建市场份额变化趋势图的目的是画出市场长期增长情况与长期销售情况,以辨别那些销售额在增长但实际上正在丢失市场份额的 SBU(或 SBL)。这个工具运用起来很简单,因为它使用的数据与波士顿矩阵相同。此外,该工具还能够突出只用波士顿矩阵可能被忽略的重要信息。

(2)进行可持续增长率分析。波士顿矩阵是在高通胀的 20 世纪 70 年代提出来的,它认为公司的发展应该进行内部融资。在低通胀的情况下,可以用可持续增长率公式来确定不增加权益情况下的最高增长率。把财务战略与波士顿矩阵结合起来对可持续增长率的分析是很有帮助的。

可持续增长率的计算公式如下:

$$g = p \times [ROA = D/E(ROA - i)]$$

其中,g 为可持续增长上限,p 为所得收入的百分比,ROA 为纳税调整后的资产收益,D 为总负债,E 为总权益,i 为纳税调整后的债务成本。

步骤九:重复。

重复步骤一至步骤八有两个战略目标,即战略评估与竞争分析。

(1)战略评估。一段时间之后,如果所选择的战略成功了,可以用图形表示出来,并附上时间序列矩阵图,以确定经营单位或经营产品范围是否进入矩阵上的理想位置。最佳结果就是:问题类业务的市场份额和市场增长率都出现增长并成为明星类业务;明星类业务的市场增长率下降,但保持原有的市场份额,从而成为现金牛类业务;瘦狗类业务可能被淘汰,也有可能移入问题类或者明星类业务象限;现金牛类业务显示出稳固的市场地位。

(2)竞争分析。竞争企业的发展可以通过重复这个过程来实施监控,附带一个由竞争者构成的时间序列矩阵图,同时为竞争者建立一个最新的市场份额变化趋势图。通过这些工具,竞争威胁和机遇可能会自动显现出来。有人认为,矩阵形式下的最佳竞争分析是市场份额变化趋势图,原因是暂时的偏离现象不会扭曲分析结果,而分界点可以随着时间的变化而变化。

【案例分析 3—1】

有线电视宽带网行业分析

当前,可以预测有线电视行业将是汇聚电视、广播、互联网和电子商务市场的又一个接入技术。这一新趋势的迹象最初出现于 20 世纪 90 年代末。美国有线电视运营商对他们的网络进行了升级,逐渐增加了高速互联网服务。这些做法被看作是超越对卫星需求的重要一步。

对全世界的无数观众来说,电视给他们带来了新闻、娱乐和教育节目。现在,仍有很多人从有线电视上获取电视信号,因为有线电视的图像更清晰、频道更多。目前,很多有线电视观众还从有线电视运营商那里得到了高速的互联网连接(宽带)服务。

尽管有线电视宽带网行业有着明显的发展机遇,但也遇到了融资困难。作为研究这个行业的全球整体地位和战略的一部分,波士顿矩阵被用来识别他们提供产品的性质。也就是说,把有线电视宽带网行业的"产品"定位到波士顿矩阵中,并得出了如图 3—11 所示的结果。

从这个波士顿矩阵中,可以就全球情况得出如下结论:

结论1:电话服务业被定位为瘦狗类业务,应考虑是否终止该业务。

结论2:有线电视服务被定位为现金牛类业务,应该在注重成本的基础上对有线电视服务进行经营,以提供最大的正现金流。

结论3:互联网接入服务被定位为明星类业务,因此从有线电视服务中获得的现金流应该被用来支持互联网接入服务的继续增长,以推动新的互动服务的发展。任何一种服务都有可能在未来成长为明星类业务。

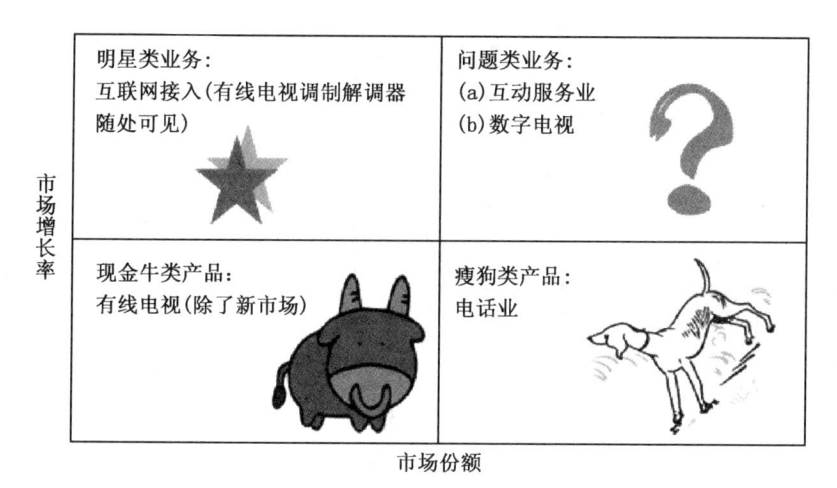

图 3-11 有线电视宽带网行业的波士顿矩阵产品组合

结论 4：互动服务业被定位为问题类业务。实际上，互动服务业与数字电视业务的开展密切相关，目的是为了在电视上提供互动服务，或是使个人电脑通过互联网接入得到相应的服务支持。然而，这种服务可能会成为电子商务网络世界的一部分，并使有线电视宽带网公司的能力受到极大制约。如何在电视和个人电脑之间进行选择，这个基本问题可以得到解决，或者更为现实的是，如何在家庭网络内部把二者融合在一起，这将可能成为下一个明星类服务。

资料来源：McGrail M., Roberts B.. Strategies in the broadband cable TV industry: *The challenges for management and technology innovation*[J]. INFO, 2005, 7(1): 53-65.

二、波特五力模型(Porter's five forces model)

(一)什么是波特五力模型

波特五力模型由美国著名学者迈克尔·波特(Michael Porter)于 20 世纪 80 年代初提出，是一种用来分析企业所在行业竞争特征的有效工具。该模型认为行业中存在着决定竞争规模和程度的五种力量，这五种力量综合起来影响着行业的利润潜力和"吸引力"。通过分析那些最终影响行业利润潜力的经济力量和市场力量，使决策者认清一个行业是否具有利润潜力和"吸引力"，为缩小企业外部环境与内部资源的差距提供依据，因此又称为波特竞争力模型(Porter's competitive forces model)。该模型中涉及五种力量，分别是：新进入者的威胁、供应商的议价能力、购买者的议价能力、替代品的威胁、现有的竞争程度。如图 3-12 所示。

竞争战略从一定意义上讲是源于企业对决定行业吸引力的竞争规律的深刻理解。波特的五力模型是企业制定竞争战略时经常使用的战略分析工具，它启发管理者通过开展竞争活动来应对机遇和威胁，进而影响或改变这些力量，提高企业的竞争优势。下面将探讨模型中五种竞争力量的详细内容。

1. 新进入者的威胁(threat of new entrants)

新进入者在给行业带来新生产能力和新资源的同时，也希望自己能在已被现有企业瓜分的市场中赢得一席之地。这就会与现有企业产生原材料及市场份额的竞争，最终导致行业中现有企业盈利水平降低，严重的话，还可能会影响这些企业的生存。

如果发生以下情形，那么新进入者就可能受到进入壁垒的阻碍：

(1)专利权和特殊知识限制了进入；

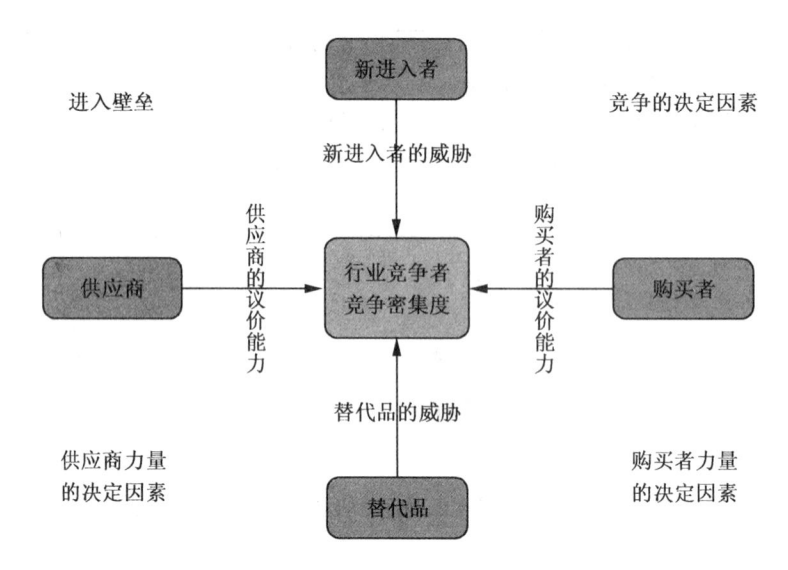

```
                            新进入者
进入壁垒                                        竞争的决定因素
                         新进入者的威胁

        供                                  购
        应                                  买
        商                                  者
        的        行业竞争者                 的
  供应商  议       竞争密集度       购买者    议
        价                                  价
        能                                  能
        力                                  力

                         替代品的威胁
供应商力量                                   购买者力量
的决定因素                   替代品           的决定因素
```

图 3—12 波特五力模型

（2）规模经济限定了盈利所需的最小规模；

（3）进入该行业需要投入很多资金或固定成本；

（4）现有企业积累的行业经验往往可以转化成较低的成本结构，这种由经验曲线带来的成本优势，新进入者很难与之抗衡；

（5）重要的资源（包括人力资源）的稀缺性；

（6）现有企业控制了原材料渠道或者销售渠道；

（7）政府设置的壁垒，如基础设施垄断、有线电视专营、给现有企业提供补贴、强制企业遵守行业准入制度、制定限制进入的政策等；

（8）对客户来说较高的转换成本；

（9）广泛可得的技术、较弱的品牌、销售渠道的易得性和较低的规模经济会吸引新的进入者，使行业竞争更加激烈。

2. 供应商的议价能力（bargaining power of suppliers）

供应商有能力影响行业中企业所投入资源的成本、可用性和质量。如果考虑到这个能力，供应商就不再仅仅是提供原材料的人，还可以包括那些管理或提供劳动力的团体、提供物流的地点或场所，以及提供宣传的渠道等。"供应"覆盖了所有生产所需的投入，包括劳动力、原材料、设备。强有力的供应商会抬高价格来攫取生产商的利润。如果存在以下情形，那么供应商的议价能力就可能很高：

（1）投入品没有替代品，且市场被少数大的供应商所控制；

（2）转换供应商的成本很高；

（3）客户很分散而且很弱；

（4）供应商之间有联合的威胁（前向一体化），如同行业联盟或协会、拥有专利权或版权，这些都会提高供应商的议价能力，并导致更高的价格。

当然，上述任何情况的反面都会使得供应商处于弱势。

3. 购买者的议价能力（bargaining power of buyers）

购买者可以通过比较购物或提高质量预期等行为影响产业结构，迫使价格和边际利润下降。一个极端的例子就是买方独家垄断,这是一个有很多供应商且只有一个购买者的市场,买方决定着价格。如果存在以下情形,那么购买者的议价能力就很高:

(1)产品不具有差异化,很容易在市场上找到替代品,或者市场上有很多小的供应商;

(2)购买者很少,并且其购买量很大;

(3)转换供应商很简单而且成本很低;

(4)购买者的边际利润很低,资源很少,购买者对价格很敏感;

(5)供应商有很高的固定成本;

(6)购买者受到供应商或其他竞争者的威胁(后向一体化)。

4. 替代品的威胁(substitutes)

替代品的威胁不仅来自行业内部设法给购买者提供相似商品或服务的企业,也来自现有行业外部的企业。这些外部的企业总是设法提供这个行业内部的企业没有的替代商品或服务。替代品的可得性限制了企业提高价格的能力。例如,铝制软饮料罐的制造商就要受到玻璃瓶和塑料瓶的限制。

提高或者降低替代品威胁的因素包括以下方面:

(1)替代品的相对价格或性能的权衡取舍。如果现有产品或服务能够以较低的成本提供良好的品质,那么产品的替代风险会很高。

(2)品牌忠诚。如果用户对目前使用的产品或服务忠诚度较高,那么替代威胁就相对较小。

(3)转换成本。如果用户目前使用的产品或服务转向其他产品或服务的转换成本很高,那么替代品的威胁也相对较小。

(4)盈利能力。如果替代品很可靠又能盈利,那么它可能会取代或挤压现有产品。

5. 现有的竞争程度(rivalry)

在波特五力模型中,现有企业的竞争几乎是确定一个行业是否具有足够吸引力和潜在盈利能力的最重要因素。通常,企业都希望面临较低竞争,因为竞争越激烈,企业面临的价格和边际利润的压力就越大。但绝大多数情况下,存在一定程度的竞争以及有少量的竞争者的情况要好于没有竞争,甚至好于垄断。如果发生以下情形,企业间的竞争就会更加激烈:

(1)如果一个行业中有很多规模和竞争地位相似的企业,竞争会很激烈。

(2)从不同渠道(如网络)进入,也会提高行业的竞争程度。

(3)市场增长缓慢将迫使现有竞争者为了争夺市场份额的战斗升级。在快速成长的市场中,企业即使市场份额不变,其收益也在增长。

(4)产品如果不具有差异化,就容易被现有用户抛弃,从而转向其他竞争者,而企业间的竞争也往往就集中在价格上。

(5)退出壁垒越高,这个行业的竞争就越激烈。对于利润较低的企业而言,退出壁垒包括:资产的专用性、退出的固定费用、情感上的依恋,以及产品市场在企业总的战略意图中的重要性等。

波特五力模型中五种竞争力量的各种影响因素如表3—8所示:

表 3—8　　　　　　　　　　　五种竞争力量的影响因素分析

进入壁垒	规模经济 产品差异性 品牌的认同 转移成本 资本需求 销售渠道	绝对成本优势 独有的学习曲线 必要的进货渠道 独有的低成本产品设计 政府政策 可能引起的报复
竞争的 决定因素	固定(或不变)成本/附加价值 间歇的产能过剩 产品差别 品牌的认同 转移成本	集中度和均衡 信息的复杂性 竞争者的多样性 公司权益 退出障碍
供应商力量的 决定因素	进货差别 行业内公司和供应商的转移成本 替代货源的出现 供应商的集中度 采购量对供应商的重要性	行业内与整体采购有关的成本 进货成本或差别的影响 行业内公司的前向和后向整合的威胁
购买者力量 的决定因素	砍价手段 客户集中度 vs. 供应商集中度 客户购买量 与供应商转移成本相关的客户转移成本 客户信息 向后整合的能力 替代产品	客户拉动 价格敏感度 价格/整体采购 产品差别 品牌的认同 对质量性能的影响 客户利益 决策制定者的动机
替代品威胁的 决定因素	替代品的价格影响 转移成本	客户对替代品的倾向

(二)波特五力模型的优缺点

波特的五力模型为企业了解自己所处市场的竞争状况提供了一条途径。模型中的五种竞争力量可以解释成市场的"游戏规则"。企业如果要改变自己在市场中的竞争地位,就必须遵守该规则,并向其发起挑战。换句话说,波特的五力模型为企业的战略行为设置了标杆。唯有以此为基础制定的战略才能在实践中取得成功。

1. 波特五力模型的优点

波特的五力模型能够帮助企业认清行业竞争的主要来源及其各自的特点,并依据自身的优势,建立强大的市场地位。实际上,五力模型为企业制定竞争战略提供了一个大致的分析框架,帮助企业了解行业竞争的演变过程,以及使企业免受竞争压力,并能够抓住五力变化的最佳时机。因此,五力模型的分析核心是发现一个行业即将演变时一种力量的变化对其他力量的影响,而这可能会导致行业结构和范围发生更迭。

波特五力模型的优点在于:
(1)预测五种竞争力量中每一种力量的未来变化;
(2)发现这些变化如何影响其他力量;
(3)发现这些相互关联的变化如何影响行业未来的盈利能力;
(4)发现企业在这个已经变化了的行业中所处的优势及地位;
(5)发现如何改变策略去利用正在变化的产业结构。

此外,该模型也能够帮助企业作好长期的规划,提醒企业关注随着时间变化而变化的产业力量之间的相互依赖关系,关注经营战略,既要被动防御这些力量,也要主动管理这些力量。

2. 波特五力模型的缺点

波特五力模型的缺点在于:

(1)它低估了作为企业长期竞争优势的核心能力。产业结构是确定企业盈利能力的一个因素,其他因素如特有的组织资源等也同样重要。这个模型的设计目的是分析独特行业内部的单个经营单位战略,没有考虑企业全部业务组合的协同作用和相互依赖作用。

(2)它没有完全认清社会和政治因素的重要性。这些社会和政治因素可能来源于五力的每种力量内部或者对每种力量发挥着重要影响。例如,有学者认为,应该把政府作为第六种力量,因为政府的角色和影响力能够直接影响行业的竞争变量。

(3)它没有阐明企业取得或保持竞争优势的原因。五力模型主要关注的是某些行业以及这些行业内部某些位置更具吸引力的原因,却没有说明企业为什么或者如何能够首先获得优势地位,也没有说明这些企业能够长期保持这些地位而其他企业做不到的原因。

【拓展资料】

波特与波特五力模型

迈克尔·波特(Michael Porter)出生于1947年,是美国哈佛商学院的大学教授(大学教授,University Professor,是哈佛大学的最高荣誉,迈克尔·波特是该校历史上第四位获得此项殊荣的教授)。迈克尔·波特在世界管理思想界可谓是"活着的传奇",他是当今全球第一战略权威,是商业管理界公认的"竞争战略之父",在2005年"世界管理思想家50强"排行榜上,他位居第一。

迈克尔·波特教授获得的崇高地位缘于他所提出的"五力模型"和"三种竞争战略"的理论观点。

波特在《竞争战略》一书中这样写道:"在任何行业,不管是国内的还是国外的,制造产品的还是提供服务的,竞争规则都体现为五种竞争力量的博弈。"而进行五力分析的主要目的在于:认清某个行业的利润潜力;认清危害企业在行业中盈利的力量;维护并扩大企业的竞争优势;对产业结构的变化作出预测。

另外,他还提出,在与五种竞争力量的抗争中,蕴涵着三类成功的战略思想类型,这三种战略思想分别是:成本优势战略、差异化战略、缝隙市场战略。企业应视具体情况和自身特点来选择战略方针,同时还应该考虑连接产品或者供给的系列通道,波特首次将这种通道称为"价值链"。他在每一条价值链上区分出内部后勤、生产或供给、外部物流及配送、市场营销及售后服务五种主要的活动,而每一项活动都伴随着各自的派生活动,每一家企业的价值链相应地融入一个更为广阔的价值体系。

此外,波特还将自己的研究方向从企业之间的竞争转向国家之间的竞争,在《国家竞争优势》一书中,他分析了国家为何有贫富之分,一个重要的因素就是国家的价值体系,他把这种价值体系形象地称为"钻石体系"。

迈克尔·波特,美国哈佛大学商学研究院著名教授,竞争战略之父,是当代最负盛名的管理思想家之一。在1980年出版的《竞争战略:分析行业和竞争对手的方法》一书中,波特提出了一种直至今天仍被很多人视为战略决策者必读的五力模型。

(四)波特五力模型的操作步骤

根据图 3—13,波特五力模型的应用主要分为三个步骤,从搜集信息到信息的评估与判断,再到后面的制定战略,下面详细描述每一个具体的操作步骤。

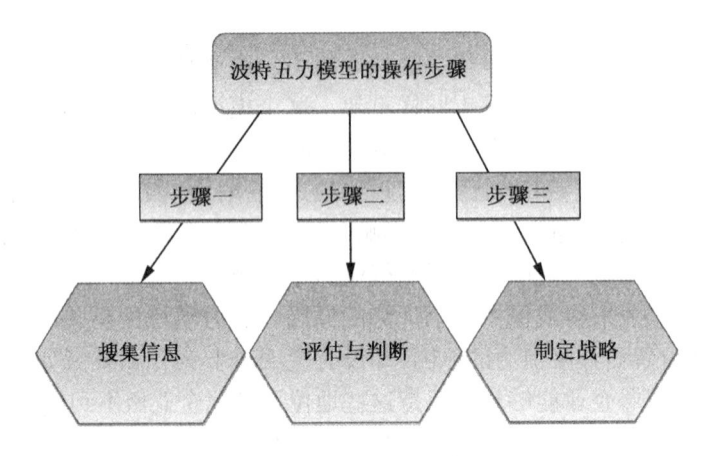

图 3—13　波特五力模型

步骤一:搜集信息。

第一步要认清企业所在的行业。要做到这一点并不容易,战略决策者可能需要尝试几种方法,包括观察具体产品或服务的现有需求和供应模式、使用早已存在的分类标准和体系(如国家行业分类标准等),或者听取熟悉行业竞争情况的专家意见。

一旦找准了行业,接下来就需要搜集信息来判断五力模型中每种竞争力量的特点(见表 3—8),并考察评估它们对行业的影响。这个步骤所需要的信息可以从出版物中获得,如果有可能的话,最好是聘请专业人士或团队来做。因为这样可以提高分析的客观性,深入了解未来可能发生的市场动态。当然,这个过程还需要识别竞争压力的主要来源,如潜在进入者的威胁、供应商的议价能力、购买者的议价能力、替代产品的威胁、现有竞争者之间的对立程度。

步骤二:评估与判断。

第二步是根据企业和其他对手的竞争能力,对五种力量进行评估和判断,通过给每种力量一个表明强、中、弱的值,确定企业的相对优势。例如,如果竞争很激烈,来自替代产品的竞争很强,准入门槛很低,供货商和购买者具有相当强的议价能力,那么对企业而言这个行业的竞争环境就没有吸引力,也很难实现盈利;如果竞争强度低或中等,且没有很好的替代产品,准入门槛比较高,供货商和购买者的议价能力很差,这时竞争环境就很有吸引力,企业容易获得利润。

如果决策者能够很好地理解并运用波特五力模型,帮助企业通过制定战略来获取更好的市场地位,那么即使五力模型中的几个或者全部竞争力量都很强,企业也能获得高于平均水平的利润。

考虑到波特五力模型的综合优势,经营分析或竞争分析的最终目标是认清企业在产业内部成功竞争的能力,把企业自身的资源优势与五力模型中每种竞争力量的"契合度"大小作比较,这将给理解战略机遇和威胁提供宝贵建议。

步骤三:制定战略。

第三步需要根据产业变化和演变重复前面两个步骤。为了让这个模型能够发挥更大作用,决策者首先应该分析行业的长期趋势,以确定这个行业的盈利能力能否维持,以及将如何影响企业的竞争地位。行业的长期趋势包括拟定的政府立法与规章制度、社会与消费趋势、国际变化与趋势、经济引导力量与技术发展趋势等。

然后,把这些长期趋势融入企业战略这个广阔的背景下,找出企业资源、能力与外部环境之间联系最为紧密的"契合点"。这里可能包括三种策略:对付竞争者可能采取行动的应对策略;利用正在变化的力量的先发制人策略;明确使用某一种力或者所有五力一起发生变化的先发制人策略。

一般来说,产业结构会从根本上影响企业的战略选择。因此,企业应该通过了解产业演变过程,为围绕这五种竞争力量进行选择和管理战略提供重要方向。决策者应该对每种竞争力量进行不断的监控,以发现其对企业战略的影响,并找到其所代表的扩大竞争优势的机遇。此外,决策者还必须考虑这些竞争力量和变化趋势之间的相互作用。

值得一提的是,不是所有行业的情况都相似,对于跨行业、拥有产品组合的企业来说,这个模型应该在每个行业中都重复一遍。

【拓展资料】
实际上,关于波特五力模型的实践一直存在许多争论。目前较为一致的看法是:该模型更多是一种理论思考工具,而非可以实际操作的战略工具。

该模型的理论是建立在以下三个假设基础之上的:

(1)制定战略的决策者可以了解整个行业的信息,显然这在现实生活中是难以做到的。

(2)同行业之间只有竞争关系,没有合作关系。但现实中企业之间存在多种合作关系,不一定是你死我活的竞争关系。

(3)行业规模是固定的,因此只有通过夺取竞争对手的市场份额来占有更多的资源和市场。但现实中企业之间往往不是通过吃掉对手而是与对手共同做大行业的"蛋糕"来获取更多的资源和市场。同时,市场还可以通过不断的开发和创新来增大容量。

因此,波特五力模型用于实践操作时,以上在现实中并不存在的三项假设会使决策者要么束手无策,要么头绪万千。

【案例分析 3—2】
利用波特五力模型来分析国内汽车行业及其领域内的战略方针

1. 供应商的议价能力

就目前局势来看,中国已经成为大众、通用、本田、现代等具有重大影响的跨国公司的重要战略市场。许多汽车公司不仅加大了对中国市场的战略部署,同时还以汽车生产和销售为中心,推动制造、服务、金融等汽车相关产业的发展。世界各汽车零配件的行业巨头也纷纷作出了增资中国的计划,美国固特异轮胎橡胶有限公司将其亚太总部迁至上海,博世也要在中国追加投资。在中国建造生产基地,这无疑将降低公司的制造成本、人力以及运输费用。由此可见,波特五力模型中的成本领先战略已经被各大汽车公司悄无声息地运作开来。

进口汽车供方力量的强弱主要取决于他们将提供给买主什么样的投入要素,当供方提供的投入要素其价值构成了买主产品总成本的较大比例、对买主产品生产过程非常重要或者严重影响买主的产品质量时,供方对于买主的潜在议价能力就会大大增强。

2. 购买者的议价能力

购买者主要通过压价和要求提供较高的产品或服务质量来影响行业中现有企业的盈利能

力。相对外资企业来说,国内的汽车公司规模较小、数量多,汽车的购买价格明显低于原装进口汽车,不仅因为"Made in China",还有更多的可能是一种符合国情的低价营销策略。

在中国经济发达地区,如北京、上海等城市,购买者所购买的基本上是一种标准化产品,同时向多个卖主购买产品在经济上也完全可行。这就对每个产品产生了购买方分流,并使企业处于同时被几家竞争对手比较的局面,并形成了购买者有能力实现后向一体化,而由于卖主不可能前向一体化的潜在市场不利因素,提高了购买者的议价能力,因此国产汽车价格仍将有一定的下降空间。此外,汽车零部件平均关税下降以及人民币继续小幅度升值,将直接促成进口车成本的下降。这将有利于提高国人的购买力,被动提高了购车者的议价能力。

3. 新进入者的威胁

后进入中国市场的大型跨国公司急于追赶与扩张,因此在价格上寻求竞争优势。福特公司从2005年起明加大了在中国市场的运作力度;丰田汽车公司也适当改变了做法,在稳步推进的主旋律中加快了步伐,不断推出性能良好并具有价格竞争力的新产品。

新进入者是行业竞争的重要力量。这些新进入者大多拥有新的生产能力和某些必需的资源,期待建立有利的市场地位。因此,新进入者在给行业带来新生产能力、新资源的同时,将在已被现有企业占领的市场中赢得一席之地,并与现有企业争夺原材料和市场份额,这必然引起生产成本升高和产品价格下跌,最终导致行业中现有企业的盈利水平降低,严重的话还有可能危及这些企业的生存。新进入者威胁的严重程度取决于两方面的因素,即进入新领域的障碍大小和现有企业对于新进入者的反应。

4. 替代品的威胁

两个处于不同行业中的企业,可能会由于所生产的产品互为替代品,从而产生相互竞争行为,这种源自于替代品的竞争会以各种形式影响行业中现有企业的竞争战略。

首先,现有企业产品售价以及获利潜力的提高,将由于存在能被用户方便接受的替代品而受到限制;其次,由于替代品生产者的侵入,使得现有企业必须提高产品质量、通过降低成本来降低售价或者使其产品具有特色,否则产品销量与利润增长的目标就有可能受挫。因此,本行业与生产替代产品的其他行业进行的竞争,常常需要本行业所有企业采取共同措施和集体行动。全球汽车业目前面临的最大挑战就是研发价格合理且款式新颖的环保型汽车。

一系列的产品计划及新能源的开发应用都将验证通用汽车作为汽车行业领先者为现实和谐发展的目标所作出的卓绝努力。目前,通用汽车欧洲公司发布了全新的环境战略,短期内将以降低二氧化碳排放量为主要目标,而长期目标则是通过新技术的应用最终实现零排放,实现汽车与自然环境和谐发展。通用汽车已投资超过10亿美元用于氢能源技术的开发与应用。目前,通用汽车的氢能源战略已走出实验室,开始在各种车型上进行实践,其终极目标正是实现燃料电池的量产。

总之,替代品价格越低、质量越好、用户转换成本越低,其所能产生的竞争力就越强;而这种来自替代品生产者的竞争压力的强度,可以通过考察替代品的销售增长率、替代品厂家的生产能力与盈利扩张情况来加以具体描述和分析。

5. 行业内现有竞争者的竞争程度

大部分行业中的企业,相互之间的利益是紧密联系在一起的。作为汽车企业整体战略的一部分,各企业的战略目标都在于使得自己的企业具有一定的竞争优势,所以在实施中就必然会产生冲突与对抗,这些冲突与对抗就构成了现有企业之间的竞争。现有企业之间的竞争通常表现在价格、广告、产品、售后服务等方面,其竞争强度与许多因素有关。

经过多年积累,中国自主品牌汽车的竞争优势全面提升,预示着汽车工业将以两种方式推动经济发展,即推动 GDP 增长和推动出口产品结构升级。另外,各大外资企业与国内企业之间的竞争也进入白热化阶段,导致近几年来汽车价格下降很快。

然而,伴随着市场竞争广度和深度的进一步拓展,企业之间的竞争已经超越了经营效率竞争的层面。有竞争力的企业,不仅在整个业务链上都有创造性,而且其品牌和产品都有明确的用户定位,所提供的产品和服务让用户感到物有所值。

行业中的每一个企业都或多或少必须应付以上各种力量构成的威胁,除非认为正面交锋有必要而且有益处,如要求得到很大的市场份额等,否则企业可以采取将自身的经营与竞争力量隔绝开来、努力从自身利益的需要出发影响行业竞争规则、先占领有利的市场地位再发起进攻性的竞争行动等手段来对付这五种竞争力量,以增强自己的市场地位与竞争实力。

资料来源:根据相关资料整理改编。

三、SWOT 分析(SWOT analysis)

(一)什么是 SWOT 分析

SWOT 分析又称态势分析,20 世纪 60 年代由美国哈佛商学院著名管理学教授肯·安德鲁斯首先提出,是一种用来评估企业内部资源和潜能(即优势与劣势)与外部可能性(即机会与威胁)之间匹配程度的分析方法,常被用于制定企业发展战略、分析竞争对手情况等。SWOT 是四个英语单词 Strength、Weakness、Opportunity 和 Threat 的缩写,分别表示优势、劣势、机会和威胁。一般来说,优势和劣势指的是企业自身情况,而机会和威胁则更可能来自于外部环境。

在决策和管理活动中,需要对企业所处环境中的关键对象(如竞争对手的行为等)进行研究,而 SWOT 分析的目的就在于对企业及其竞争对手的综合情况进行客观公正的评价,估量企业内部的优势与劣势,并对外部环境的机会和威胁进行分析和识别,以帮助企业制定有效的竞争战略,获得竞争优势。在所有分析工具中,SWOT 分析是最常用也是最基本的一种方法。图 3—14 描述了 SWOT 分析中优势、劣势、机会和威胁的具体内涵。

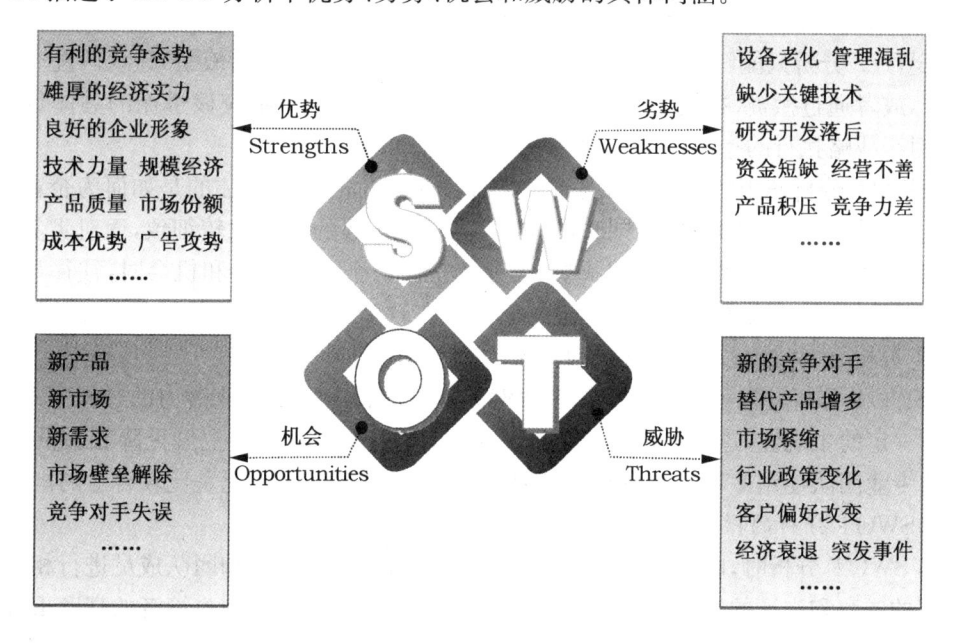

图 3—14 SWOT 分析

(二) SWOT 分析的优缺点

1. SWOT 分析的优点

(1) SWOT 分析比较简单,使用起来也很方便。它不仅可以运用简单分析框架来组织信息,而且也可以准确把握和管理企业的经营环境,所以是颇受欢迎的分析方法,特别是在确定企业应对环境的能力方面更是被普遍使用。而且与其他方法相比,SWOT 分析不需要分析者具备很多的外部信息、经济资源或者 IT 能力。

(2) SWOT 分析也可以被用来分析很多议题。这包括个人、团队、项目、企业、产品、服务和职能部门(如财务、有效、生产和销售部门等)、经营单位等。在短时间内处理复杂情况时,它能够提供一个有效的分析框架帮助决策者识别重要议题。

(3) SWOT 分析能够使决策问题聚焦。能够帮助企业把资源和行动聚集在自己的强项与有最多机会的地方,以及那些对企业影响最大、企业自身的能力和资源可以有效应对的问题上。特别是对于新成立的企业,SWOT 分析能够帮助其了解自身的情况以及与之相关的外部环境,指导企业未来应该向何处发展。

(4) SWOT 分析非常有利于企业的团队建设和资源整合。特别是当企业的不同部门(如市场营销、生产和财务部门等)共同进行 SWOT 分析时,尤为有效。例如,通过 SWOT 分析,管理者能够看到与自己专业领域相关的优势和劣势、机会和威胁,并提醒其他部门和管理高层注意由 SWOT 分析引出的重要决策问题。

(5) SWOT 分析也为企业战略制定提供了分析依据。SWOT 分析对多种信息来源进行收集、分类、整理及解释,这一过程为企业进一步的战略分析提供了指导。

2. SWOT 分析的缺点

(1) SWOT 分析掩盖了很多复杂的问题。在进行 SWOT 分析时,决策者主要关心的是收集和解释关于环境因素的大量信息,并决定采取什么行动来应对。然而,决策者对于信息的理解会因人而异。例如,政府设置的国际贸易壁垒松动,有的决策者会认为这是拓展市场的机会,而有的决策者却将其看作是威胁,认为这将带来竞争。因此,在运用 SWOT 分析时,普遍存在理解不到位、很难看清机会和威胁的情况。

(2) SWOT 分析只能够提供宽泛的建议。例如,为了让企业远离威胁,建议匹配企业的优势与机会,或者通过撤资(投资)避开劣势。因此,它帮助企业识别应该遵循的具体行动的能力,以及对于战略执行的指导作用也是有限的。

(3) SWOT 分析使用的数据往往是质化的而不是量化的。它关注的是如何为企业提供应对战略,而不是先发制人的战略。同时,SWOT 分析对优势的界定比较细致,而对劣势的认识往往很粗略。实际上,相对于劣势和威胁,决策者在评估企业的优势和机会时,往往显得过于乐观。有时,劣势会被决策者有意无意地忽略掉。在政治资源稀缺或者存在内讧的情况下进行 SWOT 分析,劣势被忽视的情况更为常见。

(4) SWOT 分析常常很难准确把握企业潜力。决策者在判断企业潜力的过程中不可避免地会带有一定的主观性,这样常常会导致 SWOT 分析不准确。为了把偏见降到最低,聘请外部人士或专业团队使用 SWOT 分析来帮助决策者全面了解实际情况是比较合适的。

(三) SWOT 分析的操作步骤

在作 SWOT 分析时,收集和解释信息的过程应该是高管、专家和团队成员进行相互联系、相互补充的磋商和查证的过程。在这个过程中,客户的想法应该受到决策者的高度重视。

步骤一:罗列并评价 SWOT 分析的各个要素。

识别企业现在及未来的优势和劣势、机会和威胁,可以按照表3—9的形式逐条列出,当然也可以采用其他形式进行。

表3—9　　　　　　　　　　　　SWOT分析的关键要素

潜在内部优势 (S)	潜在内部劣势 (W)	潜在外部机会 (O)	潜在外部威胁 (T)
专有技术	管理不善	进入新市场	市场增长缓慢
成本优势	缺乏资金	多元化经营	新的竞争者进入
创新能力	高成本	竞争到新的用户群	顾客需求变化
具有规模经济	技术开发滞后	市场增长迅速	替代产品的销售额上升
充足的资金	销售水平低	对互补产品的需求增加	外汇汇率波动
高素质的管理人员	产品质量差	与同行业的竞争对手相比业绩优良	政府管制
良好的经营战略	竞争地位恶化	其他	其他
买方的良好认知	缺乏创新		
处于行业领先地位	利润率下降		
其他	其他		

优势是指,与其他竞争对手相比,企业做得比较出色、更具有优势的地方。它主要体现在企业拥有的竞争优势或优越的竞争资源,是一种能够帮助企业有效实现绩效目标的能力。例如,强大的品牌声誉或较低的经营成本等。在评价优势时,看清事实、不被偏见蒙蔽、尽量减少分析盲点,这是很重要的。

劣势是指,与其他竞争对手相比,企业处于落后地位的方面,是存在于企业内部妨碍企业实现目标的局限性、缺点或不足。主要表现为经营状况差、竞争能力弱、竞争资源少等。例如,对新市场不够了解、市场覆盖面较窄等。

机会是指,有利于企业发展或为其开辟生存新空间的各种趋势及环境。这包括每一个当前或潜在的外部有利形势、变化、趋势,或是被疏漏的有利于提高产品质量或服务水平的需求,当然也包括企业在强化其竞争地位的过程中被忽视的需求等。例如,产品市场需求增长、存在组建战略合作伙伴关系可能的市场等。

威胁是指,存在外部环境中的任何不利于企业生存与发展的形势和趋势、即将发生的变化或潜在危险。它会在当前或未来损害和影响企业的竞争能力。例如,竞争者在自己的销售覆盖区内新建了一座工厂、时局动荡等。

步骤二:对上述要素进行分析和评级。

在该步骤中,分析者主要是把企业的内部优势和劣势与外部机会和威胁进行分类,并按照重要性评级。为了产生更有意义的结果,使用共同的评级标准,让企业了解评级排序的依据,并让管理决策者、外聘专家、客户或其他当事人参与分析和评级是非常重要的。决策者可以按照表3—10提供思路来进行分析和评级。

表3—10　　　　　　　　　　　　　SWOT分析模板

SWOT分析要素	得　　分				
内部优势	1	2	3	4	5
a.					
b.					
c.					
d.					
内部劣势	1	2	3	4	5
a.					
b.					
c.					
d.					
外部机会	1	2	3	4	5
……					
外部威胁	1	2	3	4	5
……					

步骤三：识别匹配状况，并制定战略来加以改善。

不过，SWOT分析并不仅限于评级。决策者应该通过制定战略，进一步挖掘企业竞争优势，以便认清企业具有某些优势或劣势的原因。接下来，决策者应根据企业的内部能力和外部环境来识别企业的战略以及进行战略匹配，借此表明企业必须调整战略的程度。

一般来说，决策者应该努力制定和寻找能够把重大缺陷转化成优势、把重大威胁转化成机会的战略。转化战略通常需要企业投入额外资源，如厂房、财产、设备、资金、人力等，以便为企业的产品或服务找到新市场。此外，决策者还应该考虑那些能够让劣势最小化或避开无法转化威胁的战略。在一个较大的行业产业内，战略计划既可以使企业成为缝隙市场的填补者，又可以为企业的产品或服务重新定位。

表3—11的SWOT矩阵向大家简单介绍了SWOT分析的战略匹配过程。为了正确匹配企业战略，决策者应尽量把企业未来的绩效具体化。试想，如果战略不再进行任何调整，企业内外部环境不变，绩效会怎样？此外，决策者还可以通过评估其他战略，找到一个给企业带来竞争优势的机会。如果没有战略可以带来明显的竞争优势，SWOT分析至少可以帮助企业对现在和替代战略进行分析评估。

表3—11　　　　　　　　　　　　　　SWOT矩阵

外部因素（EFAS）＼内部因素（IFAS）	优势(S) 列出5~10项内部优势	劣势(W) 列出5~10项内部劣势
机会(O) 列出5~10项外部机会	SO战略 发挥企业内部优势 充分利用外部机会	WO战略 克服企业内部劣势 充分利用外部机会

续表

外部因素 (EFAS) \ 内部因素 (IFAS)	优势(S) 列出 5～10 项内部优势	劣势(W) 列出 5～10 项内部劣势
威胁(T) 列出 5～10 项外部威胁	ST 战略 发挥企业内部优势 避免外部威胁	WT 战略 将企业内部劣势减至最低 避免外部威胁

请注意,在构造SWOT矩阵时,应将那些对企业发展有直接的、重要的、大量的、迫切的、久远的影响因素优先排列出来,而将那些间接的、次要的、少许的、不急的、短暂的影响因素排列在后面。

步骤四:将结果在SWOT分析图上定位,如图3-15所示。

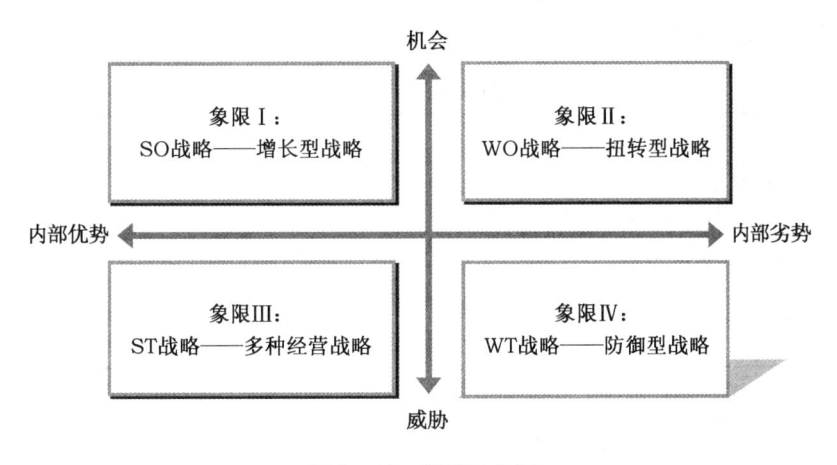

图 3-15 SWOT 分析

象限Ⅰ——对与外部机会匹配的内部优势有影响的战略,即SO战略,又称增长型战略。对企业而言,这种情况最为理想,因为它表明企业资源与其外部竞争机会最匹配。SO战略通过对企业内部实现竞争优势的资源进行组合,或者通过增加资源来加强竞争优势,实现保持企业竞争优势的目的。决策者应该努力在其他领域寻找巩固优势、消除劣势的机会。

象限Ⅱ——对那些克服内部劣势或使其最小化的外部机遇有影响的战略,即WO战略,又称扭转型战略。在确定WO战略时,决策者应权衡取舍是通过投资把劣势转化为优势、把企业不具竞争优势的劣势外包出去,还是允许其他竞争者进入这个劣势领域。

象限Ⅲ——对企业避开外部威胁的内部优势有影响的战略,即ST战略,又称多种经营战略。ST战略通过改变或重新配置企业资源,把外部威胁转化成机会;或者选择维持防御型战略不变,以关注其他象限中更有希望的机会。

象限Ⅳ——使企业内部劣势最小化并避开外部威胁的战略,即WT战略,也称防御型战略。这个象限需要谨慎处理和监控。如果因为这个象限导致的问题使企业危在旦夕,那么制定先发制人的战略可能是唯一的选择。如果问题不那么严重,则可以选择撤资,以便关注其他象限中更有希望的机会。不过,决策者不应该仓促决定是否将问题移出这个象限,应该考虑这个问题是否有可能给企业提供重大的战略选择,或是支持其他象限里更能盈利的活动,减少带有偏见的分析。

步骤五:对战略执行情况进行实时监控。

一旦制定了战略,就要不断地实施分析和监控,并制定新的战略来解决企业运营过程中产生的问题。这个方法就像横扫"雷达屏幕"的光束,对识别出来的光点运动进行检测,从SWOT分析提供的预警信号中受益。

值得注意的是,不同的企业、产品、服务或市场需要不同的SWOT分析。一个SWOT分析不可能适用于所有问题,决策者应该定期作SWOT分析,以便及时、清楚地了解我们置身于其中的外部环境。

【案例分析3—3】

1997年香港邮政对特快专递业务单元作的SWOT分析

通过SWOT分析(见表3—11),香港邮政明确了"特快专递"的市场地位,也找到了今后努力的方向,即采取抓住机会、发挥优势的SO策略。由此,香港邮政将自己的目标顾客定为中小机构和个别客户,向他们提供价格适宜的邮政服务;同时,将此次推广活动的目标设立为:树立品牌形象,提高邮政"特快专递"的认知度,扩大客户基础,提高市场占有率。

表3—11　　　　　　　　　　　SWOT分析的关键要素

S	• 特快专递服务推出较早 • 技术支持较强(如电子追踪服务) • 以邮局为服务终端,服务网络覆盖面广	W	• 邮政特快专递过去在人们心目中的形象不太好 • 认知度不高 • 可靠性与速度不及民营公司
O	• 私营速递公司多以大公司为主要客户 • 中小机构、个人的速递需求得不到满足,是被忽视的市场	T	• 香港近年来经济不太景气,外部环境不利 • 速递行业竞争对手林立,正面冲突可能招致商业报复

同时,香港邮政还采取了对于缝隙市场的"补缺策略"。通常,在成熟的市场上,会有几家大型企业服务于大部分市场,以规模经济取胜;而同时存在的若干拾遗补阙者则凭专业化优势在较小的细分市场上获得溢价。如图3—16所示:

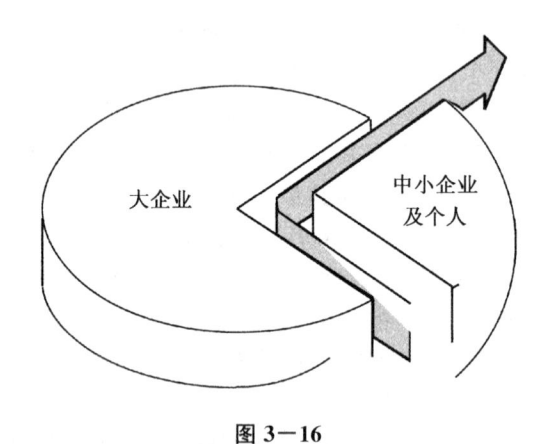

图3—16

一方面,香港邮政推出了面向中小企业及个人的价格低廉的速递服务;另一方面,在服务质量上也没有放松,主要采取了以下措施:(1)提供电子追踪服务,让客户随时掌握邮件运送情况;(2)备有各种大小的特快专递箱,满足不同客户的需要,且收费低廉;(3)要求取件及收件处的一线工作人员礼貌热情,服务细致耐心;(4)增加业务查询,不失时机地向客户做宣传。

此外,香港邮政还于1997年10月开始了题为"分秒显优势"的整合营销传播计划,多种营销宣传手段同时使用,利用无处不在的营销宣传大大提高人们对"邮政特快专递"的认知度,整合营销强有力的传播攻势成功改变了人们心目中特快专递的传统形象。

以下是香港邮政的特快专递业务单元取得的骄人业绩:

业务量:虽然香港经济不是非常景气,但邮政特快专递的邮件处理总量仍有所上升。

客户数:实施推广计划的头5个月内,新开立账户的客户人数上升60%。

认知度:对于"邮政特快专递是国际速递业务"的认知,未开立账户的客户群中,认知度从11%上升到30%;在已设立账户的客户群中,认知度则从36%上升到50%,特快专递已在香港成功建立起品牌。

满意度:对香港邮政特快专递业务的客户满意度调查显示,客户对特快专递服务各工作流程的满意程度均有所上升。

单元四 财务分析工具

决策的财务分析工具有很多种,常用的有盈亏平衡分析(break-even analysis)、经济订货量模型(economic order quantity)、财务比率分析(financial ratios analysis)等。

一、盈亏平衡分析(break-even analysis)

(一)什么是盈亏平衡分析

盈亏平衡分析,又称保本点分析或本量利分析,是根据产品的业务量(产量或销量)、成本、利润之间的相互制约关系进行综合分析,用来预测利润、控制成本、判断经营状况的一种数学分析方法。各种不确定因素(如投资、成本、销售量、产品价格、项目寿命期等)的变化都会影响投资方案的经济效果,当这些因素的变化达到某一临界值时,就会影响方案的取舍。盈亏平衡分析的目的就是找到这个不盈不亏的临界值,即盈亏平衡点(Break Even Point,BEP),以判断投资方案对不确定因素变化的承受能力,为决策提供依据。

盈亏平衡点越低,说明项目盈利的可能性越大,亏损的可能性越小,因而项目有较大的抗风险能力。因为盈亏平衡分析是分析产量(销量)、成本与利润的关系,所以也称为量本利分析。

盈亏平衡点的表达形式有多种。它可以用实物产量、单位产品售价、单位产品可变成本和固定成本总量表示,也可以用生产能力利用率(盈亏平衡点率)等相对量表示,其中产量与生产能力利用率在项目不确定性分析中应用较广。根据分析依据的不同,盈亏平衡分析可分为盈亏平衡点产量(销量)分析和盈亏平衡点销售额分析;根据生产成本、销售收入与产量(销售量)之间是否呈线性关系,盈亏平衡分析可分为线性盈亏平衡分析和非线性盈亏平衡分析。

(二)盈亏平衡分析的优缺点

1. 盈亏平衡分析的优点

(1)利用盈亏平衡点进行不确定性分析,具有易于理解、分析与计算简单明了、便于投资者进行方案比较的优点。

(2)利用量本利之间的关系,企业可以根据有关因素变动测定对其利润的影响,从而预计未来期间的利润额;还可以在目标利润一定的情况下,研究如何利用现有资源,合理安排产销量、收入和成本支出,以实现特定利润。

(3)盈亏平衡分析有利于企业进行成本控制,并通过确定企业合理的生产规模,降低企业固定成本。在盈亏分析中,盈亏平衡点是主要的分析指标和控制指标。所以,分析构成固定成本和变动成本的那些成本因素的变动对盈亏平衡点的影响,可以用来进行成本控制。

(4)盈亏平衡分析能够根据企业经营安全率指标与盈亏平衡点之间的关系,来判断企业经营的安全率。企业经营安全率是指企业的经营规模(一般以销售量来表示)超过盈亏平衡点的程度。

(5)盈亏平衡分析提供了一个分析问题、解决问题的思路和方法,有助于人们根据有关因素的变动,判断项目风险大小,并及时采取应急措施,通过制订科学严密的计划,减少不利事件的出现带来的损失,增加企业抵抗风险的能力。

【拓展资料】

固定成本和变动成本

固定成本(fixed cost)是指在一定的产销量范围内,总成本中不随产品产销量增减变动而变化的各项成本,如工资及福利费(计件工资除外)、折旧费、修理费、无形资产及其他资产摊销费、其他费用等。当然,固定成本也只是针对短期而言,因为长期而言,投入会到期,并因而成为可以变化的成本。

变动成本(variable cost)是指在一定的产销量范围内,总成本中随着产品产销量变化而呈正比例变动的各项成本,如原材料费、燃料费、动力费、包装费和计件工资等。

2. 盈亏平衡分析的缺点

每一种分析方法都会存在自身的局限性,盈亏平衡分析也不例外,这就要求决策者做到全方面考虑问题、多角度思考问题。盈亏平衡分析主要有以下缺点:

(1)用盈亏平衡分析进行决策时,由于有些因素是建立在基本假设基础之上的,假设条件较多,对固定成本和变动成本的分解需要人为判断,因此其计算结果将不可避免地与实际运行情况存在一定的差异。

(2)盈亏平衡分析是建立在"企业产品的产量等于销量"的假设上,即产品能尽产尽销而无积压,这与实际情况不太相符,在现实生活中很难实现。

(3)盈亏平衡分析只能在各种不确定因素下进行项目的盈利水平分析,不能反映项目整体的经营状况,正常生产年份的数据也不易确定。

【拓展资料】

盈亏平衡分析的基本假设条件

盈亏平衡分析是建立在一种理想经营状态下的基础理论数学模型,通常需要做如下假设:

(1)生产量等于销售量,统称为产销量。

(2)把生产总成本按性质不同分为固定成本和变动成本。这里需要注意的是,在一定产量范围内,单位变动成本是可变的,且与产品产量呈反方向变化;单位固定成本不随产品产销量的变化而变动,是一个常数。生产总成本、变动成本均表现为产销量的线性函数,即:生产总成本＝固定成本＋变动成本＝固定成本＋单位变动成本×产销量。

(3)在一定时期和一定的产销量范围内,产品销售单价不变,产品销售收入为产销量的线性函数,即:销售收入=产品销售单价×产销量。

(4)在一定时期和一定的产销量范围内,单位产品销售税率保持不变,销售税金为产销量的函数,即:销售税金=单位产品销售税金×产销量。

(四)盈亏平衡分析的操作步骤

下面,我们将以某一产品为例,举例说明盈亏平衡分析的具体操作步骤,如图3-17所示:

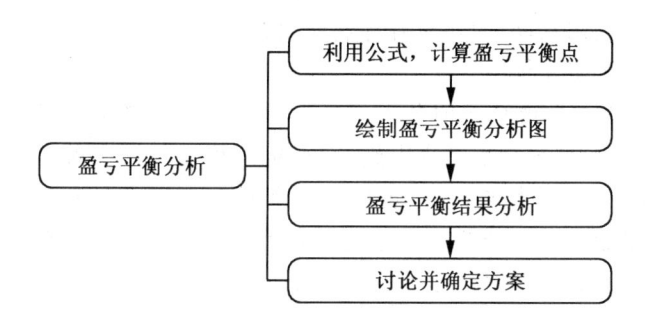

图3-17 盈亏平衡分析的操作步骤

【例3-3】 某工厂生产一种产品,其固定成本为15 000元,单位产品变动成本为400元,产品销售单价为1 200元,请问该产品的盈亏平衡点产量应该为多少?

第一步,利用公式,计算盈亏平衡点。

常用的盈亏平衡分析方法有两种:盈亏平衡点产量(销量)法和盈亏平衡点销售额法,其中盈亏平衡点产量(销量)法是以盈亏平衡点的产量或销量作为分析依据,盈亏平衡点销售额法是以盈亏平衡点的销售额作为分析依据。

(1)盈亏平衡点产量(销量)法。一般来说,企业收入=成本+利润。如果利润为零,则有:收入=成本=固定成本+变动成本。收入=单位产品价格×产销量,变动成本=单位变动成本×产销量,这样就有:产销量×单位产品价格=固定成本+单位变动成本×产销量。由此可以推导出盈亏平衡点的计算公式为:

$$Q = \frac{C}{P-V}$$

式中,Q为盈亏平衡点产量(销量),C为总固定成本,P为单位产品价格,V为单位变动成本。

当要获得一定的目标利润时,其公式为:

$$Q = \frac{C+B}{P-V}$$

式中,B为预期的目标利润额,Q为实现目标利润额B时的盈亏平衡点产量(销量)。

本例中,应该采用盈亏平衡点产量(销量)法的公式计算产品的盈亏平衡点产量,有:

$$Q = \frac{C}{P-V} = \frac{15\,000}{1\,200-400} \approx 18(件)$$

即该产品的盈亏平衡点产量约为18件。

(2)盈亏平衡点销售额法。盈亏平衡点销售额法的计算公式为:

$$R=\frac{C}{1-\dfrac{V}{P}}$$

式中,R 为盈亏平衡点销售额,其余变量同上。

当要获得一定的目标利润时,其公式为:

$$R=\frac{C+B}{1-\dfrac{V}{P}}$$

式中,B 为预期的目标利润额,R 为实现目标利润额 B 时的盈亏平衡点销售额。

第二步,绘制盈亏平衡分析图。

图 3—18 显示了盈亏平衡分析的基本模型。横轴表示产销量,纵轴表示成本和销售额。在平面直角坐标系上先绘制出总固定成本线,再绘制出总收入线和总成本线。总收入线与总成本线相交于 A 点,即盈亏平衡点,在此点总收入等于总成本。以 A 点作垂直于横轴的直线并与之相交于 Q 点,此点即为以产销量表示的盈亏平衡点;以 A 点作垂直于纵轴的直线并与之相交于 R 点,此点即为以销售额表示的盈亏平衡点。

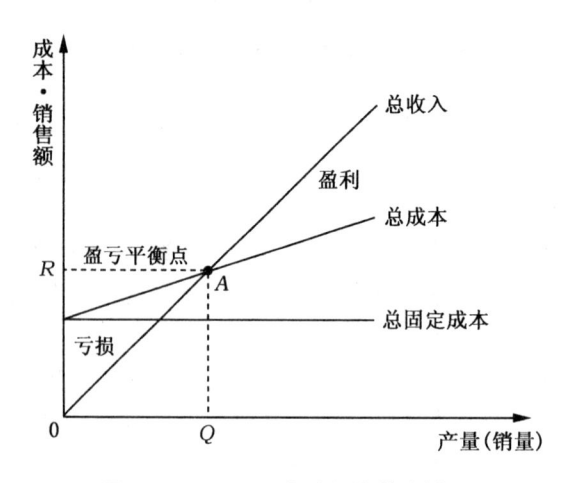

图 3—18 盈亏平衡分析的基本模型

第三步,盈亏平衡结果分析。

根据图 3—18 可知,企业要想盈利,则产品的产销量要大于图中 A 点所对应的盈亏平衡点产销量 Q,因此企业需要认真做好产销量计划以确保盈利目标能够得以实现;若产品的产销量小于图中 A 点所对应的盈亏平衡点产销量 Q 时,企业为亏本经营,应当重新考虑企业的生产经营计划,适当缩小生产规模,降低生产成本,从而把损失降到最低;若产品的产销量刚好处于 A 点,则说明企业处于保本状态(总收入=总成本),应当计划未来如何盈利,修改经营计划。

第四步,讨论并确定方案。

根据上述盈亏平衡分析结果,结合市场预测,对企业经营计划和投资方案发生亏损的可能性作出大致判断,并确定适合的方案。

【小测验】
　　你计划毕业后开一家咖啡店,如果每杯咖啡收费17.5元,咖啡店的固定成本(工资、保险费等)是每年470 000元,而每杯咖啡的变动成本为4元,请问大约每周需要卖出多少杯咖啡,你的咖啡店才能盈亏平衡?

二、经济订货量模型(Economic Order Quantity, EOQ)

(一)什么是经济订货量模型

经济订货量模型,又称整批间隔进货模型、EOQ模型,是一种通过数学公式计算企业最优订货量的方法。当企业按照经济订货量来订货时,可实现订货成本和持有成本之和最小。该模型是目前大多数企业最常采用的货物定购方式,适用于整批间隔进货、不允许缺货的存储问题。

经济订货量模型在存货管理的订货与存储的四种成本中寻求平衡:购买成本(购买价加运费减折扣)、订货成本(签章、跟单、到货检查以及另外一些过程处理的成本)、持有成本(存货占用资金、储存费用、保费、税收等)、缺货成本(订单不能及时满足的利润损失、重建顾客关系以及到货延迟的额外损失等)。在上述四种成本的基础上,我们可以根据经济订货量模型来确定最优订货规模。

经济订货量模型的目标是为了最小化与订购、储存成本有关的总成本。企业确定经济订货量的依据是用订货成本来平衡维持存货的成本。了解这种关系的关键是要记住,平均存货等于订货量的一半。订货数量越大,平均存货也越大。相应地,每年的维持成本(即持有成本)也会增加。例如,如果存货的年需求量是26 000件,每次订购500件,这样企业每年需要下52次(26 000/500)订单。这种订货频率使企业的平均存货保持在250件(500/2)。如果每次订购2 000件,企业每年的订单次数就会减少到13次(26 000/2 000),但与之对应的平均存货也会增加到1 000件(2 000/2)。因此,当存货的持有成本上升时,订货成本下降,反过来也是如此。最优经济订货量对应的是总成本曲线的最低点(即图3—19中的点Q^*),在这一点上总成本最低,而且订货成本等于持有成本。

(二)经济订货量模型的优缺点

1. 经济订货量模型的优点

经济订货量模型的优点在于:

(1)该模型适用于物品成批订购,或通过采购(自制)使库存物品得到补充的情况,它不是连续生产出来的,销售或使用的速率是均匀的,而且与该物品的正常生产速率相比是较低的,因而会达到合理的物品库存量。

(2)尽管经济订货量模型是在近乎理想状态的假设条件下提出的,但实际上它是一个很有用的近似解。该模型对需求量、订货成本以及单位库存维护费用变化均不敏感,同时总成本对订货量变动也不敏感,所以经济订货批量模型具有很好的稳健性,在实际中也具有较强的适用性。

2. 经济订货量模型的缺点

诚然,经济订货量模型确实在很大程度上给企业的库存决策带来了便利,但不可否认的是这一模型也存在着局限性。事实上,理想状态下的经济订货量模型必须满足的假设条件存在一些与实际相悖的情况,因此对经济订货量模型的批评也主要来源于此。如表3—12所示。

表 3—12　　　　　　　　经济订货量模型的基本假设与存在问题分析

经济订货量模型的基本假设	存在问题分析
需求量一直稳定不变,库存量随时间均匀连续地下降	需求取决于市场,市场是变化的,所以需求也会随之改变
库存补充可以瞬间完成,且不存在一边进货一边消耗的问题	库存补充需要一段时间,且库存是为生产服务的,生产不会因为库存补充而停滞,因此必然存在边进货边消耗的情况
产品价格为常数,不存在批量优惠	市场决定价格变化,批量决定优惠程度,这是市场经济的基本准则
持有成本以平均库存为基础进行计算	持有成本取决于库存实际所占用的资金成本、场地费用等,其中仓储场地大小是一定的,但利用率却随库存量的变化而变化
每次订货成本以及订货提前期均为常数	订货成本可能是不变的,但提前期则很可能因为订货量的改变而改变
对产品的任何需求都能够及时得到满足,不存在库存短缺问题	供货商并不能保证完全满足客户的所有需求,库存短缺的风险总是存在的,因此必须保持一定的安全库存,而且安全库存水平也应该是浮动的

(三)经济订货量模型的分析步骤

为了使大家清楚地了解经济订货量模型的分析步骤,下面我们将引用一个企业采购的具体案例来加以说明。

【例 3—4】 宏达电子设备公司是一家高品质的音像设备零售公司,老板马强希望确定高品质音像设备(假定为迷你组合音响)的经济订货量。马强预测其年销售量将达到 4 000 件。另外,他也能确定该商品的成本是每套 300 元,每单订货的平均成本是 210 元,每年的保费、税收及其他储存成本是存货价值的 20%。请利用经济订货量模型公式以及前面的信息,计算最佳订货量(即经济订货量)。

第一步:利用公式,计算经济订货量。

经济订货量模型的计算公式如下:

$$EOQ=\sqrt{\frac{2\times D\times OC}{V\times CC}}$$

式中,EOQ 为经济订货量或称最佳订货量,D 为存货在某时期(如年、月、日)的预期需求量,OC 为每次订货成本,V 为单位存货的价值或购买价格,CC 为以存货单价百分比表示的存货持有成本。

本例中,马强可以根据上述经济订货量模型的公式计算出最佳的订货量,具体计算过程如下:

$$EOQ=\sqrt{\frac{2\times D\times OC}{V\times CC}}=\sqrt{\frac{2\times 4\,000\times 210}{300\times 0.2}}=\sqrt{28\,000}=167.33\approx 168(件)$$

第二步,绘制经济订货量模型并进行分析。

图 3—19 显示了最优经济订货量的基本模型。横轴表示订货量,纵轴表示成本。在平面直角坐标系上先绘出订货成本线和持有成本线,再绘出总成本线。订货成本线与持有成本线相交于一点,在此点订货成本等于持有成本,且总成本最低。以此点作垂直于横轴的直线并与之相交于 Q^* 点,即为最优经济订货量。

第三章 决策者的基本工具

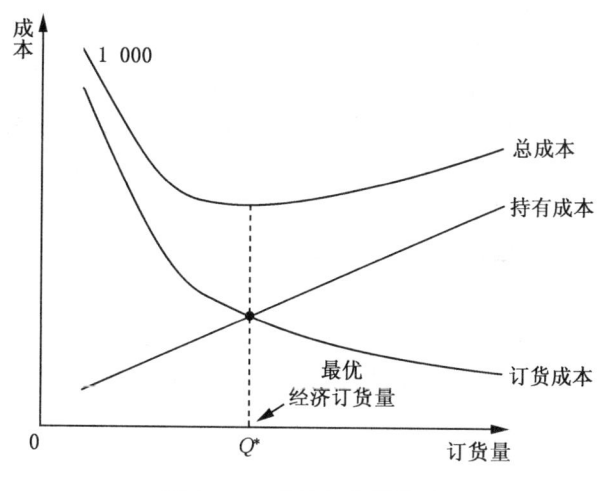

图 3—19 经济订货量模型

结合经济订货量模型和计算结果,我们可以得知,本例中每批订货168件左右是最优的订货方案。也就是说,马强可以每年订货24次(4 000/168)。

第三步,多方案的比较和选择。

如果供应商给予数量折扣,即当订货数量达到某一水平时,就可以在价格上可以给予一定折扣,在这种情况下,企业除了要考虑订货成本和持有成本,还要考虑采购成本。

本例中,如果供应商给出另外的条件,如每次订货达到250件以上就提供5%的折扣,那么马强是选择每次订货168件还是250件？如表3—13所示：

表3—13　　　　　　　　　　　备选方案的比较

备选方案	成本类别	计算结果
每批订货 168 件	购买成本（单价×订货数量）	300×4 000＝1 200 000(元)
	持有成本（平均存货量×单价×存货费用率）	168/2×300×20％＝5 040(元)
	订货成本（订单次数×每单订货费用）	24×210＝5 040(元)
	总成本（购买成本＋持有成本＋订货成本）	1 200 000＋5 040＋5 040＝1 210 080(元)
每批订货 250 件	购买成本	300×(1－5％)×4 000＝1 140 000(元)
	持有成本	250/2×285×20％＝7 125(元)
	订货成本	16×210＝3 360(元)
	总成本	1 140 000＋7 125＋3 360＝1 150 485(元)

注：每次订购250件,供应商给予5％的折扣,单件购买成本就变成了285元,即300×(1－5％),订货次数也变为16次(4 000/250)。

表3—13中的计算结果表明,马强应该利用供应商提供的5％现金折扣,采用每批订货250件的方案,即使他不得不持有更大的库存量,但每年也会因此节省10 485元(1 150 485－1 140 000元)的资金。

【拓展资料】

戴尔公司库存订货策略的制定

Dell（戴尔）公司是全球领先的IT产品及服务提供商，它绕过零售商，通过电话或互联网直接向顾客销售产品。在接到订单后，戴尔公司将把订单发送给位于得克萨斯州奥斯汀的某个装配工厂。在那里，产品将会在8小时内生产、测试和包装完毕。

戴尔公司本身持有的零件库存量很小，技术变化如此之快，以至于持有库存可能是一个巨大的不利因素。一些零件每周损失的价值为0.5%～2.0%。此外，戴尔的许多供应商位于东南亚，这些供应商到奥斯汀的运输时间从空运7天到水运和地面运输30天不等。为了减少货物的在途时间，戴尔的供应商在距离其装配工厂几里地远的地方建有一个称为"周转站"的小仓库，目的是周转及保有库存。戴尔在它自己的工厂中仅仅保有非常少的库存，因此每隔几个小时，它就会从周转站中提取库存。大部分供应商每周向戴尔的"周转站"交3次货。

戴尔公司供应商的库存持有成本最终反映在每台计算机的最终价格中。因此，为了在市场中保持价格的竞争优势，戴尔努力帮助供应商们降低成本。戴尔与其供应商之间签有供应商管理库存（VMI）的协议，这个协议确定了订购量的大小和向周转站发送订单的时间。戴尔和供应商使用具有订货量Q和再订货点R的连续订货系统，成批地下单订货（为了抵消订货成本），其中R是订货库存量和安全库存量之和。订货量是根据长期的观察数据和预测评估出来的，因此保持不变。戴尔为其供应商设定了目标库存水平——通常为10天的库存量，同时戴尔还跟踪供应商们偏离这些目标的大小，并将信息反馈给供应商们，以便他们能够做出相应的调整。

资料来源：Anderson D. R., Sweeney D. J., Williams T. A., et al. 数据、模型与决策：管理科学篇[M]. 机械工业出版社, 2006.

需要补充一点的是，经济订货量模型假定需求数量和提前期限是已知并且是固定不变的。如果不满足这些条件，就不能使用这个模型。例如，由于部件存货是一次性的、成批的或者不固定的，而不是按一定比例产生的，因此加工部件的存货就不能采用这个模型。那么是否意味着如果需求是变化的，经济订货量模型就毫无用处呢？并非如此，即使在这种情况下，该模型仍然能够用来权衡成本和控制规模。当然，处理这类需求和另外一些特殊情况，可以使用更为复杂的数学模型。

【小测验】

某企业每年需耗用某种材料8 000千克，该材料每千克持有成本为5元，订购成本为每次50元，每次订购的材料一次送达，每天均衡使用，请问最佳订货量是多少？

假设上述材料的价格为每千克10元，若每次订购数量超过500千克时，供应商将给予2%的折扣，请问每批订货多少千克才能使存货总成本最低？

三、财务比率分析（financial ratios analysis）

（一）什么是财务比率分析

财务比率分析是通过计算企业财务报表中的数据比率，来反映分析和评价企业偿债能力、获利能力、经营效率和企业价值的一种财务分析方法。企业公布的年度报告和账目通常由许多复杂难懂的数字构成，而财务比率分析能将这些数字变得易于理解，让管理者们能够通过分析和比较一些主要的财务指标，了解企业的财务绩效、竞争情况和未来前景，帮助他们作出正确的决策和计划。这些重要的财务指标主要包括企业的流动性比率、杠杆比率、营运能力比率及盈利能力比率。

管理者们在分析企业的重要财务指标时，一般需要用到企业的资产负债表和利润表。也就是说，通过财务报表中两个有意义数字的比较，得出用百分比表示的结果，就是我们所说的财务比率。这种方法使得管理者可以把企业现在的财务绩效与企业以前的财务绩效以及同行业其他组织的财务绩效进行比较。

财务比率分析的用途很多，很容易被运用到企业内部分析和对手的竞争分析以及行业结构分析。凭此分析，决策者能够确定企业通过实施一般战略能否成功。例如，为降低成本的生产者、定位于缝隙市场的企业或致力于产品或服务差异化的企业作出战略能否成功的判断。通过把财务报表分析与很多其他方法结合起来，决策者可以很好地了解企业战略是否可行以及竞争能否成功。

值得注意的是，由于资料使用者的着眼点、目标和用途的不同，因而分析时所采用的各种比率以及根据分析结果所作出的解释和评价也不同。银行对企业发放短期贷款时，注重的是衡量企业资产的流动性；长期债权人则特别关注企业的获利能力和经营效率，希望在若干年后债务到期时企业有可靠的偿还保证；至于企业的管理当局，则关心企业财务分析的一切方面，分析所有相关的比率，既要保证企业偿还短期和长期债务的能力，又要为投资者赢得尽可能多的利润。

(二)常见的财务比率

常见的财务比率包括流动性比率、杠杆比率、营运能力比率、盈利能力比率，如表3—14所示：

表3—14　　　　　　　　　　　常见的财务比率

目标	比率	计算公式	含义
流动性比率	流动比率	流动资产/流动负债	衡量企业支付短期债务的能力
	速动比率	(流动资产－存货)/流动负债	当存货周转慢或存货销售困难时，速动比率能够更加有效地衡量企业的流动性
杠杆比率	资产负债率	总负债/总资产	比率越高，举债越多
	利息保障倍数	息税前利润/总利息费用	测量在企业不能偿还到期利息费用之前，利润下降的幅度
营运能力比率	存货周转率	收入/平均存货	比率越高，表明存货资产使用得越为有效
	总资产周转率	收入/总资产	既定销售收入所用的资产越少，企业总资产的管理就越为有效
盈利能力比率	收入边际利润率	税后净利润/总收入	识别多种产品产生利润的能力
	投资回报率	税后净利润/总资产	衡量资产产生利润的效率

1. 流动性比率

流动性(liquidity)主要用来衡量企业在债务到期时能够将资产转化成现金的能力。经常使用的流动性比率包括流动比率和速动比率。

流动比率(current ratio)是指企业流动资产与流动负债的比值。尽管没有十分精确的数字表明在什么样的流动比率下企业运营是稳健的，但是按照西方企业的长期经验，一般认为这个比率为2∶1比较适宜。如果流动比率显著高于2∶1，说明流动资产相对于流动负债来说过多，可能是存货积压，也可能是持有现金太多，或者两者兼而有之，企业的资产没有得到本来可以得到的最好回报。如果流动比率等于或低于2∶1，说明流动负债相对于流动资产来说过多，企业在支付短期负债(应付账款、利息支出、工资、税金等)方面可能存在困难。

速动比率(acid test ratio)是指企业速动资产与流动负债的比值，其中：速动资产＝流动资产－存货。管理者通过分析速动比率，可以测知企业在较短时间内取得现金偿还短期债务的能力。当存货周转慢或存货销售困难时，速动比率能够更加准确地衡量企业的真实流动性，避免大量滞销存货的高流动性夸大了企业真实的流动性。一般认为，速动比率最低限度为0.5∶1；如果保持在1∶1则流动负债的安全性较有保障，即使企业资金周转发生困难，也不至于影响到企业的即时偿债能力。

2. 杠杆比率

杠杆比率(leverage ratio)主要是指衡量企业为了发展和壮大规模而举债经营的程度。如果资金的回报率比资金的成本率高，那么财务杠杆就会发生有利的作用。举例而言，如果管理者能够以8%的成本借入资金，而在企业内部的投资有12%的投资回报率，那么借入资金就很有意义。当然，企业的债务利息也会消耗企业的现金流，甚至能导致企业破产，因此要慎重考虑过度举债的经营风险，明智地使用负债。杠杆比率包括资产负债率(debt asset ratio，总负债除以总资产)、利息保障倍数(interest protection multiples，息税前利润除以总利息费用)等，它们能够帮助管理者控制债务水平。

3. 营运能力比率

营运能力比率(operating ratio)主要用来衡量企业有效利用资源的能力。最常用的营运能力比率包括存货周转率(inventory turnover ratio)和总资产周转率(total assets turnover ratio)。存货周转率指的是企业一段时期内收入与平均存货的比值，主要用来反映存货的周转速度，即存货的流动性及资金占用量是否合理。此比率越高，表明存货资产的使用效率越高。总资产周转率指的是企业一段时期内收入与总资产的比值，表明企业资产产生收入的水平。如果取得既定收入所用的资产越少，就表明企业内部资产的管理就越有效。

4. 盈利能力比率

盈利能力比率(profitability ratios)是用来衡量企业获得利润能力的指标。最常用的盈利能力比率是收入边际利润率(profit margin on revenues ratio)和投资回报率(return on investment ratio)。收入边际利润率是税后利润与总收入的比值，主要用于测量单位收入的获利大小。管理者通过比较和分析收入边际利润率，可以分辨出最有利可图的产品，从而作出合理的判断和决策。投资回报率则是通过将收入除以投资与利润除以收入二者相乘得到，表明企业通过投资而应返回的资产价值或经济回报，是企业盈利能力比率中运用最为广泛的指标。投资回报率不仅涵盖了企业的获利目标，同时也表明绝对利润总额应该结合产生利润的资产来考虑。

(三)财务比率分析的优缺点

1. 财务比率分析的优点

财务比率分析的优点在于:

(1)财务比率分析是对复杂报表的简化。财务比率分析最大的优势就在于它能将复杂报表上反映出来的企业经营状况用简单的数值来表示。例如,若分析企业的盈利状况,可以计算企业的利润率、销售率;若分析企业的偿债能力,可以计算资产负债率、流动比率等。这些指标的计算仅由两个报表中的数据相比较而得出,分析起来较为简便且操作性强。此外,由于这个数值是由财务报表上的数据得出,具有一定的含义,因此能够得到很好的解释且可靠性较高。

(2)财务比率分析使跨部门、跨企业的比较成为可能。财务比率分析是一种简化财务报表的方法。正是由于这种简化,使得其意义更便于理解和交流。它使得跨部门、跨企业的横向比较变成可能,而不像其他的分析法那样只能发现企业自身的问题或只能进行纵向分析。例如,由于不同企业之间经营规模存在一定差异,直接比较各家企业所创造的利润额可能会发生偏误,而采用利润额与其他项目进行比较可以消除上述规模问题的影响。因此,很多行业、企业或部门利用利润率、销售率等指标,进行彼此之间的比较,以衡量自己的业绩。同时,财务比率分析中采用的相对数据更具有说服力,更能从整体上比较不同企业的经营状况。

(3)财务比率分析能够令不同的需求者各取所需。财务比率分析对于企业盈利能力、偿债能力、资产管理能力等方面有各自的比率指标,决策者可以通过这些指标获得自己想要得到的信息。例如,投资者想要知道企业的盈利能力,银行和金融机构想要了解企业的偿债能力等。财务比率分析能够通过这些不同的比率指标,反映企业的财务状况和经营成果,为不同的使用者提供具有实际价值的财务信息,从而帮助他们作出理智的决策。

(4)财务比率在分析财务报告方面具有强大功能。财务比率分析将动态的损益表和静态的资产负债表联系起来,合并成一个分析结果,不仅能对企业过去到目前的经营状况进行有效分析,而且还能够在一定程度上预测企业未来的经营状况和发展趋势,以便管理者作出正确决策。

2. 财务比率分析的缺点

在财务分析中,财务比率分析用途最广,但也有一些缺点,主要表现在以下方面:

(1)仅依靠报表数据,使分析缺乏足够的说服力。财务比率分析中有些信息的变动对于管理者判断企业的经营状况非常重要,如竞争者的新产品和最新的营销策略、企业占有的市场份额、管理层的变动等,因此进行财务分析不能脱离企业的各项经营活动和所处的外界环境。然而,这些信息没有在报表中反映出来,因此财务比率分析中没有涉及此类信息,导致其对于企业经营方面的评价缺乏说服力。如果管理者在进行财务分析时思考角度狭隘,仅将注意力集中在如何提高比率或减少比率上,忽视企业所处的行业环境和经营理念的变化,将会使其作出的决策产生偏误。例如,管理者如果一味地追求提高企业的利润率而忽视了当前的行业已属于夕阳行业,利润率正在逐步缩小,将导致投资失败。

(2)财务比率分析方法本身缺乏严谨。这主要体现在比率的选择、确定以及解释在很大程度上带有主观判断和假定的色彩。例如,流动比率和速动比率是反映企业偿债能力的主要指标,但这些指标以企业清算为前提,是以全部的流动资产、速动资产和资产总额来偿还全部的流动负债和负债总额,而实际上企业要生存下去,是不可能用所有的流动资产和资产总额来偿还流动负债和负债总额,因此这样的前提假设会导致分析结果失真。此外,很多用于计算财务比率的数据已经进行过简单的加总处理,构成总额的项目之间会有一些结构问题,因此比率中用到的一些数据在质量上并没有保证。这样一来,财务比率指标有时不能准确地反映企业财务情况的本质。

(3)计算标准和方法不统一导致比率的可比性较差。首先,会计程序的可选择性导致财务比率的可比性受到较大影响。例如,存货计价可选用个别计价法、平均成本法、先进先出法或后进先出法等。各企业采用不同的会计程序和方法会使计算出来的财务比率大不相同,因此即使是两个企业实际经营情况完全相同,不同的计算方法也会使企业之间财务比率数据的可比性受到较大影响,并使得报表上的数据在企业不同时期和不同企业之间的比较缺乏实际意义。

其次,比率标准的不统一也影响着财务比率的可比性。企业间在进行相互比较时,没有明确的衡量标准,因此只能进行相对值的比较,无法进行绝对值的比较。这样一来,管理者对于企业业绩的优劣没有明确的判断标准和正确认识,以至于决策时会将资源放在不必要的项目上。

最后,计算方法的不一致也导致比率的可比性较差。由于现在的比率指标不够完善,因此对于同一比率企业选择的计算方法可能有所不同。例如,对存货周转率的计算,有的企业用销售收入除以存货,有的企业用销售成本除以存货;对流动负债的计算也是如此,有的企业用流动负债的年末值进行计算,有的企业用流动负债的平均数进行计算,而平均数的计算又有不同方法,这些都会导致计算结果不一致,不利于比较和评价。

(4)财务比率分析的指标体系结构不够严密。首先,财务比率分析以单个比率为单位,每一个比率只能反映企业财务状况的一个方面,而且每一类比率都过分强调其本身所反映的内容。例如,流动比率只反映企业的偿债能力,资产周转率只反映企业的资产管理效率,营业利润率只反映企业的盈利能力等。事实上,资产管理能力在一定程度上决定了企业的盈利能力,而盈利能力又在一定程度上决定了企业的偿债能力。因此,在进行企业运营情况分析时,这三者是密不可分的。

其次,单纯依靠某一个特定的财务比率无法反映出正确有用的会计信息。因为,比率的高低既受到两个或两个以上会计数据的同时影响,又受到某些综合会计数据的构成影响。例如,流动资金的周转次数,一般认为,此比率升高是好的现象。但是,流动资金周转次数的增加可能是由于销售额的增加,也可能是由于流动资金的减少所导致。显然,如果是因为后者而造成的流动资金周转次数的增加,就不是一种好的趋势。因此,仅根据计算出来的财务比率,是无法确保会计信息的相关性,管理者必须借助于其他的会计信息来进行相关决策。

再次,现有的财务比率指标除了会使决策者找不到问题的原因外,还容易掩盖问题。财务比率指标采用的是比值的形式。众所周知,比率的升高通常有三种原因:分子分母同时增加且分子快于分母,分子增加、分母不变,分子增加、分母减小。管理者不能只看一个比值的大小,还要注意到引起这种变化的原因。但由于比率的含义具有一定的迷惑性,会使管理者受到蒙蔽。以流动比率为例,流动比率是评价企业资产流动性的重要指标,流动比率高说明企业的短期偿债能力较强。但是,如果企业的应收账款管理不力,大量的应收账款无法收回,那么这部分钱款就无法变现来偿还债务。另外,较高的存货往往是导致企业资产流动性差的重要原因。如果企业的存货大多是积压滞销的产成品,无力在市场上变现,那么这部分存货也不能增加企业的短期偿债能力。由此可见,高流动比率不一定代表较强的短期偿债能力,其他财务比率也可能存在类似的情况。

最后,由于很多投资者和债权人倾向于根据比率来决定是否为该企业投资或借款,因此不少企业会有意地"粉饰"比率数值。而正是由于比率是两个数的相对值,才使得这种"粉饰"较易进行。以流动比率为例,管理者为了显示企业资产具有良好的流动性,会利用一些手段虚构流动比率。一般企业的流动比率都大于1,此时若等额地减少流动资产和流动负债,就能导致该比率上升。因此,企业可以采用推迟赊购货物、暂时偿还债务等方法人为地影响流动比率。

(5)财务比率分析属于静态分析,对于预测未来并非绝对合理可靠。由于财务比率指标的计算一般建立在以历史成本为基础的财务报表之上,且现如今的外部环境变化快,这些都使得财务比率指标提供的信息与决策之间的相关性大打折扣。虽然通过对过去结果的分析可以预测企业未来的经营状况,但过去的状况并不能代表企业未来的前景,而且企业的财务报表数据相对于它所反映的经营决策和经营活动具有一定的滞后性。因此,财务比率指标所提供的信息经常不能全面、有效地指导企业未来的经营决策。要相对未来进行预测,还需要一些动态的指标。

(四)财务比率分析法的操作步骤

财务比率分析法的操作步骤如图3-20所示:

第一步 选择合适比率 → 第二步 收集原始数据 → 第三步 计算和比较 → 第四步 寻找机遇和问题

图3-20 财务比率分析法的操作步骤

第一步:选择合适比率。

必须选择合适的比率来进行分析。例如,要分析企业的盈利能力,则需要知道企业的资产收益率、边际利润率等比率。

第二步:收集原始资料。

必须找到适合计算比率所需的原始数据的来源,通常为企业的资产负债表、损益表等。

第三步:计算和比较。

计算比率,并对比率进行比较。

第四步:寻找机遇和问题。

对比较结果进行分析和检查,为企业寻找机遇和发现问题。

在运用财务比率进行分析时,要注意以下几点:

第一,注意将各种比率有机联系起来进行全面分析,不可单独地看某种比率,否则便难以准确地判断企业的整体情况。

第二,注意审查企业的性质和实际经营情况,而不只是着眼于财务报表。

第三,注意结合差额分析,这样才能对企业的历史、现状和将来有一个详尽的了解,达到财务分析的目的。

第四,每一种财务分析方法都有其独有的作用,要想避免由于一种方法带来的失误,应当多用几种方法进行财务分析,不可单单依靠某一种财务方法或一组财务数据。

第五,在进行财务分析时,应当尽可能多地了解行业信息及企业的经营理念和经营计划,从整体上分析财务数据是否合理,还有哪些地方需要改进。

我们可以根据下面的例题来具体运用财务比率分析方法。

【例3-5】 青岛某实业有限公司(以下简称"ABC公司")成立于2004年3月,为私营有限责任公司,是一家主要经营石油沥青、天然橡胶、合成橡胶进出口及国内贸易的公司。公司注册资本100万元,实收资本100万元,由两自然人出资成立,现有员工23人。公司于2005年5月取得《对外贸易经营者备案登记表》,编号为00074XXX,具备进出口经营权。目前公司主营沥青、天然橡胶等产品,是典型的贸易型民营中小企业。

ABC 公司的财务情况如表 3—15 所示。由于 ABC 公司目前无银行贷款，且属于贸易型企业，所以省略对其"已获利息倍数"和"资产周转率"指标的计算分析。

表 3—15　　　　　　　　　　　ABC 公司有关财务指标

	2004 年	2005 年	2006 年	说　明
偿债能力比率				
资产负债率(%)	16	59	54	负债总额/资产总额
流动比率(%)	596	161	180	流动资产/流动负债
速动比率(%)	316	98	113	(流动资产—存货)/流动负债
现金流动负债比率(%)	—62	25	7	经营现金流量/流动负债
产权比率(%)	19	141	118	负债总额/所有者权益
盈利能力比率				
毛利率(%)	10	7	8	主营业务利润/主营业务收入
销售利润率(%)	5	5	5	利润总额/主营业务收入
净资产收益率(%)	22	57	45	净利润/所有者权益
资产收益率(%)	19	24	21	净利润/资产总额
成本费用利润率(%)	6	5	5	利润总额/成本费用总额
营运能力比率				
应收账款周转率(%)		83	70	主营业务收入/应收账款平均余额
应收账款周转天数(天)		4	5	365/应收账款周转率
存货周转率		31	20	主营业务成本/存货平均余额
存货周转天数(天)		12	18	365/存货周转率
成长能力比率				
销售增长率(%)		569	35	本年主营业务收入增长额/上年主营业务收入总额
资产增长率(%)		367	63	本年总资产增长额/年初资产总额
资本积累率(%)		131	81	本年所有者权益增长额/年初所有者权益

资料来源：温宏亮. 商业银行对中小企业贷款的风险管理研究[D]. 对外经济贸易大学，2007.

财务状况评价：

第一，偿债能力分析。从上述长短期财务比率的各项指标来看，2004 年公司成立，2005 年和 2006 年的流动比率和速动比率较高，资产负债率较低。2006 年流动比率和速动比率分别比 2005 年末提高了 12%、15%，说明公司短期偿债能力有所提高；资产负债率由 2005 年的 59% 降到 2006 年末的 54%，但降幅不大；公司连续两年现金净流量、经营性现金净流量均为正值，且期末净现金流量数额较大，说明公司获取现金流的能力增强。综上所述，基本可判断公司长短期偿债能力较强。

第二，盈利能力分析。公司主营业务收入 2005 年比 2004 年增长约 6 倍，是因为 2005 年公司取得了进出口业务经营权，从而使得业务量剧增。2006 年比 2005 年增长 35%，说明公司的业务量开始进入稳步提升阶段。公司毛利率、销售利润率和成本费用率均不高,反映出贸易型企业的一个特点,那就是薄利多销,靠增加销量来提高收益总额,这三个比率比较稳定,说明公司对收入和支出比例控制得较好。公司的净资产收益率和资产收益率相对较高,尽管2006年这两个比率比2005年分别下降了21%和13%,但净利润的增长幅度仍不及所有者权益和资产总额的增长幅度。总的来看,公司的整体盈利水平还是比较高的。

第三,营运能力分析。公司应收账款周转率和存货周转率较高,应收账款天数和存货周转天数很短,说明营运资金在应收账款和存货上占用较少,资金周转速度较快,营运能力较强,也可以反映出产品销路非常好,企业在目前的贸易市场中基本处于优势地位。

第四,成长能力分析。2005年公司的销售增长率、资产增长率和资本积累率分别达到569%、367%和131%,说明2004年公司成立,2005年公司业务急速膨胀,公司发展迅猛。2006年各项指标为35%、63%和81%,虽大幅下降,但比率仍然较高,表明2006年公司开始进入相对稳定的成长期。

第五,现金流量分析。2005年和2006年,公司的经营净现金流量和净现金流量均为正值,表明公司运转正常,经营良性循环。

综合以上各项分析,公司的资产负债率正常,盈利水平较高,营运能力较强,公司在扩大业务量的同时能够持续经营发展;但公司成立时间较短,注册资金较少,规模不大,资产总额特别是固定资产较少,表明公司经营实力较弱,但有一定的发展潜力。

单元五 其他工具

一、头脑风暴法(brain storming)

在群体决策中,群体成员由于受到心理上的相互作用和影响,易服从权威或大多数人的意见,形成所谓的"群体思维"(group think)。你是否有过这样的经历:好几个人坐在一起讨论问题,你持一种与主流想法相反的意见,却保持沉默;而有些人与主流想法不一致,却也欲言又止,这就是屈从于群体思维的一种表现。群体思维抑制了不同的、少数派的或非主流的观点,给出一致的表象,结果削弱了群体的批判精神和创造力,损害了最终决策的质量。为了保证群体决策的创造性,提高决策质量,管理学发展了一系列改善群体决策的方法,头脑风暴法是较为典型的一种。

> 真正的决策来自众人的智慧。
> —— T. 戴伊

(一)什么是头脑风暴法

当一群人围绕着某个特定的兴趣领域自由抒发各自观点,这种情景就称作头脑风暴。头脑风暴法是为了克服遵从群体思维压力、激发创造性方案的一种相对简单的方法。它是一种创意产生的过程,鼓励提出任何种类的计划、设计思想或备选方案,同时禁止对这些计划、思想和方案进行任何批评。

在某个典型的头脑风暴会议上,参与者围桌而坐。当然,方法可以随着会议环境而变化。群体领导者先以一种明确的方式向所有参与者阐明问题。之后,参与者在一定的时间内"自由"地提出尽可能多的方案,不允许任何批评,并且所有的备选方案都记录下来,留待稍后再讨论和分析。

(二)头脑风暴法的优缺点

1. 头脑风暴法的优点

头脑风暴法可以排除折中方案,对所讨论问题通过客观、连续的分析,找到一组切实可行的方案。因此,作为常用且有效的决策方法,头脑风暴法为管理者的决策过程带来诸多便利,有区别于其他决策方法的优势之处。其优势主要表现为以下几个方面:

(1)头脑风暴法极易操作执行,具有很强的使用价值;

(2)头脑风暴法能够为参与决策者创造良好的平台,提供一个能够激发灵感、开阔思路的环境;

(3)头脑风暴法有利于加深参与者对问题的理解程度,通过集体讨论,集中团队智慧,达到相互启发的目的;

(4)头脑风暴法有利于提高决策者的工作效率,使其能够更快、更高效地解决实际问题。

2. 头脑风暴法的缺点

当然,世界上没有任何事物是绝对完美的,头脑风暴法有其优点也有其缺点。总结起来,头脑风暴法的缺点主要有以下几个方面:

(1)对会议主持者的要求较高,如果不善于引导讨论,可能会使讨论漫无边际,浪费时间;

(2)会议容易受到权威或意见领袖的操纵;

(3)讨论的主题能否得到有效解决受到参与者水平的限制。不同文化层次或职业背景的人,所提出的观点会有所不同,从而导致产生不同层次的讨论结果;

(4)主题的挑选难度大,不是所有的主题都适合用来讨论;

(5)容易受群体思维的影响。有些人碍于情面,有不同意见也不会当面提出。

【拓展资料】

头脑风暴法的诞生

1941年,亚历克斯·奥斯本,一个广告公司总经理,发现传统的商业会议制约了新观点的产生。于是,他提出了帮助激发新观点的规则,把自由重新赋予到人们的思想和行动中。他把头脑风暴法描述成一个小组试图通过聚集成员自发提出的观点,为某个特定问题找到解决方法的会议技巧。由此,他提出以下规则:

规则一:没有对观点的批评;

规则二:追求观点的数量;

规则三:在彼此的观点上提出新观点;

规则四:鼓励狂热和夸张的观点。

他发现,遵循这些规则将会产生更多的新观点,同时也将带来更多有用的观点。

亚历克斯·奥斯本,创造学和创造工程之父、头脑风暴法的发明人,美国 BBDO 广告公司(Batten, Barton, Durstine and Osborn)创始人。

由于使用了没有拘束的规则,人们能够更自由地思考,进入思想的新区域,因此有可能产生很多被认为是"荒谬"或"愚蠢"的观点。奥斯本发现,正是由于这些"荒谬"或"愚蠢"观点的出现改变了人们的思维方式,从而激发出更多非常有用的观点。

（三）头脑风暴法的操作程序

采用头脑风暴法组织群体决策时，要集中有关专家召开专题会议。主持者应以明确的方式向所有参与者阐明问题，说明会议规则，尽量创造融洽轻松的会议气氛。主持者一般不发表意见，以免影响会议的自由气氛，应创造环境鼓励参与讨论的专家们"自由地"提出尽可能多的方案。

头脑风暴法的具体操作程序如下：

第一步，准备阶段。

会议负责人应事先对所议问题进行研究，弄清问题的实质，找到问题的关键，设定解决问题所要达到的目标。选定参加会议人员，并将会议的时间、地点、所要解决的问题、可供参考的资料和设想、需要达到的目标等事宜一并提前通知与会人员，让大家做好充分的准备。

第二步，热身阶段。

这个阶段的目的是创造一种自由、宽松、祥和的会议氛围，使大家得以放松，进入一种无拘无束的状态。主持人宣布开会后，先说明会议的规则，然后随便谈些有趣的话题或问题，让大家的思维处于轻松和活跃的状态。如果所提问题与会议主题有着某种联系，参与者能够轻松自如地导入会议议题，讨论效果就会更好。

第三步，明确问题。

主持人应该先简单介绍有待解决的问题。介绍时需简明扼要，不可过分周全，否则过多的信息会限制人们的思维，干扰思维的创造力和想象力。

第四步，重新表述问题。

经过一段时间的讨论后，大家对问题已经有了较深的理解。这时，为了使大家对问题的表述具有新的角度和思维，主持人或记录员要对大家的发言记录进行整理。通过整理和归纳，找出富有创意的见解以及具有启发性的表述，供下一步畅谈时参考。

【拓展资料】

"头脑风暴法"的会议原则

——禁止批评和评论，也不要自谦。对别人提出的任何想法都不能批判、不得阻拦。即使自己认为是幼稚的、错误的，甚至是荒诞离奇的设想，也不得予以驳斥；同时也不允许自我批判，在心理上调动每一个参与者的积极性，防止出现一些"扼杀性语句"和"自我扼杀性语句"。诸如"这根本行不通"、"你的这个想法太陈旧了"、"这是不可能的"、"这不符合某某定律"以及"我提一个不成熟的看法"、"我有一个不一定行得通的想法"等语句，禁止在会议上出现。只有这样，参与者才会在充分放松的心境下，在别人设想的激励下，集中全部精力开拓自己的思路。

——目标集中，追求设想数量，越多越好。在头脑风暴法的会议上，只强制大家提设想，越多越好。会议以谋取设想的数量为目标。

——鼓励巧妙地利用和改善他人的设想，这是激励的关键所在。每个参与者都要从他人的设想中激励自己，从中得到启示，或补充他人的设想，或将他人的若干设想综合起来提出新的设想等。

——参与者一律平等，各种设想全部记录下来。会议参与者，不论是该方面的专家、员工，还是其他领域的学者以及该领域的外行，一律平等；各种设想，不论大小，甚至是最荒诞的设想,记录人员也应该认真地将其完整地记录下来。

——主张独立思考,不允许私下交谈,以免干扰别人的思维。

——提倡自由发言,畅所欲言,任意思考。会议提倡自由奔放、随意思考、任意想象、尽量发挥,主意越新、越怪越好,因为它能启发出更好的观点。

——不强调个人的成绩。应以小组的整体利益为重,注意和理解别人的贡献,人人创造民主环境,不以多数人的意见阻碍个人新观点的产生,激发个人追求更多更好的设想。

第五步,畅谈阶段。

畅谈是头脑风暴法的创意阶段。为了使大家能够畅所欲言,需要制订以下规则:

(1)主持人控制讨论进程,并设定发言时间限制,时间一到立即终止发言;

(2)承认每个人作出的贡献,声明"讨论过程中不存在错误的观点";

(3)不要私下交谈,以免分散注意力;

(4)不妨碍他人发言,不去评论他人发言,每人只谈自己的想法,确保没有人侮辱、贬低或批评另一参与者的回应;

(5)发表见解时应简单明了,一次发言只谈一种见解;

(6)记录每一个回答,除非它被一再重复。

主持人首要向大家宣布这些规则,随后引导大家自由发言、自由想象、自由发挥,使彼此相互启发,相互补充,真正做到"知无不言,言无不尽,畅所欲言",然后将会议的发言记录进行整理。

【拓展资料】

"头脑风暴法"会议的组织和实施

在组织和实施"头脑风暴法"会议时,应符合以下要求:

1. 组织形式

参加人数一般为5～12人,最好由不同专业或不同岗位的人员组成;会议时间控制在1小时左右。

设主持人1名,负责会议的主持工作,对设想不作评论。设记录员1～2人,要求认真将会议参与者的每一个设想不论好坏都完整地记录下来。

2. 会议类型

(1)设想开发型。这是为获取大量设想、寻找多种解题思路而召开的会议,因此要求参与者要善于想象,语言表达能力要强。

(2)设想论证型。这是为将众多设想归纳转换成实用性方案而召开的会议,要求参与者善于归纳、善于分析和判断。

3. 会前准备工作

首先,会议要明确主题,并提前通报给参与者,让参与者做好准备;其次,选好主持人,要求主持人要熟悉和掌握"头脑风暴法"的操作要点,摸清会议主题的现状和发展趋势;最后,参与者要有一定的训练基础,懂得"头脑风暴法"会议提倡的原则和方法。

> 4. 会议原则
> 为了使参与者畅所欲言,互相启发和激励,达到较高效率,必须严格遵守以下原则:(1)开放思路,自由争鸣;(2)不互相批评,不要争论;(3)倡导多角度分析,鼓励提多种不同方案;(4)互相激励、启发、联想、综合和完善。

第六步,筛选阶段。

会议结束后的 1～2 天内,主持人应了解大家会后的新想法和新思路,以补充会议记录。然后,将大家的想法整理成若干方案,根据有效性、创新性、可行性等标准进行筛选。经过多次反复比较和优中择优,最后确定 1～3 个最佳方案。这些最佳方案往往是多种创意的优势组合,是集体智慧综合作用的结果。

二、方案前提分析法(strategic assumption analysis)

(一)什么是方案前提分析法

方案前提分析法是迂回探索法的一种。它的出发点是,每个方案都有几个前提假设作为依据,方案是否正确以及正确程度如何,关键在于它的前提假设是否成立以及立论是否牢固可靠。在讨论和选择方案时,可以不直接讨论方案本身而讨论它的前提假设。通过直接讨论前提假设,达到间接选择方案的目的。只要能够确定方案的前提假设成立,条件是具备的,那么就说明这个方案所选择的目标和途径基本上是正确可行的;反之,则不正确或不可行。这样,不但对方法的正确选择有益,而且可以克服决策中常见的一些问题。比如,有的专家总是希望在讨论中通过他的方案,或满足人们(如领导或客户)不切实际的目标追求,因而难以对实际情况和方案的可行性作出冷静且实事求是的分析;而且如果参与决策的人员较多、意见较为复杂,管理者往往为了哪一方都不得罪,使决策成了各种意见折中妥协的产物,不能达到真正意义上的集思广益。

为了使方案前提分析法产生应有的积极效果,应该注意:一方面要使方案的前提与方案本身有内在的逻辑性和必然性;另一方面又要使方案的前提假设与方案之间的联系不很明显,这样才有讨论的余地。

(二)方案前提分析法的优缺点

1. 方案前提分析法的优点

(1)由于方案前提分析法强调对方案的前提假设进行分析,不讨论具体方案,可以排除具体方案设计者的偏见和干扰,使参与者都能比较客观地分析问题,摆脱掉具体方案的束缚,有利于调动和发挥每个人的积极性,使方案的形成和确定立于集体智慧的基础之上,增加方案的可信性和可靠性。

(2)只对方案前提进行分析,只讨论假设条件,比较容易集中正确的意见,保证方案选择的科学性。

(3)方案前提分析,可以对方案的论据了解得更具体、更深刻、更透彻,使方案选择更有把握,从而减少失误。

2. 方案前提分析法的缺点

虽然方案前提分析法以方案的前提假设作为讨论的重点,不直接讨论具体的方案,但这样也会使得讨论的方向容易受到他人或环境因素的影响,使得作出的假设前提脱离实际,从而浪费大量的时间和人力,大大降低了决策效率,甚至将企业置于危险之地。

(四)方案前提分析法的操作程序

图3—21中显示了决策者采用方案前提分析法的基本操作程序:分析方案,制订方案的前提假设→对假设进行讨论→汇总意见,作出选择。

```
分析方案            对假设进行讨论        汇总意见
制订方案的前提假设                      作出选择
```

图3—21 方案前提分析法的操作步骤

第一步,分析方案,制订方案的前提假设。

方案前提分析法的实施必须以前提假设的存在为先决条件。通常是先找出各个方案的初步前提,然后再深入下去,找出初步前提的前提,这样渐次推进,越深入越好。为了使方案前提分析法取得满意效果,应当尽量做到所提出的前提假设与方案本身之间没有明显的联系,否则有可能妨碍结论的客观性。

第二步,对假设进行讨论。

在找出各种方案的前提假设之后,将方案的假设前提提交会议全体参与人员讨论。在没有任何暗示和限制的情况下,全体人员畅所欲言,对这些前提假设展开充分的论证。

第三步,汇总意见,做出选择。

在充分讨论的基础上,决策者将对各种不同意见进行综合,集思广益,作出比较科学的选择。

【例3—6】 某机械厂计划从国外引进一条电视生产线,该生产技术先进,单位产品成本较低,但资金需求量较大,且市场上同类产品较多,面临较大的竞争压力。该机械厂向本地政府申请引进,并期望得到政府的资金支持。政府主管部门内部对是否引进该生产线产生了分歧,一部分人主张批准,另一部分人反对。于是,他们采用了方案前提分析法对这两种意见进行分析。具体做法如下:

第一,使这两种不同意见在部门内部进行充分讨论,找出各自的前提假设。同意批准引进该生产线的前提是,广大消费者对电视机的质量和性能的要求会迅速提高。这个前提的假设是,今后一段时期内人们的收入将会有较大幅度的提高。而反对意见的前提是,消费者对电视机的质量和性能的要求将不会有较大变化,其假设是短期内人们的收入水平提高的趋势不太明显。

第二,政府主管部门召集专家及有关人员进行讨论。讨论的问题主要有两个:一是消费者的需求;二是人们收入的变化趋势。这里暂且撇开了是否批准引进生产线的这一具体问题,因而避免了主观因素的影响。

第三,在讨论的基础上,政府主管部门领导对会上所提的各种意见进行分析。分析结果表明,人们对电视机的质量和性能的要求将有可能提高,因为人们的未来收入将呈现一种增长趋势。因而,政府主管部门立即批准,同意引进,并给予财政上的扶持。

资料来源:根据相关资料整理改编。

【决策实务】

请运用SWOT分析法,对你个人的职业生涯进行规划。进行个人职业生涯规划的

SWOT分析时,应严格审视你个人的长处和短处,然后评估你感兴趣的各种职业生涯道路的机会和威胁,并请分别说明SWOT分析后的行动方案。

【教师点拨】

可以按照以下步骤进行考虑:

步骤1:评估你个人的长处和短处。

每个人都是独特的,都可能具有某种不容易被人发觉的特殊技能、才能和能力,我们可能喜欢做某些事,而不喜欢做另一些事。例如,有的人不喜欢整天坐在桌子旁,有的人在与陌生人打招呼时感到紧张等。请先列出你喜欢的活动和擅长的事情,以及你不喜欢的事情和你不擅长的方面。重要的是你能够意识到自己的短处,并试图改正它,或者在今后的职业生涯中避开它。在列出个人长处和短处的同时,请标出你认为特别重要的特质。

步骤2:识别职业生涯的机会和威胁。

我们通过学习了解到,不同的产业面临着不同的机会和威胁,重要的是识别这些外部因素,因为你选择的职位和未来的职业生涯将会受到这些机会和威胁的重要影响。一个处于衰退产业中的企业也许很难提供更好的职业成长机会,而身处前景光明的产业中,你的工作前景也将是光明的。请列出1个你最感兴趣的产业(或职业方向),科学客观地提出这个产业所面临的机会和威胁。

步骤3:描绘未来5年职业生涯的目标,进行你的SWOT分析。

列出4~5个在未来5年中你要实现的目标,这些目标可能包括在毕业后找到一份称心的工作,或是希望你的工资水平达到多高等。记住,SWOT分析的理想情况是,你应当使你的优势与所在产业的机会相吻合。

步骤4:描绘未来5年职业生涯的行动计划。

请写出你实现职业生涯目标的具体行动计划,确切地描述你在什么时候应该做什么。例如,你的SWOT分析可能表明,为了实现你期望的职业生涯目标,你需要选择更多的管理课程,因此撰写关于职业生涯的行动计划就应当表明,什么时候应选修哪些课程。职业生涯规划的具体行动计划将为你未来的决定提供指南,正如组织计划为管理者的决策提供指南一样。

【身边的决策】

假如你是一名学生会主席,现在要对新一届的学生会干事进行培训,培训内容要求成本低、新颖且能达到很好的培训效果,你将如何制订培训方案?请运用头脑风暴法进行分组讨论。

(1)请每组选出一名组长和一名记录员;

(2)小组内讨论时间为15分钟,请记录员将整个头脑风暴法的过程记录下来;

(3)讨论结束之后,请各个小组的组长进行第二轮的头脑风暴;

(4)最后由老师作为评委,选出最佳方案。若在课堂外进行,评委一职可由学生会主席来担任。

【案例思考】

印度尼西亚阿斯特拉国际公司:企业管理与风险决策的失误

说起谢建隆,在印度尼西亚乃至东南亚可以说是无人不知。30年前,谢建隆以2.5万美元起家,经过不懈努力,终于建起一个以汽车装配和销售为主的王国——阿斯特拉国际有限公司。鼎盛时期,阿斯特拉集团公司拥有15亿美元的资产,年营业额达25亿美元,55%的印度尼西亚汽车市场被其占领。公司股票上市后,谢氏家族占有绝对控制权——直接持有76%的公司股票。不少投资者认为,经营上轨道,投资风险小,且获利稳定,颇有投资价值。

但自从美国王安公司申请破产后不久,阿斯特拉国际有限公司也陷入了"泥潭"。一些有识之士毫不客气地指出:酿成这一悲剧的症结完全在于该公司的创业者——谢建隆患上了严重的"家族企业征"。

这得从谢建隆的大儿子爱德华谈起。爱德华曾获得美国企业管理硕士学位,回到印度尼西亚后决心大干一番。1979年,爱德华以2.5万美元成立了一家企业——苏玛银行。当时印度尼西亚经济刚刚开始起飞,政府亟需扩充信用,天时配合,以及凭着"谢建隆"这个金字招牌所代表的信誉,他总能以很少的抵押贷到大笔资金。接着,他投资金融保险业务和房地产开发,资本迅速膨胀。10年之内,以苏玛银行为中心的苏玛集团坐拥10亿美元资产,事业遍及欧美和东亚地区,成为与阿斯特拉集团相当的集团企业。

殊不知,巨大成功的背后潜伏着重重危机。从一开始,爱德华就犯了一个不可饶恕的错误:他的王国建立在债务上,而不是靠稳扎稳打搭建起来的。爱德华这10年的经营,似乎只知道"以债养债",不计代价地成长,基础极其脆弱,没有一些像样的经济实体与之配合。如果机会不再,危险便会接踵而来。果然,到了1990年底,印度尼西亚政府意识到经济发展过热,开始实行一系列紧缩政策,银行收紧便是其中之一。苏玛集团顿时陷入难堪的境地——苏玛银行的贷款无法收回,经营的房地产又不易脱手,而高达5亿美元的债务,单是20%以上的利息就足够拖垮集团……当储户们听说苏玛银行有问题,便开始挤兑,从而一发不可收拾,苏玛集团岌岌可危。

儿子"背时",父亲心急如焚。如今,爱德华大难临头,岂能袖手旁观?谢建隆唯一能采取的补救措施就是以阿斯特拉的股票作抵押来筹集资金。想不到,"屋漏偏逢连夜雨",阿斯特拉公司的股票又因印度尼西亚经济萎缩、汽车市场疲软而价格下跌,结果犹如推倒多米诺骨牌那样,不可逆转。这时,正是1992年底,阿斯特拉国际有限公司从此走向衰败甚至破产的境地。谢建隆含辛茹苦、历尽艰辛积累起来的财富和事业毁于一旦,这是完全出乎于谢建隆本人及其家族意料之外的事,也是震动印度尼西亚朝野、社会各界的重大悲剧。

资料来源:根据相关资料整理改编。

【问题引出】

请利用本章中某一决策方法和工具思考以下问题:

1. 谢氏家族悲剧的真正原因是什么?
2. 谢建隆出让阿斯特拉集团股票为爱德华抵债,其承担的风险是什么?
3. 管理经营和风险防范有着什么样的联系?

【教师点拨】

30年辛苦半年毁,长使英雄泪满襟。本来,苏玛集团和阿斯特拉集团无所有权关系,"苏玛"的灾难不应拖垮谢氏集团,谢建隆完全可以不负连带责任。那么,究竟什么原因促使谢建隆下决心"拯救"呢?现在看来无非是两个原因:一方面是维持家族信誉;另一方面难舍舐犊之情,不肯学壮士断腕。结果事与愿违,不但于事无补,反而将他的老本都赔光。

由此看来，苏玛集团的崩溃并不在于爱德华不会"守业"，而恰恰暴露了像爱德华这样的第二代企业家往往是低估了企业经营的困难和风险。如果再往深层看，症结还是在谢建隆身上。因为，其一，1990年底苏玛集团发生危机时，谢建隆低估了事态的严重性，把长时间问题当作短期问题处理，直至1992年底仍不能完全清醒。这样，发生悲剧也不足为奇了。其二，他不肯轻易将企业的"权杖"交给儿子，固然不错。但是，作为识途的老马，他理应告诫并阻止爱德华不能靠过度借贷来扩充事业。

第四章

决策的时间尺度

传统决策科学的运用机制基于一个非常重要的假设,即我们有足够的时间去做这一切,而往往这个假设是极为奢侈的。

——于刚(1号店董事长)

抓住时机并快速决策是现代企业成功的关键。

——凯瑟琳·艾森哈特教授(斯坦福大学商学院)

知识要点图

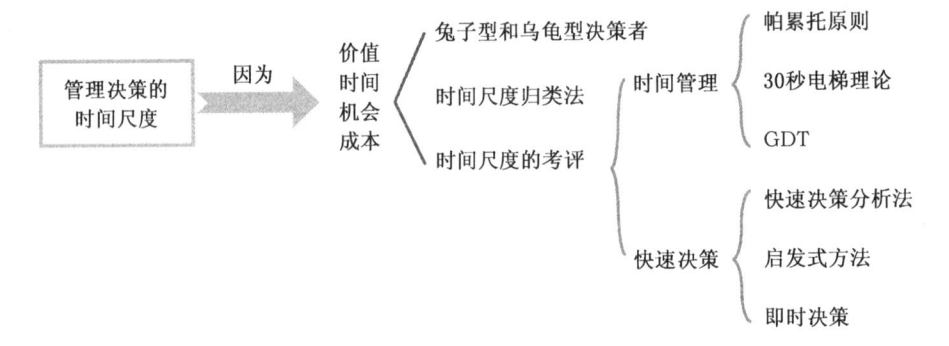

管理决策的时间尺度 因为 价值 时间 机会 成本
- 兔子型和乌龟型决策者
- 时间尺度归类法 — 时间管理
  - 帕累托原则
  - 30秒电梯理论
  - GDT
- 时间尺度的考评 — 快速决策
  - 快速决策分析法
  - 启发式方法
  - 即时决策

学习目标

阅读和学完本章后,你应该达到以下知识目标和能力目标:

知识目标:
1. 理解决策的时间尺度含义;
2. 掌握时间尺度归类法;
3. 理解兔子型决策者和乌龟型决策;
4. 掌握时间管理的方法和快速决策的方法。

能力目标:
1. 能够使用时间尺度归类法分析决策问题;
2. 能够利用快速决策方法提升决策速度;
3. 能够使用帕累托原则有效进行决策时间管理。

案例导入

"1号店"的快速决策

1号店是国内首家网上超市,由世界500强戴尔公司的前高管于刚和刘峻岭联合在上海张江高科技园区创立。在加入戴尔之前,于刚曾任亚马逊全球供应链副总裁,他对亚马逊的供应链进行改造并取得了巨大的成功;在戴尔,他负责180亿美元的采购。刘峻岭曾被评选为2005年中国IT十大财经人物和2006年计算机世界十大新闻人物。他们二人领导团队,能够取长补短,而且他们持有相同的价值观——为顾客带来价值。

2008年7月,1号店网站正式上线。成立以来,1号店持续保持高速的增长势头,2013年实现了115.4亿元的销售业绩,1号店已成为国内最大的B2C食品电商。至2013年年底,1号店可销售商品已达340万种,覆盖了14个品类,有5 700万的注册用户,并拥有超过1 500万的移动端注册用户。

在1号店快速发展过程中,联合创始人于刚和刘峻岭面临着复杂而多样化的决策问题。快速决策、不断创新是1号店取得持续成功的重要因素之一。面临企业决策时,传统的观点认为要谨慎行事,快速决策往往以牺牲决策质量为代价。但特殊的运筹学和运营管理学背景以及在戴尔工作和经验经历,使于刚深刻意识到:以前所学的决策科学和优化理论忽视了一个极为重要的因素——决策速度。对许多企业和行业在特殊的阶段来讲,决策速度对成败的影响不亚于决策的质量,甚至往往更重要。

于刚在《中国企业家》的一篇文章指出:"传统决策科学的运用机制基于一个非常重要的假设,即我们有足够的时间去做这一切,而往往这个假设是极为奢侈的。其次,决策的质量是否重要呢?毋庸置疑!可是如果因为需要大量的分析和讨论来得到最优的决策,在执行决策时发现机会已不再,已时过境迁,那么这种高质量的决策又有何作用呢?"

与这一决策思想相呼应的是1号店的"产品创新"。"每日一款"和"掌上一号店"两款招牌产品竟然都是快速决策的产物。某次,于刚看到了美国某电商每天推出一个深度折扣的商品,他和搭档刘峻岭在上班的路上作出了决策,马上召集相关部门开会,迅速开发、组货、设计市场推广方案,当晚上线"每日一款"。2011年,于刚受到微博上Tesco在韩国地铁站推出"Virtual Store"的创意启发,三周后推出"掌上1号店"的推广创意。

【分析与思考】

1. 为什么1号店在决策中采用了快速决策?你认为这些决策具有怎样的作用?
2. 你是否同意于刚关于传统的决策科学的分析,阐述你的理由。
3. 为什么有些决策需要快速进行,如何进行有效的快速决策?

单元一 理解时间尺度

时间是一种稀缺资源,而资源的稀缺性决定了时间的价值属性。在决策过程中,如果能很好地选择时机、有效地利用时间、合理地掌控时间尺度,能够取得事半功倍的效果,反之,可能因此错失机会。当面临快速变化的外部环境,拖沓的决策过程,浪费了宝贵的时间,可能错失机会甚至造成损失。一部电影能否能够获得丰厚的票房和足够的关注不但取决于影片的质量,也取决于上映的时机的选择,如果时机选择不好可能与其他影片的档期相冲突,将分流票房。2013年火爆的电视节目《爸爸去哪儿》的电影版在排期选择时抓住了春节档电影市场缺乏合家欢主题的现状,选择大年初一上映,以拍摄五天的低投资取得了超过六亿元的票房收入。

创业决策能否有效,秘密也在于时间的有效管理。当面临稍纵即逝的机遇或刻不容缓的威胁时,决策者必须利用现有信息尽快作出反应。H7N9禽流感有爆发苗头时,禽类养殖企业就必须对病毒潜在的快速传播作出应急预案。而在另外一些情况下,决策者并不需要马上进行决策,公开待选方案,静观事态发展才是明智之举。确定世界杯的举办地就属于这种类型。当然,还有一类决策则根本就没有制定的必要,更没有理由为此浪费宝贵的时间资源。

> 创业决策制定能否有效,秘密也在于时间的有效管理。

一、时间尺度的概念

时间尺度(temporal scale)是物理学中的概念,用以衡量完成某一种物理过程所花费时间的平均度量。物理过程的演变越慢,其时间尺度越长,物理过程涉及的空间范围越大,其时间尺度也越长。将时间尺度引入决策科学,是为了有效地衡量决策过程中的时间跨度。一般意义上,决策的速度越快,时间尺度越短;决策的速度越慢,时间尺度越长。在决策过程中,时间尺度的价值体现在时机的选择、时间机会成本的考量和决策速度不同的决策者的风格差异。

创业中的决策者面临着持续不断的外界变化,决策者需要及时对变化的环境作出反应。在竞争的环境下,企业的反应速度是长期取得成功的关键。企业的反应速度可以用组织反应度加以衡量,组织反应度由感知变化和采取行动两个要素组成。感知变化,即企业通过各种途径收集信息并且意识到内、外部环境的变化;采取行动,即企业有针对性的采取措施以应对环境的变化。感知变化非常重要,没有意识就无所谓反应,而一旦意识到变化,企业应迅速根据变化进行调整。企业适应环境变化的能力是不同的,适应能力取决于企业对环境的理解以及如何修改内部流程以应对外部变化。时滞用以衡量环境变化时点和企业调整结束时点之间的时间跨度。由于时滞的存在,企业在适应变化时并不总是及时的和成功的。企业提供的产品和服务的生命周期越来越短,客户偏好变化越来越快,快速反应能力就显得非常关键,如何缩短甚至消除时滞对组织来说非常重要。

【拓展资料】

电子商务用户体验的时间尺度

不管国内外大小网站,每个用户的浏览时间都不一样,需要了解用户在浏览页面上时间体验尺度的重要性。国外的研究发现,人们可以在网页出现后仅需50毫秒就可以产生第一感觉,即1/20秒。当计算机时间超过0.1秒,但不超过1秒响应您的输入,感觉像是电脑在输出结果。虽然用户感觉到短暂的延迟,但他们会仍然继续在当前的事情上。

1秒后,用户就必须要等待电脑的回应,等待的时间越长,急躁的情绪也越大,大约10秒钟后,用户的情绪将达到极限,超过10秒,用户往往会离开网站。用户应能在1分钟内完成简单的任务,比较差的网站可能需要超过1分钟的时间来完成简单的任务,10分钟将是访问网站的一个较长的时间。

企业决策应对环境变化的过程如图4-1所示。在T_c时间点市场需求(外部环境)由Q变化为Q';企业在T_a时间点感知到需求量的变化,在T_d时间点经过内部的决策过程作出决策;一旦决策被制定出来,企业需要执行决策,在 T_e 时刻企业完成调整,重新达到市场均衡。时间点 T_e 和 T_c 的跨度长短可以衡量一个企业的反应度强弱。有效地控制并缩短这一时间跨度对企业来说具有重要意义。

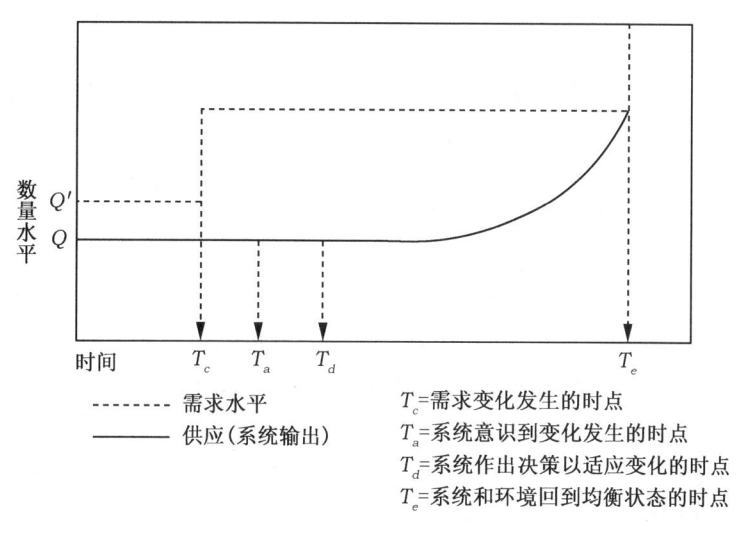

T_c=需求变化发生的时点
T_a=系统意识到变化发生的时点
T_d=系统作出决策以适应变化的时点
T_e=系统和环境回到均衡状态的时点

图 4—1　组织应对环境变化过程

二、时间尺度的价值

时机是具有时间性的客观条件,在特定时间所独具的特殊机会,具有时间限制性。决策时机的选择会直接影响决策的效力。在图 4—1 中,时间点 T_d 是决策的时机,由于时机的时间限制性,过早和过晚地进行决策,可能因为条件不成熟或者错过最佳时机而造成不必要的损失。不同类型的企业面临同样的外部条件时,由于企业自身资源、能力的限制,决策的时机把握应有所不同。例如,互联网创业企业,在面临科技进步和商业模式变革时,应果断决策、采取行动,成为技术和商业模式的引领者。

【拓展资料】

移动互联网时代,由于互联网独特的商业属性,创业者可以在细分市场中,依靠技术创新或商业模式创新快速成长,拥有更大的成功机会。但与行业巨头的竞争中,创业者更要小心行业巨头的后发优势。我们可以看到,在中国的移动互联网市场中,后发制人的策略往往被巨头们频频使用。这是由于巨头们采取的跟随策略,通过跟随先行者有价值的商业尝试之后,迅速地跟进拓展,甚至在自己的资源优势基础上做出更多的创新。

在这方面最典型的就是腾讯,对于其他中小型移动互联网创业者,通常采取跟随策略,当发现这个方向有利可图之后,就采取快速的资源聚集,利用自己几亿用户的强大规模优势快速赶超。腾讯从最早对 ICQ 的模仿到 QQ 游戏、邮箱、QQ 空间中的应用,再到 QQ 浏览器、杀毒软件等,无一不是市场的跟随者,但都取得了巨大的成功,其他包括腾讯在电子商务、社交、视频等方面的强势跟进,都展现了这样一个特点。

这为巨头们基于自身的核心优势,快速借鉴已被市场所验证的商业模式提供了天然的契机。移动互联网比拼的不是大小,而是快慢。如果一个商业构思不能很快转换为规模优势和盈利优势,就很难抵挡得住后起者的借鉴和超越,这就是商业。

而互联网中的大型企业,可能就不会那么着急采取行动,大型企业由于更优质的资源禀赋,可能会等到创业企业完成消费者偏好、习惯的培养后,再进入目标市场,以降低潜在的商业风险。

2008年,开心网(www.kaixin001.com)开创了以办公室白领用户群体为主的社交网站,提供信息分享平台等互动话题服务,更借助朋友买卖、争车位、买房子、钓鱼、花园等互动组件风靡一时,注册用户数2009年就接近7 000万,每天登录用户超过2 000万。

巨大的成功吸引了互联网巨头的关注,腾讯公司(QQ)基于其在即时通讯市场上的霸主地位和QQ超强的用户黏性,推出了与开心网类似的互动组件,最终实现了开心网用户转移到QQ空间平台的转移,压迫了开心网的生存空间(2011年腾讯战略投资了开心网)。

经济学中强调机会成本,而在创业决策时候,同样面临着时间的机会成本。在面临一个决策问题时,决策的速度快慢对应着不同的时间消耗。在进行决策时,决策者需要衡量更长的决策时间产生的决策结果所带来的效用提升与因此更多的时间占用的机会成本相比是否值得。决策者面对不同决策问题进行决策时,既可以按照科学决策的过程按部就班,也可以采用一些决策的技巧,快速决策。

不同的决策方式适合解决不同的决策问题,很难直接衡量到底哪种决策方式更好。但在决策时,我们一定要清醒地认识到时间的机会成本。如图4—1所示,时间点T_d和T_a的距离可以衡量决策速度的快慢,快速决策意味着企业可以更早的执行决策以适应市场变化,而较慢的决策意味着反应速度的下降。

快速反应能力是非常关键的,因为产品和服务的生命周期越来越短,客户偏好变化越来越快。反应度高的公司能够快速对来自消费者、供应商、监管部门等外界的变化迅速反应,更能抓住机遇、规避风险。

【拓展资料】

企业要关注利益相关者的利益诉求,并对利益相关者的行为作出及时反映,表4—1中列出了组织需要考虑的一些情况:

表4—1

组成要素	需要考虑事项举例
技术	创新、当前技术过时
政府	管制、补贴
竞争者	相对优势、新的产品/服务/战略
社会	社会责任、伦理
全球市场	新的竞争者、未开发的客户群

颠覆性技术是指一种技术的进步,不只对现存技术造成影响,最终还会超越现存技术,使其走向衰退甚至消亡。

三、兔子型决策和乌龟型决策

创业决策者面对同样的环境,有些决策者会很快得出结论,有些决策者却喜欢反复琢磨,经过长时间的分析思考才发表自己的意见。德斯·戴拉夫在其所著的《最重要经营管理决策——高层决策者的决策工具和方法》一书中,根据决策速度的快慢,将决策者划分为兔子型和乌龟型,两种类型的决策者各有所长。

兔子型决策者是指快速决策者,这类决策者往往能够在面临决策时,快速收集信息、作出决策以应对机遇或威胁。而乌龟型决策者更关注决策过程,偏好按照科学决策的流程、步骤,最终制定决策。两类决策者各有优缺点,表4-2列出了其主要优缺点。

表4-2　　　　　　　　　　　　兔子型决策者与乌龟型决策者

	优　点	缺　点
兔子型决策者	・快速吸收观点和信息,在较短时间内对所发生的情况有所了解 ・找到其他人难以发现的决策捷径 ・无论是否论证充分都能作出快速决策 ・对机遇和威胁迅速反应,当机立断 ・准确抓住各种变化带来的机遇,在必要时能够现场发挥	・可能犯"欲速则不达"的错误 ・对细节问题不耐烦,可能忙中出错 ・注意力有限,理想片面,对复杂问题浅尝辄止 ・有些时候决策制定得过于草率,如果等待、观望一段时间,结果可能会更好 ・对乌龟型决策者可能有偏见
乌龟型决策者	・收集尽可能多的信息,形成完整意见 ・事情进展较预期慢时,能够保持足够的耐心 ・做事有始有终,工作井井有条 ・正反两面看待问题,深挖问题的实质 ・注重细节,目光着眼于长远	・在不必要的细节上耽误时间,优柔寡断,耽误了同事们的工作 ・错失机遇,无法在威胁面前迅速作出反应 ・看不到关键决策的紧要性,把握不住重要的变化 ・对兔子型决策者可能有偏见

兔子型和乌龟型决策者的划分同样适用于企业决策。有些企业灵巧善变,好像敏捷的兔子;有的企业稳重迟缓,好像笨拙的乌龟。企业决策归根结底还是由人作出的,不同类型的企业决策系统不同,形成的决策风格自然有所异同。例如,中国大量的发展中的家族企业在面临重大决策时,更多依赖关键决策者(一般为创始人)的个人决策风格。如果关键决策者是雷厉风行、决策迅速,企业的决策风格将偏向兔子型;而如果关键决策者按部就班、四平八稳,企业的决策风格将偏向乌龟型。

企业规模和管理体系也会影响企业的决策风格。创业阶段的企业,面临多变的外部环境,需要快速反应,兔子型决策会成为他们的优势之一。而随着企业规模的扩大,企业管理制度的逐步完善,各种决策要按照各自的决策流程进行,企业的决策越来越偏向乌龟型。虽然乌龟型决策使大型企业的反应速度下降,但按部就班的决策能够保证企业面临更少的决策陷阱。

一般来说,不同地区的企业决策风格也有所差别。很多美国企业和英国企业往往盲目追求"时间导向"(time-driven),这使得他们常从短期出发看待问题,制定紧张的工作进度,然后将很大精力花在自己与自己的赛跑上。相反,很多日本、德国及北欧国家的企业,则具有长期的眼光,他们在更大程度上是"问题导向"(issue-driven)型的。当制定决策时,这些企业能够设身处地、寻求长期利益的最大化。

【拓展资料】

电商企业需要快速决策能力

随着国内电子商务发展环境的日渐成熟,发展电子商务已到了难得的机遇期。机遇始终与挑战并存。尽管发展电子商务前景光明,但道路并不平坦,电商企业也面临不小的困扰——如何提升企业在激烈的竞争中快速决策的能力。

在中国电商领域,放弃眼前的经济利益,争夺用户量是互联网公司的做法,祭起免费大旗更是改变行业规则、挑战行业老大的常用策略。如果行业先行者不能快速决策,应对挑战,很可能将在激烈的竞争中败下阵来。以导航软件为例,2013年8月28日下午3:00,百度地图宣布将原收费30元的百度导航永久免费,大约4小时后,高德导航也宣布免费。而在免费政策出台前,高德地图以31.3%的市场份额占据中国市场头把交椅,百度地图则以24.4%的市场份额位列第二。可以预见如果不跟进免费,高德导航很可能被百度导航超越。而在2004年的C2C领域,淘宝依靠免费政策,成功颠覆了易趣的收费模式。

【请你思考】

在行业快速变革的电商领域,电商企业如何提升快速决策的能力?

四、决策时间尺度归类法

考虑到决策的时机和时间成本,无论你是兔子型还是乌龟型决策者,在面临决策时应根据初始情况和第一印象,对决策进行分门别类,以便迅速采取对应的措施。根据第一印象对决策问题归类,更有利于决策者全神贯注于问题的核心,能够同时把握当前重要的问题和未来的重要决策,不至于让众多无足轻重的任务分散自己的精力。第一印象法虽然对兔子型决策者更可能是一种本能行为,但却是乌龟型决策者在制定决策中需要培养的一种有用习惯。

(一)常见的分类

当我们需要对决策进行归类时,需要一定的判断和归类依据。从这个角度,决策可看作是管理者的一份待整理文件时,我们需要把不同的文件放入对应的文件夹内。根据罗杰·道森[①]的研究结果,常见的决策问题归为以下四类:

1. 是非型

这种决策通常要求基于具体的准则,以作出正确的判断。这类决策问题必须要收集与决策相关信息,以支持决策,同时需要把握时机。决策者需要立即采取行动,确保信息收集的及时、准确和有效,以免造成决策延误或错过决策的有效时限。

2. 节点型

这类决策考虑的问题是是否继续执行某一行动方案,如是否新项目、是否追加投资等。决策发生的时点类似于前进过程中的节点,到了节点就需要作出决策和判断是否继续沿着既定的路线行动走下去。

---

① 罗杰·道森,美国总统顾问、内阁高参、地产公司总裁,美国POWER谈判协会创始人兼首席谈判顾问、国际首席商业谈判大师、畅销书作家和知名演说家。

> 【拓展资料】
>
> **决策的协和谬误**
>
> 协和谬误，即某件事情在投入了一定成本、进行到一定程度后发现不宜继续下去，却苦于各种原因而将错就错，欲罢不能。
>
> 协和谬误是对英国和法国联合研制协和式超音速客机面临的决策问题的总结。英国和法国在20世纪60年代开始共同投资研发一款超音速客机。随着投资的持续，两国政府发现继续追加投资花费会急剧增加，但这样的设计定位能否适应市场还不知道；但是停止研制也是可怕的，因为以前的投资将付诸东流。随着研制工作的深入，他们更是无法做出停止研制工作的决定。协和飞机最终研制成功，但因飞机的缺陷(如耗油大、噪音大、污染严重等)以及运营成本太高，不适合市场竞争，英法两国为此蒙受很大的损失。
>
> 【请你思考】
> 英法两国面临的决策如何归类？面对类似问题，如何走出协和谬误的困境？

3. 最优型

这种决策中，管理者需要从多种备选方案中作出取舍，选择最适合的方案。决策者必须决定哪一种才是最适合的行动方案。这类问题虽然迅速反应很重要，但决策者更应该关注的是对每种备选方案正确地分析和评价，依据设定的标准综合权衡，作出选择。

4. 无结果型

这类决策当前不是最佳的决策时机或不存在即时的解决方案。决策者需要清醒地意识到为决策而制定决策不但毫无价值，还有可能给决策者造成损失。

(二)其他分类

在上述分类的基础上，考虑到时机和时间的机会成本，决策还可以归为以下几类：

1. 即时决策

这类决策要求决策者立即作出反应，以利用机遇或回避危机。例如，个人在股票市场投资交易时，需要根据盘面的变化情况快速决策；媒体业在突发事件时需要迅速决策、配置资源，以保证新闻报道的及时性和有效性；企业在获知竞争对手因为罢工无法按时供货，为抓住这个机遇，必须迅速反应；销售部经理获知公司的核心客户正在和竞争对手商谈采购合同时，要求决策层与该客户就交易合同进行重新协商。在上述情况下，必须立即决策才能取得应有的成效。

2. 稍纵即逝的决策

与即时决策不同，这类决策有明显的时效性限制，在规定的时间内作出决策即可。创业企业面对新的商机，而且这种商机至关重要、稍纵即逝，就需要在机会失去前作出决策。例如，企业决策是否收购竞争对手时获知其计划于月底出售核心业务，决策者一直犹豫不决，到了下个月初再决策已经没有意义了。

3. 简易程序决策

这类决策通过制定并使用统一的标准化决策原则与方法，决策者为未来更快地解决类似问题、作出决策奠定了基础。保险公司在处理车辆理赔事故中发现其中的一类事故，没有造成人员伤亡、损失较轻，如果按照正常程序走完理赔过程，程序复杂、运营成本可能超过赔偿金额。为了便利这类车辆交通事故的处置，保险公司与交警部门联合制定了简易理赔程序。简易程序决策通过建立标准，既保证了当下问题的解决，同时也保证了其他类似问题决策制定时,不必再耗费时间重复相同的工作。

4. 重构性决策

决策过程中发现决策关注的核心偏离了既定目标,需要改变原有决策内容并重新决策。重构性决策由于对原有决策有重大改变,需要进行有效的沟通和交流,以获得决策参与者的理解和支持。例如,公司一直在讨论开展多元化经营以提升盈利能力,经过反复论证,公司决策者倾向于进入房地产行业。但随着国家房地产行业调控政策的出台和金融业信贷的收紧,进入房地产行业的风险增大而且盈利也无法保证。此时,继续讨论是否进入房地产行业已经没有意义,而应该重构决策。

5. 放弃控制决策

在这种情况下,决策者认识到自己并不是合适的决策人选,从而放弃决策制定的权利。面临这种情况时,当务之急是要确定更适合的决策人员,并将所有信息和决策权转交。如果无法确定人选,可以让更高职位的领导负责制定,以保证决策的效力。例如,顾客要求按成交价格提供超过10%的折扣,而你的权限只有5%,这时最好的选择是向上级请示而不是越权处置。

【小测验】
1. 什么是决策的时间尺度?为什么要考虑时间尺度?
2. 兔子型决策者和乌龟型决策者有什么特点?你更接近于哪种类型?
3. 决策的内容和时间限定会对决策者的时间尺度选择产生何种影响?
4. 试举例说明罗杰·道森提出的不同的决策归类。

单元二 有效管理决策的时间尺度

决策者在了解决策时间尺度的价值之后,如何有效地管理时间尺度就成为决策者不得不面对的问题。然而,由于决策者在决策时受到自身条件和外部条件的制约,决策者并不一直能够很好地管控时间尺度,可能会承担由此造成的不必要的损失。

一、时间尺度的考评

时间尺度的考评即是对决策的时间尺度进行评价,以衡量决策者是否有效地利用了时间。在对决策时间尺度的管控中,决策的外部因素必然会影响时间尺度,但阻力更大程度上来自于决策者没有能力管理好自己的时间。在日常工作中,我们常常见到决策者每天在忙忙碌碌地工作,看上去他们已经充分、高效地利用了所有的时间来应对各种决策问题。决策者们可能通晓各种好的决策习惯和科学的决策过程,但在实践中他们甚至忙碌到没有时间来实践这些好的决策。为什么会产生这种问题呢,归根结底还是由决策者自身的行为习惯所导致的。

【拓展资料】
决策制定的恰当时间尺度,取决于相应行动方案的时间长短。例如,对于一项以击败竞争对手为目的、开发某一新产品或服务的计划,决策者反应的速度就将对项目的可行性产生直接影响。然而,在很多组织中,等到获得批准的时候,项目在指定期限内已经没有意义了。

除了前文提及的兔子型和乌龟型决策者,基于时间尺度可以将决策者进一步归为以下三类中的一类:

首先,积重难返型。这类决策者本质上属于乌龟型,表面上他们忙于各种工作,当面临决策时却总是有其他事情要做,从而不能在决策制定上花费时间和精力。决策的问题越积越多,以至于当他们想做决策时发现问题已经多到无法处理了。积重难返的决策者们总是面临着各种决策,但总是没有时间和精力作出决策。

其次,最后一分钟型。这类决策者可能是兔子型也可能是乌龟型,在面临决策时,他们总是以各种理由拖沓不前,直到临近决策的最后日期,才在万分紧急的情况下作出决策。表面上他们像是救火队员,总是在最紧急的时刻试图完成任务,但决策的结果或者是因为过于匆忙而缺乏效力,或者是因为过迟而变得于事无补。

最后,浮皮潦草型。这类决策者属于兔子型,他们对自己充满自信,相信无论面对什么问题,自己都能立刻作出有效决策,过多的思考实在是浪费时间。在他们看来,决策是简单而快速的,并不需要浪费大量的时间在烦杂的程序和反复的讨论上,程序和步骤是帮助"普通人"决策的。与上面两类决策者相比,这种一拍脑子就下结论的决策者往往更加危险。如果初创型企业的决策者缺乏深思熟虑的决策且得到了下属们充分的执行,最终的结果往往是浪费了大量时间和资源、做了很多无用功后,还要试图亡羊补牢。

而与以上三类决策者不同,有效的决策者清楚地知道,一项重要的决策对于企业的价值要远远超过无数项日常工作。决策者面临决策应具备的关键能力之一是区分重要的和紧急的任务,集中精力解决真正核心的问题。决策者需要统筹分配时间,集中"火力"以应对全部工作中20%或者更少的任务,以便在满足时间期限的前提下尽可能科学、合理地解决问题。决策者面临的时间期限有绝对期限和相对期限之分。

绝对期限指的是决策的制定存在的最后时刻,决策必须在期限之内完成。企业决策时经常遇到绝对期限的限制,招投标管理规定了提交最后日期、交货合同约定了交货日期都属于这类期限限制。而相对期限则具有一些可变动的因素,能够加以调整和变动,或者这一期限来自某一计划,而计划本身却是应当从属于决策的。

如图4-2所示,某公司在时间节点A向子公司下达任务,要求子公司在时间节点C之前提交未来五年的发展战略规划,子公司在时间B收到任务开始准备。如果是积重难返型决策者可能会在时间节点C之前一直忙于各种事情,以至于到了时间期限无法按时作出决策;而最后一分钟型决策者直到时间点C临近时才匆忙作出决策,开始很慢而最后又特别"高效";浮皮潦草型决策者在决策刚开始时就迅速得出结论,算得上是时间上的效率能手。而相对期限C可能是公司希望子公司提交战略规划的理想时间,如果子公司完成起来有难度,可以向公司申请延期,而时间D是母公司所允许的最迟时间,即绝对期限。

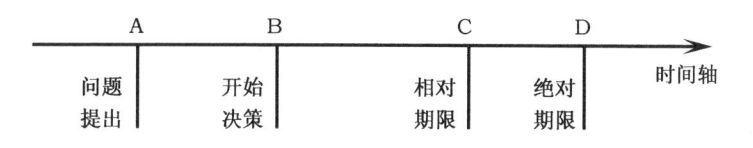

图4-2 决策时间尺度的考评

很多决策者并没有对绝对、相对两种期限进行区分。这是因为,在日常工作中决策者更多的是追求用更短的时间完成更多的任务。在这种想法的驱使下,决策者根本无暇停下脚步仔细想一想,决策和期限到底应当谁服从于谁。这种本末倒置看似荒谬的现象,实际上却时有发生。决策者需要更多的时间来保证决策的有效性,当面临期限压力时,就要求他们具备最基本的管理技能——时间管理。

二、时间管理

时间的稀缺性和资源属性要求我们很好地管理时间。时间管理是指通过事先规划并运用一定的技巧、方法与工具实现对时间的灵活以及有效运用,从而实现个人或组织的既定目标。如果决策者能够掌握并合理运用时间管理的方法,将有助于更有效地管理决策的时间尺度。有关时间管理的研究已有相当长历史,时间管理理论可分为四代:第一代,人们着重利用便条与备忘录,在忙碌中调配时间与精力。第二代,人们意识到不仅要协调眼前,更要关注未来的计划,以日程表为代表的管理方法反映出时间管理中对未来的规划。第三代,目前正流行、讲求优先顺序的观念。也就是依据轻重缓急设定短、中、长期目标,再逐日制定实现目标的计划,将有限的时间、精力加以分配,争取最高的效率。这种做法有其可取的地方。但也有人发现,过分强调效率,反而会产生反效果,使人失去增进感情、满足个人需要以及享受意外之喜的机会。于是许多人放弃这种过于呆板拘束的时间管理法,恢复到前两代的做法,以维护生活的品质。与以往截然不同,第四代,时间管理理论根本否定"时间管理"这个名词,主张关键不在于时间管理,而在于个人管理。

时间管理理论层出不穷,有关时间管理的书籍和课程也充斥着各个领域。但作为决策者,可能没有足够的时间学习管理理论、接受培训和阅读书籍。面临着迅速变化的外部环境,决策者疲于应付各种问题,在时间上承受的压力似乎比以往任何时候都要沉重。即使决策者们学习了时间管理的理论和方法,又能带来多大程度上的改善呢?毕竟只有决策者发自内心地认真对待,时间管理的知识才能在实践中真正发挥作用。令人遗憾的是,绝大多数的管理者尽管在学习时表现得热情高涨,但往往一离开学习的情境,就立刻回到了现实世界,而将所学的时间管理知识丢到九霄云外。正如管理心理学家凯茜·沃尔顿所指出的那样:"尽管有各式各样的方法,它们对多数人的重要性与这些人实际支配时间的方式之间仍有差距"。

(一)时间管理的重要性

决策者在时间管理上的问题可能源于决策者并不了解时间尺度对于决策的重要性,并不尊重时间。或者,决策者认为时间是用之不竭的资源,并不了解时间的稀缺性。即使决策者知道时间的重要性,可能由于其不善于检查自己提高时间管理的办法,不知道"重要"与"紧要"之区别,无形中浪费了时间。即便一个决策者熟知各种管理方法,可能由于其无法制定并实施一个时间管理系统,而使得时间管理缺乏效率。在时间管理中,如果感觉到时间不够用或效率不高,就应该停下来认真想想是不是出现了图4-3中所列出的问题。

决策者如果缺乏对未来缺乏明确的目标、无法制订详细的计划,又缺乏合理方法的使用,时间使用的效率和效力都将受到极大的影响。大量的时间浪费来源于工作缺乏计划,比如,没有考虑工作的并行性,结果使并行的工作以串行的形式进行;没有考虑工作的后续性,结果工作做了一半,就发现有外部因素限制只能搁置;没有考虑对工作方法的选择,结果长期用低效率、高耗时的方法工作。

即使有了目标、计划和良好的方法,如果在执行过程中轻重不分、抓不住重点、事必躬亲分散时间、不知拒绝拖累时间、能拖则拖消磨时间,时间使用的效率和效力也无法达到预期。时

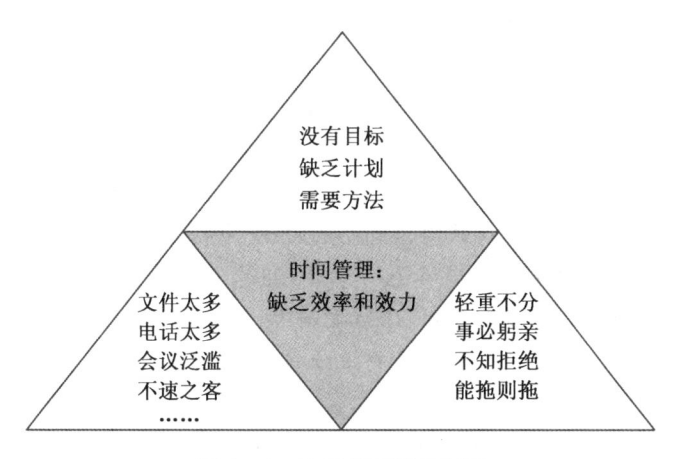

图 4—3 时间管理常见问题

间管理当中最有用的词是"不"。人们在组织工作中最常见的一种情况就是不会拒绝,这特别容易发生在热情洋溢的新人身上。量力而行地说"不",对己对人都是一种负责。自己不能胜任委托的工作,不仅徒费时间,还会对其他工作造成障碍;同时,效果也无法达标,会打乱委托人的时间安排,结果是"双输"。再加上,各种无法预料的琐事,将时间切割成段,无法连续使用,更容易"偷走时间"。

由于时间紧迫,繁重的内外部事务往往使得大权在握的高层决策者们一边马不停蹄地参加事先安排好的各种会议,一边凭借直觉来制定大大小小的决策。缺乏有效的时间保证,决策者更有可能是在用脚而不是大脑制定决策,因为他们的时间表里根本没有留出时间,考虑和分析那些值得注意的问题。

"时间盗贼"极有可能来自于外界强加给我们的,如图 4—3 中提及的,也有我们自己管理不善引起的。海约姆·史密斯列举出不下 32 种的"时间盗贼",如表 4—3 所示。

表 4—3　　　　　　　　　海约姆·史密斯列举的"时间盗贼"

来源	来自外界的	来自自我管理的
浪费时间的具体原因	不必要的会议 过多的工作 缺乏沟通 设备故障 ……	不肯把任务分配给别人 在听的时候出现了疏忽 身体疲劳 热衷于社交 将文件摆放得杂乱无章
	烦琐的办事程序 任务级别的冲突 没有经过培训的员工 缺少权力 其他人的失误 ……	乱七八糟的办公场所 过分追求完美 过于自信,什么都想尝试 优柔寡断 ……

企业的组织和运行方式是导致众多"时间盗贼"现象的原因之一。大量浪费时间的会议和其他坏习惯影响着我们每天的工作。如果把这些"时间窃贼"偷走的时间节省下来以用于决策制定,我们作出的决策无疑会更加有效。面对各种浪费时间的因素,学会将时间留给重要决策,消灭众多的时间盗贼,成为决策者有待培养的最重要的决策制定习惯之一。

【请你思考】

站着开会?

福特汽车有一项传统,就是一周内会选择几个固定的日子开早会,会议的地点被称为战斗房(war room),与其他企业会议室不同,战斗房空间不大,因为里面完全没有桌椅,只有一张白板,所有参与会议的同仁都站着讨论事情。

台湾大学工商管理学系教授陆洛也曾表示,追求效率成为许多企业再造的重要议题,许多英美大型企业倡导"站着开会"已行之有年。相关研究显示,传统坐着开会的时间平均要20分钟,但站着开会的时间只要1分钟,远比坐着开会少了很多,两种会议所作出的决策品质却没有差异。

有效的决策者能够找到消灭"时间盗贼"的途径,从这些"强盗"手中夺回足够的时间来制定决策。为了做到这一点,决策者必须首先掌握决策的时间尺度,并借助于时间管理的方法加强对决策的时间尺度的管控。

(二)时间管理的帕累托原则

帕累托原则由19世纪意大利经济学家帕累托提出的。在意大利80%的财富为20%的人所拥有,并且这种经济趋势存在普遍性。后来人们发现,在社会中有许多事情的发展,基本遵从于这一规律。这个原理经过多年的演化,已变成当今管理学界所熟知的"80/20法则",即80%的价值是来自20%的因子,其余的20%的价值则来自80%的因子,因此,要把注意力放在20%的关键事情上。在决策时间管理中,80/20法则是指按决策问题的重要程度编排决策优先次序和分配时间的准则,是建立在"重要的少数与琐碎的多数"原理的基础上。

决策者要想确保自己的时间能够得到有效使用,一个办法就是要认识到,极少的几个决策会对企业产生极大的作用。特别是面临多任务决策时,决策者首先要分清重要任务与紧急任务二者是截然不同的。但在实际中,经常发生的是一项极其重要的决策却时常让位于紧急、突发事件,缺乏时间保证而不得不搁置一旁。由于工作压力和工作习惯,我们的工作方式也偏向于那些需要马上处理的任务。因为这些原因,一项对企业的成功甚至生存至关重要的战略决策常常被搁置一旁,而我们却忙着安排接待、商定午饭,或者调整工作日程等琐碎的事情,以便挤出时间参加某个浪费时间的会议。随着这些琐碎工作没完没了地继续,这一重要决策可能会被耽搁几周,甚至几个月,以至错过最后时间甚至引发危机。

根据这一原则,考虑到决策问题的重要性和紧迫性,可以构建如图4-4所示的矩阵。

我们应当对要做的事情分清轻重缓急,进行如下的排序:第一象限是重要且急迫的决策,如提交标书等有明确时间限制又对公司影响重大的决策,必须立刻着手处理。第二象限是重要但不紧急的决策,如与供应商建立战略伙伴关系,虽然很重要但相对来说时间具有弹性,这类决策只要是没有前一类事的压力,应该当成紧急的事去做,而不是拖延。而第三象限是急迫但不重要的决策,如有人因为打麻将"三缺一"而紧急约你、有人突然打电话请你吃饭等,只有在优先考虑了重要的事情后,再来考虑这类事。人们常犯的毛病是把"紧急"当成优先原则。其实,许多看似很紧急的事,拖一拖,甚至不办,也无关大局。第四象限是既不紧急也不重要的决策,如娱乐、消遣等事情,这类决策是时间的浪费者,应该尽量避免,对待其态度是有闲时间再说。

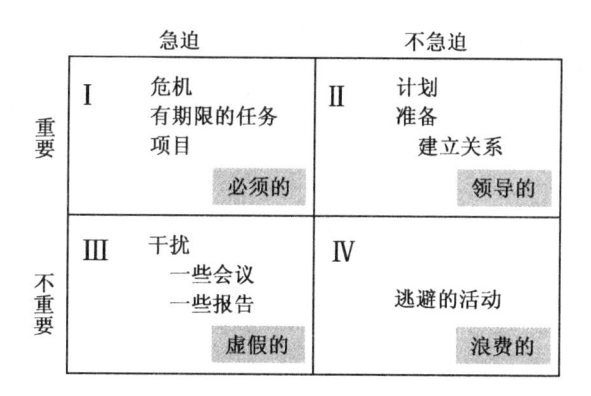

图 4-4 决策的时间管理矩阵

	急迫	不急迫
重要	I 危机 有期限的任务 项目 **必须的**	II 计划 准备 建立关系 **领导的**
不重要	III 干扰 一些会议 一些报告 **虚假的**	IV 逃避的活动 **浪费的**

【请你思考】

美国一家钢铁公司的总经理常常遇到很多时间管理上的问题，比如，为什么公司总是这么忙，做事情效率总是这么低，等等。他非常想请人帮助他分析和解决时间管理的"瓶颈"问题，于是就找了一个管理顾问。这个管理顾问花了一段时间，天天观察这家公司的做事方法，最后给总经理提出了三条建议，并说："你可以先不付给我钱，你先根据我这三条建议做一段时间后，如果有成效，你再来决定给我多少酬金。如果没有成效，你可以一分不给。"两个月以后，这个管理顾问收到了一张2.5万美元的支票。实践证明这三条建议是非常有成效的。这三条建议是：

第一，把每天要做的事项列一份清单；
第二，确定优先顺序，从最重要的事做起；
第三，每天都这么做。

在应用帕累托原则进行时间管理时，要合理地在四个象限任务中分配时间。针对四个不同的象限，应该采取时间管理矩阵的4D原则进行管理，如图4-5所示。

	急迫	不急迫
重要	I DO IT NOW **立即做**	II DO IT LATER **计划做**
不重要	III DELEGATE **授权**	IV DON'T DO IT **不做**

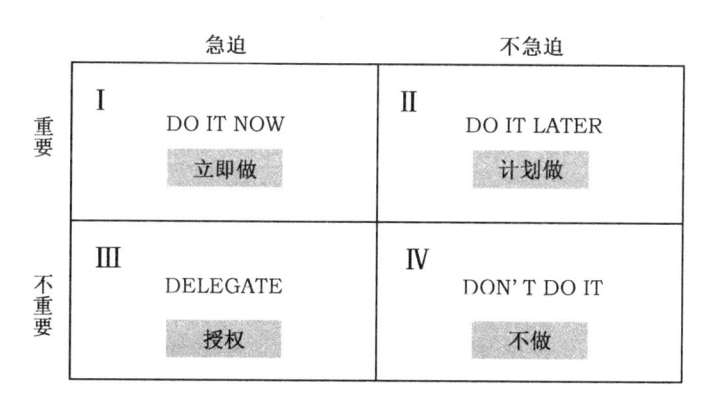

图 4-5 时间管理 4D 原则

处于第一象限的问题，决策者应该立即着手解决问题(DO IT NOW)，绝不拖延时间，不要因为事情困难或不喜欢就往后拖。

处于第二象限的问题,决策者应该将问题安排于计划中(DO IT LATER),由于时机不成熟不需现在做,但必须要处理的事情应安排在后来的时间计划中。

决策者应该首先保证第一象限任务的决策时间,将余下的绝大部分时间用于处理第二象限的任务。重要的事情重在制订计划,一旦制订了计划则重在执行,执行之后重在检查和采取改进行动(PDCA 循环)。

同时,决策者应清醒地认识到拖延的危害性。决策任务具有时间属性,这意味着一旦事情拖延超过某个时间节点,任务的性质可能发生变化,即从第二、第四象限不急迫的事情,转变为第一、第三象限急迫的事情,这将极大地影响决策的时间管理。

第一象限和第二象限面临的都是重要的决策问题,由于其重要性,决策者应对起来往往不那么明智——很多人更关注于第一象限的事件,这将会使人长期处于高压力的工作状态下,经常忙于收拾残局和处理危机,这很容易使人精疲力竭,长此以往,既不利于个人成长也不利于工作开展。而适当地转换关注方向,重点关注第二象限可以有效地提升时间管理的质量。这主要是因为第一象限与第二象限的事项本来就是互通的,第二象限的扩大会使第一象限的事项减少,而且处理时由于时间比较充足,效果都会比较好。

处于第三象限的问题,要通过授权(DELEGATE)等方式,防止事必躬亲,以节约时间。《韩非子·八经》指出:"下君,尽己之力;中君,尽人之力;上君,尽人之智。"诸葛亮事必躬亲,最终劳累而死。作为决策者为什么会事必躬亲呢?究其原因主要可能是要求过高,不信任、不放心下属或是怕下属取代。决策者应通过培养下属,充分授权,从烦琐的事务中解放出来。

处于第四象限的问题,要尽量不做(DON'T DO IT),要学会对问题说"NO",以节约时间。华为公司就很注重提升员工应对第三、第四象限问题决策的时间管理能力,并提出了自己的时间管理法则——韵律原则。它包括两个方面的内容:一是保持自己的韵律,具体的方法包括:对于无意义的打扰电话要学会礼貌地挂断、要多用干扰性不强的沟通方式(如电子邮件)、要适当地与上司沟通减少来自上司的打扰等。二是要与别人的韵律相协调,具体的方法包括:不要唐突地拜访对方、了解对方的行为习惯等。

(三)时间管理的其他方法

1. 麦肯锡 30 秒电梯理论

麦肯锡公司曾经得到过一次沉痛的教训:该公司曾为一家重要的大客户做咨询。咨询结束的时候,麦肯锡的项目负责人在电梯间里遇见了对方的董事长,该董事长问麦肯锡的项目负责人:"你能不能说一下现在的结果呢?"由于该项目负责人没有准备,而且即使有准备,也无法在电梯从 30 层到 1 层的 30 秒钟内把结果说清楚。最终,麦肯锡失去了这一重要客户。

【请你思考】

决策是否能够追求简单化?

2007 年 1 月 5 日,飞利浦全球 2.8 万员工全部停工一天,为的是让员工讨论"简单与我",一天的成本估计超过 1 亿美元。飞利浦的一个高管说:"我们很自然就把简单的事情越弄越复杂,找更多的人参加会议,花更长的时间开会,简报越加越多,就是舍不得删,连 E-mail 都要附件给半个地球的人知道,一个简单的决定都要找好多人给意见。"他们的做法是建立"简单警报系统",规范简报不超过 5 页、会议不超过 2 小时、电邮附件不超过 4 人等,成功地提高了决策速度和决策质量。

麦肯锡公司要求员工凡事要在最短的时间内把结果表达清楚,凡事要直奔主题、直奔结果。麦肯锡认为,一般情况下人们最多记得住一二三,记不住四五六,所以凡事要归纳在三条以内。这就是如今在商界流传甚广的"30秒钟电梯理论"或称"电梯演讲"。

2.GTD

GTD来自于大卫·艾伦的《Getting Things Done》一书。GTD的基本方法可以分为收集、整理、组织、回顾与行动五个步骤。

(1)收集:就是将你能够想到的所有的未尽事宜(stuff)统统罗列出来,放入盒子(inbox)中,这个盒子既可以是用来放置各种实物的实际的文件夹或者篮子,也需要有用来记录各种事项的纸张。收集的关键在于把一切赶出你的大脑,记录下所有的工作。

(2)整理:将未尽事宜放入盒子之后,就需要定期或不定期地进行整理,清空盒子。将这些未尽事宜按是否可以付诸行动进行区分整理,对于不能付诸行动的内容,可以进一步分为参考资料、日后可能需要处理以及垃圾等类,而对可行动的内容再考虑是否可在2分钟内完成,如果可以则立即行动完成,如果不行则对下一步行动进行组织。

(3)组织:组织主要分成对参考资料的组织与对下一步行动的组织。对参考资料的组织主要就是一个文档管理系统,而对下一步行动的组织则一般可分为下一步行动清单、等待清单和未来/某天清单。下一步清单是具体的下一步工作,而且如果一个项目涉及多步骤的工作,那么需要将其细化成具体的工作。GTD对下一步清单的处理与一般的工作清单最大的不同在于,它做了进一步的细化,比如,按照地点(电脑旁、办公室、电话旁、家里、超市)分别记录只有在这些地方才可以执行的行动,而当你到这些地点后也就能够一目了然地知道应该做那些工作。等待清单主要是记录那些委派他人去做的工作。未来/某天清单则是记录延迟处理且没有具体的完成日期的未来计划、电子邮件等。

(4)回顾:回顾也是GTD中的一个重要步骤,一般需要每周进行回顾与检查,通过回顾及检查你的所有清单并进行更新,可以确保GTD系统的运作,而且在回顾的同时可能还需要进行未来一周的计划工作。

(5)行动:根据时间的多少、精力情况以及重要性来选择清单上的事项来行动。

(四)实践中提高时间管理能力的建议

1. 建立目标,制订时间计划,编制优先顺序并设定期限

所有的决策都是为了服务于组织的战略目标实现,建立起组织的目标,并将目标层级分解,能够指导决策者的日常工作。

决策者在明晰组织目标后,应周期性地制订时间计划以统筹时间资源,并在时间计划的指导下根据决策任务的重要性编制任务处理的顺序,并为每个任务设定期限,以保证任务在限定的时间内处理完成。

2. 改善技巧,排除打扰,学习说"不"

综合使用多种时间管理方法,提升时间管理技巧。在决策过程中,借助组织条件和自身条件,排除打扰,学会拒绝,减少不必要的时间浪费。

3. 克服人性弱点,走出时间陷阱

决策者应理性地应对决策问题,分配时间和完成任务时应以决策问题本身为核心,而不是个人喜好和情绪。通过不断加强训练,提升时间管理能力,走出时间陷阱。

【小测验】
　　某天你独自在办公室工作,突然四件事情同时发生了:
　　(1)领导约见的客人到了,需要你带路;
　　(2)你办公桌上的电话响了,不知道来电是谁;
　　(3)快递员到了门口,希望你去签领快递;
　　(4)隔壁的同事走过来,说有工作需要你指导和帮助。
　　面对这些,你如何应对呢?

单元三　快速决策

　　企业需要对外界的环境变化及时作出反应,要获得合适的组织反应,管理者必须最小化不确定性,作出决策。组织持续运营需要作出决策,优良的信息有助于更好的决策,这些信息应该是精确的、相关的和及时的信息。企业可以通过使用信息技术和信息系统获取更好的信息。正如前文所述,企业决策面临时间限制,企业需要在限定的时间期限内作出有效的决策。但在实践过程中,由于时间太短或者由于应对竞争的需要,企业都希望能够尽快地作出高效的决策。

一、为什么要快速决策

　　试想下面的情景:病人因严重的胸痛被送到医院。医生怀疑他是急性缺血性心脏疾病,需要迅速作出决定:是把病人安排到冠心病监护病房,还是把他安排到常规护理病房以监测病人的情况? 医生会怎样去做这种决策? 那些没有受过多年正规医疗培训的医生(甚至有许多接受过这种教育的医生也如此)的回答很可能是:"在这种情况下,一个好医生会尽量多搜集病人的信息,并结合当前急诊的背景进行权衡,考虑所有可能的选择,然后作出最好的决定。"

　　然而,这种通常出现在有关决策的教科书上的回答,在现实中却往往是错误的。在分秒必争的情况下,尽可能多地搜集信息可能非常费时;而且考虑所有可能的选择,会使医生被一些牵强且不切实际的选择所累,而这些选择很可能对病人的康复毫无帮助。而由于病患的特殊性,一旦在病变之前没能确定治疗方案及时进行干预,病情可能会恶化,给病人带来更大的伤害。

　　同样的道理也适用于商界。很多情况下,企业不得不面临的问题是如何快速地作出正确的决策。当今企业面临的消费者需求、企业竞争和市场环境都在快速变化,信息化和网络时代的到来更加剧了竞争环境的变动性。除了传统的时间压力外,很多新进展也在极大地改变着企业决策的方式和速度。消费者需求的变化引起产品生命周期的大幅缩短,消费者追求多样化带来了产品品种数量的飞速膨胀,消费者对时效性的关注要求组织对订单的响应越来越快,这些变化的外部环境留给企业的决策时间越来越短,企业必须以更快速地决策来响应市场。

　　信息技术的出现和企业经营方式变化步伐的不断加快,是对决策制定产生影响的两个主要方面,二者互相作用、密不可分。信息技术的发展使人们不论身在何方,都能够立刻与世界的任一角落取得联系,从而推动了全球性市场的产生。而全球性市场的出现,又使得企业对市场需求的反应速度成为决定其竞争实力的关键因素。

　　信息技术和信息系统的广泛应用对个人和组织产生了深远影响。办公软件和办公自动化提升了办公效率,网络通信和社交网络改变了传统的沟通与信息传播方式,网络课堂和电子资源改变了学习的模式。对企业而言,信息技术和信息系统的冲击更大。信息技术的冲击进一步加剧了企业在预测顾客需求、快速作出反应方面的压力。企业必须缩短产品生命周期,快速制定决策,在更短的时间内将新产品投入市场。

> 【拓展资料】
>
> **如何评估组织的反应度?**
>
> 组织可以通过衡量以下指标,测试自己应对外界的反应速度:
> (1)输入或者输入的质量是否足够高?
> (2)输出是否以合理的程度被接受?
> (3)转换过程是否高效且灵活?
> (4)决策过程是否高效且灵活?
> (5)关于内部运营和外部环境的信息是否准确及时?

格里特雷教授指出:"信息技术对存在于企业、供应商和顾客间的传统沟通界限产生了相当大的影响。"企业可以借助信息技术收集信息、处理信息并辅助组织决策,从而提升组织的反应度,提升组织决策效率和效力。反应的灵活性和速度已经成为当前企业竞争优势的重要来源。

二、快速决策的方法

企业如何实现快速决策呢?企业可能需要借助于一些方法,如快速决策分析方法和启发式方法等。

(一)快速决策分析方法

在日常管理工作中,管理人员会遇到各种各样的问题,要在各种条件下作出决策。按照决策科学的一般要求,决策者需要掌握足够的信息,拥有充裕的时间,使其能进行较完善的分析、比较、论证、咨询等,以保证决策工作的完成。但在实际工作中,大量的决策问题,特别是高层管理人员所面临的战略决策问题,往往是决策者所不熟悉的,也不易收集到有关的充足信息,决策者所拥有的时间和信息量十分有限,从而迫使决策者在时间和信息均不很充分的条件下,立即着手处理问题,尽快作出决策。快速决策分析法就是针对实际决策者的这种需要而产生的。

快速决策分析法是由美国杜克大学管理学者罗伯特·贝恩(Robert Behn)和詹姆斯·沃普尔(James Vaupel)于1982年提出的,是在时间和信息不充分的条件下迅速作出决策的分析方法。它以其简便易学,立足于实际的分析思想,给决策者提供了一种新的决策工具。

快速决策分析法从决策问题的整体出发,充分运用决策者的主观认识、经验直觉等能力,用人类认识客观事物的逻辑推理规律指导决策过程。首先明确决策问题的基本结构,抓住关键要素,将问题简化;然后由浅入深、循序渐进地进行多轮分析,运用决策树、效用函数、概率计算等一般的简便决策方法作出判断与推理,使决策分析快速见效。

快速决策分析法强调对决策问题的整体思考和结构化,注重运用正确的分析过程。它根据需要,循环运用思考(think)、分解(decompose)、简化(simplify)、具体论证(specify)和反思(rethink)五个步骤,不断深入决策问题的本质,得出符合实际的结果。

1. 思考

贝恩和沃普尔认为,许多决策者常常把 99% 的时间花在收集和处理信息工作上,如召开会议、阅读数据、建立模型等,却没有花精力对决策问题作全盘思考,所以决策效果不太理想。快速决策分析首倡者强调不能忽视对问题的思考认识过程,认为决策者必须花费一定的时间,认真考虑决策问题的性质,明确问题的结构,才能着手处理问题。

2. 分解

将问题分解为若干要素,对这些要素做逐一探究,然后再将这些要素重新组合起来,分析彼此间的相互联系,弄清决策问题的来龙去脉。

3. 简化

在快速决策分析过程中,决策者的注意力应始终放在对最重要的决策要素的鉴别工作上。这些要素包括:主要的备选方案,可能发生的不确定性后果,不同的备选方案对决策者的主观效用(满意度)。

4. 具体论证

对最重要的备选方案及其可能结果与对决策者的满意度等进行分析、确认和具体化。第一次论证,即一次分析往往只对最简单的情况或最重要的备选方案进行分析,如果结果不理想,才需增加备选方案逐步进行二次分析、三次分析。

5. 反思

决策者应认识到,决策过程的各个环节都包括了决策者的主观判断和预测,所以在各轮分析之间和决策终了之时,也需要继续思考,找出分析过程中不符合逻辑思维规律的环节,根据手头新掌握的信息来修正原来的预测结果,并确定下一步分析的重点。

(二)启发式方法

"启发式"来自希腊语的"heuriskein"一词,该词有"发现"之意。启发式是经验规则,帮助我们找到解决问题的办法。在制定决策的时候,启发式可以帮助我们在时间有限、知识水平有限的情况下作出决定。

经理人往往坚持让手下的管理团队对未来作出复杂的预测。但是,"复杂"的预测真的就更好吗?在预测科学方面,"复杂"的优化方法相较于启发式的预测方法,到底有多少优势?研究的结果令人吃惊,在许多情况下,对所有可用数据进行搜集和分析来帮助你进行决策很可能是多此一举。例如,在今年每日气温的基础上预测明年的每日气温、追踪罪犯下一个可能袭击的地方、预测世界杯比赛的结果、预测现有客户是否会在一个给定的时间内再次购买某种商品等,结果发现,更复杂的预测策略对很多日常问题的预测没有明显优势。

2008 年,马克斯·乌本(Markus Wübben)和佛罗莱恩·汪恩海姆(Florian Wangenheim)这两位研究者用历史数据测试了两种主要的预测途径:①预测哪些客户是不活跃的,也就是说,他们不会再次购买商品;②预测哪些客户将会是未来的"最佳客户",也就是购买最多商品的客户。研究者采用了航空业、服装业和在线音乐行业的客户数据进行测试。例如,服装业的数据包含某个零售商的 2 330 个客户超过 80 周的最初购买和重复购买信息。

这两位作者对启发式的预测方法和复杂的预测方法进行了对比。首先,他们考虑了一个相对简单的"间断启发式":如果一个客户在过去数月内没有购买商品(间断),这个客户就被归入"不活跃客户"之列;另一些客户则被认为是活跃的,他们可能会是回头客。在预测最佳客户这个问题上,他们也采用了一个简单的持续启发式:仅仅预测过去购物最多的 X% 的最佳客户将会是未来购物最多的 X% 的最佳客户。与启发式相对的是两个复杂的随机模式。这两个复杂模式在条件适宜、数据充足的情况下表现良好,但在数据有限的一般情况下并没有特别的优势。

两个研究者发现:复杂的预测技术并没有比极为简单的经验规则表现得更出色。出现这种情况的原因在于:"启发式"不需要估算大量的参数,从而避免了对少量数据进行笼统总结而得出很不精确的结论。另外,"启发式"已经存在了很长时间,它包含了数十年资料中蕴含的智慧,在商业领域的运用也得到了发展和完善。在这些分析中,经理人的直觉出人意料地接近最优结论。例如,在服装行业,经理人对购物间断长度的直觉为39周,而最佳的数字是40周。在正确对客户进行分类方面,选择最佳间断时间比经理人直觉选择的间断时间带来的改进不到1%。

分辨一种决策是不是"启发式",有一个方法是看其是否"快速节俭"。快速节俭的启发式运用起来比较快捷,不需要进行大量数据的搜集和分析,而且预测准确。但是,如果认为最简单的决策方式就是最好的决策方式,那就大错特错了。爱因斯坦在1934年就指出:"所有理论的最高目标是使不可约的基本元素尽可能简单、尽可能少,且不用放弃经验唯一基准的充分代表。"这句话通常被简化成:"凡事应该求简,但不要过分简化。"这个简述恰如其分地表达了爱因斯坦要传达的意思。启发式因其简明而更有生命力,其简明性是通过开发人类不断发展的感知能力来实现的。但是,并非所有的启发式都可以准确地预测未来,当代研究者的课题就是了解何种启发式最适合解决何种问题。

(三)即时决策

即时生产系统是由日本企业首创,随后为很多西方制造企业采纳的一种生产组织模式。而将决策制定比作即时生产系统,则是当今这个新时代人们研究决策的一种方式。

"即时"思想的萌芽源于生产过程。有些生产流程,尤其是装配线,需要不间断地提供零部件。企业为此需要辟出大量空间,并花费昂贵成本来保存大量的零部件存货。日本企业在这方面独辟蹊径。他们发现,如果原材料、零部件和产品能够刚好在下一道工序需要的时刻生产出来或运到,企业的存货水平就可以大大降低。他们将这种生产模式称为即时生产系统。

决策制定也可从这一角度加以考虑。企业不应再像过去那样,为解决问题准备一大堆方案,而应当本着"该出手时再出手"的原则,在需要的时间和场合作出决策。决策也不应由企业内部过程驱动,市场上顾客的需求才是决策的动力。这样做的道理非常简单:如果能够当场解决,就没有必要既费时间、又毫无价值地请示上层进行决策。而且,如果不是直接来自于市场需要,那么不管是什么样的决策都可能是对时间的浪费。

【拓展资料】

即时制(Just In Time,JIT)生产方式的基本思想是"只在需要的时候,按需要的量,生产所需的产品",也就是追求一种无库存,或库存达到最小的生产系统。JIT的基本思想是生产的计划和控制及库存的管理。所以,JIT生产模式又被称为"精益生产"。现在JIT思想已被广泛地应用于采购、配送等物流领域和其他管理领域。

三、践行快速决策时要注意的问题

(一)少些仓促,多些速度

尽管在快速决策方面有很多成功的例子,但陷入"欲速则不达"误区的企业也为数不少。对于重要的决策问题,一味地"加班加点赶进度"往往只会适得其反。在某种程度上,西方企业冲刺式的决策方式实际上有碍于管理目标的实现。看起来,很多组织似乎更关心的是制造表面上的繁荣,而不是获得真正的发展。

> **【博采众长】**
>
> 首先,掌握最终目标。快速决策的最大障碍就是选择过多。假设你想到七八个目标,这其中有哪一两个,会造成最大的影响?有哪些利害关系人,是你最需要考虑到的?这些人最在乎的目标是什么?
>
> 其次,询问他人的意见。询问他人的意见能扩大你的思考判断架构,也能减少判断错误。此外,向别人解释自己的状况时,常能连带出新的想法。
>
> 最后,采取行动。选择其中一种方案,舍弃其他你觉得可行的方案。没人能保证你深思熟虑之后,一定能选出最适合的方案,但也要记得:决策的目的不是作出最完美的抉择,而是让你顺利去做下一个决定。

这种问题的一个表现是,管理者将过多的时间浪费在那些原本应当取消的会议上,因为他们掌握的信息量还没有达到决策的要求。然而,结果往往还是作出了决策,企业也进入了项目的下一个阶段。

(二)构建适应快速决策的组织结构

在传统管理幅度理论中,制约管理幅度增加的关键,是无法处理管理幅度增加后指数化增长的信息量和复杂的人际关系。随着组织规模的扩大和管理层级的增加,组织管理越来越僵化,决策的速度越来越慢。

如果组织要践行快速决策,组织结构就需要相应地进行重构。随着计算机信息处理能力和信息交互能力的提升,基于信息技术和信息系统的应用,压缩管理层级,实现组织扁平化和虚拟化都逐渐成为可能。

扁平化趋势表现在:扁平化是在传统金字塔组织结构的基础上,应用现代信息处理手段达到扁平化的基本目的,具体体现在层级减少。即在传统层级结构的基础上,通过计算机实现信息共享,不必通过管理层次逐级传递,从而增强组织对环境变化的感应能力和快速反应能力;通过计算机快速和"集群式"的方式传递指令,达到快速、准确发布指令的目的,避免失真现象。微软公司搭建了独特的"数字神经系统",日常工作都在"数字神经系统"之上,数字可以告诉你许多故事,帮助你决策,提升决策速度。微软的数字神经系统一个最大的好处是,它让坏消息传得快,当公司的任何地方出了问题,就不会等一级一级汇报上来、等问题大到无法解决时才被决策者发现。

> **【小测验】**
>
> 1. 有一种说法是,当管理者越来越经常地使用电脑和软件工具时,他们能够制定出更理性化的决策。你是否同意这种说法?为什么?
>
> 2. 我们在制定决策时或多或少会带有某种程度的偏见,决策者会带有什么类型的偏见?带有上述偏见会造成什么问题?有倾向性是否也会有某些优势?这对管理决策意味着什么?

【时间管理测试】

你是自己时间的主人吗？——时间管理能力测验

下列30个题目,如果符合你的情况,则回答"是";反之,回答"否"。

(1)每天都留出一点时间,以做计划和思考工作如何开展。
(2)做书面的、明确的远期、中期和近期计划,并经常检查计划的执行情况。
(3)热爱所做的工作,并保持积极的心态。
(4)把每天要办的事按重要程度排序,并尽量先完成重要的事情。
(5)在一天工作开始前,已经编好当天的工作次序,拟定了每日计划。
(6)用工作成绩和效果来评价自己,而不单纯以工作量来评价自己。
(7)把工作注意力集中在目标上,而不是集中在过程上。
(8)每天都在向人生的中期、远期目标迈进。
(9)习惯于以小时工资来计算你的时间,浪费时间你会后悔。
(10)合理利用上下班途中的时间。
(11)留出足够的时间,以便处理危机和意外事件。
(12)注意午饭的食量,避免下午打瞌睡。
(13)采取某些措施以减少无用资料和刊物占用的时间。
(14)只有在不可避免的情况下才利用书面形式处理事情,而一般则选用电话沟通形式。
(15)采取某些措施以减少不速之客占用你的时间。
(16)经常给自己规定工作期限。
(17)你认为时间很宝贵,所以从来不在对失败的懊悔和气馁上浪费时间。
(18)你的行动是否取决于自己,而不是取决于环境或他人的影响。
(19)尽可能早地中止那些毫无收益的活动。
(20)随身携带一些书籍和空白卡片,以便在排队等待时间里随时阅读或记录心得。
(21)经常运用"80/20法则"——将时间花在重要且少数事情上。
(22)养成了凡事马上行动、立即就做的习惯。
(23)尽量对每一种工作只做一次处理。
(24)善于应用节约时间的各种工具。
(25)当天工作结束时,总要检查一下哪些工作没按原计划进行,并分析原因,寻找补救。
(26)将重要的工作安排在你工作效能最佳的时间做。
(27)将时间分段,找出自己每一天中的最佳时段。
(28)定期检查自己的时间支配方式,以确定有无各种时间浪费的情形。
(29)经常或定期进行时间统计。
(30)根据工作需要有选择性地参加商业集会,而不是凭兴趣参加。

【结果分析】

以上各题,回答"是"得1分,回答"否"得0分。
如果总得分在24～30分,说明你的时间管理能力很强。
如果总得分在18～23分,说明你的时间管理能力一般,有待进一步提高。
如果总得分在18分以下,说明你时间管理能力很弱,有待大力提升。

【决策实务】

生活中需要面对各种突发情况,有些突发情况虽然发生的概论很小,但一旦发生将造成严重的后果。你应对突发情况的能力如何,有没有一些好的指引呢?

试想下面的情况:你正带领一群志同道合的"驴友"在大山中穿行,突然发现森林起火,而且火势迅速蔓延,在危难的时刻,如何快速决策?

美国宾州大学华顿商学院教授麦克·尤辛花费4年时间,采访100多名各行各业的专业人士,了解他们如何面对压力,在关键时刻,即时作出决定,并完成《行动点》(The Go Point)这本书。该书提出的6大关键策略是:①先观察,再采取行动;②静下心,随时注意情绪变化;③不想对错,只看眼前情境;④别想太多,思考越单纯越好;⑤事后评估,训练直觉反应;⑥学写诗,让思考更灵活。

【案例思考】

果断决策、快速行动

机不可失,时不再来。当你认准了一件事情的时候,就要果断地决策,快速地行动。

凡成大事者,都能在机会中看到风险,更能在风险中抓住机遇。能迅速抓住机遇的人才能获得成功,而随遇而安、犹豫不决的人,即使机会摆在面前,他也把握不住。

希尔顿饭店是全世界无可匹敌的"旅馆帝国",它在世界各国以及美国的大都市,树立起了200多座商楼大厦。在这些大厦中,有着装饰高雅的床铺,数以万计的旅客。它分布的领域极为广阔,如纽约市华尔道夫—阿斯托里亚大酒店、芝加哥的帕尔墨招待所、佛罗里达州的"枫丹白露"、美国赌城拉斯维加斯的希尔顿大酒店和法兰明高大酒店,以及中国香港的希尔顿大酒店等。中国改革开放以后,希尔顿酒店进一步延伸到中国各大城市。这一切成绩与"旅馆帝国"的缔造者希尔顿不平凡的传奇经历和他大胆而精细的个性有关,他缔造"希尔顿帝国"的经历展示了果断决策、快速行动的魅力。

希尔顿出生在一个并不富裕的小皮货商贩家庭。第一次世界大战结束后,不满30岁的老希尔顿从法国回到美国,退伍回家。有一段时间,希尔顿生活极不稳定。父亲在一次车祸中不幸丧生,使他伤心至极。他几乎走遍新墨西哥州,他想利用这次走动来充分认识自己,并寻找未来生活的归宿。他留心观察州内的油矿工业、小城镇的银行业、杂货店和公寓、旅馆的生意状况。最后,他决定从事银行业。

带着对银行业的热情,希尔顿把父亲留下的12 000美元和自己挣来的3 000美元作为资本来到了得克萨斯州,下车后,他对火车站边的一家银行发生了兴趣,他问经理:"你们这家银行要多少钱才出售?""75 000美元。"

面对昂贵的价格,希尔顿顾不得讨价还价,急忙来到火车站拍电报给那家银行的业主,表示准备以75 000美元的价格购买银行。他充满信心地认为:"对于一切好的东西,一个人应该而且完全能够想方设法去获得它。"

然而,事情并非如他想象的那样顺利,当他再一次走进银行时,银行老板已经把价格涨到了80 000美元。银行老板的出尔反尔,使希尔顿非常生气,却也无可奈何。

夜色降临了,他朝着"莫希利旅店"的两层红砖楼房走去,想在这里住上一夜。

旅店里挤满了前来投宿的客人,他们挤到柜台前,争着让值班员办理住宿登记手续。高大的希尔顿很快挤到了柜台前面。正当他开口登记房间时,值班员说道:"客满了!"面对种种不巧,希尔顿感觉自己特别倒霉,一天下来,没一件值得高兴的事。

希尔顿郁闷地站在柱子旁边。这时,一位男士走到他的面前。

"对不起,朋友,请在8点钟我们腾空这个地方的时候再来。"

"你让他们睡8个小时,再做第二轮生意吗?"

"是的,一天到头,每24小时做三轮生意。如果我允许,他们可以付款,睡在餐室的餐桌上。"

"你是这家旅店的主人吗?"

"是的,我被它束缚住了。这个时候,我应该出去,在油田方面赚实在的钱。"

"可你的旅店生意很好呀!"

"不!在别人一夜之间变成百万富翁的时候,你愿意待在旅店里吗?"

希尔顿简直不敢相信自己的耳朵,他竭力抑制住自己内心的喜悦,说道:"你的意思是不是愿意出售这家旅店?"

"是的,任何人愿意付出50 000美元现金,就可以获得这家旅店,连同这里所有的一切。"

希尔顿马上接口说:"先生,你已经找到一位买主了。"

在3个小时的时间里,希尔顿查阅了这家旅店的账簿,经过一番讨价还价,最后以45 000美元的价格成交。希尔顿以最快的速度筹集好资金,成为饭店新的主人,从此,开始了"希尔顿帝国"的历史。他在创业中的两次立志都十分果断,快速行动的做法赋予了希尔顿强大的生命力。

思考:

1. 有一个成功的机会摆在你面前,但是必须经过重重的困难才能达到成功。此时,你会怎么做?

2. 面对突如其来的紧急情况,你会有什么样的反应?

【教师点拨】

希尔顿创业的经历给予我们三点重要的启示:

(1)机不可失,时不再来。当你认准了一件事情的时候,就要果断地决策,快速地行动。

(2)能迅速抓住机遇的人才能获得成功,而随遇而安、犹豫不决的人,即使机会摆在面前,他也把握不住。

(3)如果你有事想找领导谈话,那就果断点,大胆地去。立即行动之后,你会发现自己的担心是多余的,事情根本没你想象的那么困难。别抱怨社会,也别抱怨他人,逮着机遇果断决策,快速行动吧。

第 五 章

创业决策的信息管理

决策过程中至关重要的因素是信息联系,信息是合理决策的生命线。

——赫伯特·西蒙

知己知彼,百战不殆;不知彼而知己,一胜一负;不知彼不知己,每战必殆。

——《孙子兵法》

知识要点图

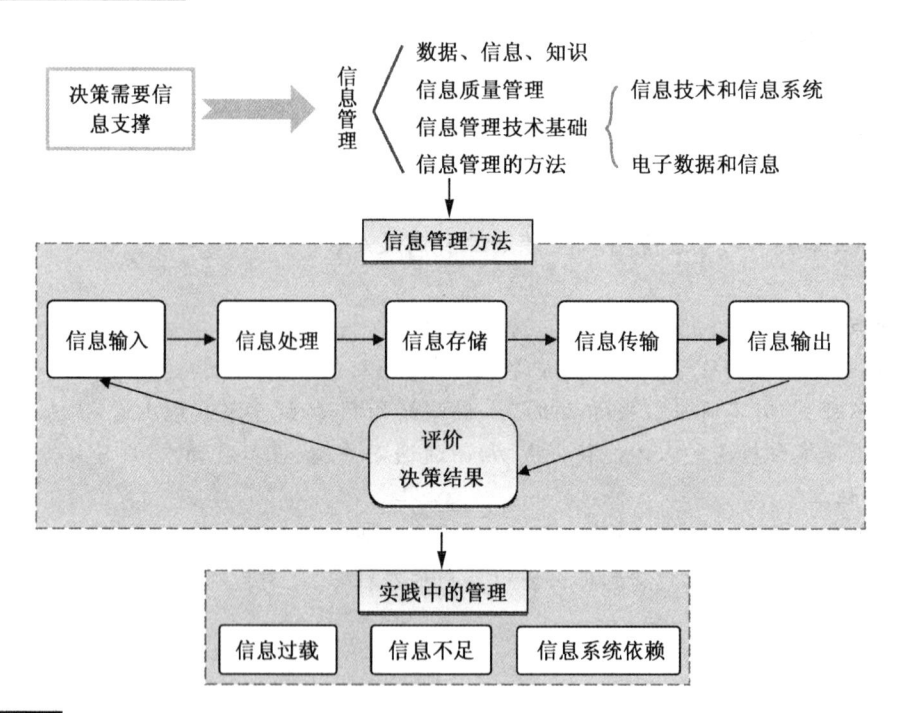

```
                        数据、信息、知识
决策需要信  ⟹  信息   信息质量管理      信息技术和信息系统
息支撑         管理   信息管理技术基础
                        信息管理的方法    电子数据和信息
                            ↓
                        信息管理方法

  信息输入 → 信息处理 → 信息存储 → 信息传输 → 信息输出
      ↑                     ↓                      ↓
      └─────────────  评价决策结果  ←──────────────┘
                            ↓
                        实践中的管理
              信息过载   信息不足   信息系统依赖
```

学习目标

阅读和学完本章后,你应该达到以下知识目标和能力目标:

知识目标:

1. 理解数据、信息、知识、信息管理的含义;
2. 了解信息、信息管理的特征;
3. 掌握决策信息质量指标和决策信息的分类;

4. 掌握信息管理的技术基础和方法。

能力目标：
1. 能够对信息进行分类并判断决策信息的质量；
2. 能够使用信息管理的方法管理信息的生命周期；
3. 能够应对信息过载、信息不足和信息系统依赖症。

案例导入

新加坡旅游局的信息管理

新加坡旅游局(Singapore Tourism Board, STB)负责收集、存储和管理到新加坡旅游的游客数据。旅游局的信息系统获得并处理游客的到达数据，并且按月或季度生成各类报表供相关组织或机构作为决策参考和依据。近年来，新加坡逐渐成为广受欢迎的旅游和商务中心，旅游局信息系统部门发现自己无法按照政府的要求及时、准确地提供统计信息。旅游局使用过时的数据管理和存储系统，数据以不同的格式存储在不同的文件中，不能形成一个整体；将数据从众多格式、不同的资源中整理出来需要耗费大量的时间，而且是极其困难的。同时，终端用户也不能按照自己的偏好设定各种报表的形式和具体内容。

旅游局新任的执行主管帕特里克(Patrick)，计划开始一个全新的信息管理项目，项目的主要目的是建立一个强大的旅游数据库，以使得各类数据可以被更有效地管理，同时支撑各种统计软件。在得到了高级管理层的许可后，帕特里克的小组建立了一个名为AIMS(Automated Information Management System)的数据库，使用Oracle的数据库和Sun公司的服务器。系统构建了三级客户机—服务器结构，处理器可以在用户机、服务申请和数据库服务之间分配资源。如果需要分析数据，帕特里克只需要在电脑上选择一些数据和分析软件就可以了。

AIMS于1999年投入运营，数据库使STB可以更快、更有效地提供各种报表。对比以前，制作表格节省了550人/天，为应对旅游局其他部门数据需求而需要的工作节省了546人/天，现在STB可以在游客到达新加坡三天内获得关于游客的各种数据。

【分析与思考】
1. STB的数据管理遇到了什么问题？
2. STB的执行主管是如何解决这个问题的？效果如何？
3. 案例中提到了哪些信息技术？这些信息技术对决策有什么帮助？

单元一 数据、信息与知识

21世纪企业的成功越来越依赖于企业所拥有知识的质量和知识管理，利用所拥有的信息和知识来创造持续的竞争优势对企业来说始终是一个挑战。随着全球信息化时代、知识经济的到来，信息已成为人类社会中除了物质和能量之外的第三大资源，而互联网技术的发展和应用为企业信息的采集、利用及积累过程提供了先进方便的平台。

随着全球经济联系的加强和互联网的广泛应用，组织内、外部产生的信息量正呈几何级数增长。面对海量信息，信息的筛选、分析与管理问题也相应地在企业各个管理领域里变得越来越重要。如何收集、分析、存储和呈现信息，如何高效地利用信息辅助决策，成为摆在决策者面前的一个难题。而在企业和个人决策过程中，获取有用的信息、充分使用信息，成为有效决策的关键之一。

正如在第一章提出的遵循八个步骤制定决策时,我们需要获取各种各样的信息,并加工处理这些信息,以辅助决策的制定。决策者有必要掌握数据和信息的管理技术及管理方法,以提升决策效率。下面让我们从一组概念的辨析,开启决策信息管理之旅。

一、数据、信息与知识

随着人类社会从工业经济时代进入知识经济时代,知识管理成为企业的管理基础工作之一。知识管理(knowledge management)旨在识别组织中的知识资产,并充分发挥知识资产的杠杆作用,以帮助企业获取竞争优势的过程。毫无疑问,决策者们已经生活在知识经济和知识管理的环境当中。每时每刻,决策者身边都充满了各种各样的数据。但只有将这些杂乱无章的数据,转换为信息和知识,才能帮助人作出恰当的决策。可见,从数据到智慧是数据应用的不同层次,数据—信息—知识—智慧构成了一个金字塔结构(见图5—1),而处在最底层的就是数据。

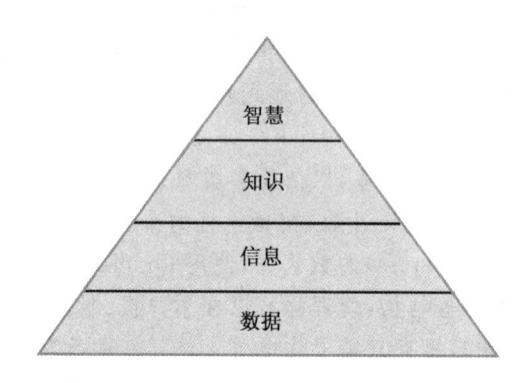

图5—1 数据的金字塔结构

(一)数据

数据是对事务和事件的原始记录,用以描述其自然状况,数据可以是未经组织的数字、词语、声音、图像等。数据可分为数值数据(如各种统计资料数据)以及非数值数据两类,后者如各种图像、表格、文字和特殊符号等。

【博采众长】
　　数据是对现实生活的理性描述,尽可能地从数量上反映现实世界。它也包括汇总、排序、比例等处理。
　　数据是一系列外部环境的事实,是未经组织的数字、词语、声音和图像等。
　　数据是计算机程序加工的"原料"。
　　数据泛指对客观事物的数量、属性、位置及其相互关系的抽象表示,以适合于用人工或自然的方式进行保存、传递和处理。
【请你思考】
　　请在本教材及上述观点的基础上,形成自己对数据的理解。

数据是最原始的记录,未被加工解释,用以反映客观事物的某种运动状态,除此以外没有其他意义。它与其他数据之间没有相互联系,是分散和孤立的。数据是客观事物被大脑感知的最初的印象,是客观事物与大脑最浅层次相互作用的结果。例如,气温是 24℃,水温是 90℃,商品的体积是 5 立方米,客户信用额度是 50 万元。在这些表述中,气温 24℃,体积 5 立方米等都是数据。通过这些数据的描述,我们的大脑里形成了对客观世界的初始印象。当然,记录的数据可以通过预设的编码程序输入到计算机中,成为电子数据。

数据是有范围性的,同样的事务由于国家、宗教、文化的不同,可能有完全不同的表述。中国传统的长度计量单位是尺寸,重量计量单位是斤两,而欧美国家的长度计量单位是英尺、英里,重量计量单位是盎司、磅等。如果不能对其进行统一的数字化、编码化,就会产生歧义。而在数字世界中,如果无法对数据进行序列化和结构化设计,将会产生极大的混乱。因此,在数据管理中,建立统一的数据标准是至关重要的。

(二)信息

1. 信息的加工和处理

从数据的视角看,虽然数据能够帮助人们建立起对事物的初步认知,但数据本质上是孤立的、缺乏联系的,并不能提升对事物的理解和解释。数据并不是一成不变的,可以对其进行加工和处理。人们对数据进行系统组织、整理和分析,使其产生相关性,数据经过处理仍然是数据,处理数据是为了便于更好地理解和解释。当处理后的数据与特定用户行动相关联,对特定的用户就具有了意义和价值。只有经过解释,数据才具有意义,才能成为"信息"。

> 【博采众长】
>
> 数据是从自然现象和社会现象中搜集的原始材料,根据数据使用者的目的按一定的形式加以处理,找出其中的联系,就形成了信息。
>
> 信息是有一定含义的、经过加工处理的、对决策有价值的数据。信息=数据+处理。
>
> 信息:人们对数据进行系统组织、整理和分析,使其产生相关性,但没有与特定用户行动相关联,信息可以被数字化。
>
> 【请你思考】
>
> 请在本书及上述观点的基础上,形成自己对信息的理解。

因此,可以说信息是经过加工处理后,对客观世界产生影响的数据。数据的使用者可以利用多种信息技术和管理技术对数据进行加工处理,使数据之间相互联系。可以说,信息来源于数据并高于数据。只有当这些数据用于描述一种客观事物与客观事物的关系,形成有逻辑的数据流,其才能被称为信息。如图 5-2 所示,左侧罗列出的购物信息,经过信息系统的加工处理,可以得到右侧的统计信息,从中决策者可以看到编号为 331 的 Brite Dish Soap 产品销售额为 7 156 美元。

> 【小测验】
>
> 某海军陆战队在原始森林进行为期一个月左右的生存实验。具体要求如下:第一,每个队员除了身上穿的衣服外,随身只能带三件物品,每件物品不能超过两千克;第二,队员都是由飞机空降到半径为 1 000 千米原始森林的中心地带,要求在一个月时间内从森林里走出来。
>
> 问题:队员带哪三件物品合适?

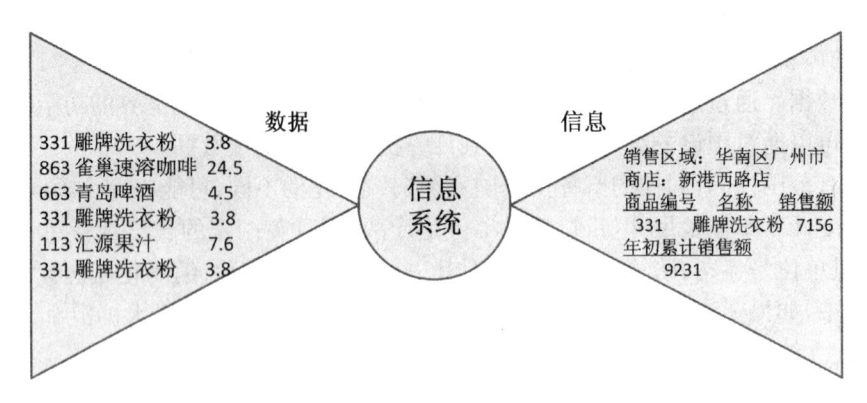

```
数据                          信息
331 雕牌洗衣粉  3.8                          销售区域：华南区广州市
863 雀巢速溶咖啡 24.5                         商店：新港西路店
663 青岛啤酒    4.5        信息              商品编号   名称    销售额
331 雕牌洗衣粉  3.8        系统                331    雕牌洗衣粉  7156
113 汇源果汁    7.6                          年初累计销售额
331 雕牌洗衣粉  3.8                                  9231
```

图 5－2　数据和信息的关系

2. 信息的特征

信息的特征如下：

(1) 可识别性。信息是可以识别的，识别又可分为直接识别和间接识别。直接识别是指通过感官的识别，间接识别是指通过各种测试手段的识别。不同的信息源有不同的识别方法，如温度既可以通过身体感知直接识别，也可以通过温度计测量绝对值间接识别；而道路是否拥堵、衣服是否舒适更倾向于采用直接识别。信息的可识别性提醒决策者关注信息来源的潜在多渠道问题，因为不同渠道收集到的信息标准不尽相同，在使用这些信息时应该先进行标准化处理。正如"案例导入"中提到的新加坡旅游局面临的问题一样，来自于不同渠道、不同格式的信息，严重影响了旅游局的信息处理和决策支持，旅游局通过建设新的信息系统才最终解决了问题。

(2) 可存储性。信息是可以通过各种方法存储的。我们今天通过阅读历史书籍，可以知悉古代发生的故事；通过电脑查找，查看存放于服务器上的照片和视频资源；这些行为的前提是信息以一定的格式被存储起来。信息的可存储性提醒决策者应制订适合自身需求的储存计划，以充分利用信息的生命周期全过程的潜在价值。

(3) 可扩充性。随着时间的变化，信息本身将不断扩充。事物处在不断地运动和发展之中，其产生的数据和信息也在不断地变化。如美国"9·11"事件发生后，随着新闻报道的不断深入，各种信息不断地被挖掘出来。随着信息的不断扩充，逐渐还原了事件的本来面目。信息的可扩充性提醒决策者应关注信息的变化并及时更新信息，以更好地支撑决策的制定。正如制造企业开始制订生产计划时，由于获取的市场信息有限，只能制订较粗的生产计划，随着时间的推移，制造企业获取的信息越来越多，市场预测更加准确，这时应利用新的信息进一步修正和细化初始生产计划。

(4) 可压缩性。可压缩性是指人们对信息进行加工、整理、概括、归纳等处理以达到提炼信息的目的。随着信息技术的广泛应用，收集到的信息越来越多，决策者没有时间通览所有的信息，从中筛选出与决策高度相关的信息越来越重要。通过对数据的处理加工，如采用更先进的技术和手段制作各种信息简报，如财务图表等，以展示与决策密切相关的信息，可以提升决策效率。

(5) 可传递性。信息的可传递性是信息的本质特征，信息可以通过多种途径传播，以实现信息的共享。谚语有"一传十，十传百"，就是对信息可传递性的描述。当今社会，通过互联网、报纸、杂志、口头交流等方式，人们能够快速获取各种资讯，资讯的传播正验证了信息的可传递性。信息的可传递性提醒决策者一方面注重与决策相关的信息的收集与获取,同时应该注意私有信息的管控,防止信息的泄密。

(6)可转换性。信息是可以由一种形态转换成另一种形态。信息是经过加工处理后的数据,而信息本身也可以进行再次加工和处理,以转变成新的信息。信息的可转换性提醒决策者应从生命周期的角度看待信息,借助于信息技术和信息系统更好地管理信息,以获取信息价值的最大化。

(7)时效性。信息在特定的时间范围内是有效的,一旦超过某个时间节点,信息的价值就大幅下降甚至失去价值。信息的时效性体现了信息的生命周期价值,当超过了信息的生命周期范围,信息就失去了价值。麦当劳推出的午餐限时优惠计划,在中午的 11:00~14:00 购买指定的套餐,可以享受折扣,而这段时间以外,则享受不到优惠了。注意信息的时效性对于决策者使用和传递信息有重要的意义。它提醒决策者失去信息的时效性,信息就不是完整的信息,甚至会变成毫无意义的数据流。

【小测验】

下列表述分别说明了信息的哪些特征?

1. 盲人摸象;
2. 一传十,十传百;
3. 老黄历看不得;
4. 一千个读者,一千个"哈姆雷特"。

(三)知识

在数据管理过程中,对于同一数据,不同人的解释可能不同,对决策的影响可能不同。结果可能是决策者利用经过处理的数据作出决策,既有可能取得成功,也有可能导致失败,成败的关键在于决策者对数据的解释是否正确,即是否正确地运用知识对数据作出解释,以得到准确的信息。

信息往往会在时间效用失效后价值开始衰减,只有通过对信息进一步的归纳、演绎、比较等手段进行挖掘,使其有价值的部分沉淀下来,并与已存在的人类知识体系相结合,这部分有价值的信息就转变成知识。例如,北京 7 月 1 日气温为 30℃,12 月 1 日气温为 3℃。这些信息在时效性消失后变得没有价值,但当对这些信息进行归纳和对比就会发现北京每年的 7 月气温会比较高,12 月气温比较低,于是总结出一年有春夏秋冬四个季节,有价值的信息沉淀并结构化后就形成了知识。因此,知识不是数据和信息的简单积累,知识是可用于指导实践的信息,知识是人们在改造世界的实践中所获得的认识和经验的总和。

知识又分为显性知识和隐性知识。显性知识是已经或可以文本化的知识,并易于传播。隐性知识是存在于个人头脑中的经验或知识,需要进行大量的分析、总结和展现,才能转化成显性知识。

【博采众长】

知识是指从定量到定性的过程得以实现的、抽象的、逻辑的东西。知识是需要通过信息使用归纳、演绎的方法得到。

知识是一种流动性质的综合体,包括结构化的经验、价值以及经过文字化的信息。

> 国际经济合作组织编写的《知识经济》中对知识的界定——知识就是知道了什么(know-what)、知道为什么(know-why)、知道怎么做(know-how)、知道谁(know-who)。这样的界定可以概括为"知识是 4 个 W"。
>
> 哈里斯(Harris)将知识定义为:知识是信息、文化脉络以及经验的组合。
>
> 【请你思考】
> 请在本书及上述观点的基础上,形成自己对知识的理解。

二、数据、信息与知识的关系

如果说事实是人类思想和社会活动的映射,数据就是数字化、编码化、序列化、结构化的事实,信息和知识是由数据加工、处理而来的。信息是以有意义的形式加以排列和处理后对管理决策与实现管理目标或任务具有参考价值的数据,它是一种资源。知识是用于生产的信息(有意义的信息);信息经过加工处理、应用于生产,才能转变成知识。如果没有数据和信息作为基础,知识就不可能产生。

知识、信息和数据的层次结构并不是单向的,而是循环往复的。数据、信息、知识之间的转换过程大致如下:数据→信息→知识→新数据→新信息→新知识。知识与人紧密相连,信息经人脑处理的结果并存在于人脑中,就是知识,这种结果脱离人脑后的其他存在形式,就是信息。这种观点认为知识包含了人的理解和创新能力,这也是"智慧"的内容。

> 【拓展资料】
>
> ### "啤酒与尿布"的故事
>
> "啤酒与尿布"的故事发生在 20 世纪 90 年代的美国沃尔玛超市。沃尔玛的超市管理人员分析销售数据时发现了一个令人难以理解的现象:在某些特定的情况下,"啤酒"与"尿布"两件看上去毫无关系的商品会经常出现在一个购物篮中,这种独特的销售现象引起了管理人员的注意,经过后续调查发现,这种现象出现在年轻的父亲身上。
>
> 在美国有婴儿的家庭中,一般是母亲在家中照看婴儿,年轻的父亲前去购买尿布。父亲在购买尿布的同时,往往会顺便为自己购买啤酒,这样就会出现啤酒与尿布这两件看上去不相干的商品经常会出现在一个购物篮的现象。如果这个年轻的父亲在卖场只能买到两件商品之一,则他很有可能会放弃购物而到另一家商店,直到可以一次同时买到啤酒与尿布为止。沃尔玛发现了这一独特现象,开始在卖场尝试将啤酒与尿布摆放在相同的区域,让年轻的父亲可以同时找到这两件商品,并很快完成购物。
>
> 沃尔玛是由沃尔顿家族的山姆·沃尔顿创建的,并且沃尔顿家族持有沃尔玛 48% 的股份,是美国迄今为止最富有的家族之一。
>
> "啤酒与尿布"的故事必须有技术方面的支持。1993 年美国学者艾格拉沃提出通过分析购物篮中的商品集合,从而找出商品之间关联关系的关联算法,并根据商品之间的关系,找出客户的购买行为。沃尔玛从 20 世纪 90 年代尝试将算法引入到 POS 机数据

> 分析中，并获得了成功。这是一个数据处理的过程，通过数据处理沃尔玛得到了一条重要的信息——"啤酒"与"尿布"经常会出现在同一个购物篮中。
>
> 沃尔玛从客户心理因素的角度出发，对客户的消费行为进行了大量的观察，确定了"啤酒"与"尿布"之间确实存在关联关系。此时，"啤酒"与"尿布"的关联关系已经变成了知识。

信息和知识都是从客观事实中分析加工、处理提炼出来的。信息中包含着大量的无用信息，知识才是最终解决问题的关键。与信息相比较，知识还具有不断上升的价值。越是被更多的人利用，它自身的价值就会越高，而且人在利用的同时，会总结创造出新的知识，使其产生更大的无形效用。

从数据到信息到知识，是一个从低级到高级的认识过程，层次越高，外延、深度、含义、概念化和价值都在不断增加。在数据、信息、知识中，一方面，低层次是高层次的基础和前提，没有低层次就不可能有高层次，数据是信息的源泉，信息是知识的"子集或基石"。正如哈佛大学杜维明教授指出的，"信息本身不是知识，怎么把信息组合成知识还有非常复杂的过程"，如果我们"把信息与知识混为一谈就糟糕了"。

数据、信息和知识之间不存在绝对的界限，从数据到信息再到知识的过程，是一个数据不断变得有序、不断得到验证，并最终揭示了事实之中所存在的固有逻辑规律的过程。数据与信息、知识的区别主要在于它是原始的、彼此分散（孤立）的、未被加工处理过的记录，它不能回答特定的问题。知识与信息的区别主要在于它们回答的是不同层次的问题，信息可以由电脑处理而获取，知识不是由电脑创造出来，而是人在实践中获得的经验。

三、决策信息的质量管理

信息是决策过程的关键投入要素之一，信息的质量会直接影响决策的结果。如果只是"垃圾进，垃圾出"，决策者无法获得高质量的决策信息，必将影响决策的有效性。正如产品质量关注的是产品对于需求者的满足程度，决策信息的价值在于辅助决策的制定，高质量的决策信息应能满足决策者明确的和隐含的各类需要。决策信息质量的高低可以根据决策信息所具备的质量特征能否满足人们的需要及其满足的程度来衡量。

> 信息是投入决策过程的要素之一，信息的质量会直接影响决策的结果。

（一）决策信息质量

企业和个人通过不同的渠道收集数据和信息，借助信息技术和信息系统对数据与信息进行加工、处理，最终支持企业和个人决策。信息的质量不仅取决于最终的使用方法，收集和处理信息的全过程也可能会影响决策信息的质量。正如前文提及的，数据的来源不同、格式不同，对数据的测量本身就困难等因素，影响了数据收集的质量；数据的处理方式不正确或处理过程中的错误，影响了信息的处理质量；传递和存储过程中可能产生各种质量风险，如传递错误、遭到修改、遗漏数据等，影响了信息的传输和存储质量；输出方式的选择和输出设备的功能，影响了信息的输出质量。决策信息质量的高低取决于信息的生命周期质量，而不是某个环节。通过建立信息质量指标体系，为有效衡量决策信息质量提供了可能性。

信息质量指标体系是衡量决策信息资源最基本、最主要的标准。决策信息的水平参差不齐以及信息的真实性和有效性都需要进行甄别。决策信息质量指标体系是选择或评价可供取舍的准则、程序和方法的标准，其主要功能是辨别什么样的决策信息才能有用或有助于决策。

决策信息质量指标体系由四个一级指标和十三个二级指标组成，如图5-3和表5-1所示。

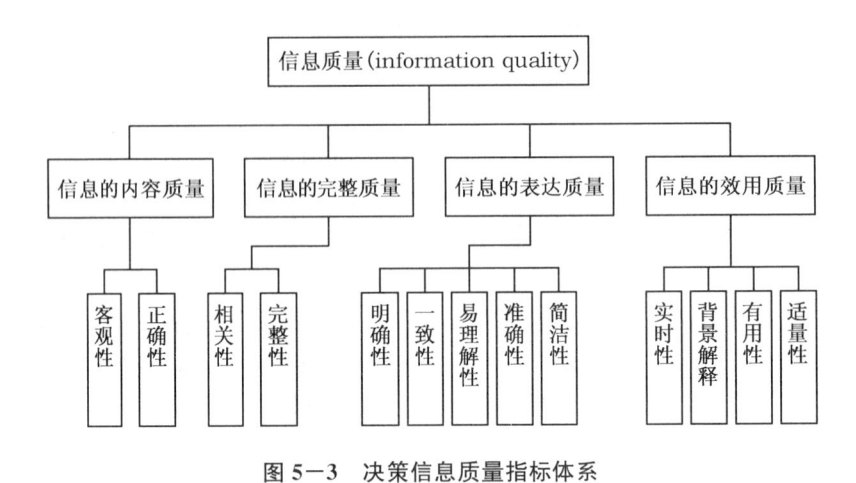

图 5—3　决策信息质量指标体系

表 5—1　　　　　　　　　　决策信息质量指标体系说明

	一级指标	二级指标	说　明
决策信息质量指标体系	信息的内容质量	客观性	决策信息不掺杂个人情感，仅是客观描述
		正确性	决策信息本身是正确的，不是臆造和错误的
	信息的完整质量	相关性	决策信息与决策问题相关联，有联系
		完整性	决策信息是完整的，不是片面的和局部的
	信息的表达质量	明确性	决策信息表述明确，不是隐晦的
		一致性	决策信息前后一致，不自相矛盾和产生歧义
		易理解性	决策信息能够被使用者所理解，不是晦涩的
		准确性	决策信息表述准确，不会含糊不清
		简洁性	决策信息表述简洁，不拖沓冗长
	信息的效用质量	实时性	决策信息应在时效性以内，没有失效
		背景解释	决策信息能够帮助决策者理解决策背景
		有用性	决策信息对决策有价值，能够辅助决策
		适量性	决策信息高度相关并数量适中，便于使用

（二）决策信息的分类

养成良好的信息分类习惯，有助于决策者提升决策质量。决策者在进行决策时应首先确定的是："要制定这个决策，我需要掌握什么信息？"从问题出发，决策者能够清楚地知道需要哪些关联信息以帮助决策的制定。然而，决策者却常常最先确定的是："要制定这个决策，我已经掌握了什么信息？"这是典型的本末倒置。一位经理现在要决定，是否应把某一新产品投放到日本市场。他可能掌握了有关美国和欧洲消费者嗜好的信息，也清楚把产品出口到日本所需的费用，甚至还可能有几位日本朋友，一致认为这一新产品在日本肯定会大受欢迎。然而，这位经理缺少了一条最重要的信息：日本消费者对其产品的看法。

上面的例子听起来似乎很可笑，但在制定重大决策时，如此行事的决策者却大有人在。决策者可能不是开始就掌握了美国和欧洲消费者偏好的信息,更有可能的是经理在决策前,派人或者亲自去收集欠缺的有关消费者对产品看法的信息。经过两周颇费周折的调研,他收集到了香港、悉尼和夏威夷等地区的消费习惯等第一手资料,但有关日本的信息却少得可怜。然后,这位经理决定,他将在这些信息的基础上制定决策。相关信息的缺失,自然会影响决策的效果。假设例子中的经理作出了决策,并开始在日本市场推广产品,结果可想而知。当然,事情没有绝对,也许运气偏向了经理,误打误撞取得了不错的业绩,但理性的决策者不应该把结果建立在期待"狗屎运"上。

【拓展资料】

决策不要直觉要运气

迈克尔·莫布森在《Think Twice》中写道,相对于"群体智慧"、数学模型与系统收集的数据,人们太过强调直觉和个人经验了。

他认为,在稳定的环境中,先前决策的反馈清晰,因果关系又可鉴别,因而直觉大有用武之地。而遗憾的是,上述必要条件在现实中越来越少见,随着世界环境的日趋复杂,直觉更加不可靠了。作者引用了大量的案例与研究为依据,指出人们太依赖专家,而无法抓住诸如识别问题的本质、合理匹配问题与解决方法、追求反馈多样化以及适当地运用科学技术等重点。

此外,人们还经常忽视一些微妙的趋势,即经验超越了人本身成为决策制定者。作者提出一种新颖的观点,即在决策上人们往往低估了运气的重要性。

迈克尔·莫布森,现为雷格梅森资产管理公司的首席投资战略家,同时是哥伦比亚大学商学院的客座副教授,畅销书《魔鬼投资学》作者。

决策信息质量指标体系为决策者提供了判断信息质量的标准,根据标准可以判定决策信息对决策结果的影响性和效用性。但决策者应该清醒地认识到,并不是所有的决策信息对决策而言都具有同等的重要性和价值。

1. 根据决策信息与决策制定的关联性分类

考虑到信息质量,根据决策信息与决策制定的关联性,可以将决策信息分为以下三类:

(1)任务信息:决策者为完成工作需要掌握的信息。不同层级的决策者对任务信息的定义各不相同。例如,与高层管理者相比,一线员工可能会更强调尽可能地掌握各个客户的历史交易记录;而中层管理者更强调准确收集并分析交易记录,试图发现其内在规律性。

任务信息有三种主要形式:第一种是有关工作职务的基本信息,如任务说明和任何有关的背景资料;第二种是反馈信息,这类信息必须通过便于利用的方式及时、准确地传递给使用者;第三种是与提高工作中所运用的技能和知识有关的信息,包括培训资料在内。

(2)背景信息:为判断自己的任务和决策与外部大环境是否相符,决策者需要掌握的信息。背景信息既有可能来自企业外部,如市场环境、政策法规、经济运行情况等;也有可能来自企业内部,如企业宗旨、相关产业信息、董事和经理之间讨论公司战略的会议内容等。这类信息对于确保人们从全局角度看待自己的工作具有极其重要的作用。离开了背景信息,管理者制定的决策就会脱离实际,决策结果也可能成为空中楼阁。

例如,公司发展战略的决策对决策制定者提出了很高的要求,决策制定者需要在内外部环境分析的基础上,找出公司未来发展的方向,制定公司战略、职能战略和具体的业务战略。内外部环境分析包括外部环境分析(PESTLE模型)、内部环境分析(资源、能力分析)和行业分析(五力模型)。这些决策的背景信息能够帮助决策者掌握内外部情况,对外发现机会和威胁、对内认识优势和劣势,为决策制定奠定基础。

> 决策者尤其应该去寻求高级管理层的支持和信任。

(3)激励信息:激励信息要切合个人及企业的需要,是能够使企业的员工感到他们的努力得到认可的信息。信息发送者与接受者的距离越近,激励信息的效果就越好。例如,总部的认可相对于同级同事的肯定来说,激励效果要弱一些,生效所需的时间当然也就更长。决策者尤其应该去寻求高级管理层的支持和信任;否则,任何雄心勃勃的决策都不可能具备成功的前提。

这三种信息虽然都与决策制定有关,但决策者仍有必要弄清,自己正在寻找的信息和已经获得的信息属于哪一类。

2. 根据决策信息分类

根据决策信息的重要性,可以将决策信息分为以下三类:

(1)需要知道的信息(必须掌握)。这类决策信息最为重要,是决策制定的前提与依据。如第一章提及的购买汽车的决策,其决策标准及权重等都属于这类信息。决策者必须通过多种途径获取这类信息,同时要保证获取信息具有较高的质量。

(2)知道了会更好的信息(有用的背景资料)。与背景信息相同,这类信息有助于帮助决策者更好地理解内外部环境和所需要掌握的信息。通常,这类信息信息量较大,获取的途径多元化,信息质量参差不齐,使用时要特别注意。

(3)不相关信息(与决策关系不大)。这类信息与决策制定没有直接关联性,但决策者要特别小心。这类信息在收集时,很容易获取而且信息量巨大,过多的不相关信息不但不能提升决策效果,反而会对决策造成消极影响,降低决策信息的整体质量。

决策时,决策者应从决策目标出发,将信息归入上述三类的有效途径。通过这种方式,决策者在很短的时间内就能掌握制定一项决策到底需要收集哪些信息。

【小测验】

1. 什么是数据?什么是信息?数据、信息与决策有什么关系?
2. 决策信息质量指标体系包括哪些指标?如何提升决策信息的质量?

单元二 信息管理的技术与方法

一、信息管理

(一)信息管理的概念

信息管理(Information Management)是人们综合采用技术的、经济的、政策的、法律的和人文的方法及手段对信息流(包括正规信息流和非正规信息流)进行控制,以提高信息利用效率、最大限度地实现信息效用价值为目的的一种活动。信息管理通过制定完善的信息管理制度,采用现代化的信息技术,保证了信息系统的有效运转。信息管理涵盖了组织和个人为了收集、处理和利用信息而进行的社会活动全过程。

信息管理可以定义为,在整个管理过程中,组织和个人收集、输入、加工与处理、输出信息活动的总称。信息管理的过程包括信息收集、信息传输、信息加工和信息储存。信息收集就是对原始信息的获取。信息传输是信息在时间和空间上的转移,因为信息只有及时、准确地送到需要者的手中才能发挥作用。信息加工包括信息形式的变换和信息内容的处理。信息的形式变换是指在信息传输过程中,通过变换载体,使信息准确地传输给接收者。信息的内容处理是指对原始信息进行加工整理,深入揭示信息的内容。经过信息内容的处理,输入的信息才能变成所需要的信息,才能被适时有效地利用,信息送到使用者手中,有的并非使用完后就无用了,有的还需留做事后的参考和保留,这就是信息储存。通过信息的储存可以从中揭示出规律性的东西,也可以重复使用。

(二)信息管理的特征

1. 及时性

所谓及时性,就是信息管理过程要灵敏、迅速地发现和提供管理活动所需要的信息。这里包括两个方面:

一方面,要及时地发现和收集信息。现代社会的信息纷繁复杂、瞬息万变,有些信息稍纵即逝,无法追忆。因此,信息的管理必须最迅速、最敏捷地反映出工作的进程和动态,并适时地记录下已发生的情况和问题。

另一方面,要及时传递信息。信息只有传输到需要者手中才能发挥作用,并且具有强烈的时效性。因此,要以最迅速、最有效的手段将有用的信息提供给有关部门和人员,使其成为决策、指挥和控制的依据。

2. 准确性

信息不仅要求及时,而且必须准确。只有准确的信息,才能使决策者作出正确的判断。失真甚至错误的信息,不但不能对管理工作起到指导作用,相反还会导致管理工作的失误。

为保证信息准确,首先要求原始信息可靠。只有可靠的原始信息才能加工出准确的信息。信息工作者在收集和整理原始材料的时候必须坚持实事求是的态度,克服主观随意性,对原始材料认真加以核实,使其能够准确反映实际情况。其次是保持信息的统一性和唯一性。一个管理系统的各个环节,既相互联系又相互制约,反映这些环节活动的信息有着严密的相关性。

要使系统中许多信息在不同的管理活动中都能使用,就需要系统内的信息应具有统一性和唯一性。因此,在加工整理信息时,要注意信息的统一,也要做到计量单位相同,以免在信息使用时造成混乱。

二、信息管理的技术基础

(一)信息技术与信息系统

信息技术是指组成一个设备的软件和硬件,捕获、存储、处理和输出数据内容的技术。信息技术的应用包括计算机硬件和软件、网络和通信技术、应用软件开发工具等。计算机和互联网普及以来,人们日益普遍地使用计算机来生产、处理、交换和传播各种形式的信息(如书籍、商业文件、报刊、唱片、电影、电视节目、语音、图形等)。

【拓展资料】

颠覆性技术是指一种技术的进步,不只对现存技术造成影响,最终还会超越现存技术,使其走向衰退甚至灭亡。以音乐行业为例,传统的唱片发行公司发行唱片,随着磁带

> 的出现,磁带和随身听取代了传统的唱片机;当 CD 及 CD 机广泛应用后,磁带趋向衰败;然而,CD 在几年之后就被 MP3 替代,其后还出现了 MP4 和 MP5 等。现在唱片、磁带和 CD 基本上已成为音乐发烧友的收藏品了。
>
> 你能举出一些颠覆性技术的例子吗?

信息技术经历了连续而迅速的发展,目前信息技术在很多组织中起着举足轻重的作用。以互联网、移动通信为代表的信息技术对社会生活和组织竞争产生了极大的影响。信息技术改变了时间和距离的观念,BBS、E-mail、QQ、博客、微博、微信改变了传统的信息分享和信息传递方式。信息技术对管理人员有深刻的意义,基于数据分析的管理工具和功能强大的沟通工具,使得扁平化和虚拟化组织成为可能。信息技术潜移默化地影响着社会发展,基于互联网应用的电子商务引发了传统的企业竞争模式以及企业和消费者关系深度变革,推动了社会的发展和进步。

信息技术本质上是信息管理过程中借助的各种技术的总称,决策者借助于管理信息系统对信息技术进行管理,以提高决策效率和效力。管理信息系统可以定义为,一个以人为主导,利用计算机硬件和软件、网络通信设备以及其他办公设备,进行信息的收集、传输、加工、存储、更新和维护,以增强企业战略竞争能力、提高效益和效率为目的,支持企业高层决策、中层控制、基层运作的集成化的人机系统。

信息系统由系统目的、信息技术、通信技术、管理内容、程序和角色六个部分组成。以人力资源管理信息系统为例:系统目的是指管理公司内部人力资源的相关事务,如薪酬、保险、考核、升迁等;信息技术是指信息的收集、处理、存储等相关技术;通信技术是指系统借助互联网等通信技术,实现数据的交互;管理内容是指员工的人力资源相关资料和信息;程序是指系统遵从预设的处理程序,自动完成事务处理;而角色是指开发者、使用者、硬件管理者等。类似案例如图 5—4 所示:

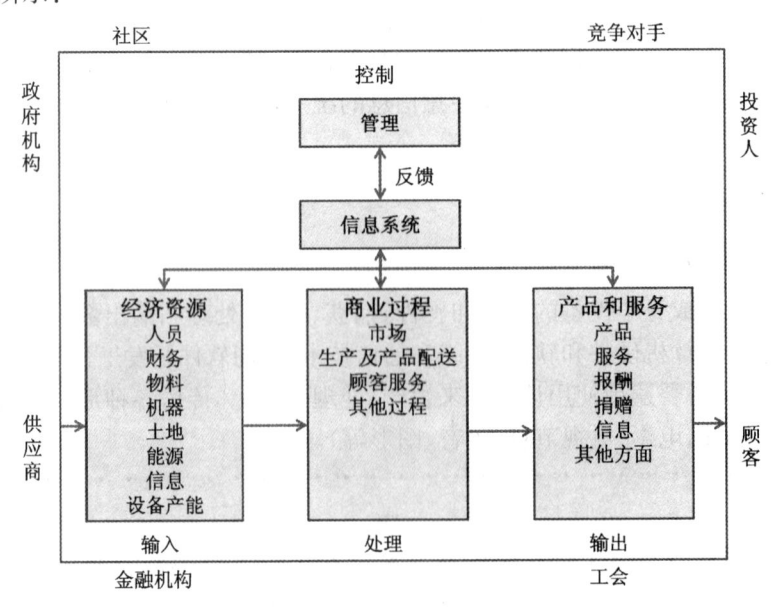

图 5—4 组织信息系统构成

从技术的视角和管理的视角来看，决策信息管理的重点是不同的。技术的视角更关注信息的输入技术、处理技术、输出技术和控制技术（见图5-5）。而管理的视角更关注信息技术和信息系统的使用如何影响组织管理、如何影响管理过程、如何管理信息技术，如图5-6所示。

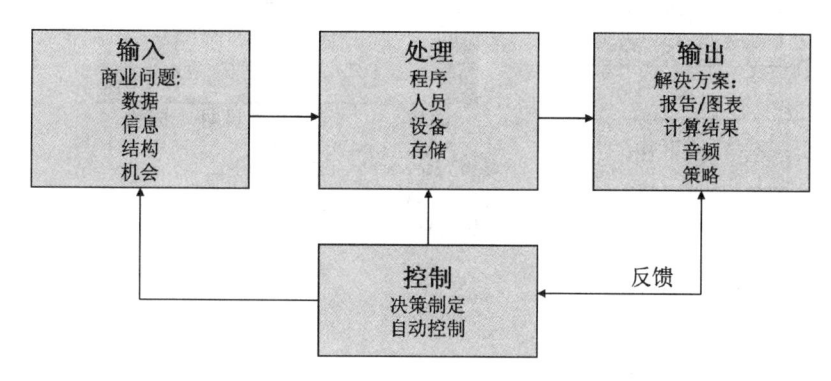

图5-5　组织信息管理的技术视角

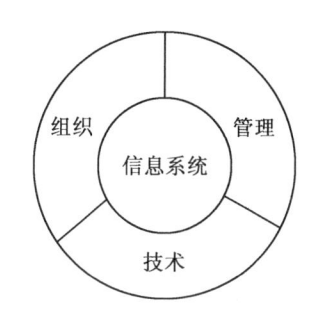

图5-6　组织信息管理的管理视角

（二）电子数据和信息

1. 数据的层级结构

在计算机世界中，用于计量存储容量和传输容量的最小单位是"位"（bits），1个位就代表一个0或1（即二进制），每8个位（bit）组成一个"字节"（byte）。

"字段"（field）或称数据元，是对人类来说具有意义的最小数据元，它是由一个或多个字节组成的。字段通常指字段名称，"数据元"通常指字段的数据内容。

"记录"则是一系列字段的集合，包含关于某一特殊事件的全部信息。例如，一个典型的员工记录至少应该包括以下字段，员工编号 r="10121"，员工姓名="张三丰"，所属部门="客户服务部"，参加工作日期="05/01/2002"。

当具有相同"字段"的记录组合在一起，可以组成一个"工作表"。在一个工作表里，数据由特定的字段代表，称为"关键字"或"主键"。例如，公司所有员工的记录合并在一起，就构成了员工信息表，在员工信息表中由于"员工编号"是唯一的，故称其为表格的关键字。

一系列相关的工作表组成数据库。例如，员工信息表、客户信息表、订单信息表等公司运营管理中的一系列工作表，构成了公司的数据库。而通过对数据库数据的调用、处理，可以支持各类管理信息系统的决策。以学生教务管理信息系统为例，电子数据和层级结构如图5-7

所示。

图 5—7 电子数据和层级结构

2. 选择数据库需考虑的因素

数据库管理系统是用于有效管理数据库的软件系统,是用户与计算机管理的数据库之间的接口,包括数据库定义、数据装入、数据库操纵、数据库控制、数据库维护、数据通信等。数据库是按照一定机制有机存储数据的集合,它具有结构化、无冗余和一致性等特点。由于其特性,数据库管理已经成为组织信息管理的核心手段之一。数据库有多种类型,如关系数据库、网络数据库、分布式数据库等,目前大多数数据库管理系统为关系数据库管理系统。

决策者在选择数据库时,要综合权衡企业数据管理的需求和数据库的功能,主要考虑的因素如下:

(1)成本。数据库的使用成本主要包括软件使用许可费用、服务和维护费用、安装调试费用。不同公司提供的不同功能的数据库成本差距较大,例如,微型企业可能使用 Office 自带的 Access 关系数据库就能满足需求,而中型企业可能考虑使用 Microsoft SQL Server,大型企业可能考虑使用 IBM 出品的 DB2 关系型数据库管理系统。

(2)兼容性。兼容性是指不经历大规模修正的情况下,支持必要的应用程序。数据库是企业信息管理的核心,使用数据库的目的是为了对数据进行更有效的管理,以支撑应用软件的使用。因此,数据库的兼容性至关重要。

(3)容量。数据库对应用程序的支撑能力的强弱可以用容量衡量,容量测度的是数据库最大允许的用户数量和同时能够接受的交易量。

除了考虑以上因素之外,决策者在选择数据库时,还要考虑企业未来一段时间的发展速度、预期规模等因素。数据库一旦投入使用,重置成本较高,如果在选择时没有考虑到企业未来的发展,可能刚刚投入使用就无法满足组织的需求。很多创业型公司,在组织创立和刚刚开始信息化时,最容易犯这个错误,由于公司的成长速度超过了预期,信息系统的滞后性无法满足公司发展的需要,对公司的发展造成了负面影响。

> 【拓展资料】
> 目前,有许多数据库产品,如 Oracle、Sybase、Informix、Microsoft SQL Server、Microsoft Access、Visual FoxPro 等产品各以自己特有的功能,在数据库市场上占有一席之地。
> 你听说过这些数据库吗?自己动手检索信息,看看它们有什么不同?

三、信息管理的方法

信息的生命周期开始于数据的收集。决策数据来源于组织内部、组织外部和个人的数据,收集到的数据被存放在数据仓库中,借助于数据分析技术对数据和信息进行分析,分析的结果应用于各种商业智能程序,最终支持企业的供应链管理、客户关系管理、电子商务等具体的商业决策。经过使用后的数据和信息,仍然存放于数据仓库中,以支持其他决策,或经过再加工、处理,重新获取价值。数据的生命周期如图5—8所示。

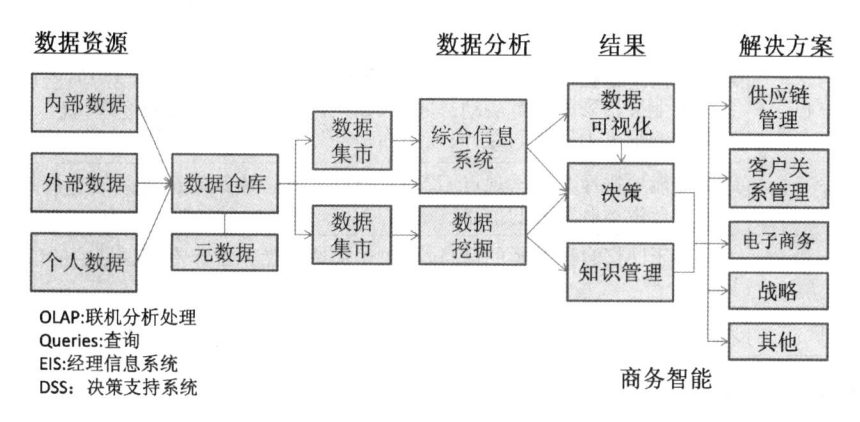

图5—8 数据的生命周期

决策者需要对决策信息的输入、处理、传输、存储和输出阶段加强管理,以保证全程的决策信息质量,并确保最终的决策结果。信息管理的不同阶段,决策者都面临着一些管理上的问题,需要特别注意。

(一)信息输入管理

信息输入需要借助于输入设备将采集到的信息录入计算机系统中。常见的输入设备包括键盘、触摸屏、手写识别系统等。随着技术的进步,生物识别输入技术(如指纹、视网膜等)和非接触性输入技术(如二维码、RFID等)开始普及和应用。与传统输入技术相比,新的技术输入在合法性、正确性、输入速度等方面具有明显优势。

信息输入技术根据处理方式不同可以分为离线采集和在线采集。信息的离线采集将采集过程和输入系统的过程分成两个步骤,而在线采集则同时完成信息的采集和系统录入。随着组网成本的下降和无线互联的广泛应用,在线采集技术正逐步取代传统的离线采集技术。

输入技术的应用能够降低输入过程产生的信息质量风险,确保输入的正确性。但信息收集的来源才是决定信息输入质量的核心。收集信息是一个目标导向性很强的过程,而不是简单地根据某一题目汇集所有类似的现成信息。在某种程度上,这要求决策者即使没有现成的信息可用,也要想办法挖掘。

一旦要制定的决策已经明确,信息收集的过程也就开始了。"有目的"的信息收集和"有什么要什么"式的信息收集间的区别好比钓鱼和捕鱼。钓鱼的人很清楚自己在钓什么鱼,他会运用娴熟的技巧,把鱼拉上水面;捕鱼的人则只能从网里看自己捉到了什么鱼,两者形成鲜明对比。当然,两种方式可能都很有效,但后者需要更多的时间和资源。当可获得的信息越来越多时,捕鱼模式也就变得越来越没有吸引力了。

1. 信息收集的倾向性

考虑一下信息收集阶段可能会出现哪些问题也是非常有用的,正是通过更深刻地理解人类行为方式上的缺陷,才能成为更有效的决策者。而在这里,会导致信息收集过程出现问题的最重要因素之一就是所谓的信息选择倾向,如表5-2所示:

表5-2　　　　　　　　　　　　　信息收集的倾向性

信息选择倾向	具体表现
利用现成	决策者更愿意利用现成的信息。(这是强调"我掌握了什么信息",忽视"我需要什么信息"的问题。换句话说,他对某方面了解得越多,就越可能过分强调收集这类信息。)
以自我为中心	人们倾向于根据个人或职业兴趣来看待事物。如果你是一个赛马迷,就会认为赛马是世界上最精彩的体育活动。同样,如果你是人力资源部的经理,就会认为在决策中最关键的是人力资源问题;而如果你是会计,那么在你眼里,会计工作就是最重要的。
排除异己	人类本能地排斥与自己观点不符的信息。那么,决策者也可能故意忽略对其所倾向的方案产生不利影响的信息。
恋旧	人们善于回忆自己熟悉的信息,而对于那些不熟悉或非专长领域中的信息,则不太容易想起。
选择性吸收	人类吸收消化信息的能力有限,所以他们倾向于剔除掉自己不感兴趣的那部分信息。
先入为主	如果你不是某一特定领域的专家,你可能就会接受在这一领域最初获得的信息,或者接受你所请教的第一位"专家"的意见。
求新	我们都注重刚发生的事,因而也可能更愿意相信最新收集到的信息,哪怕利用此前信息所做的分析已经相当透彻。
求同	人们宁可费尽九牛二虎之力,去寻求支持自己观点的信息,也不愿意利用那些与自己观点不同的数据。

认识并理解这些倾向,是预防其发生的最好措施。它们中的任何一种都会影响决策者的判断,使决策过程误入歧途。尤其是这些倾向会使不确切的信息成为决策制定的基础,很多重要的机遇因此与组织失之交臂。

2. 信息来源是否可靠

决策者对某一信息的重视程度取决于许多因素,来源的可靠性便是其中之一。比如说,对于一项有关药品医疗效果的研究,对研究结果的看法将取决于不同的资助单位:医药公司、医疗机构、独立第三方科研机构。

判断信息来源是否可靠,可以通过自我提问的方式培养决策者考察信息来源可靠性能力。这种自我提问方式可以总结为5W1H:谁(Who)、什么(What)、为什么(Why)、在哪里(Where)、什么时候(When)、怎么样(How)。带着这些问题,决策者可以提高从来源中获取确切信息的能力。以前面提到的有关药品医疗效果的研究为例,可提出如下问题:

(1)这项研究由谁负责实施?又由谁赞助?

(2)研究人员想达到什么目的?他们选取的调查对象合适吗?提的问题合理吗?

(3)为什么这样做?研究的角度是客观的还是有私利掺杂在内?研究人员想支持还是推翻什么前提或假设?

(4)研究工作在什么地方进行?欧洲、美洲、非洲还是其他地区?研究地点的选择对研究结果在本地的适用性有何影响?

(5)这项研究始于何时?它是否已经过时?

(6)研究工作是怎样开展的?抽取样本的容量如何?电话访谈还是面谈?调查对象是否匿名?匿名会对信息的可信度产生什么影响?

决策者要清醒地认识到,培养这种关注信息可靠性的习惯不只是为了快速评价信息,更是为了更快地舍弃信息。这显得日益重要,原因之一就是,今天的信息来源越来越丰富,而各种来源所提供的信息量浩如烟海。我们对来源于外部的信息采取上述措施的同时,对内部信息也应谨慎处理。

【拓展资料】

一组虚假数据是如何在网上以讹传讹的?

2009年关于"高干子女占超亿元富豪人数91%"的信息和议论在网上广为流传。《时代周报》刊发了记者韩洪刚采写的报道,记者在报道中写道:"截至2006年3月底,中国内地私人拥有财产超过1亿元以上的有3 220人,其有2 932人是高干子女。他们占据了亿元户的91%。"随后记者承认数据引自互联网上转载的某位国内经济学者2006年写的一篇文章。随后,经与该经济学者联系核实,该学者称此数据引自当年的互联网,他说:"当时网上(这组数据)非常流行。"

这些数据开始就起源于互联网,后经过权威人士的引用,变成权威人士的观点,再经过大量转载之后,便以讹传讹地逐步扩散开了。

(二)信息处理管理

信息处理需要借助于处理设备对录入系统的数据按照应用系统的要求进行处理。处理速度的快慢和处理成本的高低是衡量信息处理技术的关键指标。传统的信息处理技术依赖于独立分布的个人计算机系统,为了获取更强的处理能力,需要不断追加投资以获取更强大的硬件。

随着互联网应用的深化,以云计算为代表的新技术正在改变传统的信息处理方式。中小型企业由于资金、成本的限制,无法搭建强大的信息处理平台,借助于可提升高达30%效率的云计算,能够帮助中型企业获得强大的信息处理能力,赢得竞争优势,开拓更广阔的市场。

【拓展资料】

谷歌地图的夜间模式从客观上反映了各地区的发达程度。这幅图是NASA用太阳同步轨道卫星拍摄的世界各地晚10:00的图片合成出的一张图(见图5-9),左边是美洲,中间是欧洲,右边是亚洲。从图中的明亮程度,通过你的信息处理,你能得出哪些结论?

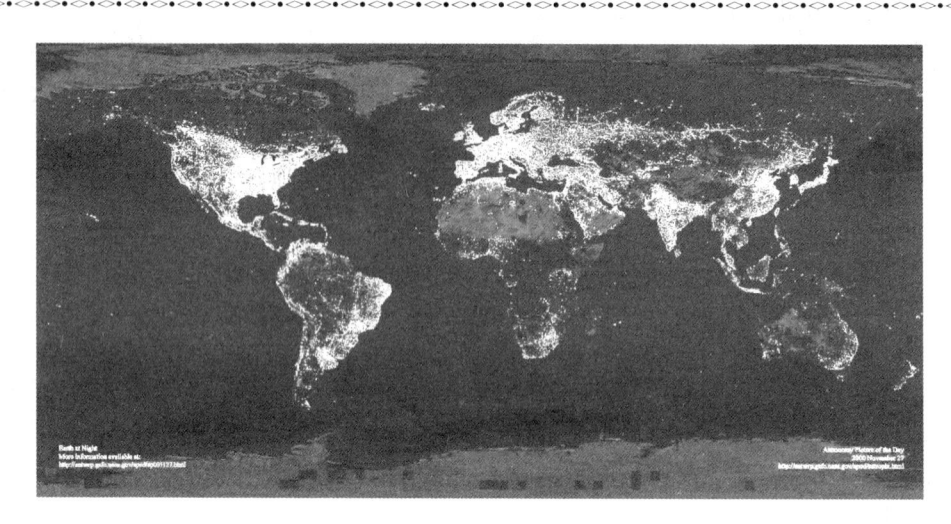

图 5—9　NASA 卫星图

思考一下：明亮程度能反映什么问题？哪个区域最亮，为什么？中国的光亮分布有什么特点？印度为什么比中国更明亮呢？在北纬 38 度线南北有什么不同？

信息处理技术根据处理方式不同可以分为批量处理、实时处理和在线事务处理（Online Transaction Processing）。批量处理是指信息录入后暂时存放，当信息量达到一定规模后一次性处理。实时处理是指对产生和录入的信息立即处理。而在线事务处理是指信息在线采集和实时处理的结合。例如，在 ATM 机上存取操作，系统会实时采集数据并实时处理，以更新账户信息。

信息处理的技术能够提升信息处理的效率，但处理后的决策信息质量除了受到录入信息的质量影响外，还受到处理过程中决策者的影响。

在信息处理过程中，信息的内容可能由于修改或遗漏影响了最终的处理结果。信息的修改或遗漏既可能是参与决策者故意为之，也可能是无意的。以决策者撰写商业计划书为例，决策者收集了大量的信息，在对信息进行处理时，可能是无意修改了信息（如将预测市场需求 2 000万写成了 8 000万）或遗漏了信息（如忘记列出市场中的替代品），也有可能是决策者故意为之，以使得计划书看起来更有吸引力。因为，企业对其内部流动的信息存在着过滤和筛选的趋势，尤其是在信息向上汇报的过程中，好消息会被重视，坏消息则会被剔除，"报喜不报忧"。我们会对下级汇报上来的信息进行细微的调整，使之更符合上司的口味，为自己的脸上"贴金"。

以一份重要报告的修订过程为例，负责此事的部门经理忙于其他事务，还没来得及动笔，但他不可能向其上司如实汇报，所以就报告说"开局良好"。当他上司的上司询问此事时，他的上司也如法炮制，将第一则消息解释为"正在进行中"。接下去，"正在进行中"又变为"进展顺利"，进而变成"进展极为顺利"，最后到达董事会时，这份重要报告的修订工作"已快完成"了。数字的向上汇报也存在同样的问题。一个新系统 46% 的成功率很容易被四舍五入成 50%，再往上报时，成功率变成了 50% 以上、大大超过 50%，最后竟然达到了 75%。当信息在企业内部由上至下传递时，情况则正好相反。每一位管理人员都会在传达时对各自上司的评论添油加醋。结果,公司总裁的一句轻微责备,可能会导致基层的某个员工遭到痛斥。

决策者要清醒地认识到,这种"修饰"总是夸大正面信息,掩盖负面信息,尽管害处不大,但这些"处理"的累积效应最终却会歪曲信息的本来面目,使高层管理者的决策出现偏差。在决策信息处理过程中,借助于信息技术将使信息处理过程更加透明,能够尽可能避免人为的调整和修改,保证决策信息的质量,提升决策效果。

(三)信息传输管理

信息传输需要借助于通信技术将信息发送或共享到指定的目的地。信息传输的质量取决于通信方式的选择。技术创新使得新的通信手段和设备层出不穷,如无线网络、网络聊天工具、网络电话(VoIP)、网络电视(IPTV)、微信等,从而派生出很多基于通信的产品和服务。政府对电信管制的放松,使得竞争更为激烈,通信成本更低、选择更多(手机与即时通信软件、各类宽带网)。视频、声音和数据的传输越来越依赖于互联网,无线组网成本的大幅下降使得无线网络迅速发展。决策信息的传输也越来越依赖于互联网和无线网络,以手机为载体的即时通信软件在信息传输中扮演着越来越重要的角色。

【拓展资料】

从马航 MH370 失联看微信、微博信息传播方式

2014 年 3 月 8 日,马来西亚航空 MH370 于凌晨 2:40 失去联系。围绕航班失联,微信和微博作为主要的信息传播平台,它们对该事件的传播有着明显的区别:

微博是传播和媒体工具,传播具有公开性;微信核心是社交工具,传播具有封闭性。

微博信息的传播是发散性流动;微信信息的传播是点对点。

微博产品设计上鼓励用户转发和传播信息;微信关注用户体验,信息传播速度受限。

微博是广传播、浅社交、松关系;微信是窄传播、深社交、深关系。

在信息传输过程中,可能由于传输路径的错误或信息传送的延迟影响了最终的传输质量。信息传输的路径错误或传送延迟既可能是决策者故意为之,也可能是无意的。路径错误的结果是将信息发送到错误的接受者或者根本就没有给出路径,而信息传送延迟是信息的传递时间超出了限定的时间期限。决策者将电子邮件发送给了非指定收件人,既可能无意识地输错了邮箱地址,也可能是故意输错以使得非指定收件人收到邮件,达到信息传播的目的。而在邮件发送延迟中,既可能由于系统问题导致邮件延迟,也可能由于发件人故意晚发邮件,以达到特定目的。

在进行信息传输管理时,决策者还需要关注噪音的影响。噪音是指发送者没有发送,却被接收者接收到的信息。噪音的存在影响了信息传输的质量,降低了信息的可用性。决策者要清醒地认识到,无论何种传输问题,都将对决策造成不利影响。在决策信息传输过程中,借助于信息技术和通信技术将使信息传输更加及时、准确,能够尽可能避免人为因素的影响,保证决策信息的质量,提升决策效果。

(四)信息存储管理

信息处理需要借助于存储设备对信息进行暂时的存放,以备将来使用。存储技术的关键指标包括容量(存储空间大小)、存取速度(数据存入速度)、便携性(存储设备体积)、兼容性(与其他硬件、软件是否兼容)、可靠性(是否稳定)和成本。传统的信息存储依赖于独立的存储设备,其存储能力和容量受到存储设备的制约,而信息存储在独立的设备中很难支撑移动互联的需求。

云存储技术的出现解决了传统存储的诸多问题。云存储是指通过集群应用、网络技术或分布式文件系统等功能,将网络中大量各种不同类型的存储设备通过应用软件集合起来协同工作,共同对外提供数据存储和业务访问功能的一个系统。当云计算系统运算和处理的核心是大量数据的存储和管理时,云计算系统中就需要配置大量的存储设备,那么云计算系统就转变成为一个云存储系统,所以云存储是一个以数据存储和管理为核心的云计算系统。

【拓展资料】

存储介质的使用寿命大盘点

从开始采集和演示数据时起,人们便开始制作不同形式的介质来存储信息。每项新的发明都会朝着更大的使用便利、更多的存储空间以及更长的寿命迈进。然而,东西总有用坏的一天,下面看看谁是数据时代的存储耐力之王,如表5-3所示:

表5-3　　　　　　　　不同存储介质使用寿命　　　　　　　　单位:年

存储介质	常规使用	不用或精心保养	备注
1976年　5英寸软盘	2	30	
1982年　3.5英寸软盘	2	15	
1987年　数据磁带	10	30	
1994年　ZIP盘	2	10	ZIP盘损坏时候会发出滴声
1997年　VCD	3	100	
1999年　DVD	30	100	
2000年　USB闪存	10	75	容易丢失
1956年　硬盘	34	100	硬盘崩溃
1999年　固态硬盘	51	100+	
现在　　云存储	100+	100+	永久储存

思考:看完以上数据,你会选择哪种存储设备?对存储设备的价格应如何重新评估?

存储技术解决了信息存储空间的问题,但信息的存储状态对决策结果的影响更应该受到决策者的关注。信息的存储质量取决于信息的存储格式是否统一、是否有冗余信息等,这些会直接影响着信息的提取和使用,而信息存储的安全影响更为深远。

由于决策信息对于组织而言具有重要价值,一旦信息丢失、泄漏或被篡改,将直接影响着决策效果,甚至带来直接的经济损失。存储信息安全的实质就是要保护信息系统或信息网络中的信息资源免受各种类型的威胁、干扰和破坏,即保证信息的安全性。决策者要清醒地认识到,信息存储过程中的潜在安全隐患,需要借助于安全技术和制度建设,以此保证决策信息的安全。

(五)信息输出管理

信息输出管理需要借助于输出设备,按照要求呈现信息处理的结果。常见的输出设备包括打印机等。输出设备能够以报告、图表和图像等格式输出处理结果,供决策者参考以作出决策。信息输出技术的衡量指标包括速度、兼容性、可靠性、质量和便携性。

信息的输出技术能够提升信息输出的效率,但输出信息的质量的高低受多种因素的影响。比如,图表格式往往比文字格式更直观,信息输出格式的选择非常重要。决策者在信息输出管理时,要根据信息输出结果的使用者,选择适合的输出格式和方式,以提升输出的质量。

(六)信息再加工——数据挖掘

决策信息被使用后,并不意味着生命周期的结束,通过对信息的再加工,有可能获取新的价值。数据挖掘(Data Mining)是指从大量的数据中通过算法搜索隐藏于其中信息的过程。数据挖掘是目前人工智能和数据库领域研究的热点问题。数据挖掘是一种决策支持过程,它主要基于人工智能、机器学习、模式识别、统计学、数据库、可视化技术等,高度自动化地分析企业的数据,作出归纳性的推理,从中挖掘出潜在的模式,帮助决策者调整市场策略,减少风险,作出正确的决策。

数据挖掘是通过分析每个数据,从大量数据中寻找其规律的技术,主要有数据准备、规律寻找和规律表示三个步骤。数据准备是从相关的数据源中选取所需的数据并整合成用于数据挖掘的数据集;规律寻找是用某种方法将数据集所包含的规律找出来;规律表示是尽可能以用户可理解的方式(如可视化)将找出的规律表示出来。

【拓展资料】

为什么机票超卖电影票不超卖?

一般场合,电影门票只限于票载当天使用,过期作废。而机票有效期自旅行开始或填开客票之日的次日零时起,一年内有效。航空公司为了提高上座率在数据挖掘的基础上,测算出不能按时搭乘飞机的旅客比例,超卖一部分机票。国外航空公司一般超卖3%,而国内一般为5%。

组织在运营过程中收集了大量的数据和信息,数据挖掘技术能够从所收集的数据中尽可能多地获取信息,无论这些数据是来自事务处理系统、电话接听中心、邮件反馈、商业数据库或者网站收集。通过数据挖掘技术,能够对这些看上去没有规律的数据进行处理,以支持企业商业应用与决策,如用于客户关系管理等。调查数据显示,福布斯排名前1000位的企业,超过一半在应用数据挖掘技术,信用卡公司、警察局甚至是广播公司都成功地应用了数据挖掘技术。

【小测验】

1. 什么是信息技术?什么是管理信息系统?
2. 为什么说信息管理是困难的?如何借助信息技术和信息系统管理决策信息?
3. 什么是数据挖掘技术?试举例说明数据挖掘技术在决策中的作用。

单元三 实践中的决策信息管理

由于网络化和各种现代信息技术的发展,决策者通过网络可以最大限度地了解各种信息,但是由于网络的无序化导致信息泛滥,决策者要想方便、快捷地找到符合自己需要的信息非常困难。决策者在实践中,要应对信息过载、信息不足和过度的系统依赖等问题。

一、信息过载

随着大数据时代的到来,企业对各类数据的获取拥有了更广泛和便利的渠道,这些数据为企业决策质量的提升起到了重要作用。这些数据包括:互联网实时产生了大量的电商消费品交易数据与交互数据、竞争对手的价格与市场表现、消费者的评价与偏好等;上市公司定期发布的企业财务数据、证券与投行公司定期发布的行业情报与数据等;政府网站不断公开的各类统计数据,包括行业运行数据、海关进出口、宏观经济运行、专利申报、企业信用等;财经媒体不断调研发布的商业情报、各类行业动态数据等;各类专业期刊、行业期刊、电子数据库也随时产生着有价值的决策信息和情报等。

(一)信息过载的概念

今天,决策人员面对的最大问题不是缺乏信息,而是信息太多。信息过载是信息时代信息过于丰富的负面影响之一。信息过载指的是社会信息超过了个人或系统所能接受、处理或有效利用的范围,并导致故障的状况。心理学家戴维德·路易斯博士指出:"信息过多与信息过少一样危险。撇开其他问题不讲,太多的信息会导致分析瘫痪,使得我们更难找到恰当的解决方案或制订出最佳决策。"

【拓展资料】

惊人的数据量

互联网的发展速度惊人,存储的内容极为丰富,但如何用数量表示出来呢?加州大学圣地亚哥分校的科学家们通过不懈的努力,终于总结出 2008 年全球互联网服务器上存储的各类信息容量总和:9.57ZB(1ZB=2^{21}B),这一信息容量如果用来存储史蒂芬·金的最长篇小说,可以从地球一直摆到海王星再来回 20 次。

科学家们还表示,虽然数量可以计算出来,但绝大多数信息的存在却是令人难以置信的短暂,它的建立、使用和丢弃时间可能就只有几秒钟,对于 9.57ZB 的数据而言,这才是冰山下的世界。

信息过载除了给决策者带来困惑之外,也是机会流失和时间浪费的代名词。它耽搁了很多重大决策,分散了人们花在主要工作职责上的精力,造成了同事关系紧张和工作满意感的降低,甚至会引发疾病和人际关系的冲突。

一方面,信息过载可能是由于信息接受者对信息反应的速度远远低于信息传播的速度造成的。由于人脑的处理能力和处理速度有限,当大量信息涌入的时候,可能超过决策者的处理能力,造成信息无法被及时处理,产生过载现象。

另一方面,大众媒介中的信息量大大高于受众所能消费、承受或需要的信息量。在互联网高度发达的今天,资讯生产的速度和传播的速度高速增长,而决策者往往迷恋信息,希望能够尽可能多地收集信息,加剧了信息过载的情况。

当然,大量无关的、没用的、冗余的数据信息,严重干扰了决策者对相关有用信息的准确性的选择,也是造成信息过载的原因之一。

【拓展资料】

信息过载的商业成本和人力成本

路透社的一项调查显示了信息过载的商业成本:
- 38%的管理人员为找到所需信息,浪费了大量时间。
- 84%的管理者迫于保持竞争力的需要,不得不设法收集信息。
- 43%的人认为,由于信息太多,重大决策的制定受到耽搁,制定决策的能力也受到影响。
- 47%的人直言,为制定决策而收集信息的工作,使他们偏离了自己的主要职责。
- 44%的人相信,收集信息所花的成本已超过信息本身的商业价值。

通过分析对信息过载发表评论的管理者的观点,可以看出人力成本包括:
- 2/3的人认为,信息过剩引起的心理负担导致了同事关系紧张和工作满意度的降低。
- 1/3的人谈到,必须处理的大量信息直接导致了他们健康状况的下滑(在高层管理者中,这个数字上升到43%)。
- 有49%的人由于要处理的信息太多,经常工作得很晚,或者干脆把未做完的工作带回家。
- 62%的人说他们的人际关系越来越糟。

不管决策者收集的信息如何有价值,在达到一定程度之后,额外的信息和分析就没有作用了。从某种程度上来说,信息掌握得越多,决策也可能越周密,但时间压力等因素的存在却意味着信息的收集必须要有一个限度。

实际上,超过限度后,多余信息带来的混乱和延误所造成的损失,要远远超过它为理解决策带来的好处。更糟的是,它还可能导致决策拖延,造成所谓的分析瘫痪现象。这种现象通常出现在收集了过多相互冲突的数据,以至于找不到一个明确答案的情况下。无论如何,我们应该记住,分析只不过是对过去的诠释而已。

> 不管决策者收集的信息如何好,总得有一定的限度,超过限度的信息和分析就没有作用了。

(二)管理信息过载

面对信息过载,决策者需要将精力集中在有效的信息技术选择和使用上,而不是良莠不分的信息处理方式。企业还应该制定诸如电子邮件书写标准等正式的信息管理政策和程序,明确规定何种信息应被传播,以及传播给谁,这将大大减轻无效信息的产生的问题。

同时,决策者应该培养良好的信息处理习惯。对单个决策者来说,对付信息过剩的最好武器就是找出更为有效的信息管理方法。养成好的信息处理习惯不仅是一项实用的决策技巧,对于防止管理者淹没在信息的海洋中也是极其必要的。

【拓展资料】

如何有效地管理信息过载

1. 明确自己的目标,确定自己目前信息获取的关注范围,如学习研究、沟通方式、财务自由等方面。

> 2. 在每个系统中建立自己的知识框架,应用知识管理来不断完善,同时记录心得。
> 3. 形成自己的 GTD 系统,不断完善和改进。
> 4. 定期进行反馈和思考。
> 5. 把身边的信息源划分为不同层次,明确轻重缓急。
> 6. 拿出固定时间来放松自己、缓解压力。

在决策者获取的决策信息中,只有一小部分和决策任务有关,这类信息称为"被使用的信息",这类信息既相关又受到相应重视。与之相对,有些信息和决策任务无关,却为决策者所关注。这类信息包含许多不相干的细节,干扰了对所面临问题的理解,称为"干扰信息"。相反,还有第三种信息,它是问题的关键,但却未得到应有的重视。这就是所谓的"被忽略的关键信息",即被忽略了的重要信息。

之所以会产生被忽略的关键信息,可能是因为决策者未能充分理解信息,或者信息太惊人了。比如,对特洛伊人来说,与希腊人的战争还没结束的消息,实在是太不可思议了,因而没人愿意相信。这个故事的寓意对决策者而言,是要重视被忽略的关键信息。

决策者往往被企业内部的无用信息搞得焦头烂额,无法正常开展工作。这些人一般利用电子邮件或内部信息传输系统,将大量无价值或价值极低的信息发送到企业内部,使信息泛滥成灾,从而掩盖了信息流通渠道,浪费了那些试图关注并作出回应的决策者的时间。

为此,在组织内部设立一个专门管理信息的职位——信息管理员,似乎很有必要。在许多企业中,与信息过载同时存在的另一个问题是,高层决策者不知道,到底应由人力资源(HR)、公共关系(PR)和信息技术(IT)三个部门中的哪个部门承担信息管理的首要责任。结果,很多企业就像一个信息战区,决策者要面对来自新信息,通常也是无用信息的连续不断地地毯式轰炸。

美国《商业情报》杂志的一项调查研究表明,人力资源部门应对信息管理负首要责任。这项研究在调查了各企业内部信息的战略管理后发现,35%的企业把人力资源部视作当然的内部信息管理员,而认为信息管理应由公关部负责的企业只占调查总体的25%。

二、信息不足

(一)关键决策信息不足

信息过载的问题刚刚被提及,直觉上决策者应该不会碰到信息不足的情况。但实际情况却是出人意料的。我国大多中小型企业的经营决策分析具有很强的共性:规律性的统计、依靠内部搜集数据、进行常规的决策分析。面对快速变化的外部环境,随着竞争压力不断增加,传统的决策分析体系正面临着严峻的挑战。

首先,传统决策分析体系内部为信息系统,而非情报系统,决策信息不足,容易造成对外部的未知领域的逐步扩大和判断结果的偏差,内部判断则受到局限。以美国云计算商用软件厂商 NetSuite 的年报披露为例,公司近三年增长率分别为9%、16%、22%,营销费用每年占整个成本结构的40%、42%、45%,2012年的营收为2.6亿美元。仅从其内部数据来看,NetSuite 在微弱成本调整下保持了加速增长。但是,当加入一个新案例,即一家美国的云计算商用软件厂商 Workday 的数据,其近三年的增长率分别为264%、170%、98%,营销费用每年仅占整个成本结构的29%、27%、29%,2011年营收1.3亿美元。加入一个新的信息,就立刻得到了相反的结论：NetSuite在投入了较高营销成本的情况下，增长却较慢。由此可见，组织决策缺乏关键数据和信息，会造成决策结果的偏差。

其次，传统决策分析体系以掌握情况为目的，缺乏有效的预测，不利于规避风险获得资源，组织会对宏观环境的反应迟缓，对产业机会反应迟钝，对政策机会把握不足。

以宏观数据公布为例，投资型企业若在第一时间了解到统计局发布的发电量同比增长率为20%、7.2%、0.7%，就会更真实地确定经济严重减缓的事实，预判经济不景气时将会繁荣的产业，如影视娱乐、信托与小额贷款等产业等。而如果企业知道2011年智能移动终端的出货量超过PC，就能够感知到移动互联对传统行业的冲击。再如，从中央各部委，到地方各种支持政策无不蕴含着许多产业机会。若缺乏对外部政策机会的敏锐获取，则易错失资源。目前，很多企业对这类情报主要依靠企业家个人网络获取，但这种方式存在一定的偶然性、局限性，获取的关键信息有限。

最后，传统决策分析体系是管理手段，而非竞争手段，不利于跟踪技术与市场前沿的变化。持续创新，正面临着一个重大挑战，缺乏大规模数据支撑大量创新。

综合以上分析可知，在信息技术和信息系统广泛使用的今天，企业虽然收集到大量的数据和信息，但在关键信息上有所不足，形成了关联度不高的信息过剩和关键信息不足共存的局面。

（二）利用大数据分析提升企业竞争力

大数据（Big Data）又称巨量资料，指的是所涉及的资料量规模巨大到无法通过目前主流软件工具，在合理时间内达到获取、管理、处理、整理成为帮助企业经营决策更积极目的的资讯。大数据具有"4V"特点：Volume（大量）、Velocity（高速）、Variety（多样）、Value（价值）。大数据技术的战略意义不在于掌握庞大的数据信息，而在于对这些含有意义的数据进行专业化处理。换言之，如果把大数据比作一种产业，那么这种产业实现盈利的关键，在于提高对数据的"加工能力"，通过"加工"实现数据的"增值"。

【拓展资料】

研究机构Gartner定义："大数据"是需要新处理模式才能具有更强的决策力、洞察发现力和流程优化能力的海量、高增长率及多样化的信息资产。

《大数据》（维克托·迈尔·舍恩伯格著）一书中披露了海员莫里对搜集的数百年来的海航日志、地图等数据，并结合洋流、风向等总共120万个数据点进行分析，写出《海洋的地理物理学》，帮助航海家找到了更有效的航海线路。日本的科学家通过在汽车座椅上加装360个传感器，通过压力数据的搜集来判断驾驶者的姿态并识别驾驶者的身份，从而保障驾驶的安全。在美国出现了众多通过历史价格数据，来预测未来价格的变化的网站。

并不是所有企业都要对外部信息大量掌握，对于那些市场竞争激烈、对外部环境依赖较大、机会稍纵即逝、需要通过快速响应和大量创新构建竞争力的企业，需要大量掌握外部的信息来构筑自己的经营决策体系。无论是传统服装产业还是高科技企业，都已经涌现出众多的企业，通过市场与技术信息的快速、及时、大量掌握，快速制定大量的产品开发决策，抢占先机，构筑核心竞争力。

众多企业对外部信息的搜集，主要依靠企业家个人或高管团队，由于企业家接触层面高、接触面广,能得到很多普通人不易得到的核心信息。在大数据时代下,信息传播越来越快,信息越来越容易得到。我们不能高估企业家人际网络对信息的贡献,也不能低估大数据时代公开信息蕴藏的信息价值以及员工头脑中的信息线索。企业可以尝试用以下方式确定信息来源:

首先,通过互联网专业渠道获取。大数据时代企业能够通过付费或免费方式,得到包括竞争信息、宏观经济、政策机会、标杆前沿的数据等。

其次,通过员工网络获取。对于企业家已知的已知,公司每月通过报表体系进行分析汇总,得到更加量化的确认;对于企业家已知的未知,企业家过问一下也是能知道的。但是,对于未知的未知,企业家就没办法及时掌握了,除非触发了问题。

最后,通过对大量数据的分析挖掘获得信息。企业通过自身的信息系统、门户网站、客服系统、电商平台积累了大量的历史数据,而目前企业也可通过付费购买电商的历史数据库。

大数据时代的决策分析体系,是充分获取外部信息,充分挖掘提供决策依据的数据。在大数据时代,企业必将八仙过海、各显神通,搜集各种信息与情报,建立符合自身的决策体系。优秀的企业必将信息作为决策的重要依据,并建立常态化的机制,充分了解竞争对手信息,应对快速变化的外部环境,快速准确地作出各种经营决策。

【拓展资料】

趣味大数据分析

手机与马桶的故事在不断演绎着。原因其实很好解释:你越来越离不开手机。甚至是在蹲马桶、洗澡这些私密行为的时候,也无时无刻不在与手机亲密接触。

根据Splick.it统计,12%的成年人会在洗澡的时候使用智能手机,75%的人会在洗手间使用智能手机。而比较悲剧的是,19%的人曾有过手机掉马桶里的经历。

由于Splick.it是一个O2O服务公司,他们还统计了人们使用移动设备下单的情况。数据显示95%的智能手机用户会进行餐馆搜索,这些搜索90%在一天内转化为实际购买行为,其中64%是1小时内就确定购买了的。至于人们为什么会使用手机下单,依次排下来的原因是:快速,不想排队,希望获得优惠券。

三、系统依赖症

无论是信息过载还是信息不足,都迫使决策者越来越多地借助于信息技术和信息系统。两者的广泛使用,促进了决策信息管理水平的提升,改善了决策结果。但在使用信息技术和信息系统时,决策者一定要清醒地认识到过度使用可能带来的严重后果——系统依赖症。

信息系统是脆弱的。系统很可能由于黑客、操作不当,甚至无理破坏产生严重的后果,如系统瘫痪和信息丢失。随着数据量的不断增大和系统服务范围的延伸,组织对信息系统的依赖越来越强,然而系统本身却变得越来越脆弱,虽然信息系统管理者通过各种方式不断增强系统的可靠性,但没人敢确保系统一定不会出现问题。

信息系统是辅助决策者决策的。信息系统定义中特别强调信息系统是以人为主导的人机系统,系统应该是辅助人作出决策的,最终作出决策的是人,而不是系统。而现实中,我们却发现由于信息的过载或信息不足,决策者很难处理所有信息或无法作出判断,于是借助于系统,以系统决策的结果作为决策结果变成了一个"不错"的选择。而人不再是决策主体,逐渐沦为决策结果的执行者,这是本末倒置。之所以强调人的主导性,除了系统与生俱来的问题——固化的逻辑之外,更是因为人决策时能够将更多的因素考虑进去,人的决策是包含"第六感"的。

【拓展资料】

飞行员过分依赖自动化系统 导致手动操作能力不佳

日前,根据美国联邦航空局(FAA)进行的一项调查发现,现在,由于飞行员过分依赖自动化操作,以至于当他们需要手动操控飞机时而手足无措。调查写道:"他们(飞行员)习惯了看着故障发生,而已经丧失了着手去解决它们的积极性。"

这份277页的调查最终总结道,大量飞行员的手动操作技能非常糟糕,他们无法掌握驾驶舱技术中的最新变化。详细来说,有2/3的飞行员不是航空手动操作技术不佳就是在使用飞机计算机的时候犯错。

美国国家运输安全委员会对韩亚航空客机在旧金山机场发生的空难事故举行听证会也佐证了这一调查结果。调查人员认为事故的原因可能是飞行员在飞行的最后几分钟误读了电脑系统,调查人员关注的焦点是对现代飞机的自动驾驶系统的过度依赖是否会导致驾驶员飞行技能的退化,从而增加事故风险。

决策者在借助于信息技术和信息系统提高决策信息管理时,一定要时刻提醒自己,沦为系统的附庸将是组织决策的最大灾难。

【小测验】

1. 什么是信息过载？为什么会出现信息过载？从你的经历出发,你是如何应对信息过载的？

2. 信息技术和信息系统的广泛使用帮助组织获取了大量的数据和信息,为什么还会出现信息不足的问题？组织应该如何应对？

3. 决策者日益依赖于信息系统管理信息、辅助决策,你是如何看待决策者与信息系统的关系的？依赖信息系统会产生哪些不利的后果？

【决策实务】

刘备同学自从进入三国大学堂后,一直希望有机会自己创业。经过前期的考察和准备,刘备与同学张飞和关羽在校内租赁店铺,开了一个水果店,起名"桃园聚义",开始了创业之旅。刘备同学长于营销,关羽同学精于运营,张飞同学善于财务。由于三兄弟赚足了眼球,生意一直不错,转眼月余,到了月底核算的日子。回想起每日运营过程中,三兄弟一面称重、收银,一面看管店铺防止偷盗,辛辛苦苦一个月。三兄弟看着店铺里的水果、每日的销售流水、进货的账单,一时之间不知道生意到底是赚是赔,更无从知晓库存多少、货损多少。这时,张飞突然发问,平日里刘、关二人是否将收入全部上交,而刘、关二人更是猜疑张飞是否私藏收入。三兄弟猜忌心日重,差点不欢而散。

你将如何运用本章所学的知识,解决"桃园聚义"水果店面临的决策问题,帮助刘、关、张三兄弟理清经营情况？

【教师点拨】

我们可以从以下几个方面进行考虑：

首先，三人名义上有分工，但经营过程中都同时承担称重员、收银员和防损员的职责，职位重叠没有分工。由于都有收银权利，又无从监督，产生了不信任。解决问题的关键是在保证运营的基础上，理顺关系，合理分工，相互监督，保证资金安全。

其次，不知道卖了多少产品，剩下多少产品，货损多少，收入多少，是因为缺乏信息的收集。没有基础信息，无法对未来的销售趋势进行预测，无法指导未来的销售。

最后，考虑一下信息技术的应用，能否从根本上解决问题。比如，购置POS机，张飞收银、关羽称重、刘备营销加防损。条码称重计价，使用POS机收银。系统将收集到销售信息、财务信息等。这些信息显然有利于改善决策，提升决策效率。

【身边的决策】

还记得第一章提到的班级毕业旅游的决策吗？同学们想法不同，你最后是怎样应对的呢？学习了本章内容，你可能意识到信息的重要性，那就从收集信息开始，重新制定决策。在这个过程当中，你可能要应对信息过剩、信息不足等问题。虽然我们没有信息系统帮助管理信息，但你一定需要其他信息技术方法。

【案例思考】

UPS依靠信息技术和信息系统竞争全球

UPS(United Parcel Service)是世界最大的航空和路运包裹处理公司。1907年，在壁橱大小的地下室，富有创业精神的19岁青年吉姆·凯西(Jim Casey)和克劳德·瑞(Claude Ryan)，从朋友处借来100美元创建了位于华盛顿州西雅图市的美国信使公司(American Messenger Company)。早期公司的资产只有两辆自行车和一部电话。

如今的UPS，或者称为联合包裹服务公司，是一家全球性的公司，其商标是世界上最知名、最值得信赖的商标之一。作为世界上最大的快递承运商与包裹递送公司，UPS同时也是专业的运输、物流、资本与电子商务服务的领导性的提供者。每天，UPS都在世界上200多个国家和地区管理着物流、资金流与信息流。

随着时间的推进，凭借科技来减少人力与纸张的消耗，已成为了明显的趋势。UPS也知道，客户需要更快的包裹递送信息来帮助他们加速结账并改进现金流，因此UPS研发了一种称为DIAD(Delivery Information Acquisition Device)的手提式电脑。UPS的司机使用DIAD自动的获取用户在捡取、投递和时间预约等信息和签名。司机随后将DIAD连接在货车的车辆适配器(用于连接蜂窝电话网的设备)。司机同时可以使用DIAD内置的收录机传递和获取信息。包裹的各种信息随后被传送到UPS位于新泽西州和佐治亚州的计算机网络中进行存储和处理。在这里，包裹的信息被传递到互联网上，提供给客户查询。

通过自动包裹跟踪系统，UPS可以控制包裹传递的整个过程。在每个不同的转运节点，UPS使用条码系统对包裹进行扫描，随后将扫描信息传递到中央系统。客户服务人员可以使用终端电脑查询和检索每一个包裹的状态，当然也可以迅速地回答客户的各种问题。UPS的顾客可以使用家用电脑和无线网络访问互联网，随时获取类似的信息。

任何顾客都可以通过UPS的互联网跟踪自己的包裹的处理状态，检查投递路线，计算投递速度，决定最终投递时间。商业顾客可以使用用户名登录网站，下达货运需求，在线支付。UPS

网站将收集到的数据传送到中央系统,当处理完成后返回给顾客。UPS 同时提供一些工具,供使用一些特殊系统,如 Cisco 系统的客户可以直接使用自己的网站跟踪货物和计算成本。

结合案例思考并回答以下问题:

(1)试想 UPS 为什么要开发自动包裹跟踪系统?

(2)从信息的收入、处理和输出的角度分析这个系统能够为 UPS 提供哪些决策支持?

(3)UPS 如何获取竞争优势?我国的快递公司现在都有自己的包裹追踪系统,对比一下它们有什么不同?

【教师点拨】

UPS 开发自动包裹跟踪系统给我们以下启示:

第一,物流公司需要全程的信息获取以辅助决策,物流服务对象关注货物状态,需要跟踪物流全过程。

第二,通过系统的建立,物流公司可以快速收集各个节点信息,在监控运营的同时为后续工作的展开奠定基础。

第三点,信息技术和信息系统的使用提升了信息管理的能力,能够为企业带来竞争优势。

第六章

有效决策的组织结构类型

组织结构的设计应该明确谁去做什么,谁要对什么结果负责,并且消除由于分工含混不清造成的执行中的障碍,还要提供能反映和支持企业目标的决策与沟通网络。

——哈罗德·孔茨

知识要点图

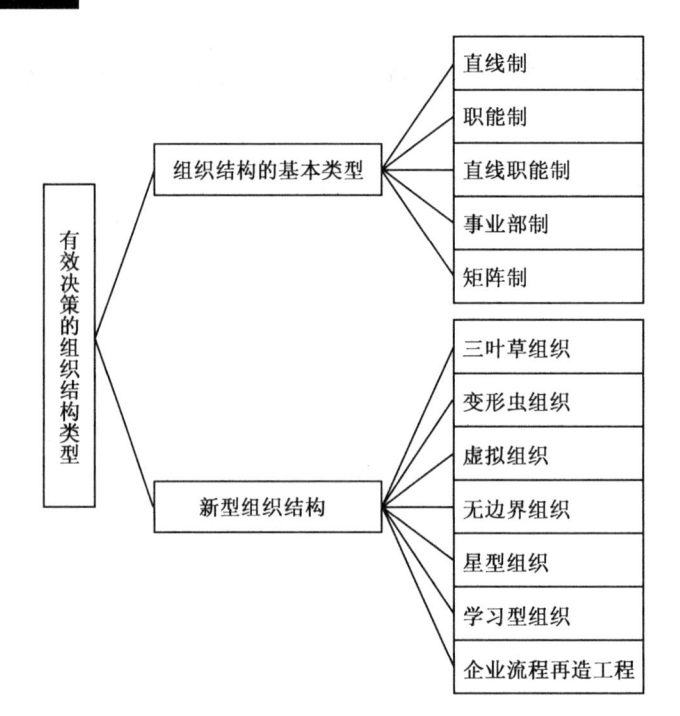

有效决策的组织结构类型
- 组织结构的基本类型
  - 直线制
  - 职能制
  - 直线职能制
  - 事业部制
  - 矩阵制
- 新型组织结构
  - 三叶草组织
  - 变形虫组织
  - 虚拟组织
  - 无边界组织
  - 星型组织
  - 学习型组织
  - 企业流程再造工程

学习目标

阅读和学完本章后,你应该达到以下知识目标和能力目标:

知识目标:
1. 掌握组织结构的基本类型;
2. 熟悉新型的组织结构。

能力目标:
1. 能绘制常见的组织结构图;

2. 能根据组织结构的特点判断某企业适合何种组织结构类型；
3. 能为企业设计合适的组织结构。

案例导入

海尔的组织结构演变

海尔集团创立于1984年，现已发展成为在海内外享有较高美誉的大型国际化企业集团。在海尔的发展进程中，其组织结构也在不断调整。

直线职能制结构就像一个金字塔，下面是最普通的员工，最上面是厂长、总经理，在企业小的时候，"一竿子抓到底"，反应非常快。这种结构在海尔发展的初期起了很大的作用，当时海尔内部局面混乱，纪律涣散，员工素质低，如果不采用这种组织结构，张瑞敏的领导魅力无法展现，海尔无法发展。

1996年海尔开始实行事业部制。在企业运作方式上，海尔集团采取"联合舰队"的运作机制。集团总部作为"旗舰"，以"计划经济"的方式协调下属企业。下属企业在集团内部是事业本部，对外则是独立法人，独立进入市场经营，发展"市场经济"，但在企业文化、人事调配、项目投资、财务预决算、技术开发、质量认证及管理、市场网络及服务等方面必须听集团统一协调。

随着海尔的壮大，张瑞敏发现海尔染上了"大企业病"，反应迟钝，效率低下，企业由上到下都是行政隶属关系，根本无法对大规模企业灵活管理。1999年3月，海尔开始把"金字塔式"的直线结构转变成矩阵结构的项目流程。集团从各事业部职能部门抽调人员组成项目小组完成整个业务流程（从研发到销售）。这在一定程度上是集团通过项目的形式把分散在各事业部的业务集中起来进行管理。

1999年8月，海尔开始BPR流程革命，成立超事业部结构，开始了组织结构的深度变革。第一步，把原来分属于每个事业部的财务、采购、销售业务全部分离出来，整合成独立经营的商流推进本部、物流本部、资金流推进本部，实行全集团统一营销、统一采购、统一结算。第二步，把集团原来的职能管理资源进行整合，如人力资源开发、技术质量管理、信息管理、设备管理等职能管理部门从各事业部分离出来，成立独立经营的服务公司。整合后集团形成直接面对市场的、完整的物流、商流、资金流等核心流程体系，以及企业基础设施、研发、人力资源等支持流程体系。第三步，把这些专业化的流程体系通过"市场链"连接起来，设计索酬、索赔、跳闸标准，经过对原来的职能结构和事业部进行重新设计，把原来的职能型组织结构转变成流程型的网络体系结构，垂直业务结构转变为水平业务流程，形成首尾相接和完整连贯的新业务流程。

当然，在各流程内部要建立自己的子流程，如物流内部建立了采购事业部、储运事业部、配送事业部。采购事业部业务流程的任务主要是从分供方采购产品事业部所需要的零配件，并对分供方进行管理；储运事业部业务流程主要是仓储和运输采购事业部的零配件，以供产品事业部制造产品所用；配送事业部业务流程主要是从储运事业部的仓库把零配件直接送到产品事业部的生产线上，同时把产品成品配送到销售中心和客户手中。这样的物流管理使海尔实现在全球范围内采购零配件和原材料，为全球生产线配送物资，为全球销售中心配送成品，降低了成本，提高了产品的竞争力。

【分析与思考】
1. 海尔公司在发展中出现了哪些组织结构？这些组织结构形式都有哪些优势和不足？
2. 通过阅读案例材料，你有何感受？

单元一 组织结构的基本类型

企业组织结构是企业组织内部各个有机构成要素相互作用的联系方式或形式,以有效、合理地把企业成员组织起来,为实现共同目标而协同努力。企业组织结构的形式,与企业组织的功能要求、企业实行的管理模式、员工分工合作的要求、工作权力划分和集权的要求都有着密切的联系,本质是企业组织各部门、各层次管理关系的模式化表现。实践中,人们有意无意地根据西方关于人的行为科学理论以及企业本身如规模大小、发展战略、生产技术、行业特征、市场变化要求、管理者能力等设计了不同的企业组织结构。

一、直线制组织结构

直线制组织结构形式是工业企业发展初期的一种简单的组织结构模式,又称军队式结构或单线制。基本特点是:组织中各级职位按垂直方向依次排列,命令传递和信息沟通只有一条直线通道,任何下级都只接受各自唯一上级的命令。如图6-1所示。

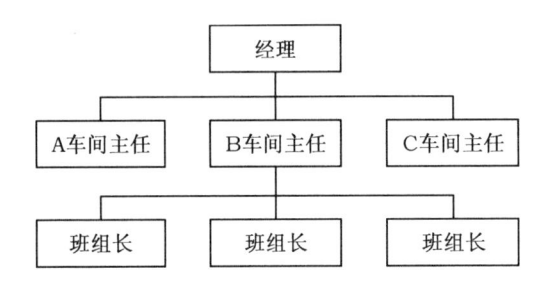

图6-1 直线制组织结构

它的优点是:结构简单、职责分明、权力集中,可有效地保证统一指挥、集中管理。在主管人员素质高、能力强的条件下有很高的运作效率且节省管理费用,适用于业务单一、有较稳定服务对象的小型企业。在实践中,发展初期的小企业会采用此种大权独揽的组织结构。

它的缺点是:由于一个人在精力、知识等方面是有限的,在解决复杂、困难的问题时,难以应付,失误较多;结构中的各部门工作相对独立,比较容易产生"本位主义"。

二、职能制组织结构

职能制组织结构首先由科学管理之父泰罗提出。这种形式以企业各部门职能实行专业化分工为基础设计,将业务性质相似,所需要的业务技能相近,或与实现某个具体目标联系紧密的工作任务组合在同一个部门中,组成以生产、销售、财务、人事等职能部门分工为特色的结构形式。如图6-2所示。

例如,如果指定一位生产专家作为职能经理对企业的生产负责,那么他将有权指挥与生产相关的任何部门中的任何人,而不考虑有关的直线管理者。因此,他可以因为产品生产计划命令销售人员进行促销,并不需要征求市场营销经理的意见。如果营销经理也是职能经理,就会发生冲突。

它的优点是:能够充分发挥专业化分工的优势,将具有相近业务技能的人和联系紧密的工作任务组合在一起,有利于相互间的交流沟通,提高专业技能水平。设有职能机构和人员,能

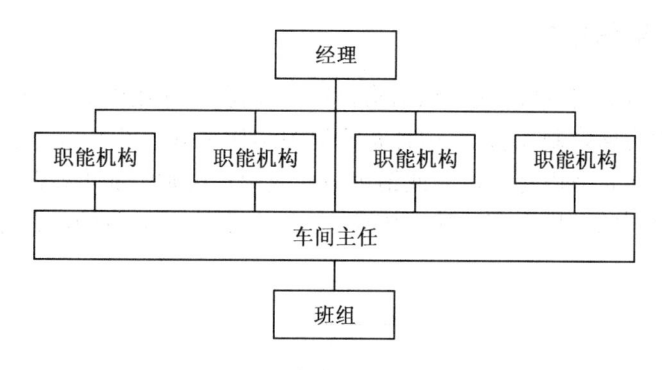

图 6-2 职能制组织结构

减轻主要领导的日常工作负担,使主要领导能将自己的主要精力用来实现自己的职责。

它的缺点是:职能经理长期只从事某一专门业务的管理,对其他职能部门缺乏了解,难以具备全局观念,不利于培养综合型管理人才;容易形成多头领导,政出多门,妨碍了企业集中统一的指挥。在实际工作中,纯粹职能制的组织结构并不常见。

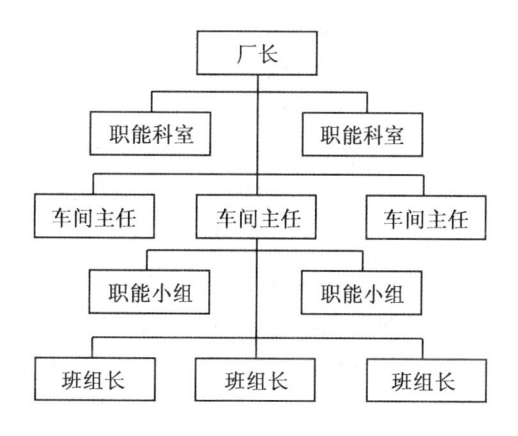

三、直线职能制组织结构

直线职能制组织结构也称直线参谋制,是在总结直线制和职能制的经验及教训基础上,取两者之长、舍两者之短形成的。它以权力集中于高层为特征,按职能分工原则在每一领导层中设置必要的职能管理部门,以协助该层次主管领导的管理工作,对该层次各部门工作提出工作建议。职能部门对直线部门的工作只有建议权而没有直接的指挥权。在实践中,直线职能制组织结构是企业经常采用的模式。如图 6-3 所示。

图 6-3 直线职能制组织结构

它的优点是:组织结构分工明确,实行统一领导,避免了组织的"多头领导"或"多头指挥";各级领导都有相应的参谋和助手,充分发挥了职能部门的业务特长和参谋作用,能对本部门的生产经营活动进行有效指挥,减少决策失误,适应企业管理工作复杂和细致的特点。

它的缺点是:企业管理横向联系较差,下级缺乏必要的自主权,上级协调直线部门和职能部门的工作量较大,信息传递缓慢,对环境变化适应性较差。

这种组织结构形式适应组织规模较小、产出比较单一、集中在一个地区的企业。

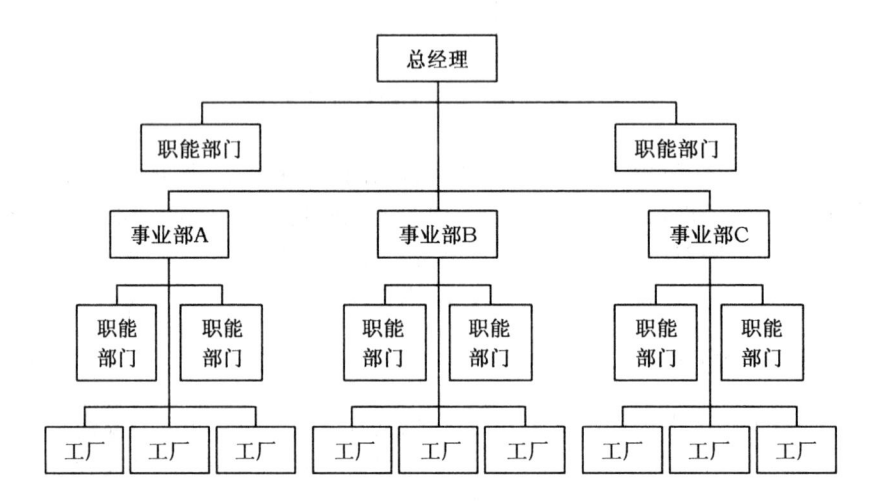

四、事业部制组织结构

事业部制组织结构也称部门化组织结构,最初是由美国通用汽车公司总裁斯隆于1924年提出来的,因此又称为斯隆制。目前,这种企业组织结构形式已为特大型企业、跨国公司所普遍采用。其特点是:在企业内部按产品或销售地区或用户类别组成事业部,各事业部均为独立的利润中心,在总公司的领导下实行独立核算、自主经营、自负盈亏的经营方式。如图6-4所示。

图6-4 事业部制组织结构

这种企业组织结构形式的关键是,各事业部拥有独立的产品和市场,它们是独立核算、自负盈亏的利润中心,在最高管理层设立的发展战略框架中,能有效运用其自主经营权以及财务独立性,以谋求自己更大的发展。事业部制企业组织结构形式,使企业实现了"集中决策、分散经营",十分有利于调动各事业部的工作积极性和主动性。

它的优点突出表现为:第一,改善了企业决策结构,缩小核算单位,有利于大公司改进目标管理和提高决策的效率;第二,有利于调动各事业部的工作积极性;第三,有利于大公司开展多元化经营,保证长期获得稳定的利润;第四,有利于培养高级管理人才;第五,有利于企业最高领导从繁杂的管理事务中抽出时间,集中考虑企业的战略决策问题,提高企业的战略决策水平。

这种组织结构形式也有其明显的缺点,主要表现为:容易引发本位主义,影响各事业部之间的协作配合;公司和各事业部的职能机构设置重叠,增加了管理人员和管理费用;各事业部之间相互竞争会产生一定的内耗。

事业部制一般适用于企业规模较大,产品种类较多,各种产品间工艺差别较大,而且市场条件变化也较快,要求适应性比较强的大型联合企业。

五、矩阵制组织结构

矩阵制组织结构是依据职能划分的部门和依据产品(任务)划分的部门所组成的形似矩阵的组织结构。如图6-5所示。

这种结构在直线参谋职能制基础上,增设了横向的项目管理系统,两者结合组成了若干小组。小组的成员既隶属于各自的职能部门,又接受小组领导的直线指挥。

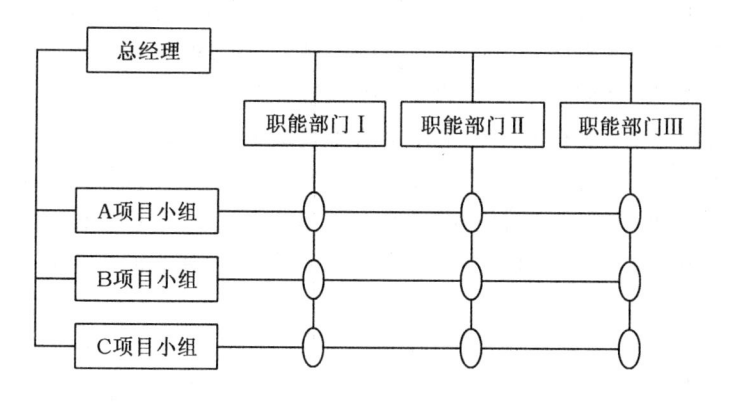

```
                    ┌──总经理──┐
                    │         │
        ┌──────┬────┴──┬──────┤
     职能部门Ⅰ 职能部门Ⅱ 职能部门Ⅲ
  A项目小组──○──────○──────○
  B项目小组──○──────○──────○
  C项目小组──○──────○──────○
```

图6—5 矩阵制组织结构

它的优点是：创造了集权与分权较好结合的新形式，克服了职能部门原有的局限和职能部门之间的脱节现象，加强了各部门之间的通力协作与横向交流，有利于企业发挥人员潜力，不断创新，机动灵活地适应环境的变化。

它的缺点是：存在明显的双重领导，容易出现意见分歧、协调困难等问题。同时，项目小组临时性的特点也局限了项目经理对小组成员的控制能力。

矩阵制组织结构特别适应于产品种类多、变化大，以研究、开发、创新为主的企业。

> 【小测验】
> SD广告公司是一家大型广告公司，业务包括广告策划、制作和发行。考虑到一个电视广告设计至少要经过创意、文案、导演、美工、音乐合成、制作等专业的合作才能完成，下列哪种组织结构能最好地支撑SD公司的业务要求？
> A.矩阵制　　　　B.职能制　　　　C.直线制　　　　D.事业部制

单元二　新型组织结构

组织结构是企业资源和权力分配的载体，它在人的能动行为下，通过信息传递，承载着企业的业务流动，推动或者阻碍企业使命的进程。随着企业本身的发展变化以及企业所处环境的改变，企业组织结构的形式也会发生相应的变化。

一、三叶草组织

三叶草组织是爱尔兰管理作家查尔斯·汉迪在其《非理性时代》一书中提出的，特指由三部分或三片叶子构成的一种组织结构。三叶的形状象征企业由三组迥然不同的人组成，其定义是"以基本的管理者和员工为核心，以外部合同工人和兼职工人为补充的一种组织形式"。

这种组织模式通常用来解释企业为什么要把非核心的职能转包给社会上的其他企业，三组人各怀不同的期望，接受三种不同的管理，领不同的工资，并且被以不同的方式组织起来。

（一）第一片叶子

三叶草组织的第一片叶子代表核心工作人员或专业核心，它由资深专家、技术人员和管理人员所组成。他们是专业人士，主要从工作中体现其身份地位，实现个人愿望。他们可以说既对组织承担义务又依赖于组织。他们工作时间长且辛苦,但是反过来,他们不仅要求目前获得合适的报酬,还希望将来能有所保障。他们考虑的是将来的职业、晋升和投资。因此他们不是可被随意指使的一群人,他们是很重要的或者应该是难以取代的。

在越来越多的企业中,其核心层的工作生活将类似于顾问公司、广告代理机构和专业股份公司。这些企业内不存在大的等级差别,最高一层由合伙人、专家或领导组成。

随着企业的核心变小,经济方面的需要迫使更多的企业重新考虑酬劳其高级核心人员的方式。在这个过程中,逐步使他们转变成合作者而不是雇员,建立同事关系而不是老板和下属的关系。

(二)第二片叶子

三叶草组织的第二片叶子由与企业存在合同关系的组织和个人构成。这些组织是一个百宝箱式的世界;而个人则是个体专业和技术工人,他们中许多人曾经是中心组织的雇员,是从核心层退下来的或是喜欢从事个体职业的那部分自由的人。

然而,无论是组织还是个人都保持相同的组织原则——按业绩而不是按工作时间获取报酬,拿酬金而不是工资。它的含义是很重要的——中心组织可通过指定业绩目标来实施控制,而不必监视其工作方式。三叶草结构的企业可将令人厌烦的工作承包出去,并根据业绩支付酬金。

(三)第三片叶子

三叶草组织的第三片叶子代表的是具有很大弹性的劳动力市场。这些人并不都渴望进入核心层工作,需靠兼职收入来弥补生活不足,直到发现更好的工作。他们中有些是年轻人,他们将工作视为一系列实习或是赚钱的机会。对于他们来说,兼职或临时的工作不仅是一种需要更是一个机会。如果需要的话,他们具备可供利用的技能,能够尽义务,具有潜力和精力。他们不一定追求事业或晋升,有超越工作之外的兴趣和考虑,因此,那种对核心层职员的鼓励他们并不易为之所动。他们是对工作和工作群体尽责而不是对事业或企业尽责。企业必须习惯于这样一种观念,即使获得工作也不是每个人都想一直为之工作下去。核心层职员的发展不能是也不应该是弹性劳动力人员的发展方向,因为有些人可能会渴望一份终身的专职工作,但也有不少人不会这样想。新的工作观念已经开始占据人们的头脑。

然而,弹性劳动力绝不会有核心层职员那样的责任心和志向。他们想要合适的报酬和条件,公平的待遇和良好的合作伙伴。他们要的是工作而不是事业,他们期盼在企业的成功过程中分享好处但不能期望他们能为企业的成功感到欢欣,他们也不会投身于对工作的热爱中去;他们的文化观念是,更多的工作应该得到更多的钱。

【拓展资料】

第四片叶子:产消合一

汉迪提到,在三叶草之外还有第四片叶子的存在。

想象一下宜家是如何吸引消费者的:产品设计简约时尚,顾客能够自行组装拆卸,在组装与拆卸的过程中享受愉悦的消费体验。再想象一下微博,他们只是提供一个平台,来自世界各地的博友在上面发表言论,为网站提供丰富多彩的内容等。汉迪所说的第四片叶子,就是这样一种形式的"外包"——让客户承担价值链的一个环节,"产消合一",组织无需提供成本。

> 托夫勒曾预言人类文明的第三次浪潮是"生产者和消费者再次合一的个性化文明",第三次浪潮将利用工业文明创造的科技,回归"产消一体"的工作生活方式,完成螺旋式发展。在这种生产消费方式中,大众化的需求会由大众生产而得到满足,这可以推动商业走向满足个性化需求的道路。也许,他的预言正在实现,而汉迪言下的第四片叶子,与此殊途同归。

二、变形虫组织

变形虫组织是加拿大麦吉尔大学的亨利·明兹伯格(Henry Mintzberg)创建发展的。变形虫组织是指可以配合环境需求,进行组织重整或组织结盟的一种弹性化的组织设计方式,目的在于提高组织对环境变化的适应与反应力。

在企业界,变形虫组织的设计包括两种形态:第一种形态是指组织本身主要由许多独立运作的小组或类似的单位构成。这些单位通常属于任务编组方式,组织的成员来自企业各个部门,只要阶段性的任务达成,成员各自回到原工作岗位,等待下一个新任务的开始。

第二种形态是指组织与组织之间基于互相依存的关系,所形成的一种结盟关系。这些结盟的组织形成一种相当庞大的事业体,可以创造出相当大的利润,结盟的各个组织都受益,但是一旦环境变化,这些结盟组织再度迅速解构,并各自找到其适合的结盟对象,形成另一结盟体,由于这种结盟而成的组织并非实际存在的有形组织,因此,也称为虚拟组织。

三、虚拟组织

虚拟组织是一种区别于传统组织的一种以信息技术为支撑的人机一体化组织。其特征以现代通信技术、信息存储技术、机器智能产品为依托,实现传统组织结构、职能及目标。在形式上,没有固定的地理空间,也没有时间限制,组织成员通过高度自律和高度的价值取向共同实现团队的共同目标。

NIKE创建于20世纪70年代,在短短40年的时间里,NIKE已经建立起了全球范围内的体育王国,赢得了世界各国年轻人的喜爱。但是,NIKE自己并不生产任何产品,NIKE品牌下所有的运动用品都是由遍布于世界各地的加工厂生产的。NIKE公司组织起一个全球化的分别负责产品设计开发、制造、包装、运输、销售等各项专门业务的网络。在这个网络中,NIKE只负责产品设计和产品调度的工作,其他的工作都通过长期合作的方式交给合作伙伴完成。NIKE的合作伙伴中既有中国的服装加工厂,也有UPS(美国联合包裹投递公司)环球物流体系。

虚拟企业是工业经济时代的全球化协作生产的延续,是信息时代的企业组织创新形式。目前,人们对它的认识仍然处在不断探索的阶段,在相关文献中有虚拟企业、虚拟公司、虚拟团队、虚拟组织等称谓。不过总的说来,虚拟企业具有以下主要特点。

(一)虚拟组织具有较大的适应性

虚拟组织是一个以机会为基础的各种核心能力的统一体,这些核心能力分散在许多实际组织中。它促使各种类型的组织部分或全部结合起来以抓住机会。当机会消失后,虚拟组织就解散。所以,虚拟组织可能会存在几个月或者几十年。

（二）虚拟组织共享各成员的核心能力

虚拟组织是通过整合各成员的资源、技术、顾客市场机会而形成的。它的价值就在于能够整合各成员的核心能力和资源，从而降低时间、费用和风险，提高服务能力。

（三）虚拟组织中的成员必须以相互信任的方式行动

合作是虚拟组织存在的基础，但由于虚拟组织突破了以内部组织制度为基础的传统的管理方法，各成员又保持着自己原有的风格，势必在成员的协调合作中出现问题。但各个成员为了获取一个共同的市场机会结合在一起，他们在合作中必须彼此信任，当信任成为分享成功的必要条件时，就会在各成员中形成一种强烈的依赖关系。否则，这些成员无法取得成功，顾客们也不会同他们开展业务。随着信息技术的发展、竞争的加剧和全球化市场的形成，没有一家企业可以单枪匹马地面对全球竞争。虚拟组织日益成为公司竞争战略"武器库"中的重要工具。这种组织形式有着强大的生命力和适应性，它可以使企业准确有效地把握住稍纵即逝的市场机会。但是，我们还应该看到，尽管宣传使用虚拟组织的概念十分容易，但是虚拟组织的组成与运作并不简单。虚拟组织有待不断实践创新，也存在无限可能性。

四、星型组织

具体来说，星型组织包括四种模式：星型模式、互补模式、平行模式、混合模式。

（一）星型模式

这种模式一般由一个占主导地位的核心企业和一些伙伴组成，核心企业负责虚拟组织的构建与管理工作，制定运行规则，协调各方关系，当伙伴之间发生冲突时，负责作出合理的仲裁。在忽略成员企业之间的联系时，就表现为星型结构。

（二）互补模式

互补模式不存在盟主，而是由地位平等、拥有的资源与核心能力相互补充的各方共同组成。这种模式下，企业虚拟组织的组建与管理需要通过各方的协商来解决。

（三）平行模式

该模式是由地位对等、拥有不同的核心能力、能够独自完成市场的某种需求的各方组成，只是各方满足市场需求的方式与手段不同；由于各方的独立性较强，因此需要通过共同协商，完成企业虚拟组织的组建与管理工作。

（四）混合模式

混合模式是指在虚拟组织的不同层次、不同部分采用不同的组织模式。

五、无边界组织

无边界组织是现代信息通信技术发展后产生的一种新的组织，是相对于有边界组织而言的。无边界组织是指边界不由某种预先设定的结构所限定或定义的组织结构。该组织寻求消除传统组织指挥链带来的限制，让控制幅度无限扩大，并用授权的团队来取代各种职能部门。

【拓展资料】

边界通常有横向、纵向和外部边界三种。横向边界是由工作专门化和部门化形成的，纵向边界是由组织层级所产生的，外部边界是组织与其顾客、供应商等之间形成的隔墙。

无边界组织的特点是：

第一，通过建立跨级层小组、决策参与制和全方位业绩评价体系等，在一定程度上消除组织纵向结构上的界限。

第二，用跨职能层级代替职能部门，以及实现不同职能领域之间的人员横向转移和轮换，来减少组织横向结构上的界限。

第三，突破地理距离带来的家庭所在地与工作地点之间的隔绝，实行家中上班制度。

第四，通过战略联盟和组织，建立顾客之间的联系渠道等，尽力打破组织与组织环境之间的界限。

【拓展资料】

杰克·韦尔奇入主GE时，公司的状况并不差：总资产250亿美元，年利润15亿美元，拥有40万名雇员，财务状况是3A级的最高标准，它的产品和服务渗透到国民生产总值的方方面面。然而，在杰克·韦尔奇看来却存在着诸多的问题：许多业务部门不具备行业优势，竞争力不强，家电业务正面临着日本等国企业的严重冲击。最为严重的是，GE机构臃肿，管理层级复杂，层次过多，灵活性低，僵化的官僚气息令他头痛。正是僵化的体制使得员工习惯于以往的成就，循规蹈矩，看不到未来的危机，缺乏创新，很难有大的突破。离他想象的GE应该是"迅速而灵活，能够在风口浪尖之上及时转向的公司"相差太远。

于是，杰克·韦尔奇开始再造GE，提出了"无边界"的理念，希望这一理念把GE与其他世界性的大公司区别开来。他预想中的无边界公司是：将各个职能部门之间的障碍全部消除，工程、生产、营销以及其他部门之间能够自由流通，完全透明；"国内"和"国外"的业务没有区别；把外部的围墙推倒，让供应商和用户成为一个单一过程的组成部分；推倒那些不易看见的种族和性别藩篱；把团队的位置放到个人前面。经过多年的硬件建设——重组、收购以及资产处理，无边界变成了GE社会结构的核心，也形成了区别于其他公司的核心价值。正是在无边界管理理念的指导下，GE才不断创新，如推行"六西格玛"标准、全球化和电子商务等，无不走在其他公司的前面，始终保持充沛的活力，取得了惊人的成就。

六、学习型组织

学习型组织最早见于美国学者罗伯特·赫钦斯（Robert Hutchins）1968年出版的《学习社会》一书。1990年，美国学者彼得·圣吉（Peter Senge）在所著《第五项修炼》一书中首次将其理论化和系统化。

学习型组织的核心是五项修炼，即自我超越、改善心智模式、建立共同愿景、团队学习、系统思考。该组织结构具有以下特征：

（一）组织成员拥有一个共同的愿景

组织的共同愿景来源于员工个人的愿景而又高于个人的愿景。它是组织中所有员工共同愿望的景象，是其共同理想。它能使不同个性的人凝聚在一起，朝着组织共同的目标前进。

（二）组织由多个创造性个体组成

在学习型组织中，团体是最基本的学习单位，团体本身应理解为彼此需要他人配合的一群人。组织的所有目标都是直接或间接地通过团体的努力来达到的。

(三)善于不断学习

这是学习型组织的本质特征。所谓"善于不断学习",主要有四点含义:一是强调"终身学习",即组织中的成员均应养成终身学习的习惯,这样才能形成组织良好的学习气氛,促使其成员在工作中不断学习。二是强调"全员学习",即企业组织的决策层、管理层、操作层都要全心投入学习,尤其是经营管理决策层,他们是决定企业发展方向和命运的重要人员,因而更需要学习。三是强调"全过程学习",即学习必须贯彻于组织系统运行的整个过程之中。四是强调"团体学习",即不但重视个人学习和个人智力的开发,更强调组织成员的合作学习和群体智力的开发。

(四)"地方为主"的扁平式结构

传统的企业组织通常是金字塔式的,学习型组织的组织结构则是扁平的,即从最上面的决策层到最下面的操作层,中间相隔层次极少。它尽最大可能将决策权向组织结构的下层移动,让最下层单位拥有充分的自决权,并对产生的结果负责,从而形成以"地方为主"的扁平化组织结构。例如,美国通用电器公司目前的管理层次已由9层减少为4层。只有这样的体制,才能保证上下级的不断沟通,下层才能直接体会到上层的决策思想,上层也能亲自了解到下层的动态,获得第一线的实践。只有这样,企业内部才能形成互相理解、互相学习、整体互动思考、协调合作的群体,才能产生巨大的、持久的创造力。

(五)自主管理

学习型组织理论认为,"自主管理"是使组织成员能边工作边学习并使工作和学习紧密结合的方法。通过自主管理,可由组织成员自己发现工作中的问题,自己选择伙伴组成团队,自己选定改革、进取的目标,自己进行现状调查,自己分析原因,自己制定对策,自己组织实施,自己检查效果,自己评定总结。团队成员在"自主管理"的过程中,能形成共同愿景,能以开放求实的心态互相切磋,不断学习新知识,不断进行创新,从而增加组织快速应变、创造未来的能量。

(六)组织的边界将被重新界定

学习型组织的边界的界定,建立在组织要素与外部环境要素互动关系的基础上,超越了传统的根据职能或部门划分的"法定"边界。例如,把经销商的反馈信息作为市场营销决策的固定组成部分,而不是像以前那样只是作为参考。

(七)员工家庭与事业的平衡

学习型组织努力使员工丰富的家庭生活与充实的工作生活相得益彰。学习型组织对员工承诺支持每位员工充分的自我发展,而员工也以承诺对组织的发展尽心尽力作为回报。这样,个人与组织的界限将变得模糊,工作与家庭之间的界限也将逐渐消失,两者之间的冲突也必将大为减少,从而提高员工家庭生活的质量(满意的家庭关系、良好的子女教育和健全的天伦之乐),达到家庭与事业之间的平衡。

(八)领导者的新角色

在学习型组织中,领导者是设计师、仆人和教师。领导者的设计师角色是对组织要素进行整合的过程,他不只是设计组织的结构和组织政策、策略,更重要的是设计组织发展的基本理念;领导者的仆人角色表现在他对实现愿景的使命感,他自觉地接受愿景的召唤;领导者的教师的角色是辨别真实情况,协助人们对真实情况进行正确、深刻的把握,提高他们对组织系统的了解能力,促进每个人的学习。

七、企业流程再造工程

企业流程再造即业务流程重组(Business Process Reengineering,BPR)。业务流程重组最早由美国的迈克尔·哈默(Michael Hammer)和詹姆斯·钱皮(James Champy)提出,在20世纪90年代达到了全盛。企业流程再造强调以业务流程为改造对象和中心,以关心客户的需求和满意度为目标,对现有的业务流程进行根本的再思考和彻底的再设计,利用先进的制造技术、信息技术以及现代的管理手段,最大限度地实现技术上的功能集成和管理上的职能集成,以打破传统的职能型组织结构,建立全新的过程型组织结构,从而实现企业经营在成本、质量、服务和速度等方面的戏剧性的改善。BPR是对企业僵化、官僚主义的彻底改革。

美国的一些大公司,如IBM、通用汽车、福特汽车等纷纷推行BPR,以发展壮大自己。实践证明,这些大企业实施BPR以后,取得了巨大成功。在我国企业管理信息化过程中,特别是ERP项目实施过程中,BPR是不可或缺的一项关键性步骤,是企业管理信息化成功的重要因素。同时,BPM业务流程管理,也是BPR落地施行的基础。

BPM业务流程管理软件系统落地施行BPR之后,组织呈现以下特点:

(一)以客户为中心

全体员工以客户而不是上司为服务中心,每个人的工作质量由顾客作出评价,而不是公司领导。

(二)企业管理面向业务流程

将业务的审核与决策点定位于业务流程执行的地方,缩短信息沟通的渠道和时间,从而整体提高对顾客和市场的反应速度。

(三)注重整体流程最优化的系统思想

按照整体流程最优化的目标重新设计业务流程中的各项活动,强调流程中每一个环节的活动要尽可能实现增值最大化,尽可能减少无效的或非增值的活动。

(四)重视发挥每个人在整个业务流程中的作用

提倡团队合作精神,并将个人的成功与其所处的流程的成功当作一个整体来考虑。

(五)强调面向客户和供应商来整合企业业务流程

企业在实施BPR的过程中,不仅要考虑企业内部的业务流程,还要对企业自身与客户、供应商组成的整个价值链的业务流程进行重新设计,并尽量实现企业与外部只有一个接触点,使企业与供应商的接口界面化、流程化。

(六)利用信息技术手段协调分散与集中的矛盾

在设计和优化企业业务流程时,强调尽可能利用信息技术手段实现信息的一次处理与共享机制,将串行工作流程改造成为并行工作流程,协调分散与集中之间的矛盾。

【案例思考】

浪涛公司的组织结构演变

浪涛公司是一家成立于1990年的生产经营日用清洁用品的公司,由于其新颖的产品,别具一格的销售方式和优质的服务,其产品备受消费者的青睐。在公司总裁董刚的带领下发展迅速。然而,随着公司的发展,公司总裁逐步发现,一向运行良好的组织结构,现在已经不能适应该公司内外环境变化的需要。

公司原先是根据职能来设计组织结构的,财务、营销、生产、人事、采购、研究与开发等构成了公司的各个职能部门。随着公司的壮大发展，产品已从洗发水扩展到护发素、沐浴露、乳液、防晒霜、护手霜、洗手液等诸多日化用品上。产品的多样性对公司的组织结构提出了新的要求。旧的组织结构严重阻碍了公司的发展，职能部门之间矛盾重重。在这种情况下，总裁董刚总是亲自作出主要决策。

因此，在2000年总裁董刚作出决定，即根据产品种类将公司分成八个独立经营的分公司，每一个分公司对各自经营的产品负有全部责任，在盈利的前提下，分公司的具体运作自行决定，总公司不再干涉。但是重组后的公司，没过多久，公司内又涌现出许多新的问题。各分公司经理常常不顾总公司的方针、政策，各自为政；而且分公司在采购、人事等职能方面也出现了大量重复。在董刚面前逐步显示出，公司正在瓦解成一些独立部门。在此情况下，董刚意识到自己在分权的道路上走得太远了。

于是，总裁董刚又下令收回分公司经理的一些职权，强调以后总裁拥有下列决策权：超过10万元的资本支出；新产品的研发；发展战略的制定；关键人员的任命等。然而，职权被收回后，分公司经理纷纷抱怨公司的方针摇摆不定，甚至有人提出辞职。总裁意识到了这一举措大大地挫伤了分公司经理的积极性和工作热情，但他感到十分无奈，因为他实在想不出更好的办法。

【思考题】

1. 浪涛公司组织结构调整前的组织结构是什么类型？请画出其组织结构图。
2. 浪涛公司重组后的组织结构是什么类型？这种组织结构具有什么特点？
3. 总裁设立8个独立的分公司的决策科学吗？为什么？
4. 公司总裁决定收回分公司经理的一些职权，强调以后总裁拥有下列决策权：超过10万元的资本支出；新产品的研发；发展战略的制定；关键人员的任命等。为什么？（请从这些事项的决策类型入手分析）
5. 根据公司的发展，你认为该公司应如何调整其组织结构呢？

【教师点拨】

浪涛公司组织结构调整前的组织结构是职能制类型。浪涛公司重组后的组织结构是事业部制。总裁设立八个独立的分公司的决策不科学，最大的失误是没有周密地考虑总公司和分公司的职权职责划分问题。超过10万元的资本支出、新产品的研发、发展战略的制定、关键人员的任命等属于非程序性决策，是针对那些不常发生的或例外的非结构化问题而进行的决策，这些决策问题无法可依、无章可循、无先例可供参考，因此不能用固定程序、常规办法处理，适用的是随机的、探索性的办法，发散型的、创新的思维，决策难度大，对决策者能力强弱、才能高低、性格素养和知识经验的要求高。根据公司的发展，该公司最可能采用的组织结构是按照产品部门化来建立事业部制。

第七章

决策文化

文化间的差异将导致人们处理问题、表达思想和制定决策的方法不同。

——戴维·J.弗里切

知识要点图

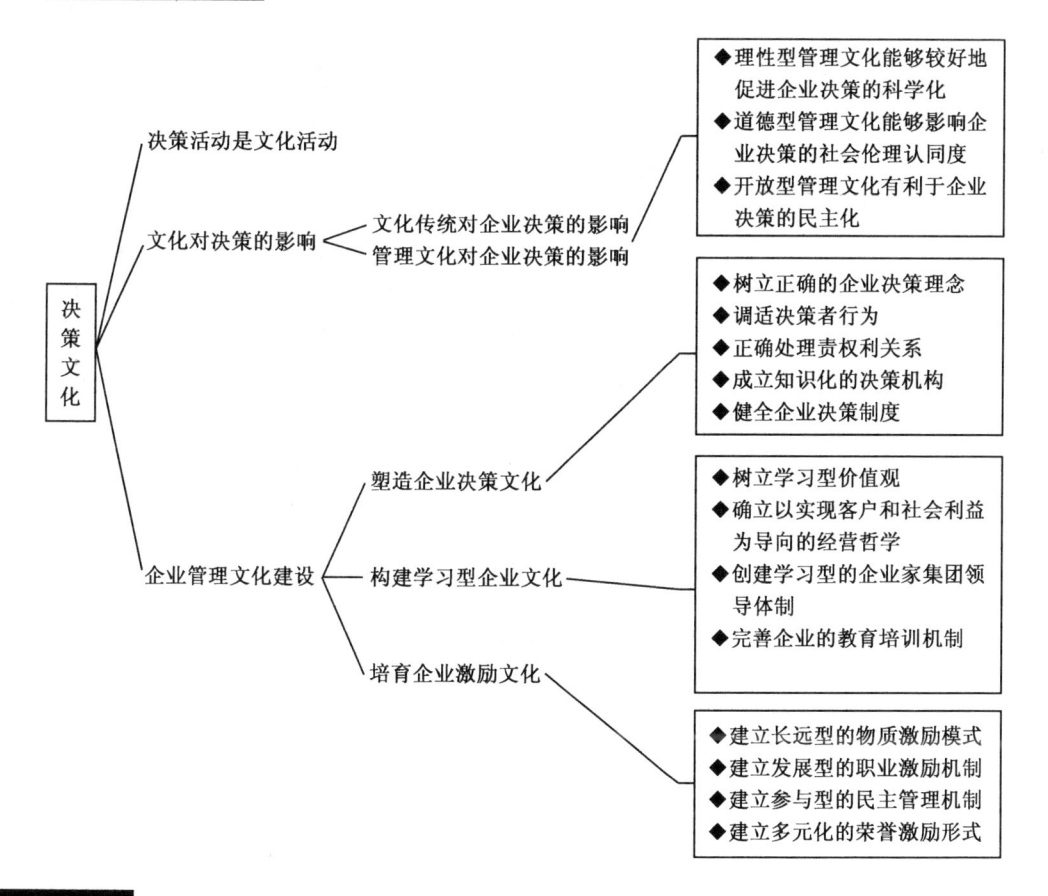

决策文化
- 决策活动是文化活动
- 文化对决策的影响
  - 文化传统对企业决策的影响
  - 管理文化对企业决策的影响
    - ◆ 理性型管理文化能够较好地促进企业决策的科学化
    - ◆ 道德型管理文化能够影响企业决策的社会伦理认同度
    - ◆ 开放型管理文化有利于企业决策的民主化
- 企业管理文化建设
  - 塑造企业决策文化
    - ◆ 树立正确的企业决策理念
    - ◆ 调适决策者行为
    - ◆ 正确处理责权利关系
    - ◆ 成立知识化的决策机构
    - ◆ 健全企业决策制度
  - 构建学习型企业文化
    - ◆ 树立学习型价值观
    - ◆ 确立以实现客户和社会利益为导向的经营哲学
    - ◆ 创建学习型的企业家集团领导体制
    - ◆ 完善企业的教育培训机制
  - 培育企业激励文化
    - ◆ 建立长远型的物质激励模式
    - ◆ 建立发展型的职业激励机制
    - ◆ 建立参与型的民主管理机制
    - ◆ 建立多元化的荣誉激励形式

学习目标

阅读和学完本章后,你应该达到以下知识目标和能力目标:

知识目标:

1. 理解文化对决策活动的影响;
2. 掌握文化传统下我国企业决策的特征;

3. 掌握不同的管理文化下的决策模式;
4. 掌握企业管理文化建设的对策。

能力目标:

1. 能够根据不同的文化背景进行相应的企业决策活动;
2. 能够建设相应的企业管理文化来提高决策的科学性与民主性。

案例导入

昙花一现的王安电脑公司

王安,1920年生,江苏昆山人,20世纪中后期一位科技界与企业界的传奇人物。

1948年,王安获哈佛大学应用物理博士学位。1951年,他利用自己在磁心内存领域的专利发明,在美国创办"王安实验室"。1955年,实验室更名为"王安电脑有限公司"。

当时美国的电脑业巨头IBM公司对王安博士的磁芯记忆体专利非常感兴趣。经过反复谈判,1956年,王安最终以50万美元(实收40万美元)的价格将该专利卖给了IBM公司。事后他说:"我终究觉得与其把所有的时间和精力都耗在打官司上,倒不如去做些更重要的事情。不管40万美元占了我真正专利价格的80%或8%,在1956年的时候,这笔钱至少让我晚上睡得安稳些。当时我自王安电脑得到的年收入大概只有1万美元。"

1976年,王安电脑推出了电子文字处理机,随后成为当时世界上最大的文字处理机生产商。20世纪80年代,王安电脑达到顶峰,王安也一度成为美国第五大富豪。1986年7月,王安被选为全美最杰出的12位移民之一,荣获"总统自由奖章"。1988年,王安又被列入美国发明家名人堂。

在事业顶峰时期,王安撰写了一部自传《教训》。书中写道:"我发现在我来美之前,在中国所学得的为人处事态度与价值观念,对我做生意之道有着很大的影响。这种价值观念与儒家的美德有许多共通之点。"他说:"由于祖母的教诲,儒家思想也深深印入我的脑海。我觉得对经营的成功很重要的一些特性及原则——如节制、耐心、权衡和简单明了等——大多符合儒家思想的精神。"[①]

随着年纪增长,王安在公司管理中出现了许多弊端,其中一些是深受中国传统文化影响、但却不适应现代精神的东西。第一,他要求下属以"忠诚"作为对企业和他本人的回报,以个人感情取代科学管理,以血缘关系取代任人唯才的用人原则。第二,在与IBM抗衡的过程中,常意气用事,如坚决不生产与IBM兼容的电脑,导致失去市场机遇。第三,晚年大权紧握,不受董事会监督,导致决策出错。第四,公司机构逐年膨胀,人浮于事。第五,坚信"虎父无犬子",不顾众多董事和部属的反对,任命儿子王烈为公司总裁。王烈才识平庸,又不很了解公司业务,令董事会大失所望,一些追随王安多年的高层管理人员愤然离去,公司元气大伤。

1990年3月24日,王安因食道癌逝世。之后,公司业绩每况愈下。1992年,王安公司的市值从56亿美元跌至不足1亿美元,员工也从鼎盛时期的3.15万人减至8 000人。1992年8月18日,王安电脑公司正式向法院提出申请破产保护,曾经辉煌的电脑帝国轰然崩溃。

【分析与思考】

1. 从文化的角度,你认为王安事业取得成功和走向衰败的因素分别有哪些?

[①] 王安. 教训:华裔电脑巨人王安自传[M]. 台北:时报文化出版企业有限公司,1986.

2.以王安及王安电脑公司的命运为例,你认为企业在进行决策时,应如何充分考虑文化因素?

单元一　决策活动是文化活动

文化作为人类社会一种普遍存在的现象,对管理决策的作用和影响非常巨大。从一定意义上说,文化直接影响着决策主体决策的成功与失败。

文化是一个很大的范畴,其概念有广义和狭义之分。广义的文化是指人类超越其本能,有意识地作用于自然界和社会,认识和反省人类自身的一切活动及其结果。狭义的文化是指一个民族共有的宗教信仰、思维方式和价值观观念,属于广义文化中的思想意识层面。我们通常说的文化指的就是狭义文化。

在企业决策中,涉及的许多文化因素,如文化背景、决策机制、决策者及员工的整体素质、企业文化等,也基本上属于狭义文化的范畴。

【拓展资料】

关于"文化"的一些经典的定义

克罗伯和克拉克洪在书中把所收集的166条有关文化的定义分成七组:描述性的定义、历史性的定义、行为规范性的定义、心理性的定义、结构性的定义、遗传性的定义、不完整性的定义。

在其中选出典型意义的定义摘录如下:

1. 泰勒(1871年):文化或文明是一个复杂的整体,它包括知识、信仰、艺术、法律、伦理道德、风俗和作为社会成员的人通过学习而获得的任何其他能力和习惯。(属描述性的定义)

2. 帕克和伯吉斯(1921年):一个群体的文化是指这一群体所生活的社会遗传结构的总和,而这些社会遗传结构又因这一群体人特定的历史生活和种族特点而获得其社会意义。(属历史性的定义)

3. 威斯勒(1929年):某个社会或部落所遵循的生活方式被称作文化,它包括所有标准化的社会传统行为。部落文化是该部落的人所遵循的共同信仰和传统行为的总和。(属行为规范性的定义)

4. 斯莫尔(1905年):"文化"是指某一特定时期的人们为试图达到他们的目的而使用的技术、机械、智力和精神才能的总和。"文化"包括人类为达到个人或社会目的所采用的方法手段。(属心理性的定义)

5. 威利(1929年):文化是一个反应行为的相互关联和相互依赖的习惯模式系统。(属结构性的定义)

6. 亨廷顿(1945年):我们所说的文化是指人类生产或创造的,尔后传给其他人,特别是传给下一代人的每一件物品、习惯、观念、制度、思维模式和行为模式。(属遗传性的定义)

7. 萨皮尔(1921年):文化可以定义为是一个社会所做、所思的事情。(属不完整性的定义)

资料来源:人民网,http://www.people.com.cn/GB/paper81/6325/623504.html。

决策活动是一种文化活动,主要体现在宏观、中观和微观三个层面。

一、宏观上:决策活动属于人类文化的组成部分

决策活动是人类的社会活动,本质上具有文化性。

不管对"决策"如何认识和定义,都必须承认,它是人类进行的一种有意识的,为解决现实和未来问题或达到某种目标,在方向、目标,以及实现目标的方法、途径、策略等方面所作出决定的活动。

从对广义文化的定义中,我们可以得知人类进行的一切活动,物质的或精神的,都属于文化。因此,体现人类意识的决策活动,当然也属于文化范畴。

(一)决策活动是人类对自身文化的运用

决策不可能是无条件、无缘由的,它必定是决策主体为了特定的需要进行的,不管是理性的还是非理性的决策,背后都体现着决策主体的价值观念、综合素质等。此外,人们必须使用语言、符号等工具对决策过程及其目标进行表达。以上这些都是文化的组成部分。也就是说,决策主体必须运用当前的人类文化要素或成果来确定和表达一定的决策活动及其结果,离开文化,决策不可能进行。

比如,某房地产企业要进行房产开发。在土地取得阶段,企业必须选定要开展业务的地区或区段;在规划及勘察设计阶段,除了客观条件的限制,企业还必须根据目标定位人群的价值观念、消费能力等以及企业自身的文化底蕴进行外观、户型、功能等的设计;在销售阶段,企业必须根据以上的因素预定宣传和销售方案。这是一个连贯的决策流程,而在这个流程中,无处不体现着对文化的运用。如消费者和企业的价值观念,企业自身的文化底蕴,住宅开发之后的建筑物实体及其与相关配套设施共同形成的景观,企业进行宣传的平面或立体广告及动态视频等广告产品,以及企业在背后所进行的各层次的决策会议以及书面决策方案等,都属于对文化要素的运用,同时也成为人类文化的一部分。

(二)决策活动中也会形成文化

文化是在一定的政治、经济基础上形成的;但一旦形成,文化便具有相对独立和固定的性质,表现为一定的文化形态。如常说的东方文化、西方文化,便是从文化的地域上进行划分的。从文化的形态上,又可以分为物质文化、精神文化、制度文化等。从文化的功能上,还可以分为饮食文化、服饰文化、企业文化等。决策文化就是从文化的功能上进行划分的。

决策无时不在进行。决策的主体可以是个人、群体或组织。不管是何种层次或类型的决策,都体现着决策主体的价值观念或思维方式。从广义上讲,决策文化就是人类进行决策的过程及其结果,以及体现在其中的习俗、价值观念、知识、思想、方法等,即由决策的过程及结果等结构组成的有关决策事务的总和。

在特定的地域或文化背景下,决策主体在进行决策时,可能遵循和采取相同或相似的思维和决策方式,形成类似的决策结果,并形成体现一定偏好的决策艺术。此外,决策必然有理性和非理性之别,结果上也有成功与失败之分。为了形成科学的、正确的决策,人们必定要对无数的决策个案进行研究,并从中提取出具有普遍性和共性的、能对决策进行指导的一些基本原则或方法。所以,从狭义上讲,决策文化是指带有一定识别特征的(如用于识别不同的决策主体、文化背景等)、能对决策活动进行指导的原则或方法的总和,以及凝聚在决策过程中的价值观念、思想方法等。本书所讲的主要是狭义的决策文化。

（三）决策结果属于人类文化的一部分

不管是怎样的决策主体进行怎样的决策活动，都必定会形成决策意见或决策方案，并形成相应的物质或精神产品。决策意见、决策方案以及物质或精神产品等决策成果，都是人类的文化产品。这些文化产品又必定会直接地或间接地对人类社会发展，包括物质层面和精神层面，带来一定的意义。

二、中观上：决策活动是在一定的文化背景中进行的

作为决策主体的个人、群体或组织，都处在一定的文化背景之下，因此，决策始终受到文化背景的制约，如政治、经济、习俗等，不存在脱离文化背景的抽象的决策。离开特定的文化背景，决策活动无法进行。

（一）纵向上，文化水平决定了决策水平

随着人类文化水平的提升，决策水平也相应提升。

上古文化时期（人类起源至公元前5世纪），人类的决策活动主要是在外界客观事物或现象，以及决策主体本身行为所带来的结果的反复刺激和引导下进行的。比如，学会用火是人类文化进步的一个具有标志意义的象征。根据普遍被接受的说法，人类最早使用火是在雷电等自然现象引发起火之后，发现火烤之后的食物更美味或容易消化、用火可以照明取暖和驱逐野兽。在这种经验事实的反复刺激下，人类学会并决定用火去从事生产和生活。在自然文化时期，决策主要是在群体的生活与生产劳动中，经过漫长的时间所形成的群体行为，其中逻辑计算和推理证明的成分非常少，即使有也主要是自发形成的。

中古及近代文化时期（公元前5世纪至17世纪中期），人类的决策活动基本上体现出专制性与神秘性的双重色彩。大到国家的政治、经济、军事活动，小到家庭事务，莫不如此。

从经济活动的决策上看，当时在东西方都普遍存在行会组织，行会利用严格的经济和道德规则对工商业进行管理，在经济权力的运用上体现出鲜明的集权色彩。

科学文化时期（17世纪中期至今），人类的决策活动从内容到形式上都发生了巨大的变化。第一，决策活动的过程更加专业化、计量化、程序化（如第一章所述）；第二，决策主体掌握了更加现代化的决策工具，逻辑计算和推理证明在决策活动中占据了绝对重要的地位，自动化等现代科学技术以及系统工程方法成为了决策活动的重要方式方法；第三，知识越来越成为科学决策的基础，随着教育的普及和获取知识途径的便利，人类的决策活动越来越体现出平等；第四，决策主体的价值取向和价值观念越来越多元化、综合化，强调人文与科技的融合。这也是科学文化不断发展的必然要求。如图7—1所示。

（二）横向上，不同的文化背景决定了不同的决策活动

前文说过，文化一经形成，便具有其相对的独立性和固定性。由于地域的隔离，在漫长的时期内，形成了各个具有地域特色的文化单元。企业在进行诸如营销战略等决策的时候，必须要充分考虑不同地域、不同人群的文化特色，从而制定相应的决策方案和采取相应的行动。

一方面，决策活动的目标对象的文化背景，决定了决策主体必须采取相应的决策活动。以全球知名的快餐业巨头麦当劳为例。

麦当劳的主要产品为汉堡包、薯条、炸鸡、汽水、冰品、沙拉等。但在世界各地，由于文化背景的千差万别，麦当劳选择了不同的营销战略。比如在中国，它就开发出了粥品等中国特色的菜品。麦当劳适应本土文化进行营销决策的最典型案例就是进入土耳其的伊斯坦布尔。伊斯坦布尔是典型的东西方文化交汇的城市，有着古老的伊斯兰传统和文化习俗，并且以大米为主

图7—1　现代化的企业高层决策会议

食。在麦当劳开业之前,土耳其每年只消费3 000吨马铃薯。而麦当劳每年在全球则需要消费掉40万吨马铃薯。虽然伊斯坦布尔主要是伊斯兰民族,有许许多多古老的戒律,但麦当劳却利用本土化经营的手段在那里取得了成功。麦当劳尊重当地古老的习俗,按伊斯兰教规制作食品,完全使用当地员工,为当地提供大量就业机会,聘用当地人做分店经理,使用当地的供应商,建立本土化的供应配置销售体系,开发当地人吃的汉堡。

事实上,麦当劳正是在对地理、人口、心理等文化要素的细分和利用的基础之上,才在全球范围内取得了如此巨大的成功。如图7—2所示:

图7—2　位于上海的一家麦当劳餐厅,顾客在排队点餐

无独有偶,麦当劳的竞争对手肯德基在中国也有一句非常经典的广告词——为中国而改变,都是相同的道理。

另一方面,决策主体自身的文化背景,如教育背景、人文个性、价值观念等,也在很大程度上制约着决策主体思维方式、方法工具、目标定位等的选择。这一点在后面将详细阐述。

三、微观上:决策主体的主观文化因素渗透到了决策活动中

这里所说的主观文化因素包括决策主体的价值取向、知识力、推理能力、心理素质等。在

决策活动中,这些主观因素都属于狭义文化的范畴,也都或显或隐地渗透在决策活动中,并在很大程度上影响着决策的结果。在企业决策活动中,决策者的主观文化因素常常表现为是否具有创新的精神或决断的魄力等。

在相同或相似的文化背景中,面对相似的问题或目标,不同的人会形成不同的决策方案和结果。在企业决策中,我们也常常看到由于决策者的不同决策,能在濒临倒闭之际挽救企业,也能在企业如日中天时一败涂地。在本章案例导入部分引用的王安电脑公司的决策就是典型。

1976年,王安在波士顿以北30公里的洛维尔小镇买下了一块80英亩的土地。这个小镇在20世纪50年代就开始衰落,几乎没有什么好的企业,可王安却投资几千万美元在这里建起了王安公司总部。当时此举很难为常人理解,就连公司内部的一些高级职员也觉得不可思议。他们无可奈何地说"总裁疯了"! 王安后来解释道,他的理由是:第一,土地便宜;第二,这里有廉价劳动力;第三,举世闻名的哈佛大学和麻省理工学院就在附近,可以就近吸收大学的先进技术和人才。后来,事实证明王安选对了地方,他是有远见的,他的非同常人的决策为日后公司的发展打下了良好的基础。可见,决策者诸如远见卓识的能力等主观因素,对企业的命运是多么重要。而晚年的王安日益保守,目光短浅,极力以家族利益至上,所以最终导致了企业的破产。

日本尼西奇公司在第二次世界大战后初期,仅有30余名职工,生产雨衣、游泳帽、卫生带、尿布等橡胶制品,订货不足,经营不稳,企业有朝不保夕之感。公司董事长多川博从人口普查中得知,日本每年大约出生250万婴儿,如果每个婴儿用两条尿布,一年就需要500万条,这是一个相当可观的尿布市场。多川博决心放弃尿布以外的产品,把尼西奇公司变成尿布专业公司,集中力量,创立名牌,成了"尿布大王"。资本仅1亿日元,年销售额却高达70亿日元。

从尼西奇公司的命运中,我们再一次看到,决策者的主观因素在决策活动中的体现。尼西奇公司和多川博的成功,很大程度上源于多川博能从其他信息中发现机会的敏锐的洞察力,以及能根据市场需要决策开发新产品的魄力。这些主观素质,对于那些资源不足而正在进行资源优化、集中兵力主攻某一重点方向的中小企业来说,就显得格外重要。对创业初期的公司而言,迅速找准市场定位也需要决策者这样的胆识与魄力。

在企业管理中,决策冲动处处可见。许多决策中,人们不是充分运用过程逻辑的方法,反而常采用文化逻辑的方法,即从感知和经验出发进行决策。在这种下意识的价值识别及决策活动中,决策主体的主观因素就展现得更淋漓尽致了,对正确的决策结果而言也就显得更为重要了。

正因为决策者的主观因素渗透在决策活动的各个层面,并很大程度上决定着决策的成败,因此,企业决策者以及员工的主观素质就显得非常重要。所以,我们可以看到在现代企业中,选举管理者的过程日益复杂、慎重,也可以看到许多企业不惜花费重金对员工的职业技能、职业理想、职业道德、职业纪律等进行培训。这些都是企业能够作出科学决策的重要保障。

单元二 文化对决策的影响

决策,既是决策主体的一种认知、行为方式,也是一种文化现象。不同国家、不同时代、不同企业的文化决定了决策主体会采取不同的决策程序、技术、方法、价值取向。

一、文化传统对企业决策的影响

地域是文化赖以生长的基础。世界历史上,不同民族、国家的人们,根据不同的地理环境和历史条件,创造了本民族、本国家各具特色的文化,表现为带有强烈地域性和民族性的文学艺术、民俗风土、伦理道德、宗教信仰、社会形态等。我们将各民族在其历史发展过程中创造和发展起来的具有本民族特点的文化,称为民族文化。

不同国家、不同民族的人们的决策行为,都必定带有本民族、本国家的传统文化价值,并在很大程度上受其制约。因此,我们研究决策活动,就必须研究不同民族传统文化下人们的决策行为。特别是在文化交流日益频繁和深入的今天,对企业来说,如何在民族文化碰撞的背景下合理、科学地进行决策,对企业来讲显得尤为重要。

下面通过对中、美、日三国的企业决策行为进行文化差异的比较分析,目的是从传统文化的视野透视决策行为,以更好地规范我国企业的决策行为。

【拓展资料】

文化差异的衡量指标

20世纪七八十年代,吉尔特·霍夫斯塔德(Geert Hofstede)通过对IBM员工的调查研究,归纳出描述文化差异的五个指标,即权力距离、个人主义/集体主义、不确定性规避、男性主义/女性主义、长期导向/短期导向。第一个尺度处理的是在任何社会里人们之间的不平等可接受度。如果人们认为"不平等是正常的和人们渴望的东西"就意味着较大的权力距离;"不平等应尽量避免"意味着小的权力距离。第二个尺度处理的是一个社会内部个人之间的相互关系,是人人为己还是人应当与其所属群体保持密切关系。第三个尺度描述一个社会面临未知时的焦虑程度。第四个尺度中,"社会性别角色应该得到最大化的区分"被称为男性主义,"社会性别应该尽可能地重合"是女性主义的特点。第五个尺度说明一个社会满足人们需要时的时间观念。其长期导向意味着对这个世界上生活的一些美德的强调,如节俭和坚韧等关键性的美德;短期导向意味着追求即刻的满足。

吉尔特·霍夫斯塔德,文化大师,曾主管过IBM欧洲分公司的人事调查工作,并在许多世界知名大学任教。

在霍夫斯塔德的指标中,西方和非西方的文化差异是很明显的,而同属于一个文化圈的不同民族,地域文化也会在各个指标上有差异。

(一)中国传统文化对管理者决策行为的影响

中国文化是指由中华民族长期以来在华夏大地所创造的文化。传统文化是我们要讨论的中国文化的主体。"它不仅记录了中华民族和中华文化发生、演化的历史,而且作为世代相传的思维方式、价值观念、行为准则、风俗习惯,具有强大的遗传性,渗透在每一个黑头发、黄皮肤的中国人的血脉中,制约着今日之中国人的行为方式和思想方式。"[1]

---

[1] 马敏.中国文化教程[M].武汉:华中师范大学出版社,2002,第8页。

1. 中国文化的基本特征

在长期的形成与发展过程中,中国文化大体上表现出如下一些基本特征。

第一,"重人道、轻天道"的思想传统。中国思想传统讲求天人合一、天人协调。这里的"天"并非仅指天地意义上的"天",而是泛指相对于人而言的客体世界。在天人关系上,儒家强调"敬鬼神而远之",而把人伦作为关注的重点,因此强调"入世",即要在现实世界中建功立业。在人与自然的关系上,道家主张顺应自然、效法自然、服从自然,即人与自然和谐相处。这些固然有其积极意义,但也带来了一些消极影响。从决策活动来讲,过于注重人际关系,使得决策难以冲破人际关系网,给决策带来掣肘,甚至造成失误。

第二,"重礼治、轻法治"的政治传统。"礼"指的是社会等级和人们应当遵循的行为规范,是传统儒家历来主张的国家和社会管理的重要方式及模式,并在漫长的中国封建社会得到统治者的提倡与应用,形成"忠"、"孝"的宗法伦理信条。"礼"与"德"互为表里,虽然有助于约束和刺激人们自身的道德修养与人际关系的和谐,但礼治归根到底属于人治。在现代企业中,如果仅仅用温情来凝聚决策者与员工团队,显然是不够的;而人治的方式,则显然与今天法治的时代精神背道而驰。

第三,"重群体、轻个体"的伦理系统。中国伦理传统重家族轻个人、重群体轻个体。常说的"三纲五常"、"三从四德"是这个特点的集中体现。在社会管理和组织生活中,强调和追求的是群体的和谐,而个人的权利和意志则显得无足轻重。同样,中国传统文化的这个特点既有其积极意义,也有其消极影响。从积极方面来说,社会和组织能形成较强的凝聚力和向心力,甘苦与共、有无相济,呈现出团结一致的面貌。但过于压抑个体,会极大地抑制个体积极性的发挥,限制甚至扼杀个人的创造力,使集体缺乏必要的生机与活力。在现代企业中,决策者不能过分强调一团和气,适当的矛盾冲突反而有利于问题的发现与解决,从而减少决策的失误,促进企业的健康发展。

第四,"重知觉感悟、轻理性思维"的认知传统。中国传统文化中的逻辑思维能力不发达,抽象水平较低。而传统文化中占据重要地位的儒家、道家、佛教等,在认知上都主张直觉感悟的方式。以科学为例。中国古代不是没有科学,但显然不是通常意义上所说的近现代科学,其最大的特征就是经验性与实用性,没有上升到对事物本质进行理论抽象的高度。在现代企业中,决策者要尽量减少知觉感悟等非理性因素的干扰,避免决策冲动带来的风险。

2. 中国企业决策的基本特征

在传统文化的影响下,中国的企业决策也显现出了相应的一些基本特征。

第一,不善于对下级进行授权。由于传统的等级制度的影响,形成了中国企业上、下级之间较大的权力距离,表现为企业中管理者等级秩序严格,权力较大者拥有相应的特权,下属对上级有强烈的依附心理,因而形成了中国企业的中、低层管理者不善于作出决策的行为特征。更严重的,决策者拒绝放权,在企业决策中体现出较强的独裁、专制色彩,从而导致决策风险趋高。我国大多数企业决策基本上是独断体制。民营企业是以私人产权为基础的独断体制,国有企业是以行政委任为基础的独断体制,乡镇集体企业是以能人的威信为基础的独断体制。股份制企业本来应该受股东和董事会的制约,但由于我国的股份制企业大多是由国有企业演变而来的,国有股在企业中占有绝对控股地位,此外,多数股份制企业仍然受制于政府机构。因此,股份制的决策机制与国有企业几乎没有两样。如巨人总裁史玉柱在检讨失败时曾坦言:巨人的董事会是空的,决策是一个人说了算;因我一人的失误,给集团整体利益带来了巨大的损失,这也恰好说明,权力必须有制约。中国的企业家大多集创业者、所有者、决策者和执行者为一身,董事会形同虚设,下级也只能俯首帖耳。这些条件与权力的结合,必然使中国的多数企业家拥有了全世界最高的经营失误机会和决策错误机会。

第二,家族导向的集体主义决策。中国传统文化形成了重群体、轻个体的家族主义的取向,家族的团结重于个人的自主,家族的目标重于个人的目标。这种家族集体主义促使家族经营成为现阶段中国私营企业的一种普遍的经营管理模式。它们的经营权多由家族控制,由主要投资人担任主要经营者,家族内部人员继任以及家族成员掌握关键岗位的现象非常普遍。根据中国工商联1993~2002年先后五次对国内部分私营企业的调查发现:无论是重要的经营决策还是一般管理决定,家庭企业主单独决策所占的比重较高。虽然随着企业的发展,企业主专权现象有所淡化,不过基本趋势仍没有发生根本性的改变。2002年,企业主单独决策的比例近40%,仍占据第一位。这种情形在中小企业中更普遍,而现阶段我国私营企业有近80%属于中小规模。所以,由企业主直接掌握企业管理决策权的现象仍具有代表性。随着企业规模的扩大,这种家族导向集体主义的决策模式会极大地增加决策行为的风险。王安在晚年执意让儿子王烈执掌公司并导致公司衰败,就是家族主义决策模式导致巨大风险的典型。

在其他非家族私营企业中,中国人也会按照准家族主义的取向处理,即将家族中的结构形态、关系模式及处事方式推广并带入这些非家族性的团体或组织,被称为"泛家族主义"。在这些组织中,最主要的决策基本上由企业领导或其他与领导亲近的管理人员决定。下属员工能否得到较多的信息,则要看他与核心领导关系亲疏、信任高低、能力强弱而定。虽然在强度上,泛家族主义不如家族主义,但是这些企业的运作方式都是以家族主义为基础的。

(二)美国传统文化对管理者决策行为的影响

1. 美国文化的基本特征

与其他国家不同,作为一个新兴的年轻国家,美国是一个开放型的移民社会。特殊的历史条件使得美国文化形成了开放性和多元性的传统,并主要表现出以下几个重要特点。

第一,多种文化的融合。美国文化在来源上是多元的。在殖民地时期,北美的居民主要是印第安土著、黑奴以及以英国白人为主的欧洲移民。这些不同的文化在北美大陆的自然环境和社会条件影响下,互相融合而形成新的美利坚民族文化。其中,英国移民的民族传统构成了其主体文化的基因。正如美国政治家梅里亚所说,美国思想的特性是由很多因素形成的,其他许多民族的文化也在美国获得了体现,全都混合在民族的大熔炉里。在文化形成与发展的过程中,美国社会确实体现出对其他民族文化较强的兼容性,具有吸收、容纳、融合各民族或种族文化精华的品质。

第二,突出个人价值,强调个人奋斗。个人主义是美国文化的核心,深深植根于美国的社会历史之中,主要体现为个人的独立性、责任心和自尊心,包括自主选择、自力更生、尊重他人、个人自由等。同时,美国文化强调最大限度地发挥个人才能,鼓励出人头地。这些与美国社会形成的方式有关。美国的早期移民主要来自英国,这些信仰新教的清教徒为躲避宗教压迫,横跨大西洋,带着对自由、解放、平等的追求,来到北美新大陆。但是,新大陆不是伊甸园,在克服远航的重重危险之后,他们必须面对荒凉的北美大地,通过艰苦的努力白手起家,个人价值得到最大限度的凸显。在艰难开拓的历程中,来自不同民族的移民都充分发挥本民族的长处,体现出积极进取的精神。此外,宗教改革后的新教在主张勤劳、节俭、禁欲的同时,也鼓励个人努力进取。这种宗教伦理也深深融入了美国人的头脑中。

第三,独立、平等和民主的价值观。如前所述,欧洲移民就是为了追求自由、解放、平等来到北美新大陆的。为了彻底摆脱英国的殖民统治,北美人民经过艰苦卓绝的独立战争,赢来了美国的独立。之后,又为了经济上的独立进行了不懈的斗争。平等历来为美国人所看重和践行,奥巴马作为一名非洲裔黑人却成为总统这件事,是美国平等理念的最生动体现。

2. 美国企业决策的基本特征

在这些文化传统的影响,美国的企业决策体现出如下一些基本特征。

第一,强调授权。美国企业相对于中国企业,上下级之间权力差距较小,美国人特别强调"授权"。美国的高层经理通常只给下属制订一个目标,然后由下属自己来达成目标,高层经理一般只注重结果而不注重过程。任何一个层级的经理,都可以在其权利范围内作决策。

第二,个人主义决策模式。美国的企业决策,实行个人决策和个人负责制,各个层次的管理者根据自己的权责范围进行决策。一般来说,重大决策往往是由董事长或总经理一个人作出,中低级管理人员和工人一般不能参与;决策过程自上而下,决策产生的后果由少数人负责。企业高层最终用成果来衡量目标的实现情况,至于达到目标的手段则基本不干预。在这个过程中,从高层到低层的决策者都将个人意志融合进决策行动,权责明晰、指挥灵敏、效率较高,易于考核。但决策受个人能力、知识、精力限制较大;而且由于决策的目标是企业股东利益最大化,不能有效地与职工个人目标兼容,往往导致决策方案的执行效果不理想。因此,个人决策、个人负责制、广泛分享决策权是美国企业决策的特点。

第三,注重客观分析。美国社会十分强调专业资质与客观理性,在企业决策上主要表现为经营决策必须以客观分析为基础,管理者都要尽力按科学规律办事。大部分美国管理者认为,尽管个人的主观判断与直觉也很重要,决策仍然必须以有关的准确信息为依据。这表现在很多方面:行事以书面报告为准则,口头传播没有约束力;重视调查,重视数据分析,重视信息的共享,重视年度计划等。因此,高度重视决策的事实根据,重视理性分析与信息的准确,决策以客观分析为基础是美国决策的另一个特点。

(三)日本传统文化对管理者决策行为的影响

1. 日本文化的基本特征

日本文化是日本民族在特定的自然、社会环境中的创造性活动及其产物的总和,日本的传统文化则是其历史文化的积淀物。日本传统文化的构成纷繁复杂,内容丰富多样,表现在各个方面。

第一,主体性与开放性。日本从古时候起就吸收了大量的外来文化,先是吸收了中国汉文化,特别是先秦儒家,后来又消融了西方欧美文化,形成了日本文化开放性的机制。他们一方面摄取外来的思想和文化,另一方面创造了自己独特的思想与文化。这充分体现了日本的文化主体性的特点,至今仍然得到保持。日本文化的主体性,体现在吸收外来文化时,对其进行消化和改造,并使其日本化。所以它不是单纯的效仿,而是在考虑必要性和可能性的基础上有选择地模仿和学习。日本文化中有古与今、和与洋、洋与洋的诸多文化因素,却能得以很好的并存。日本民族能够在剧变的时代中迅速适应,对外来事物能虚心接受,并且具有很强的创新性,这是其民族文化中不可忽视的优点。

第二,绝对的等级观念。日本文化中包含对等级制度的绝对信仰。与古代中国一样,日本在漫长的封建时代也有着"士—农—工—商"的严密等级;明治维新后,虽然经过改革,但资本主义等级制也成为社会结构的主要形式;即使到今天,鲜明的阶级划分不再存在,但等级观念却作为意识形态在民族性格中难以磨灭。在家族事务上,日本盛行家长制。日本人认为,接受父母养育就是欠了他们的恩情,是必须偿还的,因此父母可以支配子女的婚姻,可以决定子女的前程并且认为理所当然。父母可能会犯错或违背自己的意愿,但作为子女也会无条件接受。

在公共或正式场合,鞠躬和跪拜礼随处可见,并且有着详细的规矩。在社会关系中,由辈分和性别造成的特权是很大的。总之,日本人时刻恪守着严格的等级制度,等级意识深刻地植根于民族意识之中。

第三,重视团队精神。日本人的家庭观念比较淡薄,因此就超越家族血缘关系发展出自发的社交性,形成了普遍的社会联属关系,并由此产生了不以血缘为纽带的非正式的社会组织。与中国的传统意识一样,日本也重视集体主义,但两者显然不同。中国的集体主义价值观以血缘关系为基础,体现为宗法意义上的"孝";日本则以扩大化的家族式组织为基础,体现为对组织和团体的"忠"。正是在这种"忠"的基础上,日本文化形成了以群体为导向的团队精神。

第四,重视现实利益。日本人重视现实利益,集中表现在宗教信仰方面。日本人对宗教的信奉更多的是采取一种实用主义而非宗教虔诚,比如遇有重大事务或身体不适,便进行求签,期望逢凶化吉,求得心安。所以他们才会同时信奉多个宗教,为的就是希望能有各个宗教的神明保佑自身利益。此外,日本在电子产品、汽车等领域的创新与竞争能力在世界上首屈一指,但是日本人在科研方面,对应用技术的重视却一直高于理论研究,更重视实际的规格改良和质量的提升。这也是日本人重视现实利益的体现与结果。

2. 日本企业决策的基本特征

在这些文化传统之下,日本企业形成了集体决策的方式和制度。

第一,日本企业的决策模式中体现出"U"形的决策机制。日本企业经营管理中最高层次的组织是决策层,相当于我国的董事会或者理事会。决策层对企业实施管理,要经过一个称作"经营会议"的途径。企业的重大问题都拿到"经营会议"上来解决。最高决策层提出企业的战略计划和目标,并将其下达到基层进行讨论;然后由工人、管理人员增改后提交最高决策层;最后,最高层确定并颁布最终方案。在企业决策中,由企业主或董事单独决策的现象,除了在中小企业中存在以外,在大中型企业中是基本没有的。日本企业这种集体决策的方式和制度,建立在广泛征求意见和建议的基础上,一方面使得企业中从最高层决策者到普通员工都能充分参与到决策的行动中,激发了全体人员的责任感和积极性;另一方面,决策方案在实施过程中,能够在最大限度上使得股东与其他利益相关者的目标有机结合,最终有利于保证和维护企业的整体利益。在这样的前提下,日本企业的决策层能够最大限度地减少决策失误,减少盲目性、主观性,增强了科学性、客观性。

第二,日本企业决策注重长期性目标,这是日本企业终身雇用制在其决策方式上的一个反映。由于采用终身雇用制,企业员工稳定,加之决策层大多属于企业内部提拔,从而使日本企业决策层在制定决策时,着眼于长期目标,谋求企业的长远发展,注重市场占有率和新产品比率的提高,为谋求企业的长远发展而不惜冒风险。日本企业决策方式的群体性和决策目标的长期性特点,使得日本企业在国际市场的角逐中占据优势。

二、管理文化对企业决策的影响

企业管理文化是由企业领导层提倡、上下共同遵守的文化传统和不断变革的一套行为方式。它体现为企业价值观、经营理念和行为规范,揭示文化对管理的影响,渗透于企业的决策、组织、激励、领导等管理全过程中,提供文化与管理匹配的最佳模式。

管理文化深刻地影响着企业决策,在确定决策目标、制定和形成决策方案、选择决策方案中,决策主体的文化价值观均存在和作用于其中,制约着决策活动和决策方案的最终选择。管理文化对决策的影响主要表现在以下几个方面。

(一)管理文化对企业决策的影响

1. 统一决策目标

从某种意义上来讲,企业决策就是抉择企业任务目标及其实现方法和途径。无论是理性或非理性的决策,都带有企业决策者强烈的主观性,即目标中的价值观念或主观效用。对企业来讲,在某一时刻可能会拥有多个目标及其子目标,它们一起构成了企业的目标导向系统。但是,企业的资源毕竟是有限的,尤其是中小企业。因此,企业决策者必须在复杂、综合的目标导向系统中,寻找并确定某一阶段企业的主导目标,以决定企业的未来发展方向。这对企业的生存与发展至关重要。

但是,企业的构成和管理是复杂的、多层次的,各子目标主体间可能是有利益分歧的,这也是企业不可避免的。如何将企业决策过程的各个层次或部门分散的子目标统一在企业的整体战略目标之上?除了硬性的制度规范等措施以外,管理文化是一种重要的且行之有效的手段,其中起决定作用的就是企业共同的价值观念。

价值观念本身就是一个进行事物评判与价值取舍的精神系统,且在一定时段内具有较强的稳定性。共同的价值观为各部门及员工之间的交往与沟通提供了一个标准化的尺度,使得各部门和员工在企业最终目标上容易达成相对的一致,将不同的子目标导向一个大家都能接受的最高目标,并得到企业成员的理解与支持。在这个过程中,管理文化起到的是凝固剂的作用。

2. 控制决策风险

企业决策基本上是多人参与的,属于群体决策,涉及企业成员的心理活动和行为过程,而不同个体间的价值观念千差万别。这给企业决策带来两个影响:第一,群体决策相对于个体决策来讲,质量更高;第二,决策过程缓慢、代价过大、权责不明。而且,史托尔和科根等人的研究表明,群体决策还存在"风险转移"的现象,使得群体决策隐藏着较大的风险。

"风险转移"在企业决策中具体表现为:第一,企业成员由于责任的分散,更容易提出风险较大的决策方案。第二,企业高层为了彰显其领导水平,倾向于采取高风险的决策方案;而由于责任分散,这种高风险的决策方案易于被企业成员接受。第三,企业成员为了显示自己的个人能力或对企业的忠诚,在集体决策中往往易于提出比较冒险的方案。在这些合力的作用下,企业的群体决策相对于个体决策更容易倾向高风险的极端。当然,有时也会出现群体决策比个体决策更保守的情形。

在现代企业中,个体决策显然已经不适应时代潮流。如何保持群体决策的高质量,又如何提高其效率?企业文化是一个比较有效的手段。由于企业文化的相对稳定性,企业成员大多数情况下会倾向于采取与企业文化相一致的行动,因此决策的过程可能会缩短,费用也可能会降低,效率得以提升。如果企业文化是如前文所说的硬汉型或赌徒型,那么企业成员作出的决策可能就倾向于高风险水平;反之,如果是过程型的企业文化,则作出的决策可能就更倾向于保守。但这不是绝对的,不排除企业中有一些具有独特眼光和过人胆识的成员,甚至特立独行、离经叛道的个体,他们也许会提出与企业文化相左甚至背道而驰的决策意见。这些意见对缓解企业决策的"风险转移"具有一定的调整作用,从而促进决策的更加合理与科学。

3. 利于决策实施

决策的目标方向和方案一旦确定,就必须在实施过程中予以贯彻。企业决策的预期目标是否能实现或在多大程度上实现,很大程度上取决于各部门或层次的执行能力。执行力的培养来自两个方面:外在约束与内在驱动。外在约束可以采取规章制度来规定,更可以用企业文化来引导；更重要的是，管理文化可以将企业的价值观、战略目标等内化为员工的自觉行动，从而促进决策方案的有效实施。

在统一的管理文化之下，企业成员易于形成心理认同与归属感，对企业及其他成员产生依赖与信任，并在个体目标的基础上形成企业的共同愿景，甚至将企业的战略目标上升到使命的高度。在这种情况下，个体的主动性、积极性和创造性会被极大地调动起来，以企业的战略目标为共同的行动指南，为实现共同愿景，形成"心往一处想，劲往一处使"的良好协作局面。这不仅有利于企业决策的顺利和高效实施，而且企业成员更能在自我实现的目标下与企业形成"命运共同体"，积极创造个体与企业的未来。

此外，管理文化中的伦理功能能较好地约束和规范企业及其成员，可以通过学习、培训、灌输等方式，将其内化为企业成员的行为准绳，在行动上与企业战略目标保持一致，并矫正个体在决策实施过程中的行为偏差。

（二）不同类型的管理文化对企业决策的意义

1. 理性型管理文化能够较好地促进企业决策的科学化

当前，企业决策在很大程度上存在着"拍脑袋"的现象，随意性和盲目性较大，决策的科学化程度很低，成功率不高。造成这种情况固然有企业缺乏制度保证等方面的原因，但在这一现象的背后，一个更为深层次的原因是管理文化的结构性失衡，即管理文化的科学内涵的缺失，科学精神并没有真正深入企业之"心"，从而难以纠正、排除决策过程中非理性因素的干扰。这表明：尽管企业文化的内容属于精神层面，但它的作用却是客观的，其纠偏功能在实践文化的行动中也是不容忽视的。理性型的管理文化在其内容上，必然表现为强调理智、程序化操作、科学优化的思维模式，反对用非理性的价值取向来实践自己的行动，而所有这些使融合科学精神与理性精神于其中的管理文化，必然潜移默化地转化为决策过程的科学认识和理念，并自觉地引导企业决策向科学化方向发展。

2. 道德型管理文化能够影响企业决策的社会伦理认同度

管理文化所体现的价值观、道德获准度、伦理标准等要求的高低直接关系到企业决策的社会认同度。就文化价值观来说，它是规定企业不同决策主体行为的基础，因此它成为企业伦理化决策的关键。由此，道德型管理文化往往面临两种价值的选择：一是工具性价值观，二是终极价值观。一般来说，工具性价值观在为获得希望的生存目标而进行决策的时候，偏重于进取精神，多采取操作化、实用主义的方式，在行为上崇尚负责、诚实和有能力等；而遵从终极价值观的决策者则更愿意抱着超然的处世哲学，在行为中往往强调自尊、自由等。显然，这两种价值观均有利弊，只有把它们有机结合起来才能更好地为企业决策服务。道德型管理文化能使管理文化发挥特定的伦理规范功能，达到强化企业决策伦理化的目标。

3. 开放型管理文化能够促进企业员工的团队认同感，有利于企业决策的民主化

随着我国经济的发展，对企业的文化建设也提出了新的要求，即必须从传统的保守、落后、封闭中走向开放、和谐。这就迫使在建构管理文化时，一方面，必须在消化和总结现有文化的基础上，善于吸纳优秀的文化成果来丰富和发展自身，以始终保持企业文化的先进性；另一方面，开放型管理文化的建立必然打破那种家长制的专制式的决策作风，形成允许表达不同声音和意见，树立讲平等、讲民主的良好决策氛围。由此可见，管理文化的开放型内涵，对于培养员工的参与意识，提高他们的工作积极性，吸纳新的文化理念，特别是对于决策的民主化进程，具有重要的意义。

单元三 企业管理文化建设

一、塑造企业决策文化

(一)树立正确的企业决策理念

决策理念是决策者决策行为的指导思想,直接影响决策者的决策行为。现代企业的决策主要是群体决策,需要有统一的指导思想,才能更好地使决策参与各方发挥各自作用;现代企业决策群体主要由代理人组成,代理人的道德和思想直接影响决策的价值取向及决策行为。因此,树立正确的企业决策理念,有助于企业的正确决策,是建立与完善现代企业决策机制的出发点。

现代企业的决策理念应该包括:

(1)科学决策理念,即决策要尽可能采用科学决策程序和方法,避免盲目决策。

(2)决策冲突与决策比较理念。企业决策本质在于多种比较、择优,因而就需要有多种可供选择的方案,就需要有多种意见存在的交锋。只有经过各种互相冲突意见的交锋、各种不同意见的争辩、各种不同判断之间的抉择,才能作出好的决策。

(3)风险意识,即决策过程中必须要考虑未来有关因素的不确定性,对风险进行识别与评估,采取相关措施。

(4)企业发展观念,即决策要以企业发展为出发点,处理好企业与个体关系,处理好短期利益与长远发展利益之间的关系。

(5)利益平衡原则,即处理好企业利益相关者之间的利益关系,使各方利益得到保全,发挥各方参与企业经营的积极性。

(6)企业社会责任观念,即企业要处理好企业与社会的关系,要考虑消费者的身心健康、环境保护、资源的有效利用等方面因素,使决策的经济效益与社会效益相统一。

(二)调适决策者行为

1. 掌握企业管理的科学知识

完善而系统地掌握企业管理的科学知识是企业家决策行为规范化、理性化的基本前提。决策者个人的知识背景直接影响其决策行为。从个性心理看,知识背景直接影响决策者的态度和价值取向;从思维过程看,知识背景制约着决策者的思维程度,也是决策者形成思维习惯的重要因素;从行为表现看,这通常表现为决策者的某种行为偏好。只有掌握系统的企业管理的理论知识,并使之与自身的实践过程相结合,才能作出真正面向市场竞争同时也符合企业实际的正确决策。国外企业管理人员的首要要求是必须具备 MBA 的知识背景,然后再考虑其他因素。而在我国,虽然企业管理人员经常接受各种各样的培训,但基本上是任务式的或讲座式的。这种急功近利的短期行为是不可能系统地掌握企业管理知识的。

2. 更新观念

决策者应更新观念,敢于并善于借助知识的力量,完善自己的决策过程。科学知识对企业家决策行为的影响是显而易见的,那么企业家如何借助于科学知识?当知识对决策起重要作用时,将决策权与有助于决策的知识结合起来是有益的。有两种基本方式可以用来完成知识和决策权的结合:一种是把知识传递给那些有决策权的人;另一种是把决策权传递给有相关知识的人。前一过程已经备受决策者重视,而后一过程无论在经济学还是管理学中则很少受到相关注意。决策者企业家可能曾产生过将决策过程与知识相结合的念头,但真正结合的现象则很少。目前情况下,转移知识的成本与转移决策权的成本差异不大,而且都是极低的。换言之,知识与决策权的结合不是成本问题,而是观念问题。决策者应更新观念,敢于并善于借助知识的力量,以完善自己的决策过程,使决策过程规范化、理性化。

3. 培养文化兼容性

决策者应培养自己的文化兼容性。决策者个人的文化兼容性是企业发展的重要条件。企业发展到一定规模,对决策者个人的文化兼容性就会提出新的要求。文化兼容性是现代企业家必备的基本素质,是提高企业决策水平的重要条件。企业发展走向异地市场特别是进入国际市场,如果对其他民族文化如思维方式和生活方式等缺乏了解,那么决策就会带有盲目性。所以,决策者应完善自身的知识结构,并努力使其成为一个开放的体系,这样才能接受新观念和新思想,始终保持清醒的头脑,从而作出正确的决策。

(三)正确处理责权利关系

明确的分权、授权以及权责相称是现代组织管理的重大进步,是组织结构合理化和高效率运行的保证机制。由于现代企业管理的复杂性和困难性,如果不实行一定的分权、授权,必定会造成企业管理中的大事管不好、小事管不了的结果。而且充分授权,使管理有层次、系统分明,也有利于政令畅通,指挥有力,管理效率提高。

在实际的决策活动中,决策者在授权的同时,必须明确权责关系。在每个部门,授权应该得到有效的落实,要明确其具体的工作目标和责任,以及相应的权利和范围,使得每一个部门都能各司其职、各尽其责,并尽可能避免出现决策行为上有权无责和有责无权的弊端。所有者(董事会)、经营者(经理层)、下级经营管理者决策权的分配上,按决策权与知识、信息有机结合原则,赋予不同层次、不同专业领域、不同类型决策的决策者相应的权力。董事会进行战略决策、利益分配决策、突发重大事件的应对决策;经营者进行管理决策;下级经营管理者进行企业日常生产经营活动决策。这样将影响企业生存与发展的各方面活动的决策权在不同决策参与者之间进行合理有序的配置,从而形成一个以董事会为决策核心,以拥有知识和信息的专业人员为决策主体,分工明确,权责清晰的决策组织体系。这样的组织体系有利于科学、快捷决策,从而提高决策效益。

(四)成立知识化的决策机构

1. 邀请专家进董事会

这是所有者向知识拥有者转让决策权的一种重要形式。这在西方已经非常普及。比如,美国的大多数上市公司的董事会中独立董事占多数。现在有的董事会甚至仅让公司的 CEO 作为董事会的唯一内部董事。我国已经开始重视这一制度,并在有关文件中作了明确规定,对上市的股份公司也开始作为一条基本要求。

2. 建立具有相当权力的决策咨询机构

不少公司为了防止决策的失误,在董事会外成立了一个专家组织。比如,三九集团的战略决策咨询委员会,其中包括财经界的原高级官员和知名经济学家,这个委员会不是一个花瓶,委员会对一些重大决策有否决权。

3. 重大决策的委员会制度

与前面两个方式相比,这是一个企业内部的组织。说是内部组织是因为委员会主要的公司执行层人员,如管理委员会、技术委员会,一般是由总裁召集,参加者往往包括部分关键中层人员,是重大问题讨论决策的机构。这是一种集体决策的典型,其人员有时也包括一些外部的专家,但是这些专家往往是技术方面的专家,对重大决策往往没有多少发言权,仅提供参考意见。

(五)健全企业决策制度

1. 建立企业决策调研制度

成功的企业决策离不开深入的调查研究。企业的调查制度应当包括这样几个方面:市场调查制度,没有充分调查研究的市场不冒险进入;消费者消费评估制度,企业要对消费自己产品的消费者的购买力、消费习惯、消费心理有比较全面的了解;产品售后服务调查制度,企业要对自己售出的产品的用户情况有较全面的把握。

2. 建立企业决策监督制度

在市场规律"看不见的手"和宏观调控"看得见的手"的双重作用下,决策者所掌握的信息有限、决策者的理性有限、决策者个人及其所代表的集团的利益与偏好不同,也由于决策者以有限的甚至错误的知识体系或价值体系为指导等因素,企业所作出的任何一个决策都不可能是完美的,总是会有一些企业为自己的草率决策付出代价。所以,必须对决策制定过程及实施过程进行有效的监控,以保证决策的质量。

具体来说,属于公司制企业,可在董事会成员中设决策监督特别代表,也可由监事会委派代表。大型企业可设决策监督机构或专项监督机构,由董事会特命非经营者担任决策监督首席执行官。属于独资企业,经理层决策应实行集体讨论决策,并由业内专家担任监督代表或特聘顾问。企业决策责任追究,应更多地通过有效的经济手段并辅之以行政手段和法律手段制约决策人。

二、构建学习型企业文化

学习型企业文化是一种鼓励个人学习和自我超越的企业文化,是一种旨在形成共同价值观、改善心智模式、培养系统思考能力的企业文化,是一种以学习力提升创新力进而增强企业和员工竞争力的企业文化。构建学习型企业文化可以从以下几方面入手:

(一)树立学习型价值观

树立学习型价值观是学习型企业文化建设的第一步,也是最重要的一步。这是因为,观念对于个人的行动具有重要的制约或支配作用。只有树立正确的观念,才能有正确的行动。因此,价值观是创建学习型企业文化的灵魂。要创建学习型企业文化,必须首先建立适合本企业的价值观,这种价值观要使员工达成学习的共识,树立终身学习的价值追求,使学习成为每一名员工的自觉行为和习惯。企业要树立学习型价值观,必须重视在员工中倡导以下价值观念和行为取向:时刻保持强烈的竞争意识和学习能力;对学习有浓厚的兴趣和执着的追求,把学习看做企业发展的保证和员工人生发展的基点及杠杆;善于吸收信息和知识,掌握有效的学习方法,不断开阔视野;勇于适应变革,不断更新和积累知识,把学校学习、教育的观念转变为终生学习、教育的观念;善于交流合作,互助互学,互相尊重,提高学习能力;敢冒风险,具有挑战精神和进取心,勇于创新和尝试,使企业和员工在变动的环境中持续学习和成长。目前,我国的企业迫切需要培育这样一些鼓励学习、崇尚创新的价值观念和行为取向,这对于创建学习型企业文化、增强企业的核心竞争力都是非常重要的。

(二)确立以实现客户和社会利益为导向的经营哲学

在传统工业经济社会里,企业是产品导向、市场导向型的,往往以追求最大限度的利润为目标。但美国兰德公司花了20年时间跟踪500家世界大公司发现,其中百年不衰的企业有一个共同特点,就是他们都始终坚持以下四种价值观:一是人的价值高于物的价值;二是共同价值高于个人价值;三是社会价值高于利润价值;四是用户价值高于生产价值。这就说明,优秀的企业不再以追求利润为唯一目标,他们都有超越生产利润的顾客目标和社会目标。尤其是在知识经济时代,企业与社会的关联度更大,企业的社会形象已成为顾客选择产品和企业的一项重要指标。那些缺乏社会责任感的企业将受到社会和消费者的抵制而无法生存与发展。为此,企业需要重新定位,调整自己的目标价值导向,通过树立起顾客和社会利益的价值高于利润的价值的经营哲学,承担起社会责任,树立起富有社会责任感的企业形象,才能得到社会的认同和消费者的青睐。

市场是企业经营管理的出发点和归宿,是企业一切管理活动的依据,也是企业经营的核心哲学之一。企业家在确立以市场为导向的企业经营哲学过程中,为适应信息化的社会必须加强员工的学习、培训和教育。成功的企业所确定的经营哲学都是从外到内、依据市场情况决定的。无论是满足需求还是创造需求,企业必须建立与市场之间强有力的联系渠道,建立快速、准确的市场信息系统。这就要求我们的企业必须建立学习型组织,通过学习型的团队精神,对市场的信息作出快速的反应。另外,企业还要在思想政治上,不断转变员工的思想观念,超越物质利益的目的。在实现企业盈利目的的同时,教育员工注重企业和个人对社会的贡献。冲破以往的价值取向,系统思考,在兼顾盈利目的的同时,以实现企业的社会价值为导向建立学习型的企业经营哲学。

(三)创建学习型的企业家集团领导体制

创建学习型的企业家集团领导体制,就是要在企业进行集团领导的前提下,整个企业的高层管理者共同学习、共同进步,以达到知识更新速度快,决策层更加适应市场和新技术的变化,使决策更加合理和优化。

1. 建立共同愿景

在我国企业的上层领导体制中,特别是国有企业,大部分的高层领导者(尤其是经理)是国家的政府机关或管理该企业的上级部门任命。这种任命过程缺乏可控制的依据,被任命的企业家在管理企业的过程中,其业绩很难被硬性规定。而且,被任命的领导可以任命自己所管辖的高层决策层和管理层。这样导致这个决策层的管理模式单一,而且没有太多的变化和管理的新思路,最终导致整个公司的管理其实还是家长制管理模式,只是形式上有董事会、股东大会等机构。因此,要想从根本上改变这种局面,需要我国国有企业的管辖部门,不但要任命整个公司的总经理,还要任命其他关键部门的经理,这样才能保证权力的相互制约,使决策层的决策更加民主化和制度化。

建立共同愿景,就是要在决策层内部达到将个人愿景升华为整个企业的共同愿景。也就是说,将每个任命的决策层领导的个人愿景汇集起来,制定出一个共同的愿景。并将这个共同愿景渗透到决策层,在决策层达成共识,并以委任状和承包协议的形式加以规范化和法律化,并下达到基层,作为民主监督和上层主管部门的控制依据。另外,企业的管理决策层中每个成员的个人愿景应该是自己下级部门的共同愿景的体现,如此逐级递推才能保证整个企业的共同愿景是由企业的每个员工的共同愿景汇集而成,才能保证企业的共同愿景是每个员工个人愿景的集合和升华,才能真正调动企业职工的积极性和主动性,才能构建优秀的企业文化。

2. 开展团队学习

长期的计划经济体制给我国的企业家形成了根深蒂固的依靠上级、服从上级的心智模式。随着经济体制的转型,推行市场经济新时期的到来,改善旧的心智模式,进行团队学习,才能适应市场和社会的发展,保证企业的健康发展。企业家集团内部的每个成员之间要开展深度交流和融合思考。推开每个人心中的设想真正地一起思考,推开自己的假设并且接受别人的假设和思路。时刻注意到每个人的建议只是一种设想,而不是命令。没有涉及等级和个人尊严等问题。每个人可以坚持自己的意见并说出自己的设想,但是要防止被自己的意见所左右。在决策中集思广益,从每个人的建议中升华出最佳的决策,发挥团队学习的功效。团队学习主要的问题就是不要以自我为中心。我们可以坚持自己的意见和主张,但是不要被自己的意见和主张所左右。通过团队学习引导基层组织的全体员工共同学习、集思广益,发挥出更大的民主决策能力。

(四)完善企业的教育培训机制

学习型组织特别强调个人学习和团体学习能力,而教育正是提高学习力的一种有效途径。因此,建立一套教育培训机制对学习型企业文化的建立至关重要。

1. 完善教育内容

理想信念教育、思想道德教育、技术技能教育共同构成学习型组织全方位教育内容。国家有国家的目标,企业也有企业的目标,而实现自身价值,谋求自我发展则是员工追求的目标。而理想信念教育则是实现三者目标相结合的有效手段,它是思想政治工作与具体生产活动的有机结合。企业要通过各种渠道在实践活动中进行理想信念教育,使员工边工作边受教育,以收到良好效果。思想道德教育旨在提高人的情操、塑造美的心灵。对于学习型组织来说,思想道德教育是提高员工素质的主要方面,企业长盛之道在于德,员工的思想道德教育应以思想品德、职业道德、社会公德和家庭美德为重点,提升人的品位,为创建学习型组织提供良好的主体。一个组织要发展,员工的技术技能和业务水平提高是刻不容缓的问题。我国对专业技术人员的继续教育学时的规定,在很大程度上保证了专业技术人员的受教育培训机会。随着知识经济时代的到来,技术技能从以往的单一化逐渐向多元化发展。

2. 加大教育培训的投入力度

人力资源是企业最可宝贵的资源,开展职工素质培训是一种投入、一种开发、一种适应市场的学习竞赛。对于企业来说,应努力把企业当作学校来办。主要领导要亲自抓,制订切实可行的培训实施计划,在人、财、物上给予充分的保证。职工素质培训包括业务素质培训和综合素质培训。业务素质培训是指由企业发起的与员工职业选择和职务要求有关的专门培训。一是指职工初入企业时进行的公司组织架构、运营机制、企业制度、发展方向等常识的培训;二是指根据技术和竞争需要对员工进行的专业培训及更新与补充知识的培训。除了员工业务素质培训以外,还需要重视员工的心理素质、耐力、意志力、敬业精神、世界观、价值观、方法论等综合素质的培训。这也是企业塑造持续向前发展所需要的企业文化方面的战略手段,是最终提高成员综合素质和献身精神的基础,也是企业社会价值和社会效益得以实现的重要保证。

三、培育企业激励文化

激励,作为在企业管理中的一种职能,是根据某具体目标,为满足人们在愿望、兴趣、情感等方面的需要,通过有效地启迪和引导人的心灵、激发人的动机、挖掘人的潜力,使之充满内在的活力,朝着所期望(或规定)的目标前进。激励的本质在于充分调动员工积极性,提升员工工作动力,使员工通过高水平的努力实现组织目标,这种努力对于员工个体而言也是一种价值的体现。激励,从管理角度看就是要赋予员工以完成工作效益目标所需的动机或动力。作为企业决策人,无不希望自己的员工为实现企业的经营目标而不懈地工作。对此,企业管理者有必要从文化入手,培育企业的激励文化,从根本上解决员工的激励问题,打造具备卓越竞争能力的员工队伍。

企业激励文化是企业管理者采取各种满足人的需要的措施,激发人的工作动机,调动人的潜在的能力和创造力,从而提高企业全体人员的综合素质和企业凝聚力,突出企业竞争力在物质和精神上的综合体现。

(一)建立长远型的物质激励模式

追求生活的需要,是人生存的本能。物质激励是最重要的激励因素,主要包括薪酬和福利两个方面。企业薪酬设计的原则应遵循竞争性和公平性,对外,即在社会薪酬水平方面,使员工待遇具有一定的竞争力;对内,则具有一定的公平性。我们企业在薪酬方面进行了大量改革,使得薪酬分配越来越体现其公平性和激励性。虽然存在用工体制的不同,但人事代理员工的薪酬水平也在逐步提升。但是从根本上来看,当前的薪酬体系体现更多的是一种短期的物质激励措施,而非长期激励功能。

为实现更佳的激励效果,企业还必须探索并建立长远型的物质激励模式。如一些中小企业,尤其是高科技企业通过员工持股计划、期权激励的措施来提升员工的积极性和忠诚度,使员工从打工者摇身一变为企业的主人,从而实现了较佳的激励效果。人力资源专家认为,在企业的薪酬包中,工资是保障要素,奖金是短期激励要素,福利是保健要素,而员工持股是长期激励要素。据国外实证调查,有长期激励要素的企业其劳动生产率比没有长期激励的企业劳动生产率高约 1/3,利润高出 50%。一些企业虽然对现职员工有较为完善的福利体系,如住房公积金、养老保险、医疗保险等,但福利待遇只是一种保健因素,在实践中确实也没有体现出其激励功能。因此,为建立更加有激励效用的薪酬机制,企业通过推行绩效制度,除为员工提供具有竞争性、公平性的短期薪酬形式的物质激励外,必须在现有机制下探讨长期物质激励措施的建立,如员工持股计划、股票奖励、期权奖励等措施等。又如,有些企业为了留住核心员工,以合同形式承诺为服务满 10 年或 20 年员工奖励住房、汽车等,或者以年金形式给予一次性奖励。因此,完善的薪酬激励体系只有考虑短期和长期结合,才能实现最佳激励效果。

(二)建立发展型的职业激励机制

职业发展是除劳动报酬外员工最为关心的方面,因此也是许多企业十分关注的员工激励项目。职业发展主要包括员工职业规划和培训学习等。

1. 职业规划

在职业规划方面,一些企业对被确定为核心岗位的员工进行职业规划,从而逐步逐级辐射。另外,由于历史原因和企业发展的特殊性,一些企业积淀了大量学历较低的老员工,而这些员工在基层仍然是一支重要的力量。

此外,在职业文化导向上,企业还存在着明显的官本位思想,管理人员地位明显比技术、业务人员地位高很多,甚至高岗的技术、业务人员不如低岗的管理人员的被认可度和受尊重程度高,这十分有碍员工的职业多元化发展。企业应该通过待遇、机会等因素调节来保持各岗位的均衡性,使得员工不要仅仅将目光局限在管理类岗位的职业通道上,从而充分发挥管理、技术、业务多岗位的激励效果。

2. 培训学习

在培训学习方面,为推动企业转型,尤其是推动员工能力的提升,一些企业每年会进行培训规划,人力资源部也为此设计了系统的培训计划,其中包括素质技能培训及业务培训等。基层员工经常被安排参加一些培训,但这种培训模式由于有完成任务的意味,其效果往往不佳。

培训是一项重要的激励资源,而不应是普惠政策。

培训应该分级设置,对于普通岗位员工,进行基本的岗位技能培训和业务培训就可以了。企业可以考虑设置一些经典的培训课程,比如到各知名高校、商学院,甚至海外知名企业或院校学习,周期可以适当放长,将这种培训课程奖励给作出突出贡献的优秀员工或表现优秀的核心员工,这不仅仅是一种学习机会,也是一种实实在在的荣誉激励。这样的培训体系将会起到更好的培训效果和激励效果。

此外,应当建立员工职业生涯管理档案,为员工个人职业生涯目标和企业发展目标的实现,以及企业人力资源配置提供决策依据。

(三)建立参与型的民主管理机制

管理实践证明,如果一个企业能够充分发扬民主,给予员工参与决策和管理的机会,那么这个企业的生产工作、员工情绪和内部凝聚力都将处于最佳状态。当前,很多企业也充分发挥了这一点,给予员工最大的自主权来参与公司管理,给予员工适当的空间安排自己的工作。IBM公司为了激励科技人员不断创新,在公司内部采取了别出心裁的制度,对于有创新成功者的员工,不仅给予"IBM会员资格",而且给予必要的物质和时间支持,以确保这些科技人员能够持续地进行创新活动。福特公司在此方面提倡"全员管理制度",它赋予员工参与决策和管理的权利,从而缩短员工与管理者的距离,员工的独立性和自主性得到充分发挥,其积极性也得到提高。

为充分发挥员工智慧,激励员工的主人翁意识,企业应该在各个层面扩大民主管理范围,建立更加完善的民主管理机制。比如,建立专家咨询委员会,参与重大业务产品上线或重大政策出台的讨论等;鼓励员工在各个层面就企业管理提出不同意见等。这些都是推动企业持续发展、激发员工积极性的宝贵财富。

(四)建立多元化的荣誉激励形式

荣誉也是一种良好的激励方式,既可以激发当事人的工作热情,又可以为其他员工树立榜样,形成一种相互促进、相互赶超的良好氛围。

为充分发挥荣誉的激励效果,企业应该形成制度化的多层次的荣誉激励方式。在年度综合表彰方面,除设置各专业奖项外,还可以设置综合评比奖项,如对年度突出贡献者授予总经理奖等;对连续两年、三年获得该奖者给予职位晋升、学习深造、外出旅游等奖励;为鼓励员工参与民主管理,可设置最具主人翁精神奖等;为在企业工作20年以上员工颁发卓越功勋奖等。当然,荣誉的名头和形式可能并不是最重要的,最重要的是荣誉评选的制度性、连续性及奖励的形式和内容,这样才能充分发挥这些奖励的激励效果。企业在荣誉激励方面,应该进行系统规划,固化一些长期设置的重要荣誉称号,使之成为可识别的重要激励内容。同时,对这些荣誉获得者给予高额奖励和人力资源计划方面的储备,使得贡献与荣誉匹配,荣誉与机会挂钩,从而发挥荣誉的真正激励作用。

【案例思考】

中国与荷兰的决策案例[1]

1.中国的决策案例

决策会议:中国哈尔滨某寿险保险公司召开会议讨论如何开发新的保险产品以迎接外资

---

[1] 本案例及分析结论均引自陈岩峰. 管理决策与文化相关性中外比较,商业时代[J]. 2006(20).

保险的大举进入。

参加会议的人有总经理、各职能部门的中层领导和某高校保险系副教授。总经理迟到10分钟,没有人着急,也没有人问为什么,总经理进来后表示由于过于繁忙而来迟希望大家谅解,这种道歉是形式上的,谁都认为领导迟到是可以理解的,没什么不妥。

副总经理主持会议,请总经理作指示。总经理首先肯定了各部门工作的业绩,点名表扬了几个部门领导,至于负面反馈只是点到为止,没有具体事件,同时指出本次会议是邀请大家谈保险产品创新问题。在他讲话时几乎所有与会人员都在认真记录。接下来是副总经理发言,主要是重申总经理的讲话内容,并一再强调这次会议是多么的重要。然后是中层领导们谈自己的看法,没有人有事先准备的发言稿或计划书,人们做认真倾听状,但很少记录。在会议期间总经理接到一个电话便走出会议室约10分钟。人们变得轻松起来,人事部的女经理甚至请副教授为她的儿子介绍一个大学老师做女朋友。会议结束时没有达成任何一致性看法,只是各抒己见,比预计时间推迟了40分钟之久。

2. 荷兰的决策案例

决策会议:荷兰某保险集团阿姆斯特丹总部Chinadesk召开会议,决策内容是如何为中国提供金融人才培训。

参加会议的人都非常认真地做了准备,带来了详细的计划书,以确保在适当的时候可以提出自己的建议。会前5分钟左右人们简单地问候,喝咖啡或水,人们之间似乎有些冷漠,没有人迟到。会上每个人都谈了自己的建议,并不对他人的设想进行评论。会议开始和结束的时间按事先安排进行,在众多方案中,以投票方式表决,最终的培训方案有设立对中国的教育基金、为高校提供访问荷兰大学保险系的机会、培训中国保险从业人员等,计划详尽,包括时间、资金、运行办法等。

【思考题】

1. 比较中国与荷兰决策会议的不同。
2. 从文化的角度来分析两者为何不同。

【教师点拨】

经过对问题的总结归类,我们发现中荷两国管理决策的文化敏感性有如下表现:

中国的决策会议的作用更多的是推销领导的意图、信息共享和提供建议,只有领导才能做最后的决定。非正式往来在中国文化中非常重要,真正的决策是在会议之外作出的,会议的目的只在于激发和评价成员们实施该决策的意愿。对时间的态度是多向性的,与会者在决策会议期间可接电话或见非预约的人。荷兰人则对会议的议程规定看得很重,认为时间是单向的,人与人是平等的,没有人拥有特权,老板也同样要遵守时间,不得迟到,会议超时会被认为是缺乏效率的。在达成协议上,人人都有权利表达自己的意见。不注重组织内的非正式关系。

荷兰具有工作趋向的文化特点,所以他们的会议参加者是那些与任务直接相关的、有适合知识和技能的人,目标只有一个:完成任务。而中国具有几千年崇尚王权的历史,特权在文化中特别重要,所以工作任务的分配是依照他们的权力和对组织的影响力来进行,往往不是根据他们的学识。目标的表达较为含蓄,讲究可以意会,不可以言传,具有高关联的特征。荷兰人认为业绩评估可以通过直面和探讨来处理差异,反馈在上级和下属之间进行,是双向的。在中国,信息反馈是间接的,尤其是负面反馈,都是在非正式场合发生的,下属不得直接评判领导。

第八章

创业决策的技巧

我相信直觉和灵感,常常不知原因地确认自己是正确的。

想象比知识更重要,因为知识是有限的,而想象则能涵盖整个世界。

——爱因斯坦

明者因时而变,知者随事而制。

——汉代·桓宽《盐铁论》

知识要点图

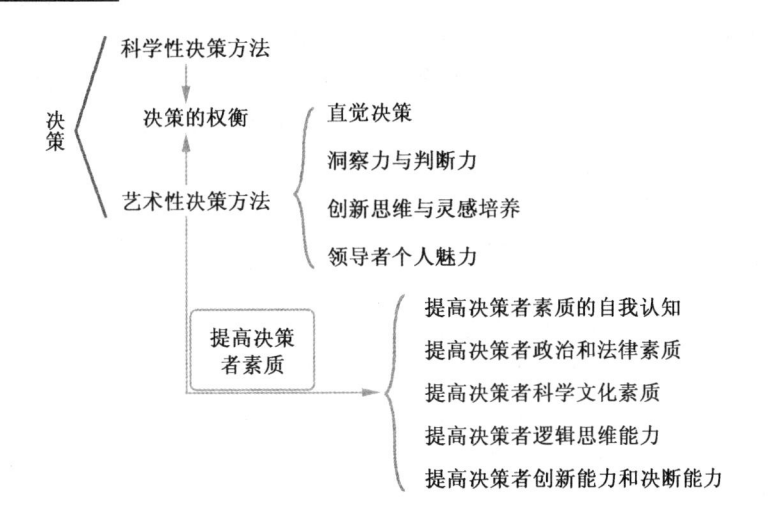

```
          ┌─ 科学性决策方法
          │
          ├─ 决策的权衡 ─── 直觉决策
决策 ─────┤                洞察力与判断力
          └─ 艺术性决策方法 ── 创新思维与灵感培养
                              领导者个人魅力

                    ┌─ 提高决策者素质的自我认知
                    ├─ 提高决策者政治和法律素质
提高决策者素质 ─────┼─ 提高决策者科学文化素质
                    ├─ 提高决策者逻辑思维能力
                    └─ 提高决策者创新能力和决断能力
```

学习目标

阅读和学完本章后,你应该达到以下知识目标和能力目标:

知识目标:

1. 理解决策的艺术性;
2. 掌握决策的软技能;
3. 理解决策中的经验、技能与直觉的权衡;
4. 掌握提高决策者素质的方法。

能力目标:

1. 能够区分不同决策类型使用的决策方法;

2. 能够使用决策的软技能提升决策效果；
3. 能够提高决策者的素质。

案例导入

"维珍"的直觉决策

在英国，有个家喻户晓的品牌，叫 Virgin(维珍)。"Virgin"这个词，中文意思是"处女"，品牌创始人理查德·布兰森认为，选择这个词，往往给品牌初次接触者留下深刻的印象。维珍集团（Virgin Group）是英国多家使用维珍作为品牌名称的企业所组成的集团，集团业务范围包括旅游、航空、娱乐业等。

维珍集团董事长兼总裁理查德·布兰森，17 岁起家，是当今世界上最富传奇色彩和个性魅力的亿万富翁之一，英国女王授予他爵士头衔。像很多"书读得不好鬼点子倒挺多"的孩子那样，理查德·布兰森从小学习就不好，17 岁那年，他拿着母亲所给的充作邮资和电话费的 4 英镑，与一个朋友在半间地下室里创办了一份面向年轻人的《学生》杂志。1968 年，杂志正式发行。刊物发行后引起轰动。名噪一时的摇滚巨星滚石乐队主唱米克·贾格尔和甲壳虫主唱约翰·列侬都曾接受过该杂志专访，列侬还专门为该刊创作了一首歌曲。

一个品牌的成长毕竟不是一帆风顺的，布兰森的第六感在关键时刻挽救了自己的公司。几年后，《学生》面临困境，布兰森突发灵感，决定在该杂志的封底做广告，低价邮售音乐带。由于当时英国专卖店销售音带的价格昂贵，他的创举引起了极大反响，订单源源不断寄来。20 世纪 70 年代初，就在布兰森用自己的《学生》杂志的收入创办第一家邮购公司 Virgin 后，英国爆发了邮政工人大罢工。布兰森被迫将公司转为以经营唱片为主的折扣零售商店。哪些唱片好卖呢？布兰森敏锐地察觉到，平民化音乐不再是引领的潮流，他于是大量订购橙梦、平克·弗洛伊德、创世纪、Yes 等风格严肃的前卫迷幻摇滚乐队的唱片。维珍唱片公司在此基础上创立。

他后来在一个偶然的机会，遇见了麦克·欧德菲尔德。当时的麦克·欧德菲尔德只是一个伴奏吉他手，布兰森的直觉告诉自己，此人必定成为一个天才艺术家。于是，布兰森先人一步，与麦克·欧德菲尔德签下了合约，当年就出版了第一张专辑《管钟》。1 000 万张的全球销量，不仅让这位伴奏吉他手红遍了世界，也让维珍唱片公司吸引到了更多的明星和乐队。

【分析与思考】
1. 直觉决策与科学决策矛盾吗？
2. 什么时候需要采取直觉决策？
3. 为什么说决策既是科学也是艺术？决策的艺术性体现在哪些方面？

单元一　科学决策与决策艺术

决策理论大师西蒙说："决策是管理的心脏，管理是由一系列决策组成的，管理就是决策。"创业型企业的决策质量会影响企业的发展，甚至会影响企业的生死存亡。在企业决策实践中，由于无法预知决策结果的效力以及对定性决策的不信赖，企业和个人都在不断追逐以量化决策为主的决策过程及方法科学化，以期保证决策结果的有效性。这种行为本身无可厚非，基于数量分析的决策毕竟能给决策者带来更大的"安全感"，而基于决策者"直觉"的定性分析，总显得缺乏保障。

一、决策的科学性和有效性

决策的科学性是决策者追求的目标,但决策者要清楚地知道,对决策科学性的追求是为了实现更高目标——保证决策的效能和效率。因此,创业企业面临决策时,决策的目的是追求决策的效果和效率,而不是决策过程是否科学。科学决策的目的是"最优化",如整体效益最大化、决策成本(资金、时间、人力)最小化、组织的问题清晰化、决策方案的实施结果确定化等,这些条件与目标在现实中很难全部实现。有效决策的目的则是"满意化",如组织成员损失最小化、利益相关者满意化、决策成本合理化、决策方案实施的便利化等,这些条件与目标在现实中相对容易实现。

另外,"科学"不一定"有效","有效"却可能"科学",因为任何决策最终的服务对象都是企业或个人,决策者的特性不同决定了决策的效果可能千差万别。

决策的科学性关注决策者为了实现某种特定的目标,运用科学的理论和方法,系统地分析主客观条件作出正确决策的过程。正如第一章所述,决策是一个提出问题、分析问题、解决问题的完整的动态过程,遵循科学的决策程序,才能作出正确的决策。

一方面,要获得决策的科学性,以事实为基础是非常重要的。这意味着我们需要通过事实情况的调查、整理和分析,以进行判断和决策。在决策过程中,追求科学性要求决策者尽可能地获取与决策有关的定量数据和信息,并在此基础上选择方法及建立模型。基于定量化的数据,根据决策模型的分析,通过科学的方法,获得定量化的预期,才能正确地指导决策。

另一方面,决策的目的在于成功地实施,产生预期效果。要实施必须进行计划,必须配置相对的资源,而计划和资源的配置的合理性与优化,也需要通过定量化进行控制,试想一个没有定量化的计划、目标,怎能实现相对定量化的资源配置,过多的配置和过少的配置,带来的损失不提大家也知道。而且,定量化的决策,在实施过程中必然要降低决策实施效果的实现效率。

当然,如果某一项决策,能够从定性的事实和分析就能获得预期结果,为了避免过多的成本,在这种简单情况下进行定性分析判断,立即作出决策,避免了由于追求定量化而耽误了决策的最佳实施时期,就体现了决策的艺术性。

在科学决策中,要避免"科学化就是定量化"的思想误区,当然决策者也要清醒地认识到"科学化更多地体现在定量化上"。结合我国创业企业决策的实践,由于创业企业的决策的一个最大弊端就是没有定量化的决策,较多依赖于决策者个人的素质,要改变这种弊端,在决策管理中更多地强调"科学化"的观点有益无害。然而,决策者同样不能忽视决策艺术性的一面,尤其是创业企业受制于各种内外部决策环境和决策信息的不足,如何提升决策者的决策能力,是实现企业快速决策、有效决策的途径之一。

二、决策的艺术性

在前面的叙述中,我们已经知道决策应遵循一定的程序、采取科学的决策工具和决策方法,以保证决策过程的科学化。在现代企业决策中,企业越来越倾向于使用定量的方法,这是企业管理现代化的客观要求,也是企业向现代化管理迈进的主要标志之一。定量化决策具有明显的客观性、科学性,实行定量决策,其基本前提条件是解决信息和数据的一致性与可靠性,进而解决信息和数据的系统性与可用性。只有解决了信息和数据的一致性与可靠性,才能进行加工、决定取舍,经过分析、归纳,使之具备系统性、可用性,才能保证最终决策结果的科学性。

然而,并不是所有的决策活动决策者都能掌握足够的决策信息,有些决策甚至没有基础信息的支撑。如果数据、信息来源不一,统计口径不一,必将导致不同的决策后果,使决策者难以作出正确的判断,甚至作出错误的决策。而当信息不足或信息处理存在问题时,决策者仍然需要作出高效的决策,这就依赖于决策者本身丰富经验、智慧、直感和判断等个人或群体素质,依赖于决策者的决策艺术。

(一)决策艺术

决策艺术是决策过程组织与决策表现形式的原则性和灵活性的统一。这里的组织不是指组织机构,而是指整个决策的组织协调过程;表现形式是指决策的外在表现形式,如制度、主体组织结构、决策问题及已作出的决策的表达形式等;决策的原则性一般包括外在起约束作用的规章如法律、政令等,决策价值标准、方法、程序等决策的内在规律性,以及决策问题本身的规律性;决策的灵活性则是决策方法与表现形式的灵活运用,这种灵活的限度就是原则性。

(二)决策艺术的特征

1. 原则性与灵活性的统一

这种灵活性有时看起来是突破了原则性的限制,即所谓不"墨守成规"、"不拘一格",但这种被突破了的"成规"都是非原则性的成规,即不能反映决策规律或决策问题本身运行规律的成规,这种成规只能是行政意义上的原则,不是科学意义上的原则。

2. 理性与非理性的统一

如果说原则性的方面具有相对稳定性,那么灵活性则是其反面,灵活性的体现不能否认决策中非理性因素的作用,即决策者的经验、直觉等因素对灵活地运用原则的作用,某些想法的产生过程可能具有非理性特点,但决策的行为更多的是理性行为,因而决策中的灵活性则更多的是理性思维的结果。即使由非理性产生的想法,也往往要伴以理性的逻辑推理才能给予肯定。

3. 规范与非规范的统一

决策中的原则性是规范的,而灵活性则是多变的,非规范的灵活是在原则规范下的灵活,这是其一。规范性又可以由非规范转化而来,这是其二。决策原则、方法等多次灵活运用,以致变成规律性认识,从而形成规范。

4. 艺术性的决策必须是成功的

艺术必须能给人以美感,需通过艺术形式体现其要表达的意义,从而给人以美的享受与感染。同样,艺术性的决策,无论其表现形式如何,必须是成功的决策,否则就谈不上艺术。持非理性就是艺术性的观点的决策者,甚至把由于恐慌、紧张、焦躁情绪所造成的决策失误也归入决策艺术范畴,因为这些情绪是非理性的,其实这种认识在理论上是错误的,在实践上也是有害的。艺术性的决策必须是成功的,是能有效地解决决策问题、达到决策目的的决策。

5. 决策艺术的创造性

决策原则的灵活运用本身就具有创造性意义,因为实际决策问题与决策原则的具体的灵活的结合与表现是前所未有的。决策艺术的创造性还在于,原则性与灵活性的结合,可能促使对决策规律及决策问题所指向的管理系统和管理对象系统的新的或更深入的认识。

6. 决策的科学与艺术的统一

决策科学是对决策规律的认识,科学决策是建立在运用科学决策规律基础上的决策。决策艺术是对决策科学规律的肯定,它是对规律的灵活、科学、创造性的运用,是达到决策科学化的手段,是决策科学化的组成部分,因而决策是科学与艺术的统一。

7. 决策艺术贯穿管理的一切方面

西蒙说:管理就是决策。决策贯穿于管理的一切方面,因而决策艺术也就贯穿于管理的一切方面。它不仅存在于"软管理"方面,更存在于"硬管理"方面。

(三)决策艺术的核心

创造性是决策艺术的核心,这是因为以下原因:

1. 没有创造性,决策就没有艺术的光辉

一方面,决策,就其本质来说,是一种创造性活动。因为决策都是以改革现状、铸造明天为目标的。另一方面,在决策中,决策艺术是通过非程序化的活动展现出来的。非程序化的决策活动,既不是某种固定模式的翻版,也不是某些已深思熟虑的问题的重复,而是一种前所未有的创造活动。离开了创造性,既不可能有什么娴熟的技巧,也不可能给人以美的感受。因为技巧与美感都是以创造性为前提的,因此,在这种意义上也可以说,没有创造,就没有决策艺术。

2. 没有创造性,决策艺术就没有旺盛的生命力

创造性是决策艺术的精髓。但是创造性程度的高低,决定着决策艺术水平的高低和艺术生命力的强弱。而决策者要具有高度的创造性,就必须充分发挥主观能动性,不断获得创造性活动的自由。

(四)决策艺术的提高途径

1. 决策艺术产生于决策实践

实践是决策艺术的本质特征,决策艺术是富有创造性的技能技巧。这种技能技巧的形成和训练,都是千百次实践的结晶。"纸上谈兵"是不可能得到决策艺术的。

2. 决策艺术的运用和提高依赖于决策实践

实践出真知。决策艺术一方面产生于实践,另一方面又高于实践。从决策实践中产生的决策艺术又必须回到决策实践中加以检验、发展和提高。这就要经历不完善到完善、不娴熟到娴熟、不精湛到精湛的过程,从而达到炉火纯青的决策艺术境界。决策艺术的提高与升华,并不神秘和高深莫测。决策者只要敢于实践和善于实践,决策艺术的运用和提高就一定能结出丰硕的果实。

总之,决策艺术的产生和提高,离不开丰富的知识、经验。它们是构成决策艺术大厦的基础。不言而喻,大厦的基础越坚实,大厦的顶峰就越高耸。

三、决策与运气

无论是做哪种类型的决策,都需要区分能力与运气对决策结果的影响。人类大部分活动的效果是技能和运气共同作用的结果。区分技能和运气各自所占比重有利于更好地分析决策结果的成因,从而大幅度提高决策水平。其实,无论是体育运动、商业活动还是投资行为,都可以找到更好的办法来区分技能和运气成分。以买彩票为例,买彩票可能是一些人生活中的重要组成部分,特别是在奖金池累积到一定的程度,很多迷恋彩票的人会更加积极地参与。一个人认准了尾数49,结果他真的中奖了。他说:"我已经连续七天没合眼了,而且我看了各种彩票投注分析,经过自己的演算,自己从来不曾忘记'七'这个数字,七七四十九,所以我就买了这注。"从结果倒推,这个"高效"决策背后到底更依赖于科学决策的分析还是运气呢?

很多人明白技能和运气都重要,但对某件事中各自所占比重又没有概念。举例而言,崇尚

科学决策的决策者在考虑问题时总是循着科学决策步骤潜行,而忽视其中运气的成分。以机构投资者资产配置为例,一项最新的研究显示,从 1985 年至 2006 年,配置不当导致的损失达到 1 700 亿美元,换句话说,"很多机构如果没有半途而废,而是坚持自己以前的判断,本应赚得更多"。既然很多活动是技能和运气共同作用的产物(见图 8-1),越靠左端的决策表明对技能的依赖更大,而越靠近右端则表明决策的运气成分更大。

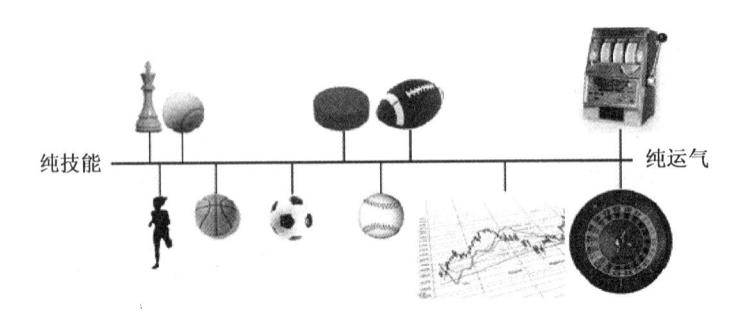

图 8-1　决策中的技能与运气

比如,处于图 8-1 左侧的棋类运动,谁能够在竞赛中获胜,更多地取决于参赛者本身的技能。在竞赛活动中,是否熟练掌握开局、中局和残局的技能,以及能否比对手对盘面观察得更深刻,往往决定了最终的胜负。而处于右侧的以买彩票为代表的决策活动,谁能最终赢得大奖,更多地取决于运气。在这类活动中,复杂的数据分析和逻辑推理本身价值不大,决策更偏重于你是否走"狗屎运"。

> **【小测验】**
>
> 　　说到能力与运气,最好的例子莫过于 Legg Mason 的超级明星基金经理比尔·米勒(Bill Miller)。他曾经是华尔街唯一一位连续 15 年跑赢指数的基金经理,尔后由于重仓金融股全军覆没,连续 3 年跑输大盘,导致 2009 年前 5 年业绩行业垫底。他的业绩告诉我们:即使是最好的基金经理,如果选错了行业,短期内业绩也会很糟糕;我们是否可以顺着推断,反过来也成立。

因此,正如不同的项目需要不同的技能,在商业决策活动中,技能和运气的贡献也有分别。企业决策中应该追求的是自身决策的有效性,而这其中掺杂进了心理和组织结构等因素,也因此难度更大。当然,创业企业的决策究竟在多大程度上偏向技能或者运气,很难脱离决策问题本身判定,但决策者应该清楚的是,企业决策不要像买彩票一样去碰运气。

有时候,我们不得不承认运气的作用,但这绝不意味着决策是好是坏,而直接取决于运气如何。假如碰到好运气,决策可能就会带来一大堆利益;假如运气不好,决策可能就失灵。企业的决策者更应该摒弃为了求个好运气,不惜牺牲血本,到处拉关系的行为,将企业决策问题归于宿命。企业决策是由人来制定和执行的,然而,在决策实践的过程中,我们始终无法忽视运气的影响。

究其原因,任何决策往往会有如下过程:一个决策问题最终的出现,是由一系列的事件引发的,而当最终面临需要决策的某个节点时,你已经经历了一系列大多是偶然的事件,这些事件有好有坏。运气,在这个过程中可能左右着业绩、不同人的选择,最终影响着由前因带来的后果,前面的状况决定了后面的决策情况。哲学家和战略家们早就承认"运气"在生活的方方面面发挥着独有的作用。正如尼古拉·马基雅维利（意大利的政治学家）坦诚的一样："我们所做的事情有一半取决于命运,只有另一半取决于自己。"而今天的企业决策管理也恰恰与几百年前的马基雅维利的观点有相似之处。

认识到"运气"的作用,决策者就能未雨绸缪。一方面,我们看待"决策"这个概念会有所不同,不会再将任何正确的决定归结于自己的英明;另一方面,我们在决定不同的事情时会看重不同的技能。比如,时机变化时,我们会运用随机应变能力;规划未来图景时,我们会运用预测和分析的能力。

不管怎样,决策者自己的智商、价值观以及其他素质都会影响人的成功。显然,外部环境是所有人都无法控制的,决策者的命运并不完全掌握在自己手中。承认这一点,决策者在决策时反而会高人一等。

【小测验】
有一家橡胶制品公司,为了使产品快速推向市场,行销经理认为要想把企业产品很快推广开来,占有市场,必须先到一些风水好的地方推广,这样可以图个吉利。没想到,事实正好相反,因为这种行销策略缺乏科学依据,只是碰运气而已。碰运气式的行销不可能长久,这已经是不需要争论的事实。不久,企业领导就撤换了这位行销经理,换上了一位敢于大胆决策、懂得管理的年轻人。他立即制定了包括广告、促销、回馈等在内的营销决策,结果不到一年,就创造了8 000万元的营业额。
问题:结合案例,谈谈你对决策中运气的看法?

单元二 决策的"软技能"

决策实践证明,大部分管理者无法长时间地从事某一件事情的思考,甚至连深入了解事情的具体细节都不可能,管理者的思维总会被各种各样的零碎事务打断。也许,这一分钟摆在管理者面前的是车间的安全问题,下一分钟摆在管理者面前的可能就是下属的家庭矛盾,用"多面手"、"救火员"等词汇来形容管理者的工作特征毫不为过。"管理者就好像一个杂耍艺人,在任何时刻都会把许多问题抛向空中。它们会在预定时间内掉下来,然后在瞬间获得能量,又重新回到空中。同时,新问题已经在边上排队等候了;不时有旧问题被抛弃,新问题被添加上来。"管理大师明茨伯格如此说。西蒙则指出:"越是高层管理者,越没有科学决策,只有随机性决策。"

管理者往往在时间紧张的情况下作出决策:有些时候是客观上没有时间进行思考,机会稍纵即逝,必须当机立断。海尔的张瑞敏说:"如果有50%的把握就上马,有暴利可图;如果有80%的把握才上马,最多只有平均利润;如果有100%的把握才上马,一上马就亏损!"有些时候是管理者主观上没有时间进行思考,事务繁忙,但又不能顾此失彼。没有充足的时间进行思考,是否就意味着管理者无法作出比较有效的决策呢？答案是否定的。这是因为管理者往往借助于决策的"软技能"以实现更迅速的决策。

一、直觉决策

直觉或本能在决策中的重要作用,这是一种潜意识的决策过程,主要基于决策者的经验进行判断。在许多情况下,决策者所提出的决策方案只会与过去处理类似问题的方案存在细微的差异。许多企业高级管理者在采用直觉决策的方法。BP公司的前任总裁戴维德·西蒙先生说："你不需事必躬亲。敏锐的直觉能够帮助你感知事物的本质，它与智力一样重要。"迪士尼的主管迈克尔·爱斯勒曾拒绝将杰夫里·凯特杰提升为总裁。对于这一决定，他解释道："我的这种选择，既有充足的理由，也包含一定的直觉成分。"

> ……在课堂上讲授直觉和其他的"软"决策技能是很困难的，有人甚至认为这根本不可能。

直觉是指不以人类意志控制的特殊思维方式，它是基于人类的职业、阅历、知识和本能存在的一种思维形式。直觉是人类具有的一种神秘能力。多了解一些有关直觉的规律将有助于我们对其在决策中的作用进行判断。

【博采众长】

心理学家弗朗西斯·E.沃恩认为："在任何一个特定时刻，一个人仅能意识到他所掌握知识的一小部分。直觉使人能够动用潜意识中巨大的知识储量，这一知识储量不但包括人有意无意经历或学习过的每个事物，还超越个体分离和自我界限，包罗了无限的集体或大众意识的蓄积。"

【请你思考】

请结合你自己的决策经历，谈谈你会在何种情况下使用直觉决策？

虽然，在有关决策的课程都会涉及直觉的话题，但在学科教育中往往不会将直觉当作核心问题讲解，毕竟直觉和其他"软"决策技能很难拿到课堂上讲授，而有学者甚至认为这些微妙的感性技能根本就无法传授。因此，各类学科教育（除了部分培训机构）往往忽视了"软"决策技能是有效决策的重要因素之一这个事实。

从决策的角度来看，如果抛弃了直觉，决策者所能依赖的只有逻辑，而仅靠逻辑工作的决策者势必保守，视野狭窄，缺乏创新。决策者不能忽视的是在商业时代的编年史中，那些因"灵感和直觉"决策取得成功的传奇故事。因此，无论决策者将直觉等"软"技能归为运气还是超强的判断力，我们都应对其有足够的重视。

【拓展资料】

《商业的直觉》

弗朗西斯·高尔，国际知名商务顾问，曾在沃顿商学院、哥伦比亚大学以及巴黎HEC商学院等知名院校任课，并在HEC商学院获得管理科学硕士学位。

高尔在其新书《商业的直觉》中指出，我们始终都在应对未知世界，本能和直觉对决策和创新的引导作用，比你想象的要强大得多。高尔提出了能够帮助我们全面审视自己、突破盲点的"直觉罗盘"，并介绍了"直觉罗盘"的使用方法和成功案例。

关于什么是直觉，管理者和决策者基于不同的角度答案各式各样。瑞士洛桑IMD商学院的杰格底希·帕里克汗博士，曾对9个不同国家的1 300名高级管理人员询问了同一个问题：什么是直觉？这些管理者的回答可归为几类，如表8—1所示。

表 8—1　　　　　　　　　　　　　什么是直觉

类型描述	%
不求助于逻辑或理性方法的决断力与洞察力	23.4
内在的洞察力；含混的理解力；来自内心的一种感应	17.1
以前经历的整合；对所积累信息的加工处理	16.8
对实质的感受力	12.0
在信息不完全情况下有关问题的决策和答案	8.6
第六感觉	7.4
本能的洞察力与远见	7.3
顿悟	6.7
下意识的过程	6.1
本能	5.7

帕里克汗博士在研究中还对不同国家进行了比较（见表 8—2）。他发现日本的管理者在工作中频繁地使用直觉，美国的管理者使用直觉的比率仅次于日本，位居第二，英国则名列第三。

表 8—2　　　　　　　　　不同国家的管理者运用直觉的比率

国　家	%
日本	45.8
美国	43.0
英国	41.5
奥地利	37.1
巴西	33.5
荷兰	30.1
印度	29.0
法国	27.6
瑞典	18.8

当然，帕里克汗博士的研究数据并不包含我国的数据，2010 年信息咨询服务机构 IBM 全球企业咨询服务部在其两年一次的全球 CEO 调研（IBM 在全球调研了 1 541 位 CEO，其中包括 22 个行业的 55 位中国 CEO）发现，中国的 CEO 更喜欢凭借"直觉"去决策。综合考虑 IBM 和帕里克汗博士的研究数据，可以看出直觉决策不但有其生存的土壤，而且在决策实践中被广泛应用。

根据直觉制定决策或者根据感觉制定决策并非与理性决策毫无联系，相反，二者是相互补充的。一个对特定情况或熟悉的事件有经验的决策者，当遇到某种类型的问题或情况时，通常会迅速地作出决策，可能看上去他所获得的信息有限。这样的决策者并不依靠系统性的、详尽的问题分析（或识别）和评估多种备选方案，而是运用其经验和判断来制定决策。

直觉决策法是一种定性决策方法。直觉是客观事物在人们头脑中迅速留下的第一印象，是在极短的时间内，对情况突如其来的、超越逻辑的顿悟和理解。在管理过程中，绝大多数决策是用直觉决策法作出的，但直觉决策法往往得不到管理者的重视。在人类的行为方式中，最复杂的是直觉，最简单的也是直觉。直觉决策有三种表现形式：

首先，便利直觉——使用容易得到的信息作出决策。信息是决策的前提，管理者能否便利地获得需要的信息对决策有很大影响，这包括近期的信息、眼前的信息、秘书提供的信息等。例如，在对下属进行评价时，管理者往往依据的是下属近期的表现。下属早期的表现如果没有出现太大问题的话，只要近期表现良好，管理者的评价一般也是良好。

其次，表象直觉——将某些事物发生的可能性与熟悉的事物相对照作出决策。也许某个事件的发生确实是必然的，也可能是偶然的，但天性决定了人们很多时候把偶然的事情当作了必然的事情。例如，巨人集团的史玉柱创业时用4 000元资金做广告推销其研发的汉卡，一举成功，其后的产品（如脑白金）就一直以广告作为核心，不仅消费者不买账，而且企业经营也在不知不觉中走错了方向。

最后，认同强化——增加对原有决策的投入，从而强化原有的认同，尽管原有决策已存在负面信息。钻牛角尖、不承认失败是许多人的本性，尽管有现象显示决策已经出现了问题，但是许多人会认为这些问题只是暂时的小问题，一般不会把它们看作是致命的问题。另外，难以舍弃沉没成本也使得管理者不愿意及时终止决策的执行。例如，现实中存在大量对失败的项目追加投资以期转变危机的例子。

人们在做决策时常常倾向于依赖直觉，因为这更加简单、快速。可以说，直觉是一种"雷达"，越成功的领导人，其雷达预警体系越敏锐、精确度越高，而数据则能更加精确地去帮助其作出判断。这种雷达预警体系分为对外和对内两种：对外包括对消费者、市场和竞争等的判断，比如从客户偏好的趋势性变化中见微知著；对内包括员工的价值观、士气、能力、有效性等状况。

决策者可能有两种极端：一种是拍脑袋型，完全依靠自己的直觉，跟着感觉走；另一端是数据流，对数据有饥饿感、焦虑感，好像没有数据就无法作出决策。而大部分决策者是在这两个极端中游移。决策者究竟处于哪段，取决于决策者的风格。有的决策者是行动型，他们的口号是"Just do it"或者摸着石头过河，在做决策时更多凭直觉，好处就是速度快；与之相对的是思考型，这类决策者在做决策时需要模型和许多数据来支撑，谋定而后动，三思而后行；另外，还有发散型和聚焦型。综合来看，行动型的决策者对市场很敏感，对机会很敏锐，判断力非常准；而思考型的决策者对具体业务的管理决策更加精细化。

不同的决策风格各有适用性，在企业决策实践中要具体问题具体分析，要避免对待不同问题采用同一种决策逻辑。就我国创业型企业决策来看，在创业初始阶段更侧重直觉性决策，而随着企业的发展，业务越来越复杂，显而易见的事情越来越少，就需要数据来为管理者的决策做支撑。

因此，决策者需要在直觉和数据之间取得平衡。就我国企业实践而言，成功的民营企业家能随大势、做大事，能凭直觉成功把握到时代的机遇，而数据则用于提升企业的精益化管理。

不过，决策者也要意识到过多依靠直觉决策可能带来的潜在问题。决策者做决策时一方面要遵循既定的原则，不能完全依赖自己的直觉，随意突破企业决策的原则；另一方面，以数据为基础的定量决策能够帮助决策者发现一些决策的时机、机会，这种决策模式能延伸到为客户甚至客户的客户来做决策。

> 【拓展资料】
>
> **iPhone 决策中的直觉与数据**
>
> 大家都说乔布斯凭直觉设计了 iPhone,他把自己关在屋子里苦思冥想的是客户体验,这是数据无法给到的。
>
> 但是苹果一开始卖 iPhone,就在 BBS 上下载数据,想知道网民究竟在谈论什么,结果发现大家除了谈价格,还在说手机天线问题,苹果据此迅速作出反应,让 iPhone 更加完美。

在考虑理性决策和直觉决策适用情况时,可以将其区分为四种情况:第一,信息事实充分,理性决策占优;不确定性很高,直觉决策占优;第二,有先例可循,理性决策占优;没有先例,直觉决策占优;第三,变量可以测量,理性决策占优;变量难以预测,直觉决策占优;第四,时间充分,从容不迫,理性决策占优;时间紧迫,情急之下,直觉决策占优。另外,正常时期,决策要准要稳;非常时期,决策要准要快。在市场变动性极大的情况下,优秀的决策者一定是那些善于捕捉最新动态,在别人还没醒悟时已经正确地预见未来的人,是当别人开始醒悟时已经快刀快马将市场"拿下"的人。

产生直觉决策的能力并不完全是天赋的,它可以通过后天的努力和锻炼逐渐得到增强。直觉决策的次数越多,管理决策者的经验越丰富,直觉决策的效果越好,管理决策者的水平越高。

二、洞察力与判断力

正如前文分析的一样,在一个信息不充分的决策中,无法靠理性的推断进行决策,可能要用直觉决策来弥补信息的不足。这种直觉就是决策者的灵性,也称第六感。美国知名投资人索罗斯一直被人们视为金融市场上的谋略家。在被问及投资经验时,他说他一向听从自己的直觉。不少优秀的领导人往往保持着一种具有极高灵敏度的嗅觉,有的时候可以凭借第六感来发现重要的机遇。

究竟什么是直觉?如何提升直觉决策的能力呢?瑞士精神分析学家卡尔·乔恩认为:"直觉是一种看穿表象,感受事物本质的洞察力。"乔恩建立了一个模型,由两对互补的脑力功能组成:知觉与直觉,是洞察力的功能;感觉与思考,是判断力的功能。当决策者进行决策时,所有四个功能都在起作用,如图 8-2 所示。

(一)洞察力

根据乔恩的分析,洞察力也有两个组成部分:知觉和直觉。知觉是我们认识到的有关周围环境的信息,这些信息是通过下列五种感官功能(视觉、听觉、嗅觉、触觉和味觉)获取。直觉则是我们无意识中产生的洞察力。换句话说,知觉告诉我们世界的样子,而直觉则帮助我们理解隐藏在现实世界表象之后的本质(包括更深层次的关系、模式和潜力)。

洞察力是指一个人多方面观察事物,从多种问题中把握其核心的能力。多方面观察事物需要借助于知觉,而把握核心的能力需要直觉的支持。因此,洞察力就是透过现象看本质。洞察力,是一种特殊的思维能力,具有洞察力的人,在没有手段直接观察到事物内部时,可以根据事物的表面现象,准确或者比较准确地认识到事物的本质及其内部结构或性质。洞察力与直觉、预感,有某些相似的地方,但是也有明显的差别。

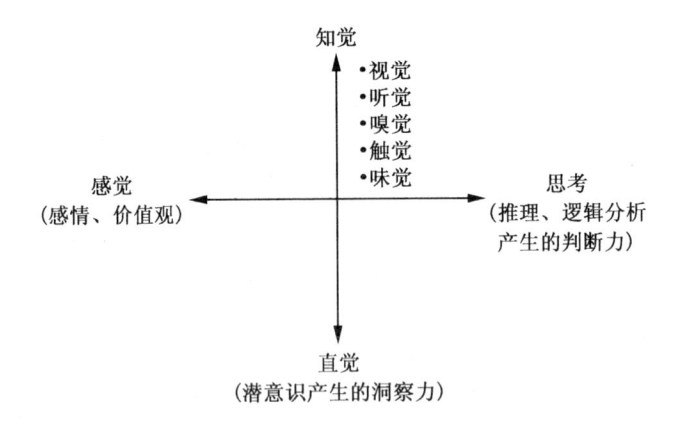

```
                        知觉
                         ↑
                         • 视觉
                         • 听觉
                         • 嗅觉
                         • 触觉
   感觉                  • 味觉              思考
(感情、价值观) ←——————————————→ (推理、逻辑分析
                         ↓                   产生的判断力)
                        直觉
                  (潜意识产生的洞察力)
```

图 8-2　乔恩的脑力功能模型

洞察力迫使决策者去抓住问题的实质，而不只是看到外表现象。商业社会要想谋求发展，必须要有极强的发现新兴事物、发现现有事物发展方向的个人能力，否则只能跟在别人之后，很难有大的发展。缺乏洞察力的人会只见树木或只见森林，而不能两者俱见。缺乏洞察力的决策者，会浪费宝贵的资金和人力，因为他无法抓住问题的根本，因此无法制订有效的方案。一个具有创造性洞察力的人，在生意场上往往是成功的。

因此，直觉经常被视为创新性决策中的一个关键因素也就不足为奇了，因为正是借助直觉的力量，我们才能够跨入未知领域，进行联想，或是发现不为人知的规律。

【拓展资料】

1973年3月，非洲扎伊尔发生叛乱，远在亚洲的日本三菱公司的领导者，感觉到这会创造一次生财的机会，他们担心叛乱会波及赞比亚这个世界级的铜矿基地，于是命令驻赞比亚人员密切关注叛乱的动向，并向其提供了大量备用资金。几个月后，叛军向铜矿移动，意图切断来往交通，控制铜矿，左右铜的产量和价格，从中渔利。此时，三菱公司购进大批铜锭，等待时机的到来。当人们发现这一问题后，铜的价格开始飙升，此时三菱公司果断出货，大赚了一笔。事后，人们对三菱公司领导者的洞察能力赞不绝口。

(二) 判断力

判断力，可以理解为人类面对是非问题时所作出的合理判断，是人对现实作出什么样的态度以及表现出什么样的行为方式的决定因素。判断力是通过选择和抉择的形式将其价值观付诸在事件上的性格体现能力。根据乔恩的研究，思考是理性的判断：用逻辑、分析和论据为我们感知到的事物赋予意义。而感觉则是一种价值判断。我们运用感情、道德、伦理或美学对周围事物的好与坏、美与丑、令人愉悦还是招人厌恶等进行评价，而感觉就是由此获得的。

【拓展资料】

常识也是一种判断力

太阳东起西落，这是自然常识；肚子咕咕叫要吃饭，这是生活常识；不可作奸犯科，这是社会常识。此类常识，多在私人生活领域起作用，一般人不会犯错，因为它几乎是不用证明的公理,反其道而言之或行之,会被视为疯狂或悖谬。

"华南虎照"事件,不少专家信其有,还搬出看起来很专业却不那么常识的理由力挺。众多网友从周正龙的摄影技术、从照片生成的角度提出异议,结果表明:坚守常识和理性的网友是正确的。常识打败了专业,说明即便在专家身上,常识也是一种稀缺资源。云南的"躲猫猫"事件,官方的解释让普通人觉得不合情理,深究下去,果然与大家的基本判断吻合。

常识在某种程度上表现为理性,不犯离奇的错误,是因为它来自于经验和常理。

衡量决策者判断力的强弱,可以从决策的过程加以分析。决策者在面临决策问题时,决策者利用自己先期的经验,进行鉴别的过程和决策的能力体现为判断力。由此可知,判断力是人们对事物和问题的认识、鉴别和判断的过程,判断力的高低反映决策者知识水平、智力水平和综合素质的重要指标。根据决策的过程,判断力包含三个层面:决策者先期的、经验的掌握程度;决策者信息和方案的鉴别过程;决策者作出决策的能力。其中,先期经验来自于决策者接受的教育和个人学习、综合归纳和逻辑推理所形成的认知标准;鉴别过程体现在依据标准对信息和方案进行筛选;决策能力则表现为决策者作出选择的能力。

决策者的判断力是可以培养的,回答问题的对与错,往往不是答案本身,而是逻辑推理这个过程。决策者在工作过程中要不断学习,开拓知识面,增加"先期经验",提高判断力。

三、创新思维与灵感培养

(一)左右脑思维

人脑的构造就像半颗核桃。左脑和右脑通过中间的神经束(也就是所谓的脑胼胝体)相连,组成完整的大脑。20世纪60年代,美国神经生理学家罗杰·斯佩里教授在研究被截断脑胼胝体的癫痫病人时,发现了人的左右脑的职能划分,提出了"左脑思维"和"右脑思维"的观点。

根据斯佩里教授的理论,人的左脑主要负责分析性工作。左脑在处理信息时采取线性方式,即按照信息出现的先后顺序一个接一个地进行计算处理,类似我们今天常说的数字化。因此,信息出现的先后顺序和具体时间就显得格外重要。除此以外,人类独有的语言功能也位于左脑。所谓的学习能力,也就是我们在读书与职业培训时最需要的思维能力,也主要依赖左脑的正常运作。因为左脑相对于右脑来说比较关注细节,所以我们可以形象地说,左脑只能看到一棵一棵的树,却无法看见整片森林。

与之相反,右脑与时间顺序、线性或语言信息的处理都没有关系。在右脑中,最重要的是空间思维。一个人的想象力、创造力和形象思维能力都取决于其右脑的发达程度。如果说左脑主要处理数字信号,那么右脑负责的就是模拟信号。一件事物的全貌才是右脑关注的焦点,而不是任何具体的细节。换言之,右脑看到的是整片森林,而不是其中一棵一棵的树。

简言之,大脑的右半部被认为是创造性思维和情感的中心,而左半部则被看作是大脑中通过逻辑思考解决问题的区域。所以,左脑负责逻辑、语言、推理、与数字有关的工作、线性思维和分析,而右脑则与下列事项有关:创造形象、节奏感、空间意识、联想、创造力和逆向思维。

对于通常所说的"直觉",一种解释是:在掌握逻辑活动的左脑了解问题之前,富于创造性的右半脑已经开始着手解决问题。洛杉矶大学一位心理学家本杰明·李伯特博士进行的试验表明：在我们产生意识的前 2/5 秒，右半脑已开始收集信息。这或许可以说明，为什么有时我们的左脑还没有开始逻辑性的工作，而右脑就已得出了一个富有创意的答案。

同样有趣的是，试验还表明，人们饮酒时，右脑先喝醉。受到酒精刺激后的右脑会干扰左脑的判断力，导致口齿不清和糊涂的决策（当你参加完一个聚会，决定是否开车回家时，一定要考虑这一点）。

右脑为了进行自我保护，其活动在受到压力时会趋于停止。例如，当你路过某一交通事故的现场时，想象力就会受到抑制，以使理性功能去"做必须要做的事"。

由于许多重要决策是巨大的压力下作出的，右脑的上述特征就显得格外有意义。这表明，恰恰在我们需要右脑产生富有创意的主意的时候，它却已经"关门大吉"了。

> 对于通常所说的"直觉"，一种解释是：在掌握逻辑活动的左脑了解问题之前，富于创造性的右脑已经开始着手解决问题。

【拓展资料】

华硕设计思维的左、右脑

2007 年第四季度施崇棠董事长给华硕设立了一个品牌愿景：数字新时代最受尊崇的世界级领导企业。此前 3 年华硕的六西格玛（Six Sigma）战略已经不够了，那是走效率、规模，对工厂很好，但对品牌不够。

从那个时候开始，华硕开始往设计方向转。华硕的设计思维不一样，一般的设计思维只有右脑，即艺术家思维，我们的设计思维除了右脑还有左脑，即工程师思维。设计思维从需求出发，还需要左脑，左脑（技术）是把它完成，再用技术力和执行力，给用户提供最好的使用体验。

（二）逆向思维

逆向思维也称求异思维，它是对司空见惯的似乎已成定论的事物或观点反过来思考的一种思维方式。敢于"反其道而思之"，让思维向对立面的方向发展，从问题的相反面深入地进行探索，树立新思想，创立新形象。人们习惯于沿着事物发展的正方向去思考问题并寻求解决办法。其实，对于某些问题，尤其是一些特殊问题，从结论往回推，倒过来思考，从求解回到已知条件，反过去想或许会使问题简单化。

【拓展资料】

第二次世界大战后期，在攻打柏林的战役中，一天晚上，苏军要向德军发起进攻。可那天夜里天上偏偏有星星，大部队出击很难做到保持高度隐蔽而不被敌人察觉。苏军元帅朱可夫思索了许久，猛然想到并作出决定：把全军所有的大型探照灯都集中起来。在向德军发起进攻的那天晚上，苏军的 140 盏大探照灯同时射向德军阵地，极强的亮光把隐蔽在防御工事里的德军照得睁不开眼，什么也看不见，只有挨打而无法还击，苏军很快突破了德军的防线获得胜利。

有人落水，常规的思维模式是"救人离水"，而司马光面对紧急险情，运用了逆向思维，果断地用石头把缸砸破，"让水离人"，救了小伙伴的性命。

逆向思维使得我们能够看到他人看不到的东西。显然，任何不同于当时常规思维的决策——逆向思维,如果成功,必将会获得额外丰厚的回报(逆向思维失败的可能性也许更大,因为它有赖于成功地预测到转折点或是发生变化的时刻)。例如,当其他人都在抛售股票时,买进股票就是一个冒险的决策,除非决策者确信股票价格会在近期内回升。但如果能肯定事实就是如此,决策者将能从投资活动赚到高额的收益。

当今时代,信息的传输、扩散速度加快,在信息利用上的"顺向思维"往往产生大家都往一处挤的社会效果。例如,近几年,我国先后出现了很多热:电子商务热、互联网热、金融热等。这些盲目发展和盲目引进的"热",造成资金和人力的极大浪费。在决策中考虑使用逆向思维,能使决策者事物的表象,去捕捉"热潮"中易于被人们所遗弃或忽视的"冷",避开竞争对手,达到独辟蹊径、出奇制胜的效果。正因如此,逆向思维在决策中往往具有其他思维方式所不可替代的作用:

第一,出奇制胜的作用。由于逆向思维打破了习惯上的正常的观念、方法与理论,冲破了一般人头脑中固有的有序方法的束缚,常常使人感到出乎意料,给人一种面目全新之感,因而往往起到出奇制胜的作用。

第二,在企业应对决策问题时起到事半功倍的作用。由于受思维定式的影响,我们在解决问题时往往沿着一个方向找出路,结果有些问题是百思不得其解。然而,当我们运用逆向思维,从反面想问题时,常有一种"山重水复疑无路,柳暗花明又一村"的感觉,会觉得思路豁然开朗,问题也会迎刃而解。丰田汽车公司第一任总经理丰田喜一郎在公司里对职工常说:"我习惯于把事物倒过来看。这就是我们常说的'反思'。"这一语道破了反常思维方式的特点与价值。

第三,完善、修正、改变决策的作用。决策者在决策时,都是对问题进行多方面的、多角度的、全方位的观察分析与研究。运用逆向思维考察问题,就是完善、修正决策的一种方法。因为决策者不仅从正面论证,也广泛地从反面论证,总是有几个"假如",其实,这已在自觉不自觉地运用逆向思维了。至于逆向思维在追踪决策中的意义就更大了。例如,在日趋激烈的商品竞争中,经营者要立于不败之地,必须充分地利用逆向思维。因为任何产品在市场上都有一个寿命期,即投放—上升—稳定—衰退。高明的企业家应该据此采取"人下我上,人上我好,人好我廉,人廉我转"的方针。

逆向思维要求决策者看问题不只是从一个角度、一个方向出发,而要从不同的角度,探讨事物存在和发展的多种可能性。运用逆向思维,有利于改变决策者直线式的认知模式,能迅速激发人们的思维热情,从而大大提高思维能力。

作为企业家和经理人,运用逆向思维,能改变自身的行为方式和管理模式,对于提高管理效能大有裨益。逆向思维的方式绝非简单的"倒行逆施",而是一种以退求进、变负为正的高明决策艺术。它的高明之处就在于并不局限于在一条直线上作逆向选择,而是在多层次、多视角下进行思考,从而对决策者提出更高的实践要求。

逆向思维的决策艺术要求决策者决策时,以锐利的目光、敏捷的思维去看问题、捕捉商机,对事物进行逆向的创造性思考,从现实趋势中开拓出崭新的思路。有了新的与众不同的思路,就有了企业的广阔前景。虽然说反其道而行之有悖于常理,需要决策者有过人的胆识,但只要你用心去思考、分析,总能为企业决策提供新的思路。总而言之,逆向思维在决策中有着积极的重大作用,决策者应合理地加以使用,以提升决策的合理性、科学性和正确性,达到预期的目的。

(三)培养灵感

在直觉决策中,决策者管理者需要培养和磨炼一种"灵感"。灵感包括直觉、对本质的感受力、本能以及其他很多管理者说不清楚但却在工作中经常使用的技巧。尽管"灵感"在决策过程中价值巨大,但大多数管理人员却不愿承认或没有认识到,灵感对其工作和决策所起的指导性作用。

大多数高层管理人员忘记了灵感,或根本不愿谈起它。股东和公众投资者对于直觉性的决策和判断尤其难以接受。结果,年度报告一类的东西都成了杜撰物。如果一位经理在浴室里产生了一个绝妙主意,他在股东大会上是绝对不会如实说的。事实上,尽管有现金流量表、整齐的图表和精心构筑的组织机构,但没有一个管理者能够逃脱或避免使用灵感。实际上,随着对决策速度的日益强调,灵感的重要性会与日俱增。

管理工作一度是有形的,并且,即使它并非如此,管理者们也努力使其变得有形。决策人员制定出报告、预算、战略计划、备忘录、条例、规程以及会议记录。这都不够。无论是过去还是现在,真正起作用的远不止这些。正如所看到的那样,企业所面临的情况正在变得前所未有地复杂和不可捉摸。决策变得更为庞大,信息日益复杂,而时间跨度则不断缩短。

在当今社会,企业决策过程中真正起作用的是知识而不是信息。然而,决策者所使用的知识中,多数知识与既定的事实相联系,而灵感的培养则要取决于对"不可言传型知识"的诠释能力。

日本学者野中富广和竹内广隆认为,"不可言传型知识"更让人难以捉摸。它建立在对实质的感受力、理想主义和技巧的基础上。为了充分利用这些知识,他们提倡下面三种做法:

第一,企业必须确保员工能够分享彼此的经验。要做到这一点,可采取岗位轮换和弹性工作小组的方式。

第二,企业必须将中层管理人员作为基层员工和董事会之间的信息通道,这样才能使信息流动起来。

第三,企业必须将自身构架为"超文本"组织。这种组织把传统的等级制度与更为自由的创造性团队结合在一起,并将二者根植在第三个因素——企业内部的"不可言传型知识"的基础上。

【拓展资料】

不可言传型知识的储备

理查德·华恩和罗伯特·斯特恩伯格在他们有关不可言传型知识的著作中,提出了一种被称为管理者储备物的观点。他们将成功管理者所使用的不可言传型知识归纳为三种类型:

一是与自我管理有关的不可言传型知识。这是指人们对自身的了解,包括是什么力量激励着你,你以何种方式组织自己管理绩效的各个方面,等等。如果你有办事拖拉的毛病,那么掌握克服这个毛病的最有效办法就是这种类型的不可言传型知识的一个实例。

二是与管理他人有关的不可言传型知识。这类知识告诉你怎样与下级、同事和上司相处,并对其施加影响。例如,了解说服老板的最佳途径。

三是与任务管理有关的不可言传型知识。这是关于如何才能将某一具体的管理任务完成得更好的知识。例如,怎样在陈述时清楚地表达自己的主要观点。

灵感最直接的作用之一就是捕获企业内部和市场上的信号、规律和趋势。高层管理者所作的大量决策是建立在微弱信号的基础上的。决策者学会适应市场环境固然重要,但这种学习的对象只是业已存在的事物。另一种学习是对未知事物不断增加的好奇心。故此,决策者的好奇心学习就是要从"蛛丝马迹中发现机遇"。

虽然有些信号一般人很难觉察,或者觉察到了也没有留下什么印象,但在直觉敏锐的决策者眼中,它们会变得分外醒目,想视而不见都不可能。事后看来,也许所有人都会觉得这些信号确实显而易见,而帮我们捕获到它们的正是决策者的灵感。培养灵感就是培养"观察的本能"。

【拓展资料】

培养直觉

怀特、霍奇森和克莱纳就培养直觉提出如下建议:

一是找出自己的灵感并倾听它的声音。(女演员丹姆·茱迪·黛恩齐说:"灵感会使你一直都处于略微紧张的状态,并使得你到晚上就会好了。")

二是认可他人的灵感及这种灵感的价值:你能否从对他人行为的观察中学到些东西?例如,他们是如何处理问题或进行决策的。

三是创造一个有利于你探究上述两个问题的环境。

下面是一份评价你灵感高低的问题列表:
(1)你是否留意那些微乎其微的信号?
(2)你觉得对未来进行预测是否容易?
(3)你对于决策的正确性有第六感吗?
(4)对于熟悉的问题和决策,你是否感到更轻松自如?

《经济学家》杂志曾发表的一篇报道比尔·盖茨的文章这样写道:"与其他人相比,他并不具有远见的天分,但却对近期未来有着更为透彻的了解,并比竞争对手更清楚地知道如何发掘未来的潜力。一次又一次,微软认识到他人思想中的潜力,并能够把它做得更好。"

在微软发展的初期,比尔·盖茨也显示出了从蛛丝马迹中捕获机遇的能力。当时,计算机界的两个巨人 IBM 和美国数字设备公司(DEC)手头虽然掌握着有关个人电脑的全部资料,但却并没有认识到该市场的巨大发展潜力。而微软则捕获到了个人电脑市场起飞前的微弱信号。正如比尔·盖茨在 1995 年告诉《财富》杂志的那样:"我记得,从一开始我们就在想:'一旦微型计算机功能足够强大,价格足够便宜,DEC 将会怎样?IBM 又将面临什么命运?'我们认为这将会对他们形成冲击。我们甚至认为他们马上就能感到日子不好过。我们当时说:'天哪,这些人怎么这么无动于衷?他们怎么丝毫不感到惊讶和恐慌呢?'当 1975 年我们在阿尔布魁尔克(Albuquerque)建立微软时,我们有着极为清楚的信念:计算机将成为大众化的个人工具"。

四、领导者个人魅力

领导者在企业中扮演着极其重要的角色,他们中具有较大影响力的角色往往被称为领袖。历史上,领袖可能是皇帝、军事家、政治家或革命家,其中有些人影响了历史的进程。当然,从商业的角度看,企业决策者更关注企业人士,如国外的比尔·盖茨、迈克·戴尔和沃伦·巴菲特等人,国内的李嘉诚、柳传志和张瑞敏等人。他们能够成为企业的领军人物,绝非巧合,在他们身上都透出了决策者的个人魅力。

这些成功的领导者往往是直觉敏锐的决策者,他们看待问题的透彻程度胜于其周围的人,并且能够使他人马上理解和接受其智慧。当然,如果我们不加分析,可能以为这种能力是与生俱来的,而实际上却是可以通过学习提高的技能。

决策者由于个人的认知偏差和偏好的不同,在决策过程中会形成不同的决策风格。正如第四章分析的一样,决策者可能有乌龟型和兔子型,当然也包括其他的决策风格分类方式。在研究决策者时,要认识到决策者风格的不同。哈罗德·利维特根据他的长期观察和历史记录,提出了领导者分类方法,包括以下三类:

类型1:空想家:这类决策者大胆,具备超凡的领袖魅力,有创新,行为有异于常人(如温斯顿·丘吉尔、约翰·肯尼迪等)。

类型2:逻辑思想家或分析家:这类决策者不善于处理争端,但对数字和事实应付自如,具有理性、长于算计和控制的特征(如吉米·卡特、哈罗德·吉纳恩等)。

类型3:实干家:这类决策者关注的是巩固与实施(如林登·约翰逊、艾森豪威尔和拿破仑等)。

不同类型的决策者在适当环境中都可以成为一个有效的决策者,但单纯的某类决策者总会受到诸多条件的限制,难以成为全面的、优秀的决策者。以足球运动员为例,一个右脚技术出神入化的球员会在某一特定位置上给对手以致命的威胁,而一个左右脚和头球同样出色的球员对球队来说显然更有价值。

除了以上划分方式之外,罗杰·道森在乔恩研究工作的基础上,归纳出四种决策者个性类型。其中,两种为左脑型,两种为右脑型。具体如下:

实用主义型:左脑(非感情型)武断型。(别给我说废话,我只想听事实。)

分析型:左脑(非感情型)不武断型。(对信息饥渴:给我的所有资料和报告,我不看别的,只想看事实。)

外倾型:右脑(感情型)武断型。(不要拿这些资料来烦我。)

和蔼型:右脑(感情型)不武断型。(把这些资料给我,我要看看我对这些内容的感受如何。)

然而,无论决策者属于哪种类型,掌握你和你周围的人——无论是同事、顾客还是竞争对手——的决策风格都是极为有用的。一方面,它能弥补决策者自身具有的"先入为主"倾向,使决策者能够在得出结论之前与有着其他决策倾向的人们进行协商和探讨。

另一方面,无论是向董事会作陈述报告、向客户推销产品,还是寻求职务的提升,当决策者试图对他人决策结果施加影响时,掌握影响对象的决策风格具有极为重要的作用。例如,如果你的老板是一个浮夸型的决策者(外倾/武断),那么呈交给他一份经过仔细研究和成本计算的建议报告显然毫无意义,因为他根本就不会看。看上去大胆的设想倒更可能获得他的赞许,另外,最好能让老板觉得这个设想是他自己首先提出的。对于分析型的决策者情况则恰好相反。当你指出不采取行动将会带来的危害时,一个防守型的决策者更可能对你的建议作出反应。相反,如果你在建议中留下可以填补的漏洞,创造型的决策者可能会发生兴趣;而实践型决策者则会重新确认计划是否切实可行。

最佳决策应当从道理上和感情上都能为受其影响的人们所接受。我国传统的儒家思想代表观点是:"拥有足够的权力才能作出有重大影响力的决策。一个人除了具备自身能力外,还必须有显赫的地位。他所做的一切都要以事实为依据。缺少这个基础,重大决策是不会成功的。因为,归根结底,人们总是支持那些从内心感到公正的事业。

> 最佳决策应当从道理上和感情上都能为受其影响的人们所接受。

从这个角度而言,决策者在作出决策时应该统筹考虑理智和情感,在两者之间权衡取舍,寻找到合适的平衡点。这也说明了为什么许多玩世不恭的决策者或者只追求利益的冰冷的决策者从一开始就注定了决策的败局。

【拓展资料】

出色的决策者应具有九种品质:
- 对不明情况具有高度的包容力;
- 具有按轻重缓急顺序处理事务的意识;
- 能够采纳不同意见;
- 总能与他人在决策上达成一致;
- 避免循规蹈矩;
- 永远保持活力;
- 无论条件好坏均应付自如;
- 现实地对待成本和困难;
- 避免决策的误区。

五、决策中的权衡

在决策过程中,决策者要考虑逻辑、经验和直觉。虽然决策实践中,部分决策者更偏好于逻辑决策,而其他决策者更偏好于经验或者直觉决策。在不给定具体决策问题时,我们很难直接得出哪种决策更有效率的结论,但每种决策方法的价值都不容忽视。现实中,大多数决策者是将逻辑与直觉结合在一起使用的。联系理智和直觉的往往是决策三角形中的第三条边——经验。经验对于判断力具有重要的平衡作用,而判断力则是所有感官功能中最重要的一个,它将逻辑、直觉和经验三者结合在一起。

这好比一个跷跷板:逻辑和直觉在两头,经验的重心作用使得我们能够达到判断力这一平衡点。如图8-3所示。

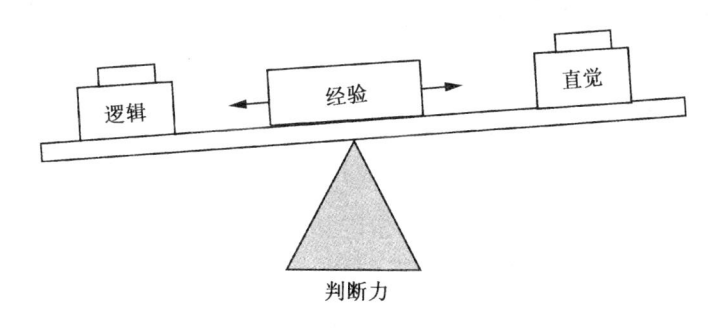

图8-3 逻辑和直觉的跷跷板

进行有效决策的关键是在逻辑、直觉和经验之间找到合适的平衡点。尤其是管理者,如果要处理工作中遇到的纷繁复杂情况,就需要具备这三方面要素。诺贝尔奖获得者西蒙教授认为,每个管理者都需要系统地分析问题,也要能对形势作出迅速的反应,这一技能取决于对直觉的培养以及建立在多年经验和训练基础上的判断力。有效的管理者无权在"分析型"处理问题方法和"直觉型"处理问题方法间进行选择。真正有效的管理者意味着掌握全部管理技能并能在适当的时候应用之。

正如西蒙教授所指出的,有效的管理者或决策者并不固守一种方法,而是实用主义型的。有效的决策者应清楚决策三角形中三个要素各自的价值,并能根据实际情况判断出重点。

单元三　决策者素质与决策技巧

在商业竞争日趋激烈的今天,创业型企业面临着更为复杂的内外部决策环境,如何快速、准确、高效地决策成为企业决胜市场的重要保障。

处于创业阶段企业相比成熟期的企业,决策行为和决策过程更依赖于决策者个人所具备的各项素质与掌握的各种技能。决策者应充分认识到在激烈的市场竞争中快速、正确决策的重要性,提升自身的素质,以提升企业的决策效力。

一、决策者素质的自我认知

决策者自身的素质影响着决策的效果,因此决策者应该能够正确地了解自身素质,对自己有一个正确的评价。在决策时,决策者要扬长避短,充分发挥自己的优势。了解自己素质的前提是正确评价自己。

(一)正确评价自己

不同的决策者由于知识、经验等不尽相同,具有不同的性格和优缺点。其中,有些性格和缺点是与生俱来的,有些是后天逐渐形成的。决策者可以通过运用心理测试,客观评价自己的能力;也可以通过他人评价,尤其是朋友和同事的评价,了解自己;还可以从自己过去经历的以及对未来的设想中评价自己。

(二)发挥自己的长处

在客观认识自身的基础上,在决策过程中,决策者应该扬长避短,要善于利用自己的优势。如果抛开自身优势,则无异于把自己从专家的高度降到了业余的水平。决策者应该在自己具有的优势的基础上,制订自己的发展计划,使自己成为这方面的专家;反之,如果决策者不停地盲目追逐社会的潮流,不停地改变自己的方向和专业,那么在决策行为上,也就不能提出真正有建设性的看法。一个人要想在某个领域拥有较高的素质,不断地学习是必不可少的。不管是书本知识还是自己所在领域的实践经验,都非常值得学习和借鉴。

(三)正确面对自己的缺点

首先,人人都有固有的并难以改变的缺点,要真正做到面对自己的缺点,必须承认缺点的存在;其次,要在充分发挥自己长处的同时尽量避开自己的缺点;再次,要从别人那里学习,尽量弥补自己的缺点和不足;最后,要把眼光放在自己的优势上,不要一直盯住自己的缺点让自己失去信心。

(四)不可过高地估计自己的能力

人虽然不可轻视自己,但如果过高地估计自己的能力也是有害无益的,因为人的成功是建立在对自己的正确认识之上的。如果一开始就觉得自己什么都行而不注意克服自己的弱点,挖掘自己的潜力,成功只会越来越遥远。

【小测验】

思考并回答以下问题:

1. 某初创型企业创始人初中时对物理产生了浓厚兴趣,并被后来出现的个人电脑热所深深吸引,于是就萌生了从事计算机行业的想法。请问您怎么看待他这时候的自我评价?

2. 有时候天不从人愿。在高中时他由于家庭的原因读了文科,在上大学时选择了营销专业。在工作的最初一年里,他取得了非常出色的成绩。这时,他认为自己是销售方面的天才,营销就是他的职业。此时,您认为他的个人评价正确吗?为什么?

3. 好景不长。又过了一段时间,他的销售业绩一降再降,后来陷入低谷。此时,他又对自己产生了怀疑,觉得自己不是搞营销的料,并且开始抱怨环境不好。请您评价一下这时候他的心态。

4. 经过家人和朋友的帮助,他开始重新审视自己,并最终选择了IT行业。在以后的过程中,有失落也有成功,他都一直坚持自己的信念。无论是在市场开拓还是在产品研发上,他凭借自己的经验和智慧为公司作出了一个又一个正确的决策。您觉得他最终的选择符合他的自身素质吗?

二、提高决策者的政治法律素质

决策者进行决策时面临着复杂的内外部环境。在外部环境中,政治和法律环境会对决策的效果产生直接影响。政治是产生于经济基础并为经济基础服务的,法律是对社会秩序的一种保障。决策者在决策时一定要充分考虑政治和法律的因素,这就要求决策者必须提高自身的政治和法律素质。

(一)提高政治素质

一方面,决策者在进行决策时一定要有坚定的政治立场,分清正义与邪恶。虽然经营的目的有金钱的因素,但决策者更应该树立社会主义义利观,对社会、对消费者负责,绝不能因为赚钱使用不道德的手段。想要做到这一点,就需要决策者加强自身的修养,特别是商业道德方面的修养。

另一方面,决策者要以大局利益为重,不能因为个人之私,因为一个小团体的利益而损害整个社会的利益。这就需要有效运用企业文化和企业精神两个载体,并要求决策者有为员工谋福利、为人民做贡献的觉悟。

(二)恪守法律要求

法律是人民意志的体现,也是从事商业活动时所必须遵守的行为规范。遵守和运用法律,既是对他人利益的尊重,也是对自身利益的保护。在当今社会,决策者如果不具备法律素养,就不能很好地履行法律规定的义务和运用法律手段来保护自己。这就要求决策者必须懂法。对国家的基本大法要懂,对涉及自己行业的各个法律、法规要精通,对《合同法》更要仔细研究。同时,必须要时时关注最新出台的法律、法规及重新修订的法律条文和司法解释。

同时,要守法。法律重在遵守,决策者在决策过程中一定要严格遵守法律、法规,这样法律才能保护您的正当权益。另外,也要适当了解各国各地区之间法律条文和法律解释的不同。

【小测验】

思考并回答下列连线题：

1. 懂法	造纸厂的决策者在制定决策时参考《环境保护法》的有关要求
2. 守法	某跨国公司组织人员学习子公司所在国的政策法规
3. 了解各国各地区法律、法规的不同	某企业进行法律宣传周活动

三、提高决策者的科学文化素质

决策者要做到足智多谋、处事果断，基本的条件就是要有科学的头脑，具有丰富的知识。决策者要作出正确的决策，对于自己所处专业的知识的了解是必不可少的。尽管许多问题之间有共性，可以触类旁通，但每一个问题又有自己的特性，作为决策者必须对这些特性进行研究。

但决策者知识的积累有个渐进的过程，对自己的学习研究要有个大致的安排。一般来说，一个时期对一个问题感兴趣就可以集中突破。同时，决策者要有一个大计划，并辅以小目标，循序渐进，不急功近利，一步一步地积累专业知识。

决策者要具备科学素质，还必须掌握专业以外的其他科学知识，开阔视野，放眼世界，了解新学科，尤其是要学习和掌握如系统论、信息论、控制论、管理学、行为科学等方面的新知识，使自己的决策能够符合时代的要求。

同时，决策者还要时刻注意学习国外的成功经验并吸取国外同行的教训，以免在以后的决策实践中发生类似错误。在现代社会，知识就是力量。在相关领域内，决策者的知识越丰富，作出科学决策的可能性也就越大。

【小测验】

思考并回答下列判断题：
1. 决策者对历史知识的学习只要做到有所了解就可以了。（　　）
2. 决策者对知识的学习重在一个"博"字，只要广泛地学习知识就可以了。（　　）
3. 决策者对国外的成功经验推崇不已，不加研究就生搬硬套。（　　）
4. 决策者在学习专业知识的同时，也注重对与决策有关的诸如信息论、控制论的学习与研究。（　　）

四、提高决策者的逻辑思维能力

决策本质上就是一种高强度、高难度的思维活动，要提高决策水平就要提高思维能力，只有通过科学的思维过程，才能对客观存在作出正确的判断与决策。思维能力是决策者在生活中和工作中学习与磨炼出来的，是逐步提高的。要想提高决策思维能力，就必须自觉地学习科学的思维方法，并在平时自觉地运用它。同时，还要与错误的思维方法作坚决的斗争，有些人就是因为不自觉地学了并用了一些不科学的思维方法而导致判断失误的。

（一）运用辩证思维把握事物本质

辩证逻辑是比形式逻辑高一个层次的思维方式。它是从事物的运动发展中、从矛盾的转化中去把握和研究事物的一种思维方法。由于现代决策面临着复杂多变的环境,就更需要这种从动态与矛盾中把握事物的辩证思维。

要正确运用辩证思维方法去认识事物的本质就需要从事物的对立统一中、从事物的运动变化中去认识世界,拒绝绝对化、片面化与直线化。在决策中,要综合运用分析与综合、归纳与演绎、形象化与具体化的方法,既做逻辑推理又做历史考察。例如,决策中重要的一步是方案的论证,对方案的优劣认识就必须运用辩证的思维,每个方案既有优点也有缺点,而两者往往可以互相转化。

(二)注意其他思维方法的运用

随着科学和实践的发展,人们在思维方法的研究上也在不断地取得进步,出现了许多新的思维方式,如系统思维、双向思维、立体思维、超前思维、模糊思维、发散思维、逆向思维等,这些思维方式对提高决策者的思维能力很有帮助。例如,发散思维对决策中的创新具有重要作用。所谓发散思维,就是沿着不同的方向、不同的层次、不同的角度去思考问题。善于发散思维者不会满足于已有的思维定式,会让自己向新的方向、新的领域探索,而这种探索往往会促成一些新的理念和机会的产生。总之,逻辑思维能力在整个决策过程中极为重要,在平时一定要注意积累和锻炼。

【小测验】

冬季的哈尔滨气候严寒,不适合农作物生长,也不利于一些商业活动的开展。该市领导针对这种情况,客观地把握气候严寒这一矛盾的两个方面,在面对其对商业和农业的不利影响的同时,利用这一得天独厚的优势搞起了冰灯展。

请你思考并回答下列问题:

1. 在上述实用范例中,哈尔滨市领导如何利用辩证思维方式实现了劣势向优势的转化?
2. 上述实用范例对你有什么启示?
3. 如果当时你是哈尔滨市领导,你能不能运用较新的思维方式来作出更好的决策?

五、提高决策者的创新能力和决断能力

在进行创新时,头脑中丰富的知识和经验的积累会起到基础性的作用,它们会为决策创新提供铺垫。因此,学习大量的知识和积累丰富的实践经验是必要的。但是,不能把书本的知识和以前的经验固化,那样反而会影响决策中的创新能力。

(一)进行创新思维方式的训练

"处处是创造之地,时时是创造之时,人人是创造之人。"这意味着每个人都有创造的潜能,但是这种潜能也只能通过大量的训练才能发挥出来。

1. 加强逆向思维训练,促进思维的流畅性

逆向思维是创新的一种有效方法,面对需要创新的问题,当从正面难以突破时,如果能反过来思考,或颠倒过来考虑,就能获得与众不同的新想法、新发明。魏格纳根据大西洋西岸、非洲西部的海岸线和南美东部海岸线正好彼此吻合的现象,打破"海陆固定论"这一思维定式,运用逆向思维这个锐利武器,提出了"大陆漂移说"。逆向思维突破了习惯思维的框架,克服了思维定式的束缚,带有创造性,常使人茅塞顿开。

2. 加强求异思维训练,实现思维的灵活性

求异思维就是根据一定的思维定向,大胆假设并提出自己不同意见的思维活动,它是创造

发明的动力。正是由于有了哥白尼的求异思维,"太阳中心说"才否定了"地球中心说"。

3. 加强发散思维训练,激发思维的求异性

发散思维是根据已有的知识结构和经验方式进行多方位、多层次、多角度探究的思维活动,通过探究创造性地解决问题。通过对某一问题的不同角度的思考,从而激发思维的求异性,在决策中往往会从全新的角度来考虑问题,从而作出创新性的决策。

4. 加强集中思维训练,强化思维的综合性

集中思维是通过观察、找资料、找规律,将已有的信息集中分析、综合的思维活动。分析和综合是矛盾的统一体。分析就是把对象分解成各个部分或各种要素;综合就是把各个部分或各个要素组合成整体,从中考察各部分、各要素间的联系。分析是综合的前提和基础,综合是分析的提高和结果。在平时思考问题时应遵循"分析—综合—再分析—再综合"的规律,培养自己的创新思维能力。

决策与创新密不可分,只有充分的创新、科学的创新才能使决策符合未来发展的需要,在这个基础上形成的决策才是正确的决策。

(二)提高果断决策能力

决策者不但要足智多谋,而且要在民主和信息充分的基础上以负责的态度果断地作出决策。

1. 抓住决策的时机

一个决策者如果当断不断,就可能错过了行动的最好时机。决策需要时机,但是如何选择时机也是一个讲究思维能力和魄力的问题。时机不到,过早拍板,就要犯急于求成的错误;如果时机到了,该作出决策却一再拖延,迟迟不出台决策方案,也会贻误时机从而造成不可挽回的损失。

2. 以大局利益为重,敢做敢为

影响决断能力的另一个因素就是私心。决定一个方案,不是从公司整体利益出发,而是考虑个人得失,就可能面对该决断的问题下不了决心。在决策中一定要去除小生产观念、小团体意识,才有可能胜任决策工作。

【小测验】

请你针对决断能力的种种表现进行判断,看看在你平时的决策实践中,哪些方面还需要加强。决断能力的表现:
- 以民主和信息充分为基础　　□是　　□否
- 培养自己对时机的敏感性　　□是　　□否
- 发现时机后,当即作出反应　　□是　　□否
- 从整体利益和长远利益出发　　□是　　□否
- 决策时不做过多无谓的担心　　□是　　□否

【决策实务】

某公司准备研发一新款鼠标并于近期推出市场。但公司内部在鼠标样式上举棋不定,如果采用传统方式,新产品与竞争对手产品雷同,缺乏竞争力。如果你是公司的产品经理,你有什么好的建议?

【教师点拨】

我们可以运用逆向思维和创新思维帮助企业作出决策,可能的方案包括:

(1)公司自己投资开发模具,生产独一无二的产品(比如,将鼠标外形设计成跑车形状)。

(2)公司独立研发产品,突破传统鼠标的功能界限(开发立式使用鼠标,主打健康概念)。

【身边的决策】

还记得项目一提到的班级毕业旅游的决策吗?同学们想法不同,征求一下同学们的意见,看看大家是如何作出决策的?如果你能够向大家提供有关备选方案足够多的信息,或者你仅能提供有关备选方案极少的信息,同学们的决策是否相同?为什么?

【案例思考】

伟大决策中的运气成分

比尔·盖茨在他职业生涯的早期做过一个糟糕的决定,如果不是他的对手做了更糟糕的决定,我们现在可能连听都没听说过他。

毋庸置疑,盖茨一直非常聪明,而且相当努力。马尔科姆·格拉德威尔是《局外人》的作者,他把盖茨的成功归因于其早年在计算机编程上所花的10 000个小时。就像体育明星和音乐神童一样,盖茨投资了大量的时间和精力去深化自己的知识,磨炼自己的技能。格拉德威尔同时也指出,盖茨还得益于良好的教育。他当时上的是个私立学校,其配备了计算机实验室,这在当时计算机很罕见的时代实属不易。

然而,平心而论,铸就比尔·盖茨的,除了他的天赋、勤奋、教育外,更多的则是运气。如今我们对他的名字如雷贯耳,可能只是因为他作为谈判者惊人的运气。在他商业王国的生死关头,幸运之神连续三次为他降临。

1980年,盖茨和另外的几个程序员在西雅图开了家小公司。IBM找到了他们,希望开发出一套PC操作系统。盖茨因自己从未尝试过开发操作系统而拒绝了,并将加里·基尔德尔(在"数字研究中心"更为出名的程序员)推荐给了IBM。

然而,形势急转直下:IBM与数字研究中心谈得并不愉快。数字研究中心就是否要签保密协议提出异议,后来虽然让步了,但却不满IBM提供的25万美元的酬劳。双方僵持不下,IBM又回到了盖茨那里。

之后又有一个转折。IBM和盖茨同时得知另一个操作系统,由西雅图电脑供应商研发。在IBM的秘密支持下,盖茨以低价收购了这款软件,当时称为QDOS(Quick-and-Dirty-Operating)。其中,运气再次发挥了它的威力:当时西雅图那家供应商经过调查,并未发现真正的幕后操盘手,否则价格不会这么低。微软随后对程序进行了微调,并改名为DOS,即Disc操作系统。

然后,盖茨第三次被幸运之箭射中。在与IBM谈判相关的许可协议时,Big Blue操作界面大获全胜,当时IBM已是庞大的商业帝国,微软则只是无人认识的初创企业。微软同意IBM在出售自己的新机型时自带Big Blue界面,而IBM也同意支付其一定的版税。关键有一点,IBM的版权并非独一:盖茨和他的朋友依然享有DOS程序的所有权。

盖茨和他的伙伴有这样的远见:真正赚钱的是软件,而不是硬件,但我们不得不承认他们从头到尾都有好运相随。IBM忽视了一个重要的事实:如果它坚持对DOS享有独一版权,盖茨很有可能就范,而且实在不行的话,可以找其他的研发人员合作。反过来,如果盖茨和微软没有能够保住对DOS的版权,结果将会怎样?毕竟DOS是盖茨商业帝国的基石。他和伙伴们也许还是会成功,但成功的几率几何?

【教师点拨】

比尔·盖茨成功决策的经历给我们以下启示:

第一,企业或个人决策时要遵循科学决策的原则,但不能忽视直觉、运气等的影响。

第二,决策中包含运气的成分,但并不是所有的决策者都可以抓住运气,运气的把握仍然需要决策者不断提升自身素质。

第三,在信息充分的情况下更多地依赖科学决策;在信息不足的情况下,直觉决策也许是个不错的选择。

第九章

决策道德与企业社会责任

> 所有的战略决策都要涉及道德问题,因为它们让某些人受益,而使另一些人遭损。
> ——爱德华·福瑞曼和丹尼尔·吉尔伯特

> 企业首先是做得好,然后是做好事。
> ——彼得·德鲁克

知识要点图

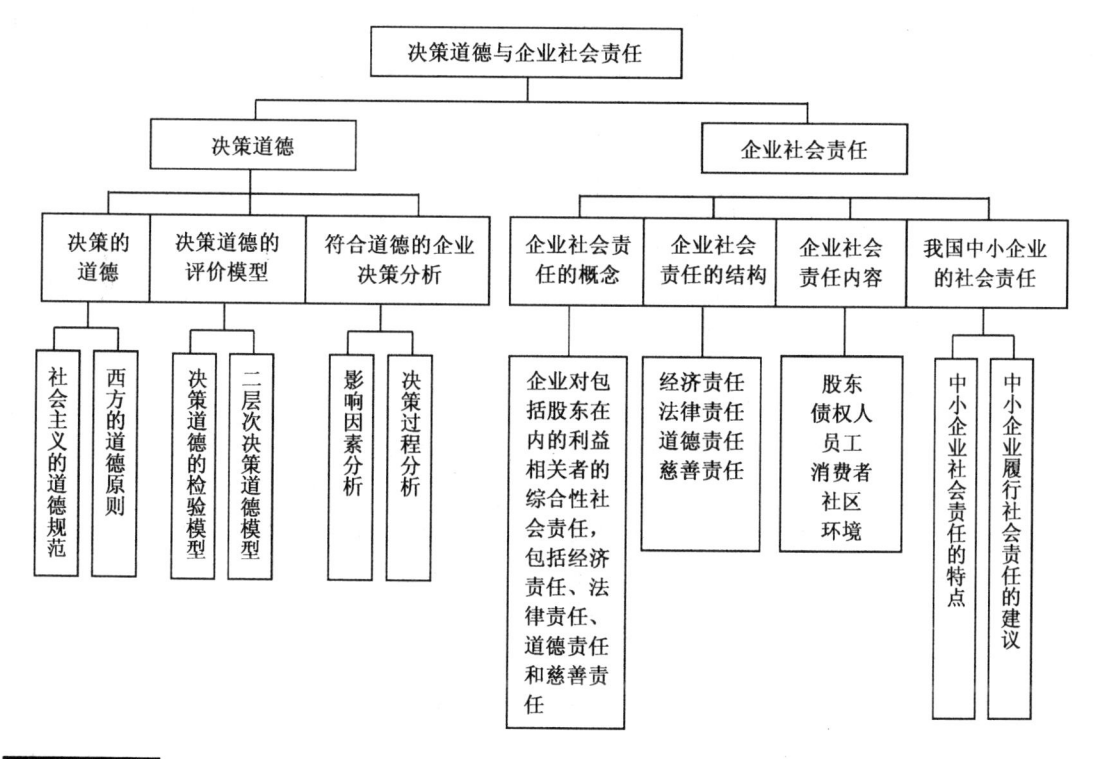

```
                       决策道德与企业社会责任
                      /                    \
                 决策道德                  企业社会责任
            /      |      \           /      |       |       \
         决策的   决策道德的  符合道德的  企业社会  企业社会  企业社会  我国中小企业
         道德    评价模型    企业决策    责任的    责任的    责任     的社会责任
                             分析       概念      结构     内容
         /  \    /   \      /    \       |        |       |       /    \
      社会  西方  决策  二层  影响  决策   企业对包  经济责任  股东    中小  中小
      主义  的道  道德  次决  因素  过程   括股东在  法律责任  债权人   企业  企业
      的道  德原  的检  策道  分析  分析   内的利益  道德责任  员工    社会  履行
      德规  则    验模  德模              相关者的  慈善责任  消费者   责任  社会
      范          型    型                综合性社           社区    的特  责任
                                          会责任,           环境    点    的建
                                          包括经济                         议
                                          责任、法
                                          律责任、
                                          道德责任
                                          和慈善责
                                          任
```

学习目标

阅读和学完本章后,你应该达到以下知识目标和能力目标:

知识目标:

1. 掌握决策的道德原则;
2. 掌握判断决策是否道德的主要理论与模型;

3.理解企业社会责任;
4.掌握企业社会责任的四个层次;
5.掌握企业社会责任的主要对象与范围。

能力目标:

1.在企业决策前能够引入道德因素;
2.在企业决策中能够制定出合乎道德的决策;
3.能够判断作出的决策是否道德;
4.在企业管理中能够履行企业社会责任。

案例导入

强生公司"泰诺胶囊"危机处理事件

1982年强生公司发生"泰诺胶囊"药品中毒事件,导致其市场份额从35.3%降到7%以下。面对如此巨大的危机,强生公司采取了一系列措施:

1. 统一行动

强生快速成立了危机处理小组和处理委员会。由委员会解决危机中出现的各种问题,在此期间,产品包装、广告以及如何在电视上露面等所有问题必须经过委员会的讨论,然后统一行动。

2. 坦率面对

面对公众和新闻界,强生公司公关部坦率面对,承认在药品的生产过程中使用过氰化物,但对人体的危害微乎其微。同时,努力以实验数据证明,事情的发生并非公司的生产过程出现差错。对于一些重大问题,则反复认真地讨论,力争做到每个公关决策都是可靠的,并且作出勇于在危机中承担社会责任的姿态。

3. 责任第一

危机发生时,虽然中毒事件仅发生在芝加哥,但由于尚不清楚药品对人体的有害程度,强生公司将回收范围扩大到了全世界,花费高达1亿美元,药品回收到指定地点后全部销毁。

4. 调查真相

产品收回后,强生公司立即协同联邦调查人员、医学人士,调查事件的真相,同时对800万粒泰诺胶囊进行试验,查看其是否受到其他有害物质的污染。强生公司尽全力对事件展开调查,一方面是寄希望于产品的复出,另一方面则是对消费者负责,给消费者一个明确的交代。

5. 与媒体合作

强生在处理危机的过程中,充分有效地利用了媒体的作用。在危机初期,公司立即决定停止所有关于泰诺胶囊的广告,第一时间作出决定:与新闻媒体保持充分的合作。强生利用媒体公开危机事件进展过程,获得了社会各界对公司良好的印象和良好的舆论环境。

6. 发布危险警告

危机发生时,强生及时通过媒体向公众发出了危险警告,告诉全美医院、医生和销售商,在真相没有查清前,暂时停止销售和使用泰诺胶囊。之后,公司以消费者的利益为上,立即采取积极的行动,完全向新闻媒介敞开大门,公布事实真相。

同时,公司管理层通过媒体不断表示,公司坚决保护公众的利益,并保证彻底解决中毒事件,给消费者圆满的处理结果。强生公司通过这一系列举措最终重新获得了顾客与社会的信任,不仅使其止疼药市场份额从事件后的7%回升到35%,更在道德层面上受到好评,强生的一系列决策获得了双赢的效果。

【分析与思考】

1. 强生公司处理"泰诺胶囊"危机事件的决策是否符合道德规范？
2. 强生公司在处理该危机事件中承担了哪些社会责任？

单元一 决策道德

"管理就是决策。"决策是管理的中心，贯穿于管理的全过程。长期以来，人们对企业决策的判断与评价，主要关注的是决策的经济后果，是经济效益能否最大化。然而在今天，在社会要求企业更多地承担社会责任，而企业也必须更加注重社会声誉的时代，企业决策的道德后果也需要引起管理者更多的关注。因此，决策者只有在决策时充分考虑到道德要求，其行为才会符合一定的道德规范，社会经济才会健康有序地向前发展。

一、决策的道德

道德是调整人和人之间、个人和社会之间关系的行为准则与规范的总和。它以善恶为评价标准，依靠内心信念、社会舆论和传统习惯来起作用。

决策道德是道德在企业决策中的特定表现，是企业处理自身发展与社会发展之间关系的行为规范的总和。

这种关系包括：企业与内部利益人之间的关系，如企业与员工、股东、员工家属之间的关系；管理者与被管理者的关系；企业与企业外部利益人之间的关系，如企业与政府、社区、民族、消费者、相关企业等之间的关系；企业与生态环境之间的关系。

决策道德就是企业在经营决策中通过一定的道德原则和道德规范处理好企业与民族、社会、国家，以及企业与相关企业、员工、股东、消费者、自然生态环境的关系。

一般来说，企业管理者在决策过程中处理上述关系时，既要遵循我国社会主义社会的道德规范，也要借鉴西方国家提出的相关道德原则。

(一)我国社会主义市场经济下遵循的道德规范

1. 互惠互利

市场交换遵循等价交换原则和自愿交换原则，这两条原则要求经济行为主体必须把追求自身利益与交换另一方的利益结合起来，不但要关心自己的支出应得的回报，还应该使他人的支出也得到相应的回报。因此，现代市场经济并非以自私自利的极端利己主义为道德基础，而是以自利与利人相结合的互利主义为道德基础。互利成为市场经济最基本的道德原则。互惠互利原则要求企业在决策中，正确地分析、评价自身的利益，同时也要分析评价利益相关者的利益，兼顾他们的利益，达到双赢的最佳效果。

2. 义利兼顾

义利兼顾是指企业在获利的同时，要考虑是否符合消费者的利益，是否符合社会整体利益和长远利益。

第一，企业在经营中要具有"见利思义"的思想。当企业个人利益与公众利益发生冲突时，要坚持以私利服从公利原则来处理个人、集体与国家三者的利益，自觉让利。

第二，企业经营行为要"取之有义"。企业要依据规矩办事，不违背良心，不唯利是图，不发不义之财。

第三，企业在经营效果上要"先义后利"。这是企业长期利益与短期利益发生冲突时，所应面对的道德思考。企业不能只注重眼前利益，目光短浅，还应放眼未来，正确处理眼前的"利"与"义"，做到"先义后利"，谋求长期持续稳定发展。

3. 诚实信用

诚实信用原则是市场经济活动的一项基本道德准则。著名管理学家克拉伦斯·沃尔顿说："企业经理人应该用全局观念来看待企业的责任。在这种观念之下，企业被看作是讲信用、讲商誉、讲道德的组织，而不是赚钱的机器。"

因此，企业在经营活动中应将诚信作为基本道德操守渗透到企业的每一个环节，在经营中要诚实守信、童叟无欺，避免欺骗和误导性宣传，同时产品或服务质量要符合消费者的预期要求。

4. 以人为本

以人为本就是尊重人、关心人、促进人自由全面的发展。国际上成功的现代企业，都倾向于尊重人、成就人，把以人为中心作为第一重要的道德原则来遵循，而不是简单地为了盈利而只把人当作工具来役使。

社会主义的企业在经营管理过程中更应体现关心人、为了人、解放人、发展人、提升人的本质力量的道德原则，在企业决策中要尽可能满足股东、员工、顾客、供应商、政府等利益相关者的合理要求。

(二)可借鉴的西方道德原则

1. 目的论

(1)合理利己。合理利己论诞生于19世纪资本主义成熟阶段，其代表有洛克、爱尔维修和费尔巴哈等人。合理利己论是从后果来判断决策是否符合道德，认为每一个经济利益主体都有权追求自己的利益，这是社会发展的一项有效的动机。经济利益主体在市场交易中要遵循两个基本条件或目标：第一，通过利益共享的手段，让交易诸方都得到理想的效益；第二，保证非当事人享有最低限度的权利。

合理利己论既承认经济组织追求自身利益的正当性，又要求不损人利己，主张企业与社会的交换必须通过谈判协商而达到互惠的目的，即一种符合道德要求的交易，它还要求当事人避免对他人的严重伤害，这正适合了商业活动的逐利性和社会性特点。

在道德规范上，合理利己论强调法律与道德同等重要，个体利益的实现应当在合乎良心与法律规范的前提条件下进行，克服了个人主义的狭隘以及只考虑短期利益的局限性。而且，它针对企业的管理决策确定了利益次序：企业自身—交易诸方—更广泛的利益相关者。这与市场经济下人们从事商业交易的直觉一致。因此，合理利己论是一种适合市场经济条件下企业经营活动的道德评价标准。

(2)功利主义。功利主义最有影响的代表人物是英国的杰米里·边沁、约翰·穆勒。基本观点是：以功利和行为所产生的效果来衡量什么是善、什么是最大的善的问题，并依此判断行为的道德性。

所谓"善"便是幸福，是"最大多数人的最大幸福。""善"也被描述为"效用"，效用是道德的基础，是正当与错误的最终判断。如果一个决策的效用比任何别的选择都大，也就是当某行为能够为大多数人带来最大幸福，那么它便是道德的；反之，便不是道德的。

功利论的特点在于，它假定人们可以对某个行为所产生的利弊作出权衡，并以此确定这些利弊之和。具体来说，人们可以对几种可能的备选方案进行成本—效用分析，并在这种分析的基础上去选择能产生最大效用或最大利润的行动方案。以"不要欺骗顾客"为例，功利主义会考虑欺骗对社会声誉、顾客信任度以及产品销量的负面影响。考虑到欺骗不会为企业及社会带来最大的利益,那么功利主义就认为"欺骗顾客"是不道德的,是不应该作出的决策。

功利主义论的这一特点,使其在应用中显得方便、简洁和客观。企业经理在作商业决策时的确是偏好功利,原因之一是经理们接受的学校教育在不断地强化成本—收益分析法的运用。

2. 义务论

义务论是基于行为本身是否遵守了某些义务来评价人们的行为,决策是否道德与结果无关,而是由行为本身内在特性所决定的,符合义务原则的要求时,便是道德的。

(1) 显要义务论。英国学者罗斯在1938年出版的《"对"与"善"》一书中,系统提出了关于"显要义务"或"显要责任"的观念。所谓显要义务,是指在一定时间、一定环境中人们自认为合理的行为。在大多数场合,一个有足够的智力、成熟的、神志正常的人往往不需推敲就能认识到自己应当做什么,并以此作为一种道德义务。

罗斯明确列出了六种显要义务:

诚实,包括信守诺言、履行合约、实情相告和对过失补救等。如企业不应有欺骗和误导消费者的行为。

感恩,即知恩图报,对关系密切的老客户或供应商在遇到困难时,应给予适当的扶助。

公正,即不应厚此薄彼,如对富裕的消费者和贫困的消费者不应有服务上的差别待遇。

行善,即乐善好施,助人为乐。如企业要热心于社会公益事业,承担力所能及的社会责任。

自我完善,即要使企业处于不断地完善状态中,如尽可能地不断改进其产品,为社会创造更多效益,同时自身得到发展壮大。

不作恶,即不损害别人。如企业要保证其营销行为不伤害他人的利益,不欺行霸市、不强买强卖,不以劣质品和危险品充斥市场等。

罗斯从正常人的直觉出发,将是否符合这些义务为准则来判断决策或行为的正当。

(2) 公平公正论。公平公正论由美国哈佛大学罗尔斯教授在1971年出版的《正义论》一书中提出。个体的权利,是平等的基本自由权利这一价值体现,也是对平等的基本自由权利维护的道德义务,关注的是基于平等的基本自由权利维护基础上的社会制度公正。因而,它所指向的是对个人自由权利的道义保证。它给出两大原则——自由原则和差异原则,如果决策遵循了这两大原则,决策本身是符合道德的。

自由原则是指在不影响他人行使同样权利的前提下,让社会每一成员尽可能多地享受自由。这一原则强调每一社会成员都有权决定自己的命运,有权享受与其他社会成员一样的平等待遇。这意味着企业决策必须尊重利益相关者的自由和权利,否则就是不道德的。

差异原则是指社会、经济的不平等应如此安排:一方面这种安排应普遍适合社会各阶层,另一方面应使社会最底层获得最大的利益。按此原则,公民在收入、财富和权力分配方面可以是不平等的,但这种不平等必须合乎每个人的利益,以使每个人在这种不平等中都获利,使最底层获得最大利益。根据差异原则,企业不能凭借在交换中的优势地位,损害别人的利益换取自身利益,尤其是不能恃强凌弱。如果企业的行为使弱者的生存状况更差,这是不道德的。

公平公正论强调企业决策者应该把在整个市场体系中处于弱势状态的消费者权利,纳入企业经营决策中,同时也给具有社会影响力的企业制定决策提供了一个基本的依据。

3. 相称论

相称论是结合了目的论和道义论的综合理论,是美国学者加勒特于1966年提出的。

该理论认为,判断一个决策是否道德,应从其目的(或动机)、手段和后果三个方面加以综合考虑。目的(动机)是指从什么出发点来行事。加勒特认为,行为背后的动机是构成道德的一部分,动机纯正与否应作为判断行为是否道德的一个重要因素。手段,是指使目的得以实现的过程,以及在此过程中所采用的方法。后果,是指行为所引起的结果。它包括两个方面:一是行为人意欲达到的结果;二是虽不为行为人所期望,但能被行为人预料到的结果。加勒特认为,虽然行为结果有助于对整个行为进行评价,但绝不能用结果来证明手段的合理性,也不能不加区别地根据行为的结果判断行为是否合乎道德。

如何运用目的、手段与结果,来综合地对某一决策的道德合理性进行评价呢?加勒特提出了四条原则:

(1)无论是作为手段还是目的,期望对他人造成"大恶"是不道德的。

(2)假定想达到的目的和所用的手段均无可指责,但如果行为人预见到该项行为将产生不好的副作用,则行为人应当有足够的理由不容许副作用的发生;否则,行为就是不道德的。

(3)提不出相称理由就允许或放任一种"大恶",或给人造成重大损害,这是不道德的。

(4)提不出相称的理由就期望、允许或放任一种对他人的"小恶"或"小害"发生,同样也是不道德的。

【拓展资料】
　　加勒特所提出的"大恶",是指人或组织进行活动所必需的重要能力的丧失,如使人残废、使竞争对手破产等。"小恶"是指造成他人物质利益方面的损害的结果,如夸大产品的功能,或通过有奖销售等方法来刺激消费者购买一些他们并不需要的产品等。相称理由是指行为人所期望的善的效果超过可能的不为行为人期望的恶的效果。

相称论要求从目的、手段、后果三个方面来考虑某项行为是否合乎道德,能克服单纯依靠利己论、功利论或者道义论的缺陷,促使企业决策者从目的、手段、后果角度较为全面地评估一项决策的道德性。

多种决策道德原则的存在反映了人们价值取向的多样性和复杂性。了解这些不同的理论有助于企业家、经营管理者辨别形形色色的对企业决策行为的道德或不道德的评价所依据的标准和价值观,理解和尊重持有不同道德观与价值观的各种利益相关者,吸引与自己的价值观相同或相容的合作者。

企业家个人道德判断倾向可能是功利的、道义的或混合的,或者不同的事有不同的标准,不一定与社会道德标准都能一致。然而,成功的企业家要对社会道德观念的发展变化保持敏感性,对居于主导的道德标准保持清醒的认识,采取宽容灵活的态度,自觉调整更新自己的观念和企业的行为与之相适应。企业家的道德水准和企业的个体道德准则可以高于社会的道德水准,但不应低于社会的道德水准。

【小测验】
　　有一艘航船在海上遇险,很快就要沉没了,船上载有12人,但只有一只最多能乘6人的救生艇,这12人是72岁的医生、患绝症的小女孩、船长、妓女、精通航海的劳改犯、弱智小男孩、青年模范工人、天主教神父、贪污的政府官员、企业经理、新近暴发的个体户、你自己。

　　现在首先请你选择能上艇逃生的6人,按顺序排列,并有条理地说明你的选择理由。

二、决策道德评价的主要模型

如果管理者能更多地意识到他们的价值观、社会准则和道德规范，并将其用于决策，就可改善决策；如果决策时能考虑到社会分析和道德选择，那对管理者本身、企业和社会都是有益的；各种道德分析工具能帮助管理者作出更好的决策。

（一）决策道德的检验模型

1. 道德决策树模型

该模型由杰拉尔德·卡瓦纳（Gerald Cavanagh）等人提出。其基本逻辑方法如图9—1所示。

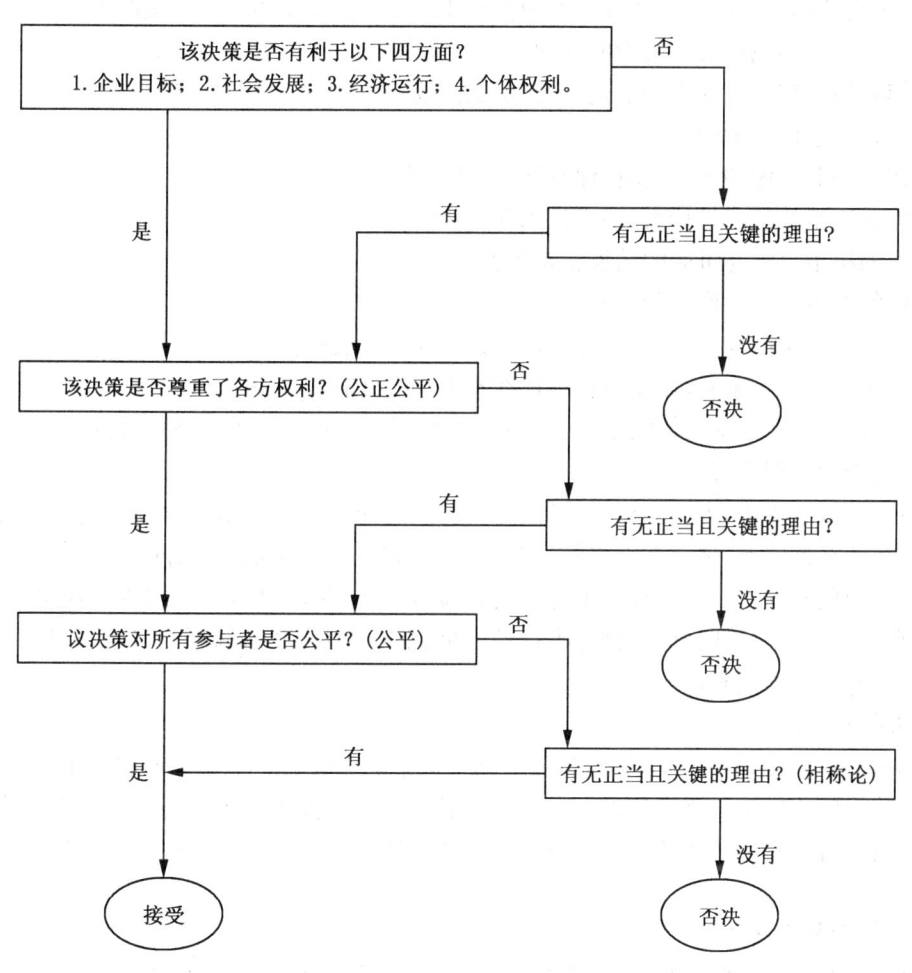

图9—1 道德决策树模型

这个模型有两个特点：一是从决策的后果以及决策对义务与权利的尊重两方面来评价决策在道德上的可接受性。模型首先要求决策者考虑决策对相当广泛的利益相关者的影响，如对企业自身、对整个社会目标的实现、对整个经济体系的运转、对决策涉及的个人权利的影响等，是站在较高的层次运用功利论的。在从后果上衡量之后，模型要求继续从道义方面评价决策，必须考虑对受影响者权利的尊重以及对各方的公正性。二是运用加勒特的相称理论，考虑例外情况的解决方式。

> 【拓展资料】
>
> **利益相关者**
>
> 利益相关者理论是在对传统的"股东至上"理论进行修正的基础上,于20世纪90年代发展起来的一种现代公司治理理论。该理论主张,企业应由股东、债权人、供应商、员工、消费者、政府和社区等利益相关者共同分享企业治理权,企业经营的目的是实现相关者利益最大化。

2. 衡量决策道德性的12个问题

劳拉·纳什列举了衡量企业决策道德性的12个问题,供决策者在决策时考虑。

(1)你已经准确地定义了决策的问题了吗?

(2)如果你站在他人的立场上,会怎样定义问题?

(3)问题是怎样产生的?

(4)作为一名个体和公司成员,你对谁、对什么看得更重?

(5)你做决策的意图是什么(即想达到什么目的)?

(6)你的决策意图与可能的结果相符吗?

(7)你的决策会损害谁的利益?

(8)你能在决策前与受决策影响的各方讨论该决策问题吗?

(9)你认为从长远来看,该决策将与现在看上去那样有成效吗?

(10)你能毫无顾虑地与你的上级、高层管理者、董事、家庭以及整个社会谈论你的决策或行动吗?是否会感到不安?

(11)如果理解正确,人们会对你的行为产生什么样的看法呢?误会了又会怎么样呢?

(12)在什么条件下,你会允许你的立场有例外(即稍微改变你的立场)吗?

纳什的问题有助于为企业决策中遇到的具体道德问题提供指导。它考虑了决策的道德界限,主张在作出一项决策时,应综合考虑行动后果、企业的决策人应该对谁负责、短期和长期的被影响者等多方面的因素。

3. "九问式"模型

1983年,美国马奎特大学营销学教授基恩·莱兹尼克(Gene Laczniak)提出了一个基于三大道义论的问题式模型。该模型由九个问题构成,如果决策者对所有问题的答案都是肯定的,则该行为极有可能是不道德的;如果对每个问题的回答都是否定的,则该行为可能是道德的。

问题具体为:

(1)该行为是否违法?

(2)该行为是否违背任何一般的道德义务(包括忠诚的义务、感恩的义务、公正的义务、仁慈的义务、自我完善的义务、不伤害的义务)?

(3)该行为是否违背相关组织的特定义务?

(4)该行为的动机是否是邪恶的?

(5)该行为是否会导致任何重大邪恶的事情发生?或者是否会由于该行为而出现重大邪恶的事情?

(6)是否故意放弃了好处相同或更多而邪恶更少的备选方案?

(7)该行为是否导致他人或群体利益受损?

(8) 该行为是否侵犯了别的组织的权利?

(9) 利益受损的他人或群体是否属于弱势群体?

我们可以看出,这个模型遵循的设计思路是:从法律检验开始,依次进行显要义务检验、特殊行业责任检验、目的检验、结果检验、过程检验、权利检验、公正检验。它不仅照顾到了一般性的问题,还针对了特定行业、特定产品面临的特殊问题,这是该模型的一个优点。

4. 伦理检查模型

伦理检查模型由肯尼斯·布莱查德(Kenneth Blanchard)和诺曼·皮尔(Norman Peale)在1988年提出,包括三个伦理检查项目。该模型如图9—2所示:

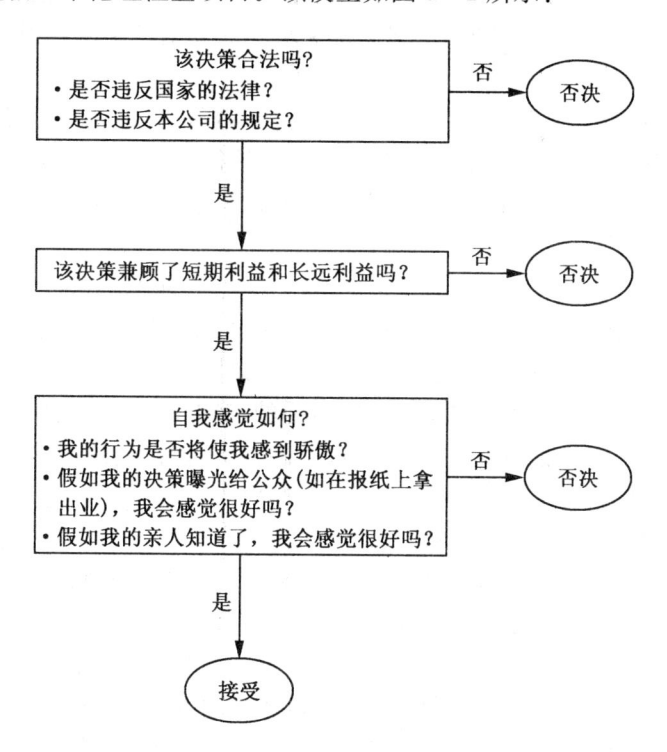

图9—2 布莱查德和皮尔伦理检查模型

企业在运用该模型制定道德决策时,首先要进行合法性检查。依据合理利己论,个人或本企业利益的实现应当在合乎良心与法律规范的前提条件下进行。而就常识而言,伦理与法律是一致的,不合法的也通常是不道德的(当然也有例外)。然后,检查一项决策是否兼顾了长远利益和短期利益,其理论依据是:具有长远利益的行为不太可能是不道德的行为。最后,企业决策者对一项决策进行自我感觉检验和曝光检验。这里,模型实际上假定决策者知道对他人、对社会应有的义务,如果决策违反了诸如诚实、感恩、公正、行善、自我完善、不作恶等当然的义务,决策者应该会感到良心的谴责以及无法面对其他人。

该模型最大的优点是简单实用,无需掌握在不少人看来比较抽象的道德原则,便可作出大致符合道德的决策,因此被很多企业采用。

上述决策的道德检验模型的共同点是将决策行为区分为道德的和不道德的。但是没有考虑决策道德的层次性。

(二)二层次决策道德评价模型

周祖成教授于2001年提出了包含可接受层次准则和满意层次准则的二层次决策道德评

价模型。

他认为,西方的道德评价一般只是区分道德与不道德,但对同样是道德的行为不再划分层次,这种做法有所欠缺,企业需要不同层次的道德评价准则:一是道德是有层次之分的。比如,尊重人是一种美德,受到尊重也是人的权利,但比较尊重和非常尊重都是尊重,程度显然不同。二是企业所追求的道德层次也不同。例如,摩托罗拉公司在《摩托罗拉行为准则》手册的前言中指出:"在从事一切业务活动时,我们必须以诚实无欺、清廉自洁的作风,遵循道德的最高标准。"荣事达集团在《荣事达企业竞争自律宣言》中倡导相互尊重、互相平等、互惠互利、共同发展、诚信至上、文明经营、以义生利、以德兴企的道德规范和企业自律准则,并用它来调整企业对内、对外的各种关系。这表明摩托罗拉公司和荣事达集团对所追求的道德层次的定位是比较高或很高的。

现实中,很多企业满足于不受法律制裁和舆论谴责就行了,也就是说,他们的道德标准是以法律为标杆的。虽然追求崇高道德标准的企业更应该得到社会的肯定、鼓励,但满足于道德低标准的企业也得允许其存在,而且,要求所有的企业都追求崇高的道德标准也是不切实际的。换句话说,企业需要一个多层次的道德判断。

对决策方案的评价一般可以划分成三个层次:不能接受的、可以接受的、满意的。例如,在经济评价时,如果该方案是亏损的,就认定是不能接受的;如果能保本或有少量利润,属于可以接受的;如果有相当利润又有发展前途,则是满意的方案。

同理,伦理评价也可分为不能接受的、可以接受的、满意的三个层次。第一层:损人害己、损人不利己、损人利己、损公肥私,这显然是不道德的,是不能接受的;第二层:为己利人、利人利己、公私兼顾是道德的,属于可以接受的,但道德层次不高;第三层:先人后己、先公后私、无私奉献是高尚的道德标准,是全社会鼓励的行为。

在此逻辑上,周祖城建立了包含可接受层次准则和满意层次准则的决策伦理评价模型(见图9—3)。只要确定了可接受层次准则和满意层次准则,也就可以将决策方案的评价划分成三个层次:不满足可接受层次准则的是不能接受的,符合可接受层次准则的是可以接受的,符合满意层次准则的是令人满意的。所谓伦理上可以接受的方案,是指达到了基本伦理要求,在一般情况下,以不至于因受到道德的谴责而使决策不可行或给企业带来不良后果的方案。所谓伦理上满意的方案,是指在伦理上达到了较高或很高的水准,其行为不仅不会受到舆论的谴责,相反会得到舆论的赞扬、鼓励,能给企业带来良好声誉的方案。

第一步判定某个决策是否符合社会认可的基本的道德标准。

假定企业追求的只是达到基本的道德要求,那么企业只需要进行第一步的判断。第一步的道德判断要回答两个问题:

(1)该行为是否合法。法律是必须遵守的最低要求的行为规范。因此,不违法是最基本的要求,如果连这个要求都达不到,显然是不道德的决策,应该放弃。

(2)该行为是否能为利益相关者接受。这个问题包括以下几点:

- 谁是我们现行的利益相关者?
- 谁是我们潜在的利益相关者?
- 利益相关者想从我们这里得以什么?
- 我们想从利益相关者那里得到什么?
- 我们的决策会对哪些利益相关者带去利益?利益有多大?
- 我们的决策会给哪些利益相关者造成伤害?伤害有多大?

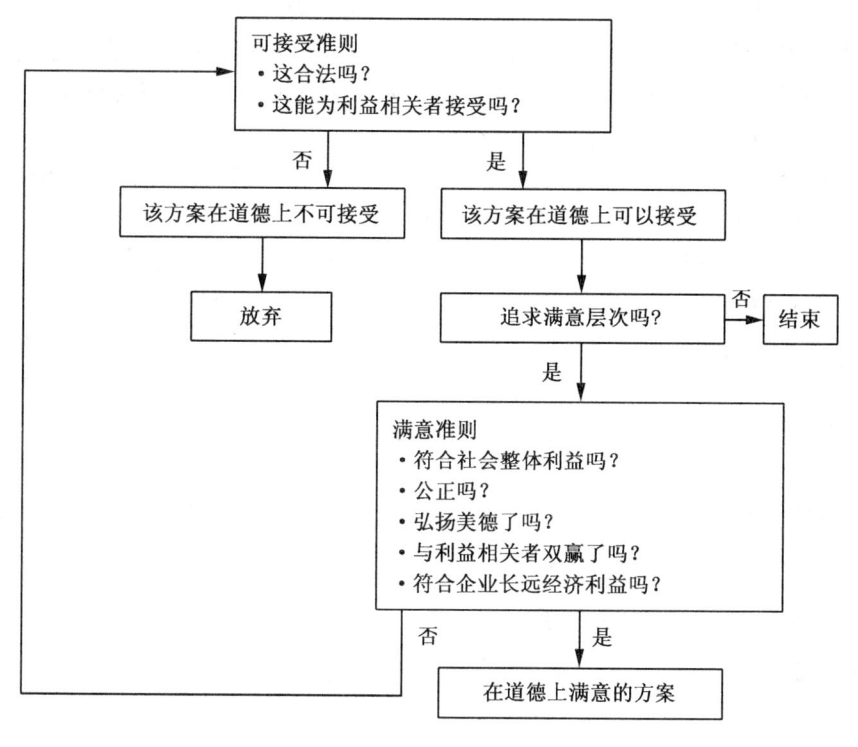

```
                    ┌─────────────────┐
         ┌─────────→│ 可接受准则        │
         │          │ ·这合法吗?       │
         │          │ ·这能为利益相关者 │
         │          │   接受吗?        │
         │          └─────────────────┘
         │            否 │   │ 是
         │      ┌────────┘   └────────┐
         │      ▼                     ▼
         │ ┌──────────────┐   ┌──────────────┐
         │ │该方案在道德上 │   │该方案在道德上 │
         │ │不可接受       │   │可以接受       │
         │ └──────────────┘   └──────────────┘
         │      │                     │
         │      ▼                     ▼
         │ ┌────────┐         ┌──────────────┐  否   ┌──────┐
         │ │ 放弃    │         │追求满意层次吗?├─────→│ 结束 │
         │ └────────┘         └──────────────┘      └──────┘
         │                            │ 是
         │                            ▼
         │                  ┌──────────────────┐
         │                  │ 满意准则           │
         │                  │ ·符合社会整体利益吗?│
         │                  │ ·公正吗?          │
         │                  │ ·弘扬美德了吗?    │
         │                  │ ·与利益相关者双赢了吗?│
         │                  │ ·符合企业长远经济利益吗?│
         │                  └──────────────────┘
         │                       否 │   │ 是
         └──────────────────────────┘   ▼
                                  ┌──────────────┐
                                  │在道德上满意的方案│
                                  └──────────────┘
```

图 9—3 二层次模型

- 利益相关者受到损害后会不会采取行动？如果会，会采取什么样的行动？
- 可能采取行动的利益相关者的影响力有多大？
- 利益相关者可能采取的行动是否足以使决策不可行或使企业得不偿失？

回答这些问题是审视该方案能否为利益相关者所接受的尺度，也能较好地弥补单纯使用是否合法评价的不足。因为那些符合法律条文但违背道德的行为，往往会引起有关利益相关者的不满，而通不过"该方案能为利益相关者接受吗"的检查，若这两个条件同时满足，应能达到在一般情况下从利益相关者的角度来看的道德上可以接受的层次。

第二步，评价某项决策是否达到较高的道德层次。

如果企业的目标不仅是成为守法的"公民"，而且要成为社会进步的力量，追求崇高的道德，那么，它需要对决策方案进行第二步的评价。第二步的道德判断要回答以下问题：

(1) 是否符合社会整体利益。首先，从功利原则来看，"符合社会的整体利益"与"最大多数人的最大幸福"原则是一致的，因此这一条可以用来判断企业决策的道德性。其次，从道德的功能来看，道德的崇高和价值就在于它是社会共同利益的维护者。当单个企业的利益与社会整体利益发生冲突时，如果企业自觉把社会整体利益放在优先的位置，这就是崇高的道德行为。因此，对这个问题的回答可以衡量企业的决策是否达到较高层次的道德。

(2) 是否对相关各方做到公正。明显不公正的方案，一般在第一步审查时就通不过，这里所要做的是，在通过第一步检验的前提下，再进一步对方案的公正性做评价。

(3) 是否弘扬美德。尊重人、诚实、守信用、公平竞争、保护环境、积极进取、创新、勇气、毅力等都是美德。一个决策方案如严重违背美德，就可能沦落到不可接受层次。但没有或只是轻微地违背美德或只是违背相对次要的美德，则可能通过可接受层次的核查，但达不到满意层次的要求。一个在伦理上满意的方案不仅不应违背美德,而且应能弘扬美德。

(4)是否与利益相关者实现双赢。企业与利益相关者形成互利互惠的良性循环,达到双赢,比仅"能为利益相关者接受"要高一个层次,能更好地体现企业、经济人与社会人相结合的要求,因此可以认为是更高的道德标准的体现。

(5)是否符合企业长远利益。长远经济效益同时也可作为道德评价的一个指标。因为,一方面,如果利益相关者受到了不公正的对待,其正当利益受到了损害,可能会在一个较长的时间内有足够的方法进行报复。利益相关者的报复,包括顾客不愿再问津该企业的产品或服务、供应者不愿再与该企业做买卖、竞争者"以其人之道还治其人之身"、员工貌合神离、自然环境的恶化等,都将直接或间接地损害企业的利益。另一方面,企业对利益相关者负责,从而带来良好的声誉、较高的顾客满意度和员工忠诚度等,这也会对经济效益产生积极影响。所以,越是符合企业长远经济利益的方案,道德上出问题的可能性较小,达到较高道德水平的可能性越大。

究竟是满足伦理上可接受方案,还是追求伦理上满意的方案,取决于企业自身所确定的使命、宗旨、文化、战略,取决于决策问题的性质,取决于方案的经济、技术评价结果。

三、符合道德的企业决策分析

企业决策是一个复杂的过程。在企业决策过程中,引入决策的道德要素,可以有效提高企业行为的道德水平。在对决策遵循的道德原则、决策的道德检验以及决策道德的层次进行分析之后,我们建立一个引入道德要素的决策综合分析模型(见图9—4),为企业的现实决策提供参考。

(一)影响因素分析

1. 个体层面

企业的决策是由企业的决策者主导的,所以决策者的特性在很大程度上决定着企业道德决策的分析过程。决策者个体层面影响企业道德决策的有四个要素:

(1)价值观。哈维·赫加蒂和亨利·西姆斯通过研究证明,有一套预先确定的、存在于决策者头脑中的价值观是最能影响伦理行为的个人因素。企业的决策者所具有的关于"哪些行为是有道德价值的"、"哪些决策是道德的"、"哪些后果是值得追求的"、"道德价值的重要程度是多少"的观念将对他们进行的决策产生决定性影响。

(2)道德选择、行为、评价的能力。道德选择能力是个体所具有的在一定的道德意识的支配下,根据某种道德尺度在不同的价值标准或善恶冲突之间作出自觉自愿抉择的能力,是个体价值观在实践中得以实现的前提。道德行为的能力是指个体能够作出基于自觉意识的、自主自愿的、具有社会意义的行为的能力。道德行为能力的高低不仅决定了个体道德品质的高低,而且还事关个体进行道德分析的能力,事关企业决策伦理分析的科学性和有效性。道德评价的能力即个体根据一定的道德规范准则体系,对社会中的个体或群体的道德活动作出善或恶、正或邪、道德或不道德的价值判断的能力。个体(企业的管理者)道德评价能力的强弱就直接影响决策者对伦理因素的科学认识和运用,影响伦理因素在企业决策中的作用发挥。企业决策者所具备的这些能力越强,他们就越易于在企业决策中进行有效的道德分析,越能够切实有效地发挥道德因素在企业决策中的作用。

(3)道德需要。道德需要一是指"人的一般需要",即"能演化为人的利益需要的人的经济需要等",从而指明道德是人的经济需要、利益需要的产物;二是指"人的特殊需要",即"人的直

第九章　决策道德与企业社会责任

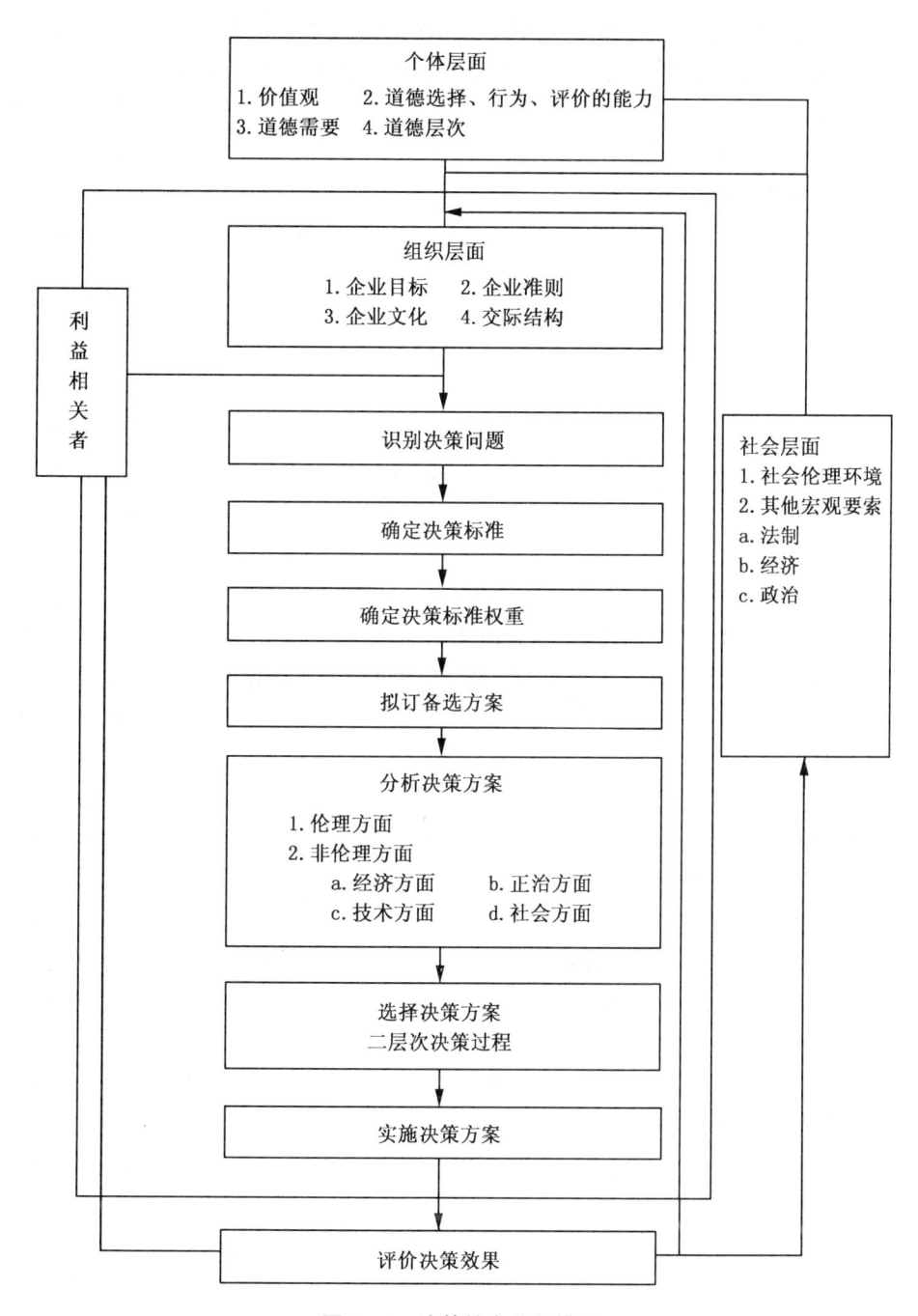

```
┌─────────────────────────────────┐
│           个体层面                │
│  1. 价值观　2. 道德选择、行为、评价的能力 │
│  3. 道德需要　4. 道德层次          │
└─────────────────────────────────┘
         ↓
┌─────┐  ┌─────────────────────────┐
│利   │  │       组织层面           │
│益   │  │  1. 企业目标　2. 企业准则 │
│相   │  │  3. 企业文化　4. 交际结构 │
│关   │  └─────────────────────────┘
│者   │         ↓
│     │  ┌─────────────────────────┐   ┌─────────┐
│     │  │      识别决策问题         │   │社会层面  │
│     │  └─────────────────────────┘   │1.社会伦理│
│     │         ↓                       │  环境    │
│     │  ┌─────────────────────────┐   │2.其他宏观│
│     │  │      确定决策标准         │   │  要素    │
│     │  └─────────────────────────┘   │a.法制    │
│     │         ↓                       │b.经济    │
│     │  ┌─────────────────────────┐   │c.政治    │
│     │  │     确定决策标准权重      │   └─────────┘
│     │  └─────────────────────────┘
│     │         ↓
│     │  ┌─────────────────────────┐
│     │  │      拟订备选方案         │
│     │  └─────────────────────────┘
│     │         ↓
│     │  ┌─────────────────────────┐
│     │  │      分析决策方案         │
│     │  │   1. 伦理方面             │
│     │  │   2. 非伦理方面           │
│     │  │      a.经济方面 b.政治方面│
│     │  │      c.技术方面 d.社会方面│
│     │  └─────────────────────────┘
│     │         ↓
│     │  ┌─────────────────────────┐
│     │  │      选择决策方案         │
│     │  │      二层次决策过程       │
│     │  └─────────────────────────┘
│     │         ↓
│     │  ┌─────────────────────────┐
│     │  │      实施决策方案         │
│     │  └─────────────────────────┘
│     │         ↓
│     │  ┌─────────────────────────┐
└─────┤  │      评价决策效果         │
         └─────────────────────────┘
```

图 9—4　决策综合分析模型

接的道德需要"，"相对独立的精神需要"。"作为人，需要精神的道德；而精神的道德需要，又源于客观的经济的需要、利益的需要。"人都有一定的道德需要，个体（企业决策者）在进行企业决策时，同样具有一定的道德需要。作为具有一定道德需要的企业决策者，他必然倾向于在实际行动中实施道德的行为，在企业决策的过程中对伦理因素给予相当程度的重视。

（4）道德层次。道德层次主要是指个体接受一定的道德教育，进行必要的道德修养所具有的道德品质及所处的道德境界。不同的个体具备不同的道德品质，处于不同的道德层次，这将直接导致他们在企业决策时对伦理因素采取不同程度的重视和运用。一般而言,处于较高道德层次的人将比处于相对较低道德层次的人更易作出符合伦理要求的决策。

2. 组织层面

企业的决策是在企业内部进行的,企业的特性将实际地决定着企业决策的道德性。组织层面影响企业决策道德化有四个要素。

(1)企业目标。企业目标通常能够指导企业一般规范和政策的制定,引导和规定企业日常化的活动。具有不同目标的企业对道德要求的关注也是不同的,对于在企业决策中进行道德分析的认可度也是不同的:总目标中包含一定道德追求的企业必然比将企业目标定为纯粹追求经济利润的企业更有可能重视企业决策中的道德要素,更有可能去关注企业决策道德质量的提高。

现在大多数企业并不把获取最大化利润作为公司存在和发展的根本目标。如惠普公司的企业目标是:"向公众提供某种独特的、有用的东西,从而为社会作出贡献。"企业追求与道德行为相关的目标并没有排斥利润在企业目标中的重要地位,相反,企业在追求道德理想的同时,必然会因此而得到利润。

(2)企业准则。企业准则,即企业道德准则,它的主要目的是让员工的行为更加符合道德规范,主要内容是关于如何将一般道德原则运用到企业的工作或产品中的阐述。企业准则对企业决策者是否倾向于选择道德的行为、是否在决策过程中重视伦理的作用、是否乐于进行决策的伦理分析有重大的影响。同时,设立一定的企业准则有助于将自我的责任、对自己进行道德要求的必要性等内容灌输到员工头脑中去,并促成它们的内化。

准则本身具有的准确性有助于员工在遇到伦理难题时,参考和运用准则,解决实际的伦理难题。企业准则的确立也有助于向顾客和公众展示企业遵守伦理规范的决心,为公众提供衡量本企业履行相关承诺的尺度。

(3)企业文化。企业文化能够在较大程度上影响决策者的思想观念和感情意志,进而影响他们的决策过程。企业文化重要的因素是企业价值观和企业道德责任。企业的价值观作为企业员工共同拥有的信念,是他们判断是非的标准,是他们自觉调节行为的准则,必然影响企业的决策者,影响他们的企业决策行为。

确立企业价值观就是在企业内形成一整套管理者提倡的,全体员工认同并自觉自愿遵循的,用于处理企业与消费者、供应者、竞争者、所有者等利益相关者关系的行为准则。如 IBM 公司的价值观是尊重个人,顾客满意,追求卓越;普罗克特—甘布尔公司的价值观是提供一流的产品,不断自我完善,诚实与公正,尊重和关心个人;波音公司的价值观是迎接挑战,迎接风险,产品的安全与质量,正直,把自己的一切都交给航空业。企业道德责任,即企业对消费者、社会、环境等承担的道德方面的责任。企业道德责任能够规范企业的随意行为以及限制企业个人的任意行为,从而对企业的决策过程产生直接的、巨大的影响。在进行企业决策时,决策者必然顾及自己及企业所应承担的道德责任,从而更多地考虑道德要素,进行决策的道德分析。

(4)交际结构。交际结构是个体作为企业结构中的一分子,在企业中与他人的交际关系及自己基于此关系而扮演的特定角色。决策者在面临重大的道德难题时往往会求助于他人,即会向上级、同事等征求意见,也就是说,同级和最高管理层都对决策者道德方面的行为有不同程度的影响,而影响最大的是企业的最高层。

3. 社会层面

(1)社会伦理环境。社会伦理环境主要是指,在一定范围内由相应的社会道德观念、道德规范、道德行为、道德信念及道德风尚等要素构成的具有客观性、开放性和稳定性的外部伦理氛围的总和。

(2)其他宏观要素。除了社会伦理环境之外,还有一些宏观层面的要素能够影响企业是否采取道德的经营方式,并影响伦理在企业决策中的作用发挥:

第一,社会法制状况。违法的行为是一种严重的不道德行为,若违法行为没有得到应有的法律制裁,则希望企业能够遵守更高层次的伦理规范就只能是空想了。所以,社会的法制状况在很大程度上影响着企业的道德行为、影响着企业决策者对于道德规范的看法。

第二,社会经济状况。在市场经济中,企业首先是一个具备经济目的的利益主体,它的行动必须以企业最终获利为基础,否则就丧失了企业在市场经济中得以生存的前提条件——获取经济利润。当社会经济发展状况很低下时,企业受到影响而面临生存危机,往往会将伦理道德抛到脑后,只顾熬过眼前的难关而不去考虑企业的长远利益和道德责任。

第三,社会政治状况。社会政治文明发展的高低将在很大程度上影响社会伦理环境的好坏,从而影响企业的道德状况。如果有些地方的官员坚持地方保护主义,对一些违反社会道德的行为进行纵容、庇护,就会助长企业不道德行为的发生,严重挫伤讲究伦理道德的企业的积极性。

4. 利益相关者

恩德勒说:"仅仅做一个正确的决策是不够的,还应该让所有受到这个决策影响的人尽可能地理解这个决策。"利益相关者对企业决策的影响是始终存在的,它直接影响或被企业决策影响着。

(二)决策过程分析

1. 识别问题

在识别问题环节,决策者不仅要看到需要解决问题的经济因素,而且要关注问题的道德因素,把企业利益放在整个社会利益的框架内考虑,谨慎对待企业与利益相关者的关系,在企业、顾客、社会和环境等利益主体之间找出利益的均衡点。

2. 确定决策标准

传统的决策标准主要包括经济、技术、法律等方面,要改善决策的道德品质就要在此环节把道德标准纳入其中,而核心管理层的道德偏好将决定企业决策所根据的道德标准。如果核心领导圈层的道德偏好是功利性的,那么他们倾向根据方案的预期结果来判断,那通常是经过计算得到的效用,如是否提高了社区的生活质量;如果是道义性的,则倾向于就备选方案的动机和行为本身作判断,如是否侵犯了公民的某项权利,而不涉及预期结果的判断。

3. 给标准分配权重

企业的道德形象作为一种投资具有累进效益,能够给企业带来长期利益。考虑道德因素就是要在长远利益和短期利益之间权衡。注重长期发展的企业会给道德投资更多的权重;当然权重的分配还与企业当时的压力因素有关。

不难看出,这个环节本身具有功利主义色彩,根据功利主义的计算公式,总效用是善恶相抵后的净善或净恶,并以此判断取舍。而真正的道义论者在认为方案包含不道德动机和行为时,就会对方案整体的道德性作出判断,舍弃不道德的方案,或者修改方案直到消除不道德因素,而不会把道德原则作为可以权衡取舍的因素之一来计算得失。

4. 拟订备选方案

在拟订备选方案阶段,企业及其决策者根据决策目标制订一组决策方案。事实上,企业决策者决定着方案内部各项目的具体组合,并通过某种组合反映着各种要素对其的影响,包括决策者个人的价值观,道德选择、行为、评价能力,道德需要,道德层次,企业目标,企业准则,企业文化,企业交际结构,社会伦理环境和社会法制、经济、政治状况,利益相关者。

5. 分析决策方案

在方案分析环节,从伦理方面和非伦理方面对各方案进行分析和比较。

伦理方面,即是关于备选方案道德是非的判断。判断的依据是决策者所秉持的道德标准,包括道德规范和道德准则。如果对备选方案是否违背道德准则有疑问,那么决策就包含道德问题的成分。

非伦理方面则包括经济方面、政治方面、技术方面和社会方面的分析与比较:经济方面,研究某个备选方案是否能够取得一定的经济获利;政治方面,考虑某个备选方案对决策者在企业内的政治行为的影响、决策与公众政治的关系及对企业政治力量的影响;技术方面,考虑某个备选方案的技术可行性问题;社会方面,研究决策对本地或更广大范围的社会的影响。

6. 选择决策方案

在经过了必要的方案分析之后,选定一项方案,它可能是勉强能接受的或满意的方案,但不可能是道德上不可接受的方案。本环节能够将企业认为在道德上最不能接受的方案先行过滤,能够防止企业作出社会最不能容忍的不道德的决策。

7. 实施决策方案

在决策执行,将选定的方案付诸实施的过程,其中仍然少不了进行必要的控制和信息反馈,以此保证决策目标的实现。

8. 评价决策效果

决策执行结果是否达到了预期目的,是否出现了偏差,要根据结果进行后续决策。对于事实证明属于识别问题错误的还要重新决策。决策者必然要依据一定的道德偏好对决策的实际结果进行道德判定,不同的是,功利偏好的决策者在这一环节可能修正其判断,因为他重视结果;而道义偏好的决策者则不会改变自己的判断,因为结果不是判断的依据。

单元二　企业社会责任

企业作为国民财富的主要创造者,是经济发展的原动力。企业在获取利润的同时,不但完成了其"经济人"的角色,还实现了其"社会人"的价值。作为市场经济的主体,社会系统中的一员,企业理所当然地要承担社会责任。

一、企业社会责任的概念

企业社会责任(Corporate Social Responsibility)是 20 世纪初以来凸显于西方国家尤其是英美等国诸多学科领域的一个重要概念。

1916 年,芝加哥大学的莫里斯·克拉克最早提出企业社会责任思想。

1923 年,欧利文·谢尔顿(Oliver Sheldon)在其《管理的哲学》一书中首次提出企业社会责任的概念。他认为:"企业社会责任要与公司经营者满足产业内外各种人类需要的责任联系,并认为包括道德因素。"

1953年,被尊称为"企业社会责任之父"的鲍恩在其著作《商人的社会责任》中提出,商人有这样一种义务,即在其制定政策、进行决策及采取行动时,需要考虑社会期望的目标和价值观念。如果企业在决策中认清了更为广泛的社会目标,那么其商业行为就会带来更多的社会利益和经济利益。这个定义正式提出了企业及其经营者必须承担社会责任的观点,从此开创了企业社会责任研究的领域。

1979年,美国佐治亚大学管理学教授阿奇·卡罗尔(Archie Carroll)认为,企业社会责任是指某一特定时期社会对组织所寄托的经济、法律、伦理和自由决定(慈善)的期望。社会不仅要求企业实现其经济上的使命,而且期望其能够遵守法律、重伦理、行公益,做一个良好的公民。

国内比较有影响力并能很好展现企业社会责任本质特性的概念有:刘俊海教授以公司这种特定的企业类型为出发点认为:"公司的社会责任,是指公司不能仅仅以最大限度地为股东谋求盈利作为自己的唯一存在目的,而应当负有维护和增进社会其他主体利益的义务。"学者卢代富认为:"所谓企业社会责任,是指企业在谋求股东利润最大化之外负有的维护和增进社会利益的义务。"

社会责任国际(Social Accountability International)对企业社会责任定义为:企业社会责任和商业责任是不同的,除了对股东负责以外,还必须对整个社会承担责任,即保护员工、保护环境、遵守商业道德、对公益慈善事业作出贡献等。

世界可持续发展企业委员会指出,企业社会责任是企业针对社会(既包括股东,也包括其他利益相关者)的合乎道德的行为。

尽管自20世纪60年代以来,企业社会责任引起了国内外众多学者和研究机构的广泛关注,但目前它在国际范围内还没有一个统一的定义。

通过分析不同的定义,我们可以从广义和狭义两个层面来认识企业社会责任。狭义的概念是指企业在经营过程中所负的赚取利润的经济责任和遵守法规等的法律责任;广义的概念是指企业在经营过程中除了担负为股东赚取利润的经济责任和法律责任外,企业应当考虑影响以及被企业影响的利益相关者的利益,承担包括股东、员工、消费者、社区、客户、政府等在内的利益相关者的社会责任。

本教材从广义的角度来理解企业社会责任,企业社会责任是指企业对包括股东在内的利益相关者的综合性社会责任,包括企业经济责任、企业法律责任、企业道德责任和企业慈善责任。该定义明确了企业社会责任的主要对象是股东、债权人、员工、消费者、社区和环境,确定了企业社会责任的内容是经济责任、法律责任、道德责任和慈善责任。

二、企业社会责任的结构

对于企业社会责任的结构,阿奇·卡罗尔的四层次理论最具影响力。它涵盖了企业社会责任的各方利益相关者,按其责任内容分为经济责任、法律责任、道德责任和慈善责任,依次以经济、法律、道德、慈善自下而上逐级变小。如图9—5所示。

(一)经济责任

企业作为一个经济组织,其首要目标是生存、发展和盈利,经济责任是企业最基础的责任,反映了企业作为营利性经济组织的本质属性。恩德勒认为,企业的经济责任主要由以下几个方面组成:一是利润的短期和长期最大化;二是生产效率的提高、生产要素的改进、生产过程的控制、产品与服务质量的改进;三是保证所有人和投资人的利益;四是维护企业与供应商之间

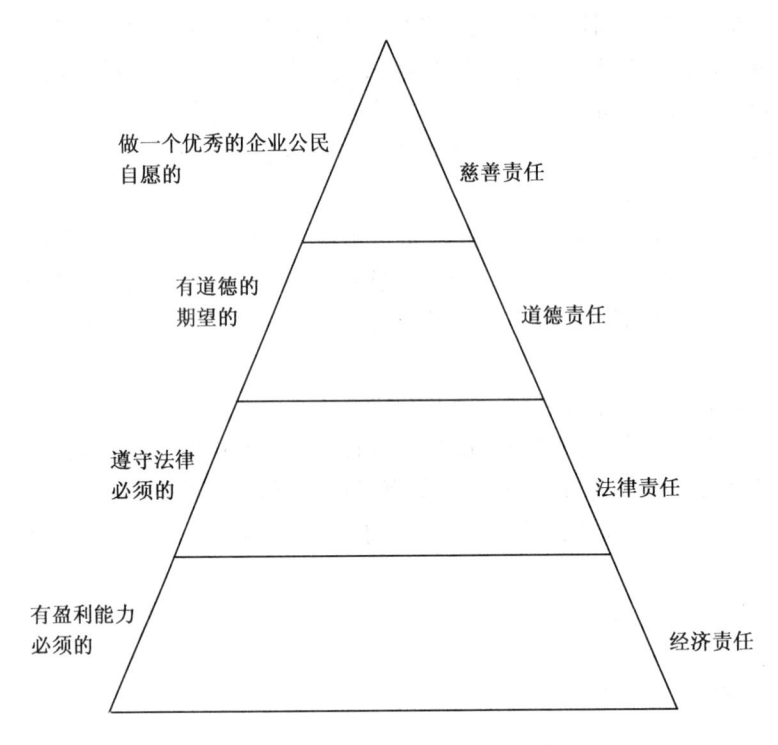

```
                    ▲
                   ╱ ╲
                  ╱   ╲
    做一个优秀的企业公民 ╱     ╲  慈善责任
       自愿的    ╱       ╲
                ╱─────────╲
               ╱           ╲
     有道德的  ╱             ╲ 道德责任
       期望的 ╱               ╲
             ╱─────────────────╲
            ╱                   ╲
    遵守法律╱                     ╲ 法律责任
      必须的                       
           ╱─────────────────────╲
          ╱                       ╲
   有盈利能力                       经济责任
     必须的
         ╱───────────────────────────╲
```

图 9—5　企业社会责任的层次①

的关系,确保企业供应链条的畅通;五是处理好企业与竞争对手的关系;六是保障雇员们的权益,从工资待遇、工作环境、人格维护等方面考虑;七是以消费者的需求为宗旨,切实维护消费者的合法权益。②

(二)法律责任

企业在进行生产经营活动的时候,必须在一定的法律法规许可的范围内,不然就会对雇员、消费者、环境等造成危害。法律是国家对企业经营活动进行规范的一种"硬约束"力,能够使企业的活动在游戏规则范围内。法律责任是指企业作为权利与义务的统一体,必须遵守相关的国际公约、按照国家法律法规的要求承担责任,并接受政府的干预和监督。主要包括:照章纳税;遵守《劳动法》、《安全生产法》中的规定,承担雇员福利、安全方面的义务;自觉履行《消费者权益保护法》中规定的经营者的义务,承诺产品和服务的质量,保障消费者的利益;遵守《环境保护法》的规定,加强自律,严格控制各种废弃物或有害物质的排放量,把尽义务的对象由社会扩大到自然,真正承担起保护环境、治理污染的责任等。

(三)道德责任

与法律的硬约束相比,道德是对企业行为更高层次的社会规范,一个国家的企业履行道德责任的程度如何可以衡量一个社会的发达程度。企业履行道德责任实际上是对企业履行法律责任最好的诠释,因为道德与法律是相辅相成,道德对法律的实施起着举足轻重的促进作用;

---

① Archie B Carroll."The Pyramid of Corporate Social Responsibility:Toward the Moral Management of Organizational Stakeholders,"*Business Horizons*,July-August1991,p.34.

② [美]卡罗尔,巴克霍尔茨. 企业与社会:伦理与利益相关者管理(第五版).黄煜平等译[M].北京:机械工业出版社,2004:37.

道德有助于弥补法律调整的真空。道德责任是一种通过道德规范来调节企业行为的意愿性责任，不具有法制性和强制性。主要包括：实施符合社会道德规范的经营行为；为职工提供平等的就业、培训和升迁机会；积极参与社区建设，扶贫帮困，提供更多的就业机会，同当地社区公众保持良好的关系；提高资源的利用效率，积极开发高新技术，维持资源、环境与社会的可持续发展等。

（四）慈善责任

慈善责任是指企业作为社会的组成成员，必须为社会的繁荣、进步和人类生活水平的提高作出自己应有的贡献。此项责任包含的内容颇为广泛，诸如向教育、科研、卫生、体院、环境等进行慈善性捐赠，招聘残疾人、缺乏劳动技能者或其他就业困难者，向教育机构提供奖学金和其他款项，主动履行对社会福利和社会公益事业等。

其中，经济责任是最基本的责任，是企业必须承担的责任。法律责任是外部组织对企业活动的强制约束，也是必须承担的责任。经济责任和法律责任是企业作为营利性组织存在的最基本的要求，一旦违反，将受到法律的制裁。不承担经济和社会责任的企业是短命的。

道德责任包含了超越法律规定的、社会成员所期望或禁止的活动。这是社会对企业的期望责任，超出了法律的界限，如果企业不履行也不违法，不会影响企业的生存。对于不履行道德责任的公司，人们充其量给其贴上一个"品德不高尚"的标签。

慈善责任是企业的自愿行为，是企业自愿承担的、有利于整个人类社会发展的责任，是优秀的企业公民对社会应有的贡献，属于层次较高的责任。慈善责任并不是道德上所要求的，如果企业为社会福利事业提供资金、设施和人力支持，社会民众会很高兴，但企业做不到这一点，也不会被认为是不道德的。慈善责任成为现在越来越多的企业愿意承担的责任。

【拓展资料】

"第六届中国企业社会责任峰会暨第三届《中国企业社会责任报告白皮书》发布会"于2014年1月17日在北京隆重举行。完美（中国）有限公司等企业荣获"2013年度中国企业社会责任杰出企业奖"。

> 作为企业公民,完美公司于1994年进入中国市场,在不断完善管理机制、确保产品安全、满足消费者日益增长的消费需求的同时提升自身竞争力,切实履行在诚信经营、促进就业、节约资源、保护生态等多方面的企业社会责任。20年来,完美公司坚持"取之社会,用之社会"的企业理念,积极支持、捐助社会各类公益事业,涉及希望工程、西部开发、慈善救灾等多个领域,捐资总额逾4亿元人民币。

三、企业社会责任的内容

根据企业社会责任的定义,我们明确了企业社会责任的主要对象是股东、债权人、员工、消费者、所在区域和环境。下面具体分析企业对每一个利益相关者承担的社会责任范围。

(一)对股东的责任

在市场经济条件下,企业与股东的关系事实上是企业与投资者的关系,这是企业内部关系中最主要的内容。对股东的责任是企业最基本的社会职责。企业对股东的社会责任通过以下方式表现:

1. 法律责任

尊重法律所规定的股东权利。法律的规定是每一个企业必须遵循的道德底线。超出了这个界限就构成了企业的不道德行为。企业要依据法律规定,确保股东各项合法权益,包括完善公司治理结构、保证股东大会的顺利召开等。这是企业对股东最基本的责任。

2. 经济责任

企业要对股东的资金安全和收益负主要责任。股东是企业的物质资本的所有者,为企业的生存发展提供了所需的资金,同时承担着企业经营活动的巨大风险。股东希望通过投资获得丰厚的回报,只有企业盈利了,股东才会继续投资促进企业的扩大再生产,形成良性循环。所以,企业应为投资者提供较高的利润,给股东提供有吸引力的投资回报。

3. 法律和道德责任

企业向股东提供真实的经营和投资方面的信息的责任。企业向股东提供信息的渠道主要有财务报表、公司年会等。企业必须向股东提供真实可靠的信息,使其能真正了解企业的经营业绩、资产收益率、资产负债率、市盈率等情况。任何瞒报、谎报企业信息、欺骗股东的行为都将危害企业的诚信,企业为此要负法律和道德的双重责任。

(二)对债权人的责任

在企业的经济活动中,与企业关系最密切的两类利益群体就是股东和债权人。企业对债权人的责任是否被切实履行,涉及企业的债权人所预期的经济利益能否得以实现。一般而言,企业的债权人和债务责任的内容在具体的法律关系中是特定的,履行这种债务责任既是企业的民事义务,也是企业应负担的社会责任。除此之外,企业还对债权人负有交易安全的责任,要求企业在任何情况下对任一债权人都合法、善意、无过失地进行交易行为,切实履行依法订立的合同。

(三)对员工的责任

员工是企业最重要的利益相关者之一,他们的利益是否得到实现,关系到公司的生产经营是否得以有效运转,甚至关系到公司的前途和命运。企业对员工的责任是多方面的,包括保证员工的就业和择业权、劳动报酬获取权、休息休假权、劳动安全卫生保障权、职业技能培训权、保险福利权等。这些是企业对员工最基本的经济责任和法律责任，也是企业必须遵守的道德底线。同时，企业对员工也担负着高于法律规定标准的道德义务。

1. 员工为企业工作是为了获得报酬维持自己的生存和发展

企业要为员工支付合理的报酬，按时足额发放工资、奖金，不得无故克扣、拖延，并根据社会发展逐步提高工资水平。

2. 为员工提供安全和健康的工作环境

企业应该遵守《劳动法》、《安全生产法》、《妇女权益保障法》等一系列法律规范，为员工提供符合安全与健康标准的工作环境，杜绝重大伤亡事故的发生，积极预防职业病，保证员工的生产安全和职业健康。

3. 对员工的发展和自我完善负有责任

企业要为员工提供平等的就业机会、升迁机会、接受教育机会。建立规范的员工培训制度，使员工在为企业工作的同时有机会提高自身的文化素质和技术水平，促进员工的自我发展与自我完善。

4. 企业和员工除了基本的劳动聘用关系外，还有相互尊重和相互信任的关系

员工在企业中一样有参与企业管理的权利，对企业的重大经营决策、企业的未来发展等重大问题有发表建议的权利。因此，企业应尊重员工民主管理企业的权利，重视员工的意见和要求，为员工搭建民主的平台，提供参与管理企业的渠道，充分发挥员工的积极性和创造性。

(四)对消费者的责任

消费者是企业产品的接受者和使用者，是企业的重要利益相关者。一方面，企业利润和价值能否实现，很大程度上取决于消费者的选择；另一方面，消费者需要企业提供质优价廉、安全、舒适和耐用的商品来满足自身的物质与精神需求。但是由于消费者的分散性、求偿能力的局限性以及现代科技的发达导致产品缺陷的隐蔽性，又使得消费者在客观上处于一种社会弱势地位。因此，企业对消费者的责任便成为企业社会责任的一项重要内容。企业对消费者的责任体现为对消费者权利的维护，一般来说，消费者有三个方面的权利：包括安全的权利、知情的权利、自由选择的权利。如果企业在这些方面侵犯了消费者的权利，使消费者的利益受到损害，企业的行为是不负社会责任的行为。

1. 提供安全可靠的产品的责任

《消费者权益保护法》明确规定企业作为经营者的责任，《产品质量法》也对生产和销售提出要求。企业应向消费者提供安全可靠的产品，杜绝制假售假、以假充真、以次充好，不得以欺诈消费者为途径牟取暴利。

2. 提供产品和服务的真实信息，保障消费者自由选择权的责任

消费者在购买产品之前有权了解产品的真实信息。如果企业在产品的广告、宣传材料和说明书中过分夸大产品功效，对产品的不足之处极力隐瞒或只字不提，将导致交易过程中的严重不公平。因此，企业应该尊重消费者的知情权和自由选择权。

(五)对所在区域的责任

企业与其所在区域有着密不可分的联系。企业存在于一定的区域内，区域内的人员素质、文化传统对企业的员工素质和价值观有一定影响，良好的区域环境和高素质的人群是企业发展的有利条件。同时，企业在生产经营活动中对区域的影响是明显的，一方面，企业可能促进区域经济发展、解决区域的就业问题，给区域经济带来繁荣；另一方面，也使区域居民成为由企业造成危害的最大或最直接的受害者。因此，企业在发展壮大的同时，也要承担起对所在区域

的经济发展、区域规划、交通状况、教育文化、环境卫生和公共事业负有不可推卸的责任。此种责任是企业按照高于法律规定的标准承担的责任,因此,它属于一种道德责任。

(六)企业对环境、资源的保护与合理利用的责任

对环境和资源的保护与合理利用,是企业对环境和资源所有现实的和潜在的受益人所担负的一种责任,是一种典型的社会责任。企业的生产经营活动消费自然资源,企业应当节约和保护自然资源,特别是那些非再生资源。资源和环境是有限的,特别是在我国,资源短缺、能源危机、环境恶化等已成为制约经济发展的重要因素。为了能够使资源实现循环利用和可持续发展,企业不仅要承担环境保护方面法律规定的责任,还应主动承担法律以外的一系列环保社会责任,主要表现在以下方面:

1. 强化节约资源的意识,合理利用有限资源

企业及内部成员要增强节约意识,树立绿色发展、循环发展、低碳发展意识,从减少生产环节入手,掌握循环使用废旧资源来进行生产的技术,推进资源能源的循环利用和高效利用,以最小的资源成本换取最大的社会福利。

2. 自觉自愿地处理"三废",防止环境污染

企业应当减少污染物与废弃物的排放,同时提高技术水平对废弃物进行回收再利用,尽量避免以牺牲环境为代价的逐利行为,协调好企业与环境之间的和谐关系。

四、我国中小企业的社会责任

我国中小企业数量众多,社会影响广泛。对中小企业的企业社会责任进行研究,有利于促进环境保护、提高劳工待遇、保障产品质量安全等。但是,中小企业不仅规模上区别于大型公司制企业,而且在产权结构、治理模式、运行特点以及所面临的市场状况等诸多方面与大型公司制企业存在差异;中小企业在承担社会责任的意愿、能力、决策机制和声誉回报等方面也与大型企业明显不同。

(一)我国中小企业社会责任的特点

1. 中小企业履行社会责任的内容不同

大型公司制企业规模庞大,资金实力雄厚,在吸纳就业、缴纳税费、自然资源使用和自然环境保护等方面会产生十分明显的社会影响,因此企业的生产经营行为涉及广泛的利益相关者。而中小企业由于规模限制和成本劣势,难以与大型竞争对手抢夺市场,因此其主要竞争优势体现在决策灵活机动,对市场反应快,更容易抓住和把握市场机会。所以,中小企业需要维持良好的个人关系和社会网络,需要建立并强化企业与其核心利益相关者,如供应商、顾客等的联系,致力于解决企业核心利益相关者存在的或希望解决的关键社会问题。因此,中小企业的社会责任行动具有明显的核心利益相关者导向。

2. 中小企业履行社会责任的背景不同

中小企业群体的内在差异性较大,企业与企业之间在产业领域、规模大小、治理方式等诸多方面存在差别。不同行业、不同规模以及处于不同发展阶段的中小企业,其关键资源和核心利益相关者各不相同,因此无法设定某种度量中小企业社会责任绩效的统一标准。中小企业的经营往往局限于本地,企业的客户基本是本地人,顾客也是本地人,这种距离上的亲近可能会转移为道德上的亲近。这种对本地社区的归属感能够提高中小企业履行社会责任的动力和道德满足感。

3. 中小企业履行社会责任的机制不同

大多数中小企业并没有建立规范的现代企业治理结构,中小企业最常见的形式是"所有者自我经营型企业",即企业的所有者往往就是企业的经营者,因此,企业决策很大程度上受企业主个人的个性、能力甚至喜好所左右。我国的中小企业几乎全是私有的,管理队伍以家族成员为主,职工以临时性工人居多,企业注重短期的利润指标而不关注企业的长远发展。绝大多数中小企业内部管理随意性大,缺乏必要的制度和流程,一些先进的管理思想难以在企业积淀下来,随着企业人员的流动而消失,不能在企业内部得以传承和发扬。在与利益相关者的关系处理上,中小企业不如大型企业那样正式、规范,而是以信任为基础,带有直觉判断和企业主的个性色彩。这些必将影响中小企业履行企业社会责任的方式。

4. 中小企业履行社会责任的组织特征不同

中小企业组织拥有资源的多少和结构直接影响中小企业的社会责任行动能力。在资金资源上,我国金融体系还不健全,缺乏资金是中小企业发展面临的最大"瓶颈"。中小企业规模小、抗风险能力弱,相对于大型企业而言,获取银行贷款和其他社会融资的途径较少。所以,中小企业实施保障员工权益、改善生产条件、提高福利待遇、减少资源浪费和环境破坏、构建企业与消费者、供应链的和谐关系等方面的企业社会责任,都必然增加企业的运行成本,加重中小企业的负担。在人力资源上,相对于大型企业,中小企业人力资源管理十分薄弱,缺乏对人力资源的战略思考,没有形成规范机制。很多企业主只提供薪酬激励,忽略了职业培训、工作环境、个人发展平台以及企业未来远景等关键因素。

(二)我国中小企业履行企业社会责任的建议

1. 应加强企业对社会责任的宣传与推广,提高社会对企业社会责任的认知度

鉴于我国广大中小企业对企业社会责任的认识还十分局限和片面,迫切需要加强对企业社会责任的理念、方法和意义的推广与普及,这不仅需要国家政府的努力,也需要社会各界的积极参与。近年来,不仅是政府,很多社会组织和团体也对推广企业社会责任进行了积极的尝试。如中国企业社会责任国际论坛开展了"寻找最具责任感企业"的评选,以企业责任为准绳,用事实说话,立足和谐看企业,而不是以财富论英雄。活动经过趋势发布、指数排名、公众投票、专家评议等阶段,最终公布评选结果。这次评选几乎涉及与消费者日常生活联系密切的所有行业,并在评选后,推出了国内首份企业社会责任行业趋势报告及首份企业社会责任指数报告。此举无疑扩大了企业社会责任的社会影响力,让企业社会责任更多地走进企业和公众的视线。

2. 建立具有中国特色的中小企业社会责任标准

目前,全球范围内有关企业尤其是中小企业社会责任的国际性标准(如 ISO14064、OHSAS1800 等)大多是发达国家的相关组织和民间团体制定,主要依据是西方国家的企业发展标准,并没有将其他发展中国家以及欠发达国家的经济现状和生产水平纳入考虑的范围。因此,有关企业社会责任的国际性标准和规定在一定程度上对我国企业尤其是中小企业形成了限制与约束。目前,国内中小企业社会责任评价标准尚未设立,根本无法对企业生产和经营行为形成规范与约束。如果仅是简单设定企业社会责任统一标准,并以一种外在道义性要求强加给企业,不仅加重企业的成本负担,更主要的是不能得到企业的认同接受,最终可能导致企业的抵制,这就背离了企业社会责任的基本性质。结合国内基本国情及中小企业的发展现状,构建国家地方层面与行业层面、企业层面三位一体的多层次标准体系,制定出以经济指标为基础的、多指标相结合的、满足国内经济发展和企业发展需求的责任评价标准,使国内中小企业

社会责任的管理更加制度化、国际化。

3. 发挥中小企业的集群优势,降低履行企业社会责任的个体成本

由于我国特殊的国情,以及中小企业家族式存在的现象普遍,导致国内中小企业出现明显的产业集群现象。如福建晋江的制鞋产业、浙江永康小五金产业、广东东莞的电子产业等都是由处于同一产业链上的许多规模相当的中小企业区域性相对集聚形成的。共同的社会资源是产业集群形成的纽带,集群产业内各中小企业往往拥有共同的利益相关者。如果通过政府扶持,行业协会与社会组织协调,中小企业共同出资的方式,进行员工培训、环境保护、生产条件改善等方式,服务其共同的利益相关者,可以有效克服中小企业承担社会责任中"成本归自己,收益归社会"的外部性问题,提高企业履行社会责任的意愿和能力。

4. 完善社会责任的相关法律,加大法律执行力度

社会责任行为作为一种外来的运动,并未融入中国的体系和文化,并非所有中小企业都愿意自觉承担和履行社会责任,企业社会责任真正融入我国的商业社会和价值体系还需要很长时间。截至目前,国内仍然没有与中小企业社会责任有关的专门法律出台,导致国内中小企业的生产经营行为缺乏规制和约束。在这期间,还需要依靠法律的准绳,约束规范中小企业的行为。政府可以制定出符合国内中小企业的现实状况的相关法律,对中小企业社会责任进行明确界定,规定企业社会责任的主要内容和具体操作标准,明确社会责任履行的鼓励措施和奖惩措施,以保证中小企业社会责任的履行有章可循,做到有法必依、违法必究。

5. 制定适当的政策,鼓励中小企业的企业社会责任行为

政府的政策导向对中小企业的企业社会责任行为有重要影响。建议政府在政策上积极引导,如对承担环保成本的中小企业给予一定的补贴或税收优惠,避免了中小企业对履行企业社会责任成本的担忧;对促进残疾人就业有贡献的中小企业,政府给予一定的资助;对推广新技术、节约能源的中小企业,建议制定贷款优惠政策。另外,地方政府可以设立企业社会责任奖项,对当地的中小企业进行评选,如最佳雇主奖、社会参与奖、慈善公益奖等,不仅可以对中小企业的社会责任行为给予充分的肯定和支持,还有利于加强企业对社会的归属感和责任感,扩大企业社会责任的影响力。

【案例思考】

美国福特公司 Pinto 汽车"油箱爆炸"事件

1968 年,福特决定生产一种称为平托(Pinto)的小型车。公司高层期望加速这一开发,以便在 1970 年推出价格低于 2 000 美元的微型轿车。为了节省成本,福特将正常的生产日程由 3 年半缩减为 2 年。在平托车正式投产前,福特对 11 辆车进行了安全测试,看看是否符合美国国家公路安全局的标准。公路安全局规定在时速 20 英里的碰撞中,汽车的油缸不漏油才算合格。测试的结果是,11 辆车中有 8 辆在碰撞中不合格,其余 3 辆由于改良了油缸,才通过了安全检查。福特于是面临一个困难的抉择。如果按原来的生产日程生产,就会对消费者的安全构成威胁;如果要改良油缸,就会延迟生产、增加成本,公司会继续处于下风,让外国车称霸市场。怎么办?要解决这个问题,福特做了一个成本—效益分析,计算改良油缺的可能成本与效益,然后再作决定。

福特公司的计算如下:

根据销售量和事故率计算,估计可能有 180 人死亡、180 人严重烧伤、2 100 辆车烧毁。

(1) 公司为事故将要支付的成本:

平均每死亡一人需要赔偿 20 万美元,于是 20×180＝3 600(万美元)。

平均每烧伤一人需要赔偿 6.7 万美元,于是 6.7×180＝1 206(万美元)。

每烧毁一辆车需要赔偿 0.07 万美元,于是 0.07×2 100＝147(万美元)。

总成本＝3 600＋1 206＋147＝4 953(万美元)。

(2)如果进行改装,公司要付出的成本:

每辆轿车需要改装费 11 美元,共 1 250 万辆。

总支出:11×1 250＝13 750(万美元)。

根据计算,进行改造的支出大大超出了赔偿的成本。根据利润最大化的考虑,福特公司作了毫不含糊的抉择——保持原来的设计,不做改装。这个决策,导致了严重的后果——超过 50 人在车祸中烧死,多人烧伤。福特被控谋杀,但陪审团最后裁定福特无罪。

请思考:

(1)你认为福特公司为了节省 11 美元的成本而维持原设计的行为是道德的吗? 这样做会产生什么影响?

(2)福特公司在决策中纯粹以成本—效益分析为出发点是科学的吗? 还应该考虑哪些人的利益? 应该承担什么样的社会责任?

(3)福特公司决策层的道德水平对企业发展有什么影响?

【教师点拨】

第一,福特公司为了节省 11 美元的成本的做法是不道德决策行为。福特公司在成本—效益计算中只考虑了压低成本、扩大利润,而忽视了一个重要的细节,即没有考虑到由于激怒了消费者,没有给予消费者必要的关切而造成的不良社会影响的成本。根据显要义务论,福特公司没有履行诚实(告知产品缺陷)、自我完善(不断改进)、不作恶(不销售不安全产品伤害他人利益)的义务。根据社会公正理论,福特公司违反自由原则侵犯了消费者获得产品完备信息的权利、获得安全可靠的产品的权利,违反差异原则损害消费者的利益。因此,福特公司的这一决策行为是违背道德的。

第二,福特公司无视隐患、漫不经心,为此付出了沉痛的代价,这种代价是难以控制的,除了给消费者赔偿的损失,还有其他不可控的因素,如形象的损失、法律诉讼、消费者的抵制和传媒的批评等,这些都会对公司的长远发展造成严重的影响。

第三,公司为了生存发展需要谋求利润,但一心只追求短期利润的做法很危险。这与顾客的最佳利益以及公司的长远成功背道而驰。公司为了追求长远发展应该牺牲一些利润,增加一些成本以加强关系,确保在将来让顾客满意。

第四,高层管理人员应具有一定的道德水平。领导者的一些不道德行为会在企业内部形成一种气候,即不关心消费者利益、对诚实的行为不以为然、短期利益高于一切等,这将使公司背叛了公众的信任,进而影响企业的长远发展。

参考文献

[1](美)罗纳德·L.汤普森等著,陈丽华等译.信息技术与管理——管理学经典入门教材[M].北京:北京大学出版社,2006.

[2](美)罗杰·道森著,刘祥亚等译.赢在决策力[M].重庆:重庆出版社,2010.

[3](美)道格拉斯·W.哈伯德著,邓洪涛译.数据化决策:大数据时代《财富》500强都在用的量化决策法[M].北京:世界图书出版公司,2013.

[4](美)休梅克著,王昭力译.做最好的决策[M].北京:中信出版社,2013.

[5](美)巴泽曼著,杜伟宇等译.管理决策中的判断(第六版)[M].北京:人民邮电出版社,2007.

[6](美)斯科特·普劳斯著,施俊琦等译.决策与判断[M].北京:人民邮电出版社,2004.

[7](美)唐诺森等著,方海萍等译.成功做出战略决策[M].北京:中国人民大学出版社,2009.

[8](英)阿代尔著,马林海译.正确决策[M].北京:中国电力出版社,2013.

[9]樊钉著.科学决策的边界[M].北京:国家行政学院出版社,2013.

[10]李莉等编著.管理定量分析:决策中常用的定量分析方法[M].北京:上海交通大学出版社,2007.

[11]倪江崴,李特军主编.创业经营与决策[M].成都:西南财经大学出版社,2013.

[12]史为磊编著.决策/创新领导艺术与领导方法丛书[M].北京:国家行政学院出版社,2011.

[13]陶长琪主编.决策理论与方法[M].北京:中国人民大学出版社,2010.

[14]王树佳主编.商务决策:模型与信息技术[M].北京:北京大学出版社,2013.

[15]吴广强编著.管理者有效决策与高效执行的艺术[M].北京:海潮出版社,2013.

[16]张玉峰主编.决策支持系统[M].武汉:武汉大学出版社,2004.

[17]穆兆曦.决策[M].北京:清华大学出版社,2012.

[18]简祯富.决策分析与管理:全面决策质量提升的架构与方法[M].北京:清华大学出版社,2007.

[19]斯蒂芬·P.罗宾斯等著.管理学(第七版)[M].北京:中国人民大学出版社,2004.

[20]王嘉陵.决策思维——人人必备的决策口袋书[M].北京:东方出版社,2012.

[21]Bensoussan B.E.,Fleisher C.S.,王哲.决策的10个工具[M].北京:中国人民大学出版社,2011.

[22]单凤儒.管理学基础(第四版)[M].北京:高等教育出版社,2012.

[23]刘蔚华等.方法大辞典[M].济南:山东人民出版社,1991.

[24]李军.管理学基础[M].北京:北京交通大学出版社,2010.

[25]谭力文,刘林青.管理学[M].北京:科学出版社,2009.

[26]鲍宗豪.决策文化论[M].上海:上海三联书店,1997.

[27]周菲.管理决策的行为模式[M].沈阳:辽宁大学出版社,1998.

[28]周祖城.企业伦理学[M].北京:清华大学出版社,2005.

[29](美)戴维·弗里切著,杨斌、石坚、郭阅译.商业伦理学[M].北京:机械工业出版社,1999.

[30]何志毅,金子璐,郭毅.中国企业社会责任发展报告[M].北京:经济管理出版社,2009.

[31]黎友焕,刘延平.中国企业社会责任建设蓝皮书2010[M].北京:人民出版社,2010.

后 记

　　小微企业成长过程中面对的问题及其解决问题的方式与进入稳定发展阶段的企业是不同的，教材的编写应该充分考虑这种差异，并尽可能发现更高层次的知识。

　　教材不同于指导手册，指导手册对个别问题提供了针对性的解决方法，而教材需要具有支持学习者独立发现问题与开发方案的功能。这套教材虽然重视实务，但更倾向于知识的整理与提炼。

　　但是限于编写团队的能力及相关条件，这套教材仍有不足之处，在内容与形式上均有诸多需要改善的地方。我们非常感谢广州市职业能力培训指导中心用可持续发展的思路考虑这个项目，并且支持进行后续开发。我们也真诚欢迎各位读者、各位同行、各位专家提出宝贵意见或建议。

　　来函请寄：广州市番禺区青山湖广州番禺职业技术学院管理学院，511483

　　或者发送电子邮件：tanfh@gzpyp.edu.cn

广州番禺职业技术学院创业教育中心

2015 年 3 月 1 日